黄河大系

文物卷

陶器

The Yellow River Series

方辉 总主编
王芬 陆青玉 编著

齊鲁書社
·济南·

乔建业《大河依旧东流去》（局部）

图书在版编目（CIP）数据

黄河大系. 文物卷. 陶器 / 方辉总主编；王芬，陆青玉编著. -- 济南：齐鲁书社，2024.3
ISBN 978-7-5333-4825-0

Ⅰ. ①黄… Ⅱ. ①方… ②王… ③陆… Ⅲ. ①黄河流域－陶器（考古）－图集 Ⅳ. ①K928.42 ②K876.32

中国国家版本馆CIP数据核字（2024）第050576号

统　　筹：王　路　张　丽
责任编辑：刘　强
装帧设计：蔡立国　张　宜　王世强

黄河大系·文物卷　陶器
HUANGHE DAXI · WENWU JUAN　TAOQI
方　辉　总主编　王　芬　陆青玉　编著

主管单位　山东出版传媒股份有限公司
出版发行　齊魯書社
出 版 人　王　路
社　　址　济南市市中区舜耕路517号
邮　　编　250003
电　　话　总 编 室（0531）82098512
　　　　　发行中心（0531）82098521　82098519　82098517
网　　址　www.qlss.com.cn　E-mail:qilupress@126.com
印　　装　北京雅昌艺术印刷有限公司
经　　销　新华书店

规　　格　16开（210mm×285mm）
印　　张　21
插　　页　4
字　　数　380千字
版　　次　2024年3月第1版
印　　次　2024年3月第1次
ISBN 978-7-5333-4825-0
定　　价　1010.00元（共三册）

《黄河大系》编纂指导委员会

《黄河大系》学术顾问委员会

《黄河大系》编辑出版委员会

总 序

“三万里河东入海，五千仞岳上摩天。”百万年如斯，奔腾不息的黄河之水滋润了中华大地，哺育了中华民族，孕育了中华文明。故《汉书》总结道：“中国川原以百数……而河为宗。”

2019年9月18日，习近平总书记在河南郑州的黄河流域生态保护和高质量发展座谈会上提出，“黄河是中华民族的母亲河”“保护黄河是事关中华民族伟大复兴的千秋大计”，要“保护传承弘扬黄河文化，让黄河成为造福人民的幸福河”。这不仅道出了黄河及黄河文化对中华民族生存发展的重大历史意义和现实意义，也表明党中央和习近平总书记对黄河及黄河文化的亲切关怀和高度重视。

水脉牵系着血脉、延续着文脉。黄河文化源远流长、一气呵成。从甘肃一带的大地湾文化，到中游的仰韶文化，再到下游的大汶口文化，黄河文化多元一体，正如波澜壮阔、绵延不绝的黄河之水，生动活泼，兼容并蓄，既丰富了黄土文明，又成就了中原文明、海岱文明，成为中华文明的主要表征和重要载体。从青海源头，到黄土高原，再到中原大地、华北平原，黄河文化跳跃跌宕，穿越时空，向光而生，气势如虹，“忽如一夜春风来，千树万树梨花开”，绽放出笃厚神圣、繁荣璀璨的文明之花。汉风唐韵，丝路华章，中华文明从这里出发，走向四面八方。

黄河文化催生的思想观念、道德情操、审美品格和科学智慧，蕴含着中华民族深沉的行为准则，对中国传统社会的政治范式、经济格局、文化理念、科技思维等方面有着深远影响。在不同族群和文化交流的灿烂星河中，黄河文化形成生生不息、开放包容的特质，反映在不同时期的典籍史料、艺术作品以及科技成果

中，无不以物质形式或精神形式展现出来，并深深影响着人们的社会生活和精神建构。

黄河文化的形成、发展、传承，在不同流域、不同时代、不同族群形成了鲜明的特色，又反映了中华民族千百年来顺应自然、认识自然、改造自然、保护自然的共性过程和结晶，成为中华文明的组成部分和现代中华生态文明的源泉。

正因为黄河的赐予，我们才拥有了世世代代赖以生存的物质宝藏和精神家园；正因为黄河千回百转、勇往直前，我们的文化基因中才有了更加坚忍的品格、更加超凡的智慧、更加鲜明的特性；也正因为文化基因的坚忍、超凡、鲜明，中华民族才形成了熠熠生辉、博大精深的中华文明。

“黄河落天走东海，万里写入胸怀间。”党的十八大以来，习近平总书记立足“两个大局”，就文化建设提出了一系列新思想新观点新论断，形成了习近平文化思想。习近平总书记强调：“中国文化源远流长，中华文明博大精深。只有全面深入了解中华文明的历史，才能更有效地推动中华优秀传统文化创造性转化、创新性发展，更有力地推进中国特色社会主义文化建设，建设中华民族现代文明。”

习近平总书记考察调研足迹遍及黄河上中下游九省（区），他将保护黄河作为事关中华民族伟大复兴的千秋大计，亲自擘画、亲自部署、亲自推动黄河流域生态保护和高质量发展，发出了为黄河永远造福中华民族而不懈奋斗的号召。沿黄河九省（区）牢记习近平总书记嘱托，全面加强生态保护治理，着力促进全流域高质量发展，大力保护传承弘扬黄河文化，努力“让黄河成为造福人民的幸福河”。习近平总书记在黄河流域生态保护和高质量发展座谈会上明确指出：“黄河文化是中华文明的重要组成部分，是中华民族的根和魂。”在总书记心中，黄河早已同中华民族的苦难辉煌融合在了一起，锻炼出中华儿女的韧性、力量和精神，也为中华民族赓续发展注入不竭动力。

2022年10月28日，习近平总书记考察安阳殷墟遗址，遍览青铜器、玉器、甲骨文等出土文物，细察车马坑展厅商代畜力车实物标本和道路遗迹……总书记感慨道：“我们的文化自信就是从真正能证明我们的久远历史中来……”

为深入研究阐释习近平文化思想的科学内涵，推进中华优秀传统文化“两创”工作，以黄钟大吕式作品书写新时代黄河精神，助力黄河文化保护传承弘扬，铸牢中华民族的根和魂，增强文化自信自立自强，建设中华民族现代文明，为中华民族伟大复兴提供强大精神动力，用黄河故事讲好中国故事，传播好中国声音，以高质量出版工程服务读者，奉献社会，山东省策划推出《黄河大系》，在中华文化保护传承弘扬的重要承载区建设方面走在前面并提供山东样板素材，同时，力争以黄河文明为抓手和突破口，在建设中华民族现代文明方面做一些探索。

《黄河大系》从沿黄河九省（区）所共有的文化特色着手，既有对黄河历史、文化、艺术的梳理，也有对民艺民俗及水利、生态等的呈现，既回望传统，又观照当下，多角度、广层次、图文并茂地展现黄河文化的内涵和魅力。

《黄河大系》包括《图录卷》《文物卷》《古城卷》《诗词卷》《书法卷》《绘画卷》《戏曲卷》《民乐卷》《民艺卷》《民俗卷》《水利卷》《生态卷》共十二卷，每卷或为一册，或分为两册、三册不等，整体规模为二十册，三百六十余万字，四千三百余幅图。这十二卷图书内容相辅相成，生动全面地展示出黄河作为中华文明摇篮的丰富多彩、万千气象。这十二卷图书内容不仅关注人类文明的既有辉煌，而且着眼人类文明新形态的创造：从《文物卷》探寻中华文明的源头；从《古城卷》《民乐卷》《民艺卷》探索人类文明成果的创造性转化和创新性发展，为文明的演进生发提供启迪；诗词、书法、绘画这些黄河文明固有的艺术成果形式，也终将如黄河之水内化为中华文明生生不息的天然动力，为推进人类文明新形态建设提供智慧源泉；《水利卷》和《生态卷》则重在探索共生文明，助力生态文明和人类命运共同体的构建……

“周虽旧邦，其命维新”。和合共生，自强不息。黄河，从中华民族厚重深远的精神河床流淌而来，正向着中华民族伟大复兴的波澜壮阔奔腾而去！

“江河之所以能冲开绝壁夺隘而出，是因其积聚了千里奔涌、万壑归流的洪荒伟力……现在，中国人民和中华民族在历史进程中积累的强大能量已经充分爆发出来了，为实现中华民族伟大复兴提供了势不可挡的磅礴力量。”

《黄河大系》的编纂出版是一项基础工程，是一个继往开来、努力探索的过程。我们将以出版《黄河大系》为契机，深入贯彻落实习近平文化思想，落实好习近平总书记在黄河流域生态保护和高质量发展座谈会上的重要讲话精神，立足黄河文明的深厚资源，发扬中华文明的自信自觉优势，为黄河流域生态保护和高质量发展蓄势赋能，为实现中华民族伟大复兴作出贡献。

序

黄河，是中华民族的母亲河。作为一条自然河流，黄河之所以享有这样的美誉，是因为无论是从自然地理而言，还是从文化地理来说，这样的称誉都是当之无愧的。

从自然地理上来说，黄河发源于青海省巴颜喀拉山脉，自西向东依次穿越青藏高原、黄土高原、内蒙古高原、华北平原，流经青海、四川、甘肃、宁夏、内蒙古、陕西、山西、河南、山东9个省（区），最后于山东省东营市垦利区注入渤海，干流全长5464千米，流域总面积79.5万平方千米。

从历史地理角度而言，黄河横贯东西，将中游黄土高原的大量泥沙携带到下游，大约在距今10万年至1万年间的晚更新世，形成了华北平原和黄淮海平原，为华夏文明的形成与发展奠定了基础。因此，黄河流域是中华民族与中华文明的主要发源地，中华民族被称为“黄土的儿女”。

世界五大文明古国无一例外都是大河文明，无一不是在农业经济基础上进入文明社会的。地质学研究和考古发现表明，大约在距今1万年，人类迎来了全新世大暖期，人类的生活方式也由狩猎采集过渡到以定居农业为基础的食物生产。考古学文化也由旧石器时代过渡到新石器时代，其主要特征是石器制作由打制发展为磨制，出现了直接用于生产的斧、铲、镰刀和用于食物加工的石磨盘、石磨棒等新器类，出现了用于炊煮食物的陶器如釜、罐、支座等。考古发现证明，这种转变是全球范围内普遍适用的规律，黄河流域史前考古的证据尤为明显。而且，农业、畜牧业经济的发展和剩余产品的积累，社会内部的分工日益明晰，使社会出现分化并导致社会阶层和阶级的出现。社会外部，部落间的战争不可避免地发生，而且其频率和规模越来越难以控制。为了使社会内部和外部的集团不至于在日益加剧的冲突中消耗殆尽，就需要有凌驾于社会之上的力量，体现身份等级的礼仪制度和

国家组织应运而生。这一历史过程在文献中有所体现，如先秦文献和司马迁《史记·五帝本纪》所记载的炎黄蚩尤大战及尧舜禹“禅让”传说，都是发生在各部族集团之间的互相战争与妥协的故事。因此，本来是用于满足人们日常生活之需的石器、陶器，逐渐发展为体现社会等级差异的玉礼器、陶礼器，文献所记载的“六瑞”即玉璧、玉琮、玉圭、玉琥、玉璋、玉璜，到龙山时代均已具备，还有体现军事礼仪的玉钺、玉戚等仪仗用品，共同构成了黄河流域史前社会的礼器组合，而作为饮食器具的陶鼎、陶鬶、陶豆、陶壶等，制作技术愈加规整，形制愈加美观，在彩陶之外更出现了白陶、黑陶等陶质礼器。随着青铜铸造技术的出现，史前先民在铸造兵器、工具的基础上，于夏王朝建立前后更是发明了“块范法”，制造出具有我国青铜文化特色的青铜鼎、爵、斝、盉、铃等礼乐器组合，由此开启了夏商周三代青铜礼乐文明的发展之路。商周王朝则进一步将青铜铸造技术发展到极致，器物形体越来越硕大，纹饰越来越繁缛，组合越来越齐全，并且因其在祭祀、丧葬等行为方面体现着的礼仪性，被誉为具有“纪念碑性”独特价值的器物。与此同时，我国北方处于游牧阶段的少数族群则根据自己的需要，制造出具有北方草原民族风格的青铜器具，其器类以兵器、车马器和装饰品为主，也有出于对中央王朝礼乐制度的仰慕而生产的青铜礼器。

《黄河大系·文物卷》选择了陶器、玉器和青铜器这三类文物，分别从不同侧面呈现黄河流域史前文化和夏商周三代历史的精华和特征。相信读者在阅读这篇序言和各分卷前言的基础上，结合编者精心选择的一幅幅文物图片加以细心体会，定会有不少收获。如果能进一步“行万里路”，顺着黄河沿线来一个文化寻根之旅，亲眼目睹收藏在博物馆中的一件件文物，亲身感受分散在田野中的一处处遗址，一定会受益良多！

方　辉

目　录

陶器是人类历史发展进程中的一项伟大发明。陶器从产生开始，其工艺的进步、生产组织的优化、产品扩散的区域和范围、功能的演变等方面表现出的历时性特征，始终与古代社会复杂化的发展趋势同步，从一个侧面映射了中华文明的发展历程。

黄河流域是中华文明的摇篮。从距今上万年的前裴李岗时代到距今八九千年的裴李岗时代，从距今7000年的仰韶时代到距今4000多年的龙山时代，黄河流域史前先民依靠智慧和双手，通过文化传承和文明互鉴，在土与火的交融中塑造了大河上下数千年的陶器文明。

第一篇

前裴李岗时代黄河流域史前陶器

H71

前裴李岗时代，顾名思义，就是出现在裴李岗文化之前的史前文化时代。前裴李岗文化的绝对年代在距今9000年以前，是目前中国最早的新石器时代文化。这个时期，人类社会刚刚从茹毛饮血的旧石器时代跨进新的时代。这个时候，人类的日常用具除了粗糙的打制石器，开始出现局部磨光甚至整体磨光的精致石器，用火的技能有所提升，这促进了早期陶器的发明。陶器产生以后，人类的生活内容就丰富起来了，饮食方式和内容都有了重要变化，人类的生产、生活和健康状况得到了极大改善，人类社会从此迈入了一个新的纪元。

一、早期陶器考古发现概说

陶器是水、土、火三种要素交融作用的产物，缺一不可。它的发明是人类文明进程中划时代的重大事件，在人类文明发展阶梯中占据着重要地位。我国古代跟陶器有关的传说有很多，如“昆吾氏”发明陶器，还有“神农氏耕而作陶”。这足以说明古人早就认识到了陶器在生活中的重要性。陶器与人们的住和食息息相关。这些传说有没有历史依据呢？这样的问题，当然要靠考古学家来回答。在我国近代考古学诞生一百多年后的今天，我们终于可以回答陶器的起源、传播等一系列问题。

首先，陶器是什么时候出现的呢？目前考古学家已经初步找到了答案。在考古学的传统观点里，将陶器、磨制石器和农业的出现看作人类从旧石器时代迈向新石器时代的主要标志。通过长期的考察和研究，考古学家发现，陶器起源于旧石器时代之末，要早于新石器时代，原有的认知被改写了！

其次，最早的陶器出现在哪里呢？世界上发现的最早陶制品在捷克斯洛伐克境内，那里出土了26000年前的陶制小型艺术雕像或叫陶球，但这些并非真正的“陶器”。2012年，美国《科学》（*Science*）杂志发表了一项关于发现人类

江西万年仙人洞遗址
出土的早期陶器

最早制作陶器的最新研究成果：中国江西万年仙人洞遗址中出土了距今20000年左右的陶片，数量多达280余件，大部分留有火烧痕迹。这项研究成果得到了国际学术界的公认。

目前，我们可以认为，中国是世界上最早创造和利用陶容器的国家，陶器产生的年代在距今20000年前后。

现在看来，我国出土早期陶器的遗址星罗棋布，但主要集中在两个地区——南方地区和北方地区。南方地区除了江西万年仙人洞遗址，还有湖南道县玉蟾岩遗址，广西桂林甑皮岩遗址、桂林庙岩遗址、临桂大岩遗址，浙江浦江上山遗址，等等。北方地区目前发现早期陶器的遗址数量也不遑多让，集中在山东、北京、河北、河南四个省（市），包括山东临淄赵家徐姚遗址、沂源扁扁洞遗址、沂源黄崖遗址、济南张马屯遗址，北京门头沟东胡林遗址、怀柔转年遗址，河北徐水南庄头遗址、阳原于家沟遗址、尚义四台遗址，河南新密李家沟遗址、淅川坑南遗址、许昌灵井遗址等。

从位置上看，北方地区出土早期陶器的遗址多集中在黄河流域及其附近地区；从年代上看，集中在距今13000～10000年。尽管目前北方早期陶器的出土年代略晚于南方，但从近年新发现的赵家徐姚遗址看，距今13000年可能并非北方地区出土陶器的年代上限，或许还存在更早的陶器起源时段。我们也不得不承认，相对于辽阔的地域来讲，目前该阶段遗存发现的数量并不多，研究工作尚处于起步阶段，许多方面的问题不甚清晰。例如人类是如何发明陶器的？人类为何发明陶器？有关早期陶器起源的理论有很多，但它们都有自身的缺陷，已有的发现和研究还无法确切地回答这些问题。

继续对黄河流域早期陶器进行研究，有助于厘清北方地区陶器的起源、发展与传播过程，还原该地区在旧、新石器之交的生业经济模式、社会组织形式与发展状况。陶器的起源是多元的。毫无疑问，以黄河流域为代表的北方史前文化区如浩瀚宇宙，已知与未知交融，有广阔的值得探索的空间，也深深吸引着考古学家的目光。

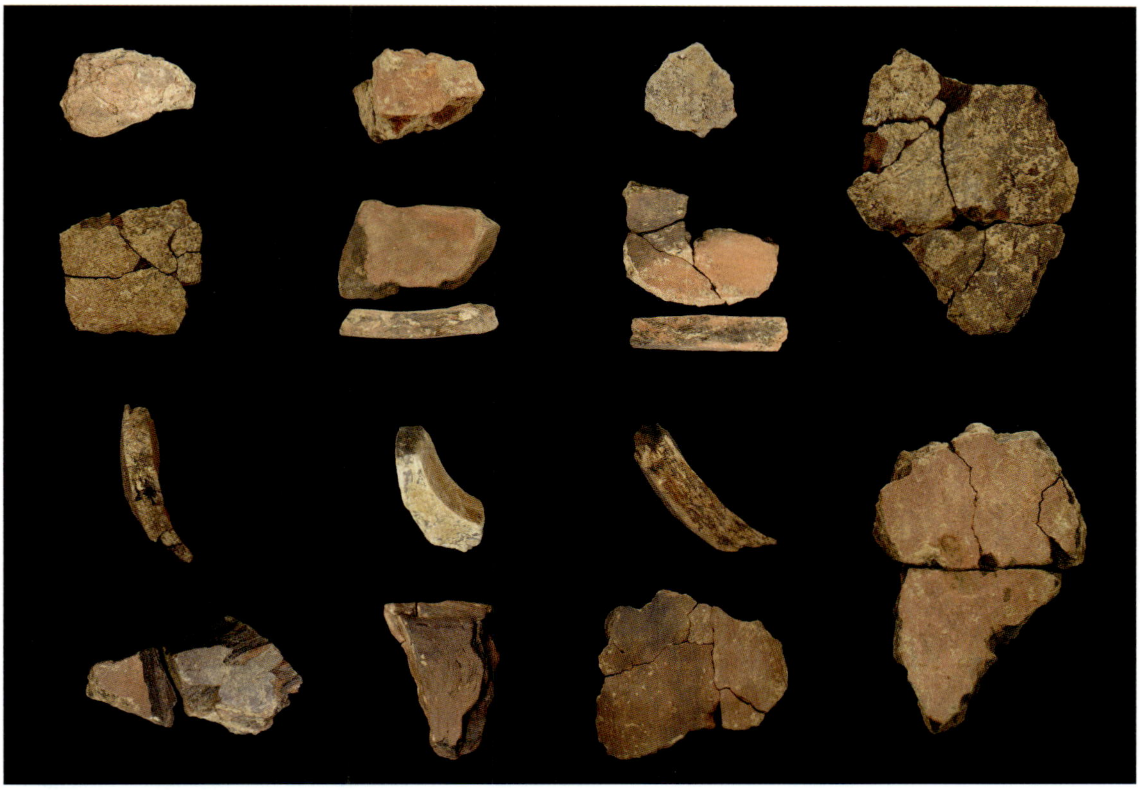

山东临淄赵家徐姚遗址出土近底部陶片

二、相关区域主要陶器遗存

在前裴李岗时代，陶器的发展处于肇始阶段，如大河之源头，细流涓涓但又内蕴磅礴的力量。尽管其制作方法较为原始，器型也不甚精美，甚至略显粗糙，但因稀而贵，它们在考古学家眼中是宝贵的。因其烧成温度较低，结构疏松，极易破碎，加之长期埋在地下，出土时都碎裂成不大的陶片，既无完整器，也很难复原，给还原其本来面貌带来了极大的困难。纵览已发表资料可知，北方地区早期陶片多为夹砂陶，掺杂着石英、云母、方解石、蚌屑颗粒等，泥质陶数量极少，陶色以褐色为基本色调，厚度多在10毫米左右，多素面，即表面没有纹饰，部分表面施压印纹，器型为盂类或罐类等平底器。制作方式为手制，区别于现在陶艺体验馆中常见的快轮拉坯技术，主要有泥片贴塑、泥条筑成和捏制三种。这一时期的遗址中未发现陶窑，陶器烧制方法可能是“堆烧法”，即将陶器堆在平地上直接烧制，无独立空间，因此，烧成气氛控制不佳，烧成温度较低，大致在600℃～800℃。如今，在云南佤族、傣族和海南岛的黎族等少数民族聚居地区还一直存在着这种烧制方法。

（一）黄河中游地区

1.李家沟遗址

李家沟遗址位于河南新密，地处椿板河左岸的二级阶地上。经2009—2010年两次发掘，地层堆积可分为7层，早期陶片发现于南区和北区的第5、6层。

遗址内共发现200余件陶片，厚度在9毫米左右。质地为夹砂陶，陶胎内掺杂有石英、云母、方解石等颗粒，大小不等。颜色有褐色、红褐色等。器表大多数都有纹饰，有压印纹、绳纹、戳印纹等。器型主要是直口筒形器类。陶片年代在距今10500～9000年。

经研究，在距今10000年时，李家沟遗址的气候稳定且湿润，适宜人类居住。李家沟地区附近的古人就生活在河床堆积面上，在附近的草原上采集、狩猎，使用着石器、陶器等生产生活用具，持续性繁衍生息。但区域间歇层的断层活动在旧石器时代晚期到新石器时代早期曾引发多次古地震，给李家沟地区附近的古人带来了负面影响。得益于科学发掘和相关技术手段，在10000年后的今天，考古学家才能窥知李家沟先民的生活一隅。

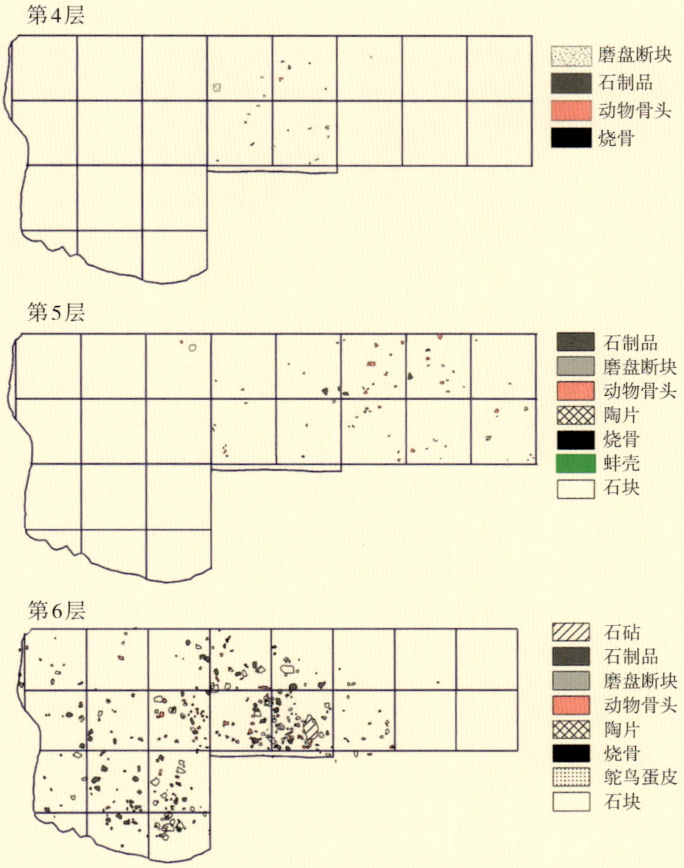

河南新密李家沟遗址2010年北区第4—6层遗物平面分布图

河南新密李家沟遗址北区早期陶片出土情况

河南新密李家沟遗址2010年北区出土早期陶片

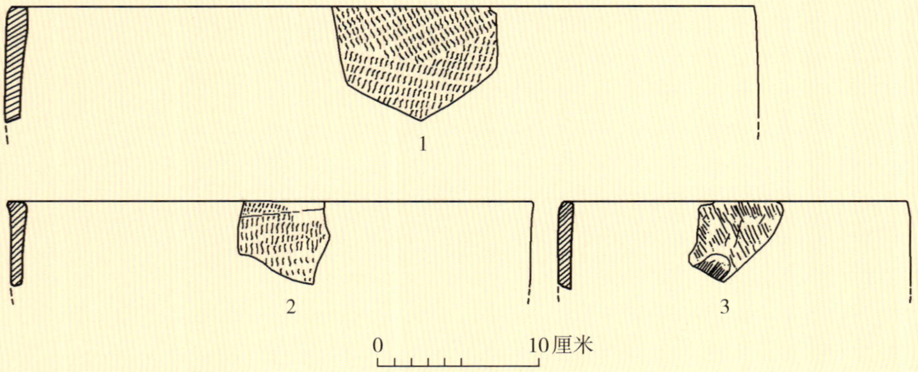

河南新密李家沟遗址北区出土早期陶片

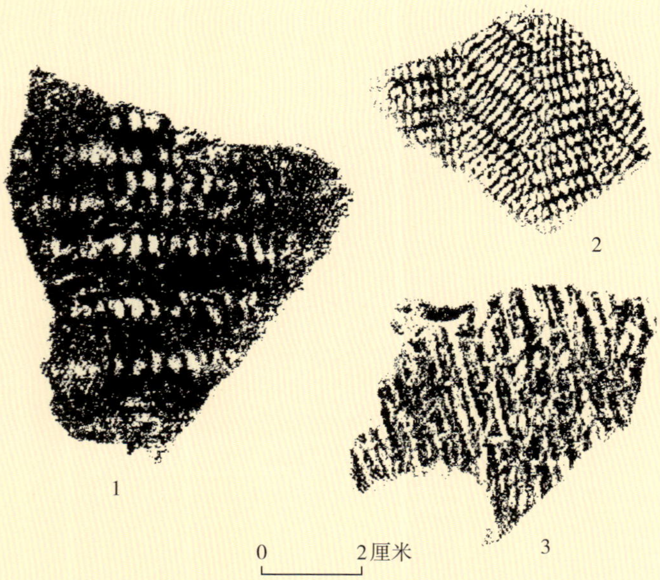

河南新密李家沟遗址出土早期陶片纹饰拓片

2.坑南遗址

坑南遗址位于河南淅川马蹬镇吴营村南的坑南自然村，地处南阳盆地边缘，属丹江左岸的第二级阶地。2010—2011年、2016—2017年工作人员对该遗址进行了发掘。新石器时代早期遗存主要出自第2、3层深褐色和灰褐色黏土层中。

遗址内共发现陶片20余件，多为夹砂陶，陶色不均，以褐色为主，有红褐、灰褐、深褐多种。陶胎中掺杂的多为石英，个别陶片中含少量云母或蚌壳末等。器表多为素面。烧成温度较低，质地疏松。出土陶片年代在距今10000～9000年。

坑南遗址位置特殊，地处黄河流域和长江流域的交汇区域，属南北交流的关键地带。对该遗址陶器的进一步研究可揭示该地区制陶技术发展、传播、交流等更为深入的考古学信息。

3.灵井遗址

灵井遗址位于河南许昌，地处华北平原南端。遗址发现于1965年，2005年之后经多次发掘，在第5层的次生堆积发现了早期陶片。

河南许昌灵井遗址出土早期陶片

遗址内共发现58件陶片，厚度在7.3～22毫米，厚薄差距较大。质地为夹砂陶，陶土中掺杂物差异大，包括石英、云母、灰岩、贝壳颗粒等。颜色多样，以褐色为主，包括红褐色、褐色、灰褐色以及黑色等。大部分陶器表面没有纹饰，少数陶器表面有波状绳纹、线纹。器型以平底器为主。陶片烧制温度较低。陶片年代在距今9800年前后。

许昌地区遗址中早期陶片的发现，证明中原地区是发明和使用陶器的重要区域之一，对于探讨中国陶器的起源和传播等学术问题具有极其重要的意义。

（二）黄河下游地区

1.赵家徐姚遗址

在黄河下游地区，新近发现的山东临淄赵家徐姚遗址，就出土了距今约13000年的早期陶器，被考古学家认定为目前中国北方地区发现的最早的陶器。赵家徐姚遗址位于山东临淄晏婴路以南、庄岳路以东，南距淄河约1.2千米，地处泰沂山系北麓的山前倾斜平原。其性

山东临淄赵家徐姚遗址营地附近的红烧土堆积

质是一处距今13300～13100年的临时性活动营地，附近发现大面积红烧土堆积。据统计，遗址内共发现陶片200余件，包括可复原陶器2件、花边口沿6件、穿孔陶片5件等。这些陶器多为夹炭红陶，质地均匀，器型规整。从器型上看，可分为圜底器和平底器两种。此外，还发现100余件质地细腻、形态多样的陶塑。

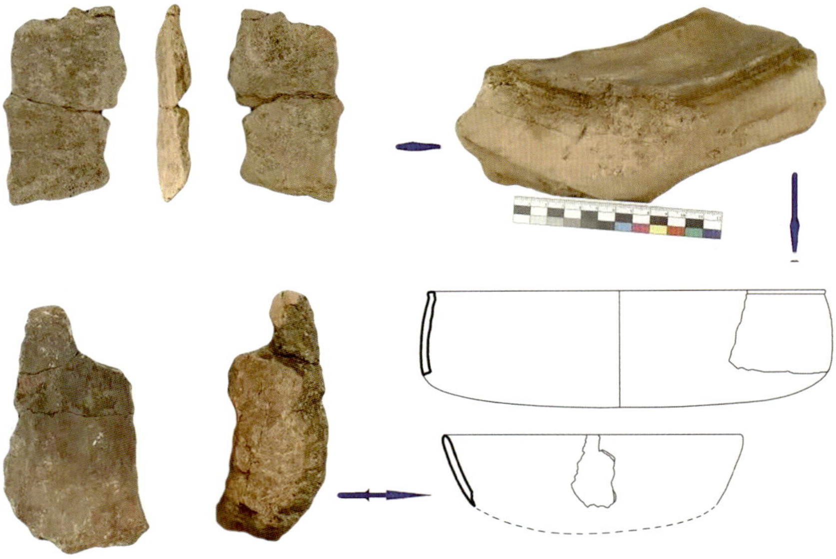

山东临淄赵家徐姚遗址出土可复原陶器

山东临淄赵家徐姚遗址出土陶塑

所谓的夹炭陶，即制作陶器的陶土是由黏土掺杂植物根茎类羼和料混合而成，在陶器烧制完成后，陶器胎体中会保留大量碳化的植物孔腔。夹炭陶器的颜色通常受到植物羼和料碳化的影响而呈黑色，但赵家徐姚遗址出土的早期陶器外表呈红色。这是由于古人在陶器烧制之前，在成型的陶坯外部涂刷了一层泥浆，就相当于现代瓷器表层的釉，这层泥浆在氧化的环境中烧制，胎体中的铁离子产生氧化反应而呈现出红色，于是出现了赵家徐姚遗址出土的夹炭红陶。

赵家徐姚遗址保存完整，出土遗物丰富，是华北地区乃至国内旧、新过渡阶段的重大考古发现，对于认识当时的社会组织形态和人类生业模式有重要价值。尤其是遗址内出土的陶片，年代早，数量多，充分反映了制陶工艺的技术成就，刷新了人们对该阶段制陶水平的认识。

山东临淄赵家徐姚遗址出土陶片微痕

山东沂源扁扁洞遗址外景

2.扁扁洞遗址

扁扁洞遗址位于山东沂源东南部的山区之中，是一处洞穴遗址。遗址发现于2004年，2005年、2006年原山东省文物考古研究所和中国科学院古脊椎动物与古人类研究所对其进行了考古发掘。经碳十四测定，遗址年代在距今11000～9600年，处于全新世之初，该时期是气候和自然条件频繁变化的时代，人类历史已进入新石器时代早期的年代范围。

遗址内出土的陶片均为夹砂陶，砂粒粗细不均，显然没有经过拣选。陶色以红色和红褐色为主，亦有部分陶片呈褐色和灰褐色。陶片普遍较为破碎，无法复原，陶胎较厚，有5～15毫米，厚薄差异较大。陶器装饰简单，均为素面，未见纹饰，仅一例沿下贴塑一周泥条。器型较为简单，能辨认出的只有釜和钵两类，以圜底器为主，个别可能是平底器。从陶片断面观察，扁扁洞遗址的陶器为泥条制成，器表经过简单修整，有刮抹痕迹，较为粗糙。

山东沂源扁扁洞遗址出土早期陶片

大部分陶器烧制火候较低且不均匀，有的陶片表面呈红褐色，内面呈灰褐色，也有一些烧成火候较高、硬度较强的陶片。

扁扁洞遗址出土的陶器并不算最早的一批，但其意义不应被低估。遗址内出土的陶器不仅具备了炊煮、盛储等基本功能，以其功能丰富着人类的生活，而且从其打磨光滑的外表、各式各样的桥形鋬手看，史前人类的审美意识已经萌芽。

3.张马屯遗址

张马屯遗址位于山东历城张马屯村南，在2007年进行了抢救性发掘，保存较好的新石器时代遗存主要分布在Ⅰ、Ⅱ区。遗址的地层堆积可分为6层，叠压在第4层下的遗迹的时代相当于后李文化早期或早于后李文化。

遗址内陶片数量发现很少，面积大于5平方厘米的仅10件，其余残碎严重。质地均为夹砂陶，砂粒大小不均。陶色以红褐色为主，少量有红色陶衣。器型不可辨，2件陶片可能为口沿，有叠唇痕迹，器底均为平底，底径三四十厘米。个别器底发现加工食物的残留物。陶器均为捏制成型，未见泥条盘筑痕迹。

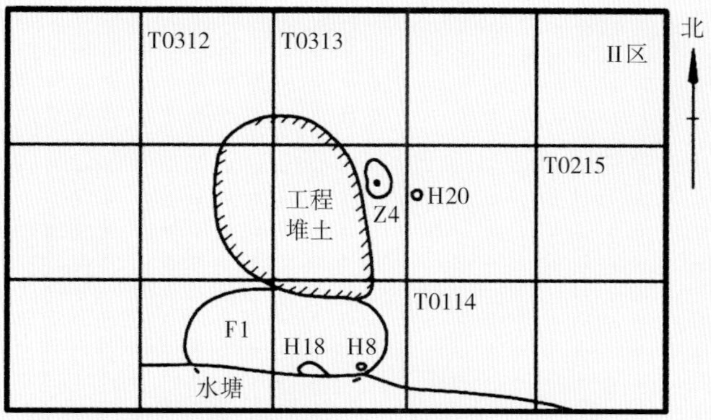

山东历城张马屯遗址 II 区遗迹平面图

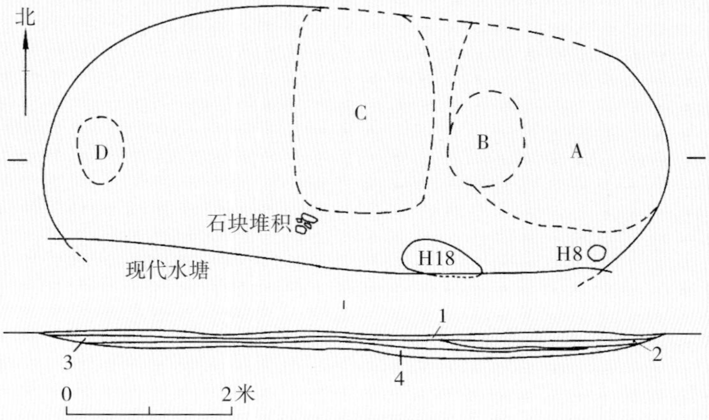

山东历城张马屯遗址F1平、剖面图　　1.黑灰色土；2.深褐色土；3.黄褐色土；4.浅黄褐色土

山东历城张马屯遗址F1（由东北向西南摄）

山东历城张马屯遗址出土早期陶片

张马屯遗址的这类遗存比西河、月庄等后李文化遗址早约1000年。遗址内除了发现较早的陶片，还发现了丰富的遗迹和动植物遗存。这些不仅是认识海岱地区新石器时代早期人类行为的重要依据，也有助于理解东北亚地区全新世早期人类适应环境的方式。

4.黄崖遗址

黄崖遗址位于山东沂源南鲁山镇黄崖村附近，地处螳螂河东边的一处山洞内。遗址发现于2006年，尚无测年数据，但从发现的叠唇釜和更进步的制陶工艺看，黄崖遗址的年代应晚于扁扁洞遗址，与后李文化更为接近。

遗址内陶片较扁扁洞遗址多得多，但均为碎片，厚度一般在10毫米之内，变化不大。陶质均为夹砂陶，砂粒未经过挑选。陶色以红色和红褐色为主，也见灰褐色和黄褐色，还出现胎色深灰接近黑色的陶片，陶色较稳定。可辨认的器型有釜和钵。陶器均为手制，有的陶器表面干净光滑，可能是由于胎体在未晾干之前经过反复打磨，以至于析出一薄层细泥，少数陶片的内壁也经过打磨。

北京门头沟东胡林遗址出土陶盆残片

（三）北方邻近地区

1.东胡林遗址

东胡林遗址位于北京市门头沟区，地处清水河北岸的三级阶地上。经过2001年、2003年、2005年、2006年共四次发掘，人们发现遗址堆积可分为8层，早期陶片出自第7层。

遗址中共出土100余件陶片，质地为夹砂陶，颜色有红褐和灰褐。器表多为素面，少数饰附加堆纹、压印纹。器型主要为平底器，如盂型器。陶器制作方法为泥条筑成法，结构疏松，烧制火候不高。年代在距今10650～9595年。

东胡林遗址的发掘对于了解华北平原先民的生活环境，探索华北地区乃至全国范围内原始农业、家畜饲养业、石器磨制技术和制陶技术起源等问题有重要意义。

2.转年遗址

转年遗址位于北京市怀柔区，地处白河西岸的第二级阶地之上。经过1992年试掘和1995—1996年的正式发掘，人们发现遗址堆积可分为4层，早期陶片出自第4层。

遗址中共发现90余件陶片，厚度在7～11毫米。质地为夹砂陶，主要夹杂石英颗粒。陶色主要为褐色。器表多为素面，个别口沿处饰附加堆纹，可能用于加固器体。器型包括筒形罐、带乳突盂等平底器。制作方法为泥片贴塑。烧制火候不均，陶片结构疏松，硬度较低。陶片年代在距今9800年前后。

转年遗址揭示的基本文化因素具有一定代表性，与南庄头、于家沟、东胡林等地的遗存一起，反映了我国华北地区新石器时代早期文化的基本特征。

3.南庄头遗址

南庄头遗址位于河北徐水，地处华北平原西部、太行山东麓。遗址发现于1986年，经过1986年、1987年、1997年等多次发掘，人们发现地层堆积可分为7层，早期陶片出自第5层及相关堆积单位，如Z1中出土9件陶片。

遗址中共发现40余件陶片，厚度在7～16毫米。质地有夹砂和泥质两种，结构疏松，烧制火候较低。夹砂陶中的羼和料有蚌壳末、石英粒。陶色以褐色为主，有灰褐和黄褐之分。器表纹饰较丰富，多饰绳纹和附加堆纹。器型包括平底罐、钵。陶片年代在距今10500～9700年。

南庄头遗址与东胡林、转年、于家沟等遗址距离不远，年代相近，但因地理位置特殊，保存有更丰富的遗迹现象。南庄头遗址早期陶片的特征与其他几个遗址的大致相同，但有所不同的是，南庄头遗址内未见细石器。

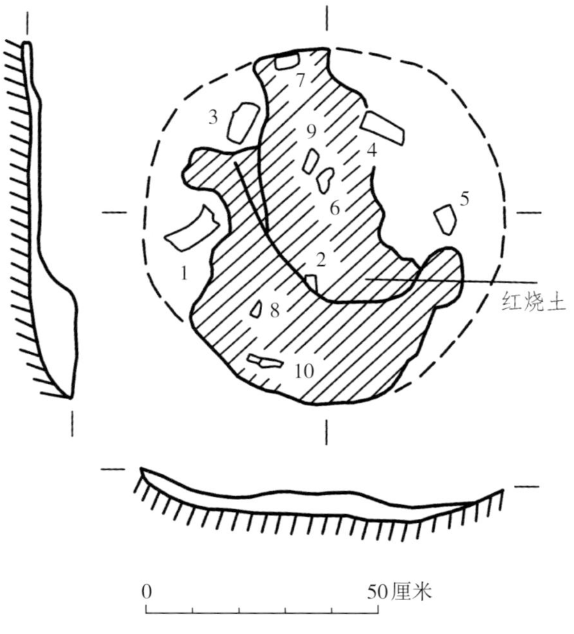

1～7、9、10为陶片，8为鹿臼齿

河北徐水南庄头遗址Z1平、剖面图

1.陶罐口沿

3.陶腹片

2.陶罐口沿

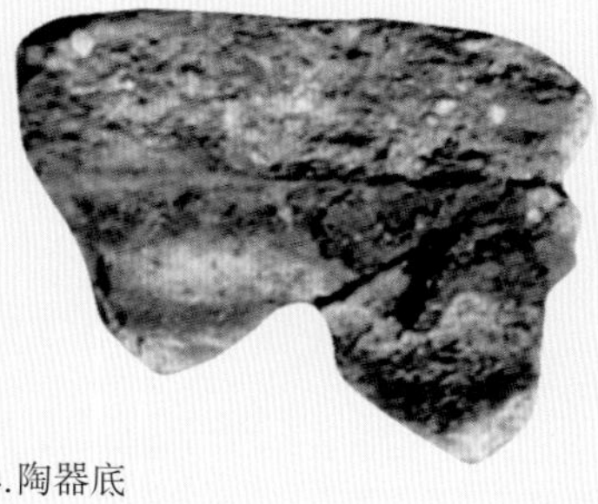

4.陶器底

河北徐水南庄头遗址出土陶片

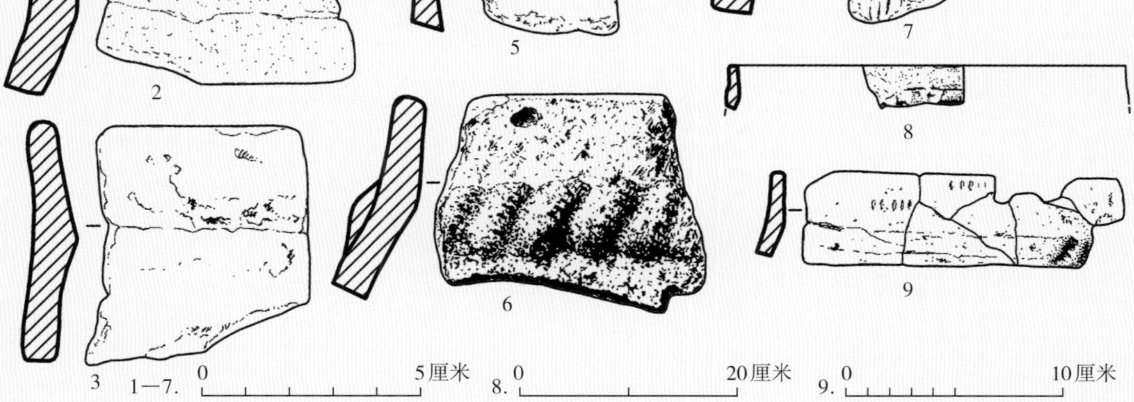

河北徐水南庄头遗址第5文化层出土陶罐口沿

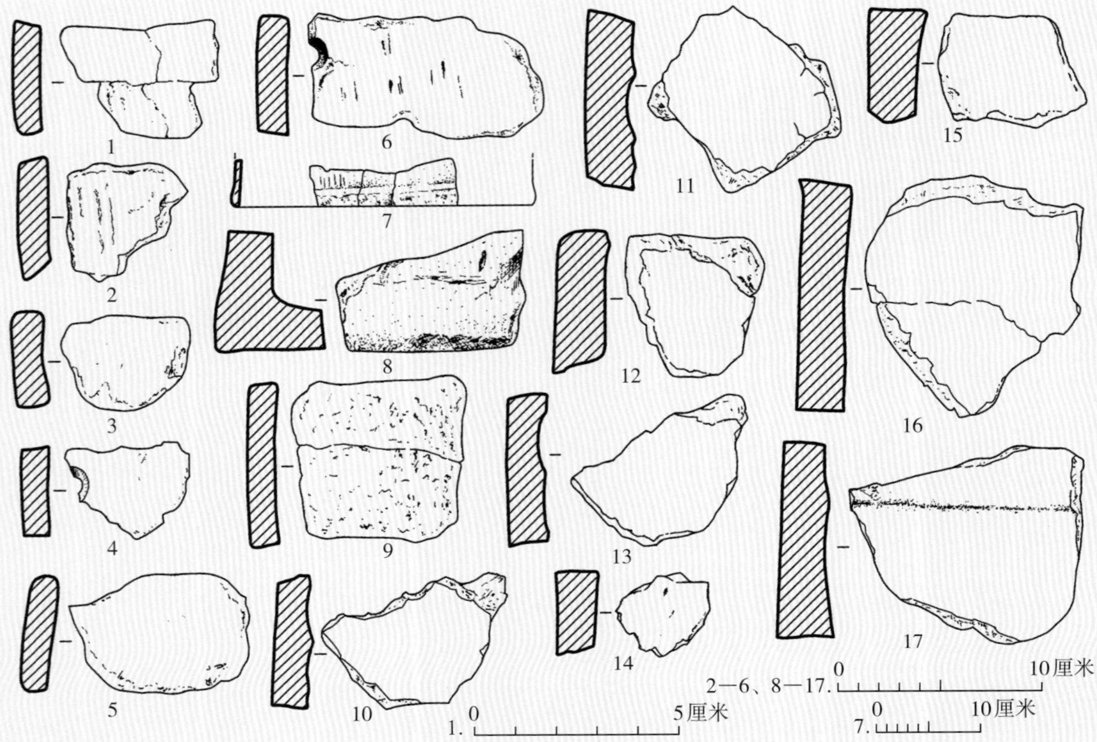

河北徐水南庄头遗址第5文化层出土陶片

河北阳原于家沟遗址出土早期陶片

4. 于家沟遗址

于家沟遗址位于河北阳原泥河湾盆地中部，地处桑干河二级阶地。经过1995—1997年的连续发掘，人们发现遗址堆积可分为7层，最早的陶片出自第4层顶部与上部及3b层。

遗址中共发现11件陶片，厚度在7～12毫米。质地为夹砂陶，羼和料包括云母片、蚌屑、石英。陶色有红褐、黑褐、黄褐三种。器表多素面，少数陶片器表有压印细绳纹。器型多为罐类平底器。烧制火候较低，疏松易碎。经热释光测年，于家沟出土陶片的年代为距今11000年。

于家沟遗址所在的泥河湾盆地处于华北平原和蒙古高原的过渡地带，而且它是一个具有过渡剖面的典型遗址，对研究陶器起源与发展有独特价值。

5. 四台遗址

四台遗址位于河北尚义，地处蒙古高原南缘地带，是近年冀西北地区发现的一处面积最大、保存较好、包含旧新过渡时期遗存的新石器时代早中期遗址。2020年，河北省文物考古研究院等单位对遗址开展考古发掘与研究，根据地层关系、出土遗物特征和测年数据，可将这些文化遗存划分为5组。最早的陶片出自第1组文化遗存。

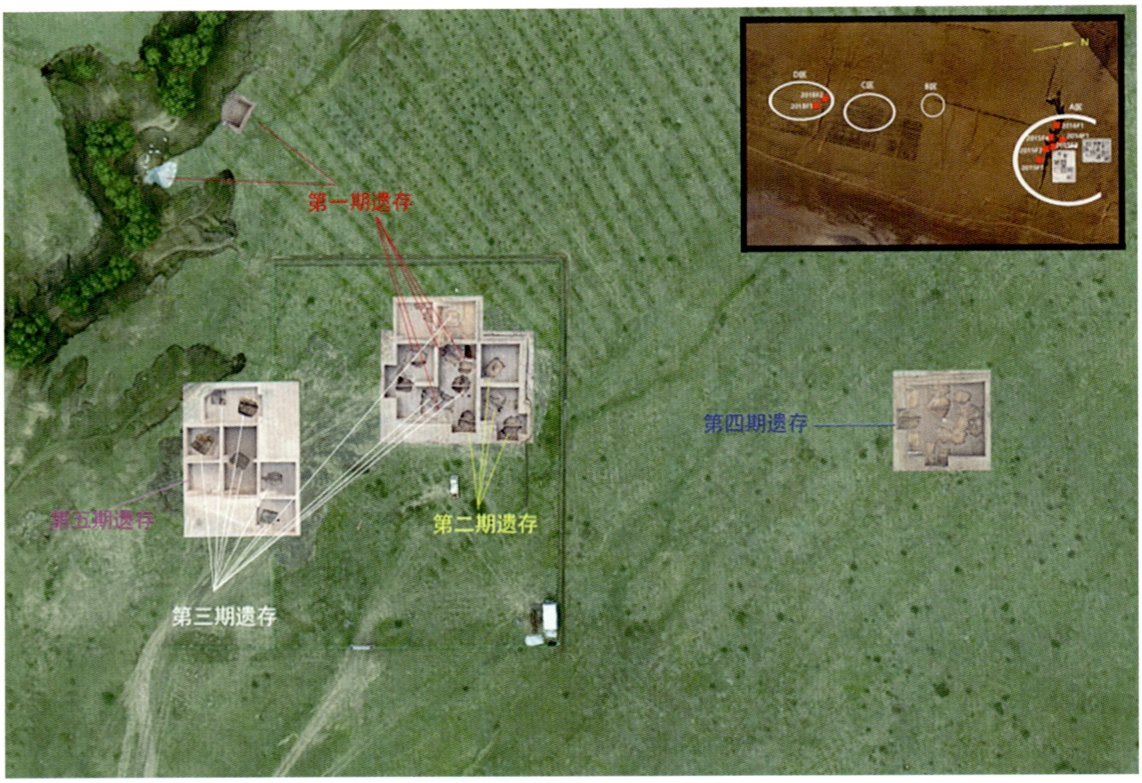

河北尚义四台遗址2020—2021年发掘区

河北尚义四台遗址发掘区局部

第1组文化遗存距今10400～10000年左右，出土的陶片均为残片，夹砂或石英，陶色为灰黑色或灰褐色，烧制火候较低。器表纹饰有压印的窝点纹、折线纹和刻划的网格纹，可辨器型有筒形罐、板状器等。

遗址第1、2组文化遗存的地层关系清晰，测年数据连续，房址结构和出土遗物特征都体现了连续发展的过程。成组房址实证了北方地区最早定居村落的出现，出土的石器为中国北方旧石器向新石器时代过渡研究提供了直接证据，出土的陶片为燕山南北和西辽河流域找到了共同的文化根源，意义重大。

早期陶器的诞生，是先民适应生存环境的结果，也是在资源利用、技术探索、文化促动共同合力之下的一种创举。陶器诞生之后，逐渐融入中华先民的生活。通过考古发掘和观察，人们从陶器了解和探索史前人类生活、文化与历史进程。

河北尚义四台遗址出土筒形罐残片

河北尚义四台遗址出土戳印横人字纹陶片

河北尚义四台遗址出土戳印纹陶片

第二篇

裴李岗时代黄河流域史前陶器的发展

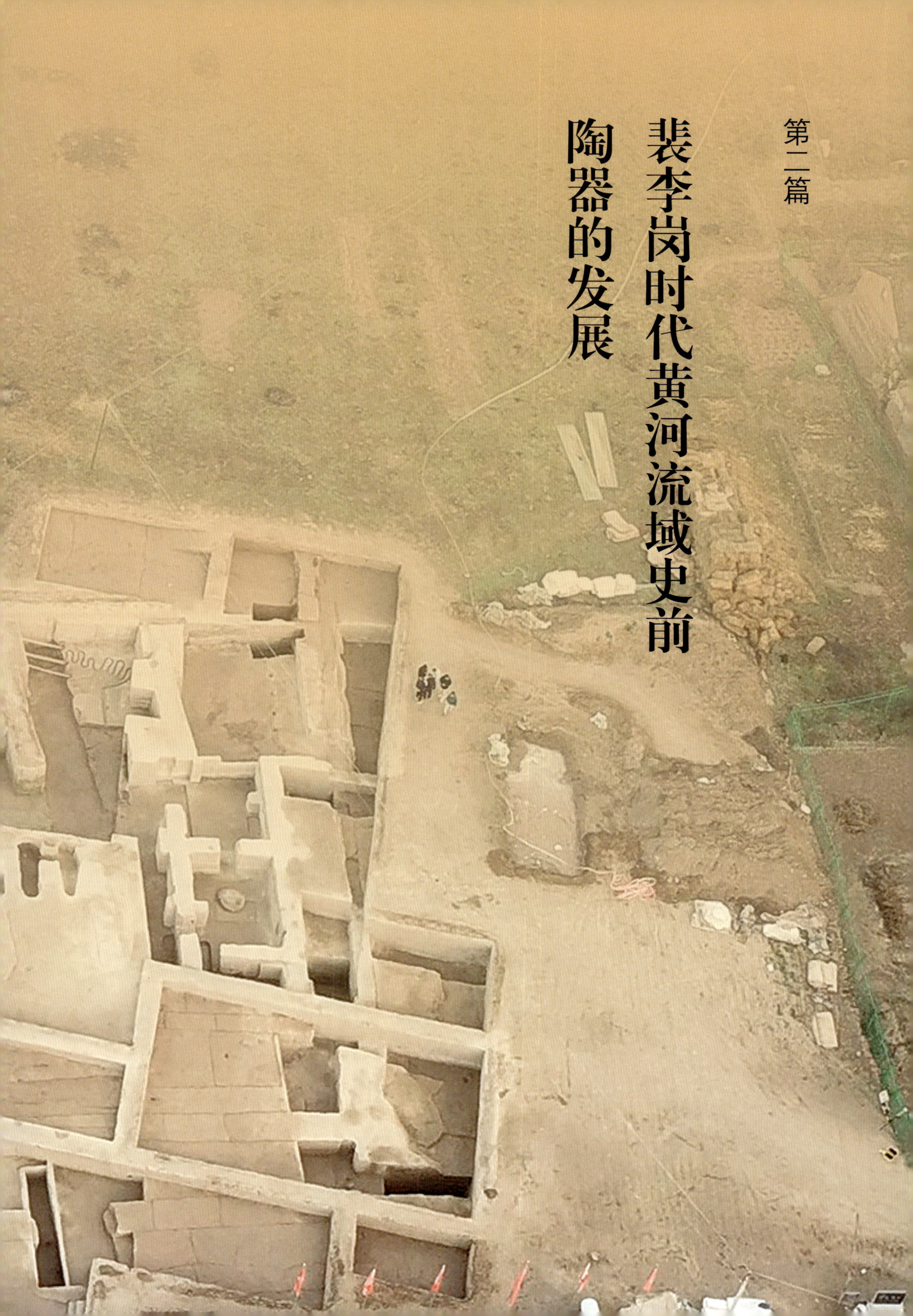

随着社会生产力的发展，在前裴李岗时代陶器制作技术萌芽的基础上，距今八九千年的裴李岗时代，陶器生产无论是技术水平还是产品类型，都有了较大的提升。这种陶器生产的发展在一定程度上适应了史前定居社会的需要，间接推动了社会的发展进程。

一、史前陶器概说

裴李岗文化是我国首次发现的比仰韶文化更早的远古文化，它因1977年起发掘的河南新郑裴李岗遗址而得名。裴李岗文化的发现与研究经历了由不认识到认识、对与周围同时期考古学文化的关系的认识从不清晰到清晰的缓慢过程，现在已成为中原地区同时期多支考古学文化的典型代表。有学者称以裴李岗文化为始点，终于仰韶文化初期的距今约9000～5000年的历史时期为“裴李岗时代”，这也是新石器时代的中期。裴李岗时代黄河流域的考古学文化主要分布于黄河中下游地区，裴李岗时代黄河中游的考古学文化主要有大地湾文化、裴李岗文化和磁山文化，黄河下游的考古学文化主要是后李文化。与前裴李岗时代相比，裴李岗时代黄河流域不同区域陶器表现出的个性特征更为明显，如在前期夹砂质陶器的基础上新出现泥质陶，在前期圜底器和平底器的基础上新出现三足器等。说明在裴李岗时代，古人的制陶技术较前一时期有了较大进步；泥质陶、三足器的出现说明古人根据实际需要而进行陶器创作，充分体现了古人的创新性和创造力。

（一）黄河上中游地区

1.大地湾文化

大地湾文化是以甘肃秦安大地湾遗址发现的早于仰韶文化半坡类型的大地

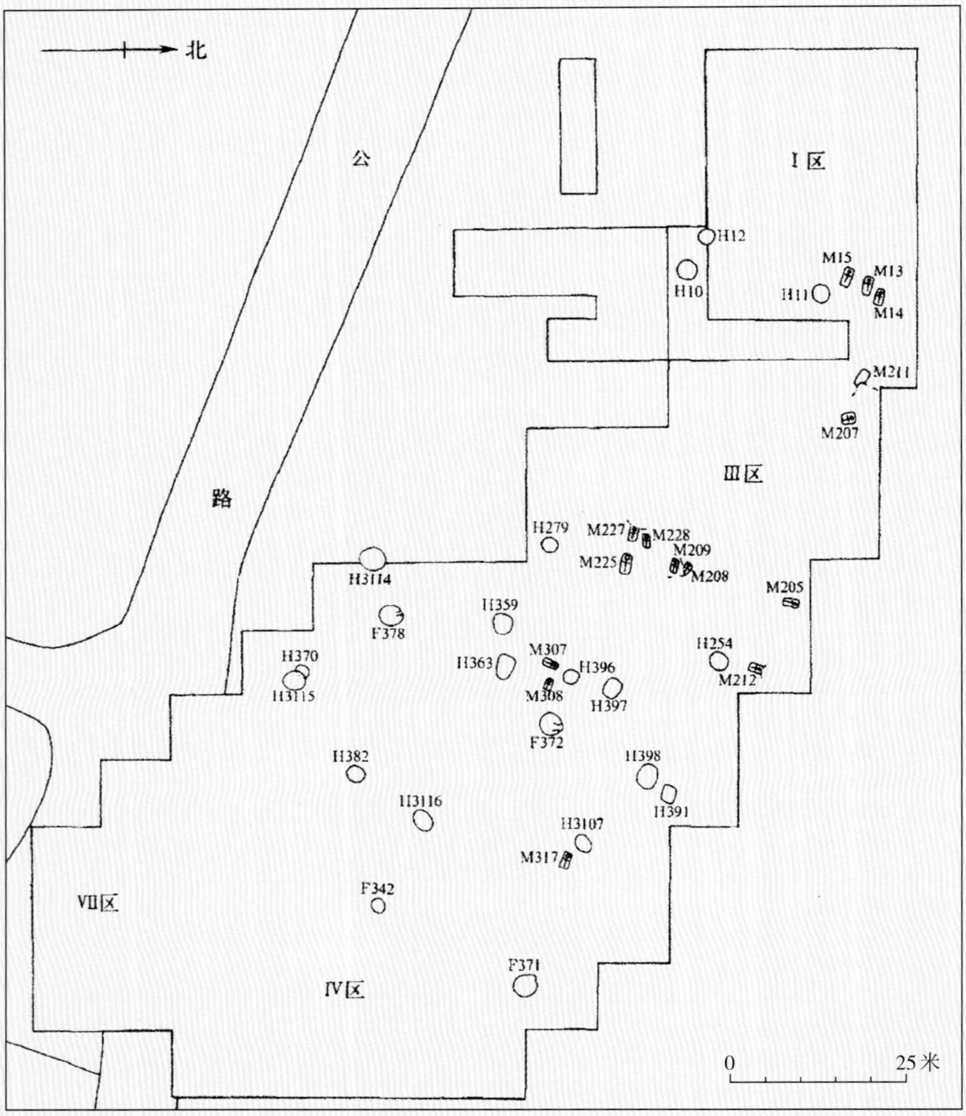

甘肃秦安大地湾第一期遗迹分布图

湾一期文化为代表而得名的，也有学者称之为老官台文化，绝对年代距今7900～7000年。大地湾文化主要分布在陕西、甘肃境内的渭水流域和汉水上游、丹江上游地区，在嘉陵江上游也有零星分布。经过大规模发掘的大地湾文化遗址有甘肃秦安大地湾、天水师赵村，陕西宝鸡北首岭、临潼零口村、南郑龙岗寺等。大地湾遗址位于甘肃秦安县城东北45千米处的五营镇邵店村东南，遗址总面积110万平方米，遗存主要分布在清水河南岸的Ⅱ、Ⅲ级阶地以及相接的缓坡山地上。这里属黄土梁峁沟壑区，温带半湿润气候，既有平坦的河谷台地，又有广阔的缓坡山地，在甘肃属于自然地理环境较为优越的地区。1978—1984年，原甘肃省文物工作队对遗址进行了大面积的科学发掘，1995年又进行了补充发掘。甘肃秦安大地湾遗址考古发掘以及取得的丰硕成果，不仅拓宽了甘肃史前文化的研究视野，而且在我国新石器时代研究方面取得突破性进展，因此被学术界评为20世纪百项重大考古发现之一。对大地湾遗址的发掘，首次在西北地区较全面地揭示了距今7000多年的前仰韶文化内涵，同时展示了该地区新石器文化3000年的发展过程。

大地湾文化陶器均为手制，一般陶胎较厚，为敷贴模制而成，表现出较为原始的制陶工艺。以夹砂红褐陶和夹砂灰褐陶为主，泥质陶极少。器表常见有陶色不纯的现象，一般是红褐色陶夹有灰褐色斑块，灰褐色陶夹有红褐色斑块，内表均为灰黑色，这种现象应为烧制火候不匀所致。典型器物有钵、碗、罐等。

2.裴李岗文化

裴李岗文化是以河南新郑裴李岗遗址的发掘而得名，绝对年代距今约8200～7500年。裴李岗文化的分布范围以豫中地区为主，向南可达豫南，北到黄河以北，西抵洛阳，东至京广铁路以东，遗址分布以豫中嵩山周围最为密集。目前经过发掘的重要遗址有新郑裴李岗、唐户、沙窝李、长葛石固、舞阳贾湖等。

贾湖遗址位于贾湖村东，村东端的南北大道应为遗址的西部边缘。遗址平面呈不规则圆形，总面积约55000平方米。舞阳贾湖遗址是我国重要的新石器时代前期遗址。20世纪80年代在这里进行过六次考古发掘，2001年又进行了第七次发掘，有8000年前七声音阶骨笛、成组龟甲及其原始契刻文字和最早的稻作农业等重要发现。关于贾湖遗址，学者们进行了十多年的多学科综合研究，其研究成果在国内外公布之后引起社会广泛关注，2000年该遗址被评为20世纪百项重大考古发现之一。

裴李岗文化较完整或可复原的陶器主要出土于墓葬中。陶器以泥质红陶占绝大多数，夹砂红褐陶次之，泥质灰陶较少。此外，有很少的黑陶。陶器均为手制，制法以泥条盘筑为主。陶胎厚薄不均，陶色斑驳不均，烧制火候低，烧成温度800℃左右，吸水性强，易破碎，多为素面，个别进行磨光。常见纹饰有附加乳钉纹、篦点纹、压印纹、划纹、指甲纹等。典型器物有鼎、罐、壶、钵、碗等。裴李岗文化已显示明显的艺术气质和浓厚的生活气息。

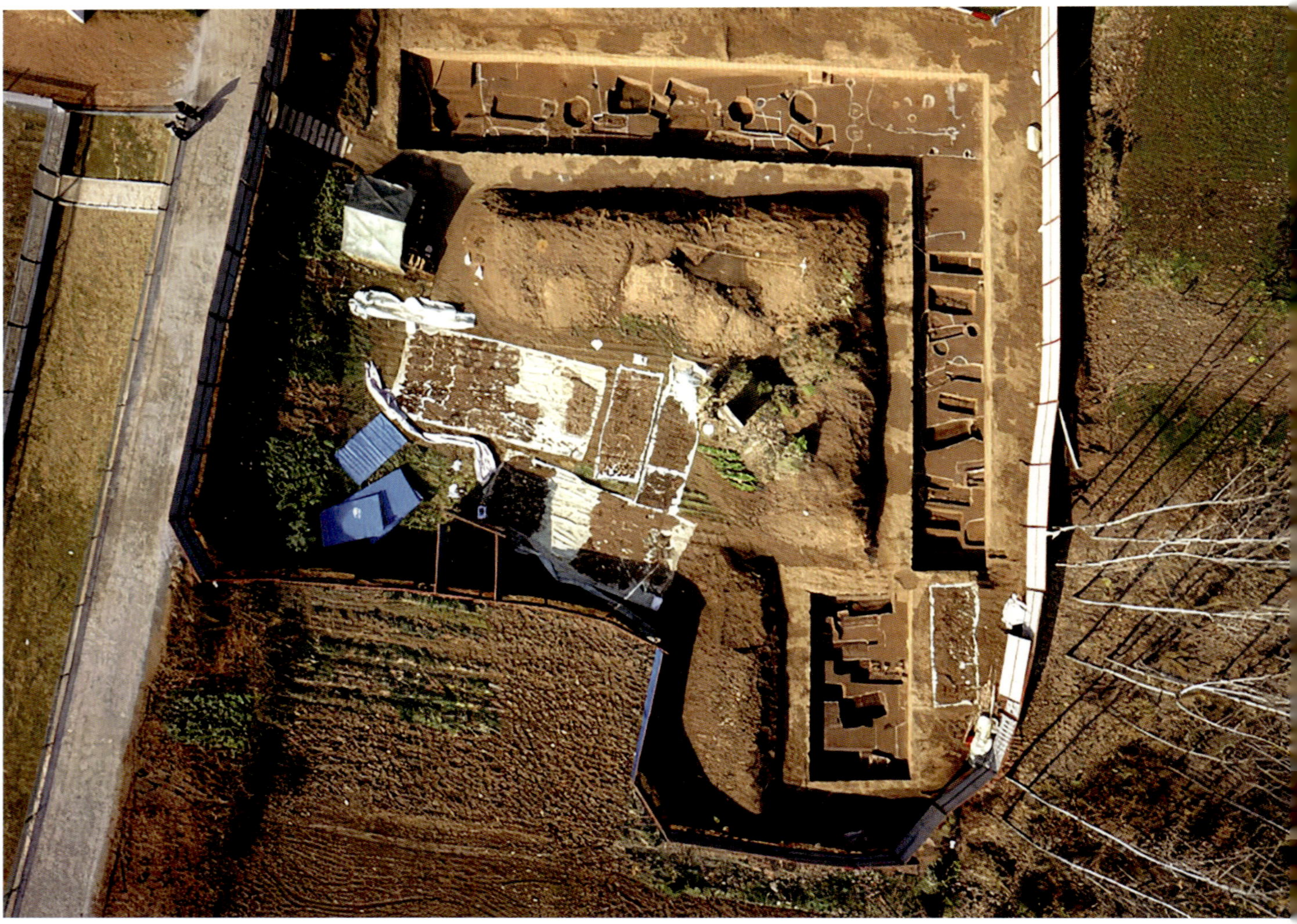

2013年河南舞阳贾湖遗址发掘区航拍图

河南新郑裴李岗遗址墓葬

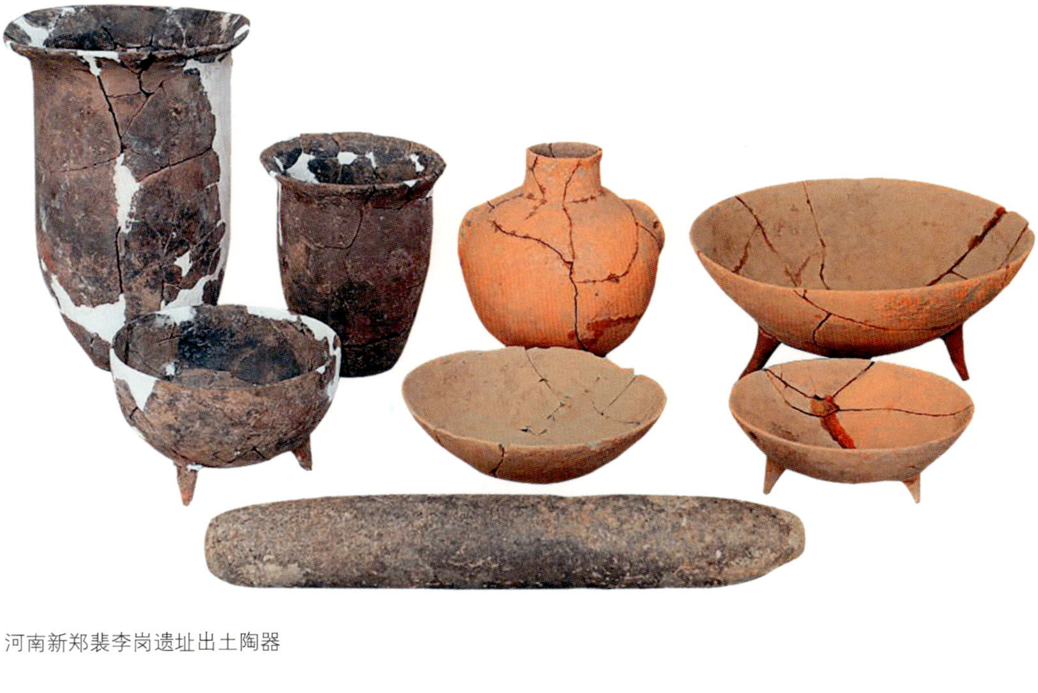

河南新郑裴李岗遗址出土陶器

3.磁山文化

磁山文化因河北武安磁山遗址的发掘而得名，绝对年代距今8000～7000年。磁山文化主要分布在太行山东麓，南至漳河，北到拒马河、大清河流域，主要集中在冀南地区洺河流域。目前经过发掘的重要遗址有武安磁山、易县北福地、容城上坡。北福地遗址位于河北省易县西南约12.5千米处北福地村南的台地上，地处低山丘陵与平原过渡区域。1985年、1997年、2003年、2004年考古工作者对该遗址进行了大规模发掘。北福地遗址发现了大量房址、灰坑等生活遗迹，应属史前村落遗址，是考古学家们进行早期新石器文化生存发展与环境、人地关系研究较好的遗址个案标本，也为考古学家研究此时期古人日常生活中使用的陶器提供了重要材料。

磁山文化陶器以夹砂陶为主，约占陶器总数的90%以上。该类陶质往往含有石英、粗砂、细砂及云母等不同的羼和料。在泥质陶类中，仅见泥质红陶一种，只占陶器总数的不到10%。磁山文化的陶器以素面为主，纹饰中绳纹最为多见，编织纹和篦纹次之，编织纹多压

河南易县北福地遗址2004年度第Ⅰ发掘区（由北向南摄）

印在器底上，此外，有篮纹、方格纹、附加堆纹、剔刺纹、指甲纹等。陶器均为手制，采用泥条盘筑法和徒手捏制而成，常见有器型不规整的现象。烧制温度夹砂陶约为880℃，泥质陶约为930℃。典型器物包括平底盂、支座、三足钵、小口罐、盘等。陶盂数量最多，形式多样，一般呈圆口形，筒形腹，大平底，有的口沿两侧各饰一乳钉，有的饰两周凸弦纹，有的在腹部饰成组的弧线附加条线或叠山纹，也有的在器物外表饰绳纹，素面也占一定的比例。陶支座出土数量仅次于陶盂，器型均呈倒靴状，顶部为平面，前端突出呈尖状，后端圆弧，器身为上细下粗的矮筒状，有的在两侧附加弧形泥条。陶支座与陶盂组成复合式炊具，均为夹砂陶质。三足钵出土数量也很多，以泥质红陶为主，器型较大，呈敞口圜底状，腹深弧，似半球形，下附三个锥形足。

（二）黄河下游地区

后李文化是以山东临淄后李官庄（简称后李）遗址而得名，绝对年代距今9000～7300年。后李文化的分布范围主要在泰沂山系北麓的山前平原地区，其范围大体包括东起潍河、西到泰山西北麓的这一狭长地带。目前经过发掘的重要遗址有临淄后李，章丘西河、小荆山，长清月庄，济南张马屯，滕州黄安等。西河遗址位于山东章丘龙山街道龙三村西约400米处，东距中国的“考古圣地”城子崖遗址约1600米，目前经过了三次考古发掘和勘探，是后李文化典型聚落之一。西河遗址作为一处遗存丰富、保存较好、面积较大的后李文化聚落，为探讨山东地区新石器时代早中期文化提供了极为重要的资料，而遗址中出土的陶器在考古学家眼中也是弥足珍贵。

黄安遗址位于山东滕州北辛街道原黄安村西南，是鲁中南地区近年新发现的一处新石器时代中晚期遗址。该遗址总面积10000余平方米，时代涵盖后李文化时期、龙山文化时期、西周及汉代等，其中一批后李文化时期遗迹的清理是该区域新石器时代考古的新突破。遗址揭露出后李时期保存比较完整的聚落，填补了鲁中南地区乃至更大范围内距今8000年左右史前文化的空白。

后李文化陶器均为夹砂陶，不见泥质陶。陶器均为手工制作，烧制火候低，陶质松软。陶色以红色和红褐色为主。陶器多为素面，可以看到在釜的口沿饰花边纹、腹部饰附加堆纹，罐类器常饰有绳纹。此外发现有戳印纹、指甲纹、压印纹和少量刻划纹。后李文化中的

后李文化西河遗址全景（由西向东摄）

山东滕州黄安遗址后李文化房址F43

陶器以圜底为主，典型器物包括釜、罐、碗、盆、壶、匜等。其中釜的数量最多，是后李文化最具代表性的器物，极富特色的叠唇圜底釜可谓后李文化的“身份证”。

二、史前陶器精华

在前裴李岗时代陶器萌芽和发展的基础上，到了裴李岗时代，国内主要文化区典型遗址出土的陶器，无论是在器类上，还是在工艺技术方面，相比于前一时期都有了极大的提升。就裴李岗时代黄河流域而言，目前上游地区大面积的考古学文化尚不很明确，中游和下游地区也存在着区域性的差异，各个考古学文化区出土的陶器都有着自己的特色。

（一）黄河上中游地区

罐形鼎
大地湾文化
甘肃秦安大地湾遗址出土
口径16.8、高26.6厘米

大地湾遗址位于甘肃秦安县城东北45千米处的五营镇邵店村东南，当时大地湾文化的分布区域气候较为温暖湿润，植被茂密，动物种类丰富，是古人生活的理想之地。遗存主要分布在清水河南岸的Ⅱ、Ⅲ级阶地以及相接的缓坡山地上，分布范围北起河边阶地，南至山顶堡子，东西两侧分别为冯家沟和阎家沟溪流。

其陶器多为夹细砂陶，泥质陶较少。陶色以红色、红褐色为多，灰色、灰褐色也占较高比例，黑色、灰黑色较少。因烧制火候不匀，器表颜色不均匀，器物表面多见红、褐斑。常见器型主要有鼎、筒状深腹罐、圜底盆、圜底钵、圈足碗、圜底碗、壶、杯等，以圜底器为多，其次为三足器，少量的平底器和圈足器。

如图示罐形鼎为夹细砂灰褐陶。敞口，齿状唇。筒状深腹，腹壁较直，下腹微收，下接三足。通体饰交错细绳纹。足以上的深腹筒形罐部分具有北方特征。以下数件器物均有交错绳纹，或粗或细，但有着明显的相似性，显示出一定的经济发展水平和生产水平。

筒状深腹罐
大地湾文化
甘肃秦安大地湾遗址出土
口径26、高17厘米

夹细砂灰褐陶。敞口，齿状唇。筒状深腹，腹壁较直，下腹微收。平底。通体饰交错细绳纹。

陶壶
大地湾文化
甘肃秦安大地湾遗址出土
口径8.8、高31.3厘米

夹细砂灰褐陶。直口，圆唇。鼓腹，下腹斜收。小平底。素面。手制，器表可见制作痕迹与刮抹痕迹。陶器制作火候较低，质地疏松，制作技术较为原始。鼓腹壶也是大地湾文化较有代表性的器物之一。

圈足碗
大地湾文化
甘肃秦安大地湾遗址出土
口径17.8、高7.2厘米

图示圈足碗为夹细砂灰褐陶。敞口，齿状唇。斜弧腹。圜底下附圈足。通体饰交错绳纹。绳纹表现了早期陶器制作过程的重要步骤，也体现了大地湾先民对绳纹的选择与绳纹的流行。

大地湾文化是西北地区彩陶发展史的初始期。在大地湾遗址的发掘过程中，彩陶往往出土于房址和灶坑周围，它们多为盆、钵等饮食器具，说明最初的彩陶也是人类生活中最常用的用品。这一时期的施彩陶器种类单纯，绝大多数为三足或圜底的钵形器，平底器较少，质地不甚坚硬，大多为夹细砂陶，均为日常生活中盛饭装水的小型容器。纹饰简单，图案单一，仅在陶钵口沿内外绘一周条带纹，是最原始的彩绘图案，色彩为暗红色或偏暗的紫红色。红色陶钵施紫红彩，对比不甚鲜明，表明当时的彩陶还处于萌芽阶段，呈现出较多的原始性。本时期的彩陶虽然简单，但意义十分重大，因为此时期的彩陶代表了一个丰富多彩时代的到来，它的出现为其后仰韶时代彩陶的大繁荣奠定了基础。

钵形鼎
大地湾文化
1979年甘肃秦安大地湾遗址M209出土
口径27.5、高12厘米

夹细砂红陶。敞口，圆唇。弧腹。底附锥形足。口沿内外均饰紫红色宽带纹，沿外彩带宽2.7～3厘米，沿内彩带较窄，宽约0.5厘米。由于长期使用，口沿外彩部分脱落。中下腹至底饰交错绳纹。此件器物与另一件盆形鼎在尺寸上略有差异，但形状近似，显示出这类器物的流行性和丰富的功能。

盆形鼎
大地湾文化
甘肃秦安大地湾遗址出土
口径27.3、高12.5厘米

夹细砂红陶。敞口，圆唇。弧腹。底附锥形足。口沿内外均饰紫红色宽带纹。由于长期使用，口沿外彩部分脱落。中下腹至底饰交错绳纹。

圜底钵
大地湾文化
1979年甘肃秦安大地湾遗址出土
口径27、高9厘米

夹砂红陶。敞口，口微撇，圆唇。弧腹。圜底。口沿外抹光后饰一周红色宽带纹，中下腹至底饰交错绳纹。此下4件均为钵，形状近似，绳纹类似，显示出此类器物制作的成熟和广泛的使用面，也体现出不同地区同一文化体系的相似性，证明了一定范围的文化交流现象。

圜底钵
大地湾文化
1980年甘肃秦安大地湾遗址M277出土
口径28、高11厘米

夹细砂红陶。口沿内外抹光。敞口，圆唇。弧壁。深腹。圜底。施紫红彩。口沿内饰一周窄线纹，口沿外饰一周宽带纹，下腹至器底饰交错绳纹。

圜底钵
大地湾文化
1982年陕西临潼白家村遗址H8出土
口径33、高14.5厘米

夹砂红褐陶。敞口。斜弧腹。圜底。口沿外绘一周红彩宽带纹，内沿饰一周窄带纹，腹部饰交错绳纹。

圜底钵
大地湾文化
2020年陕西渭南北刘遗址F1出土
口径33、高13厘米

夹砂红褐陶。敞口。斜弧腹。圜底。口外部饰一周红彩宽带纹，腹部饰交错绳纹。

圜底钵
大地湾文化
2020年陕西渭南北刘遗址F1出土
口径37、高11.7厘米

夹砂黄褐陶。敞口。斜弧腹。圜底。口外部抹光并进行打磨，再饰一周红彩宽带纹，腹部饰交错绳纹。

三足钵
裴李岗文化
河南渑池关家遗址出土
口径17.4、高10厘米

泥质红褐陶。圜底，底附三足。素面。方唇。圆锥状三足外撇，足尖抹平。

乳钉纹红陶鼎
裴李岗文化
河南新郑裴李岗遗址出土
口径23、高22厘米

夹砂红陶胎，泥条盘筑而成。鼎为圆形，敞口，口沿外翻，深直腹。圜形底，下附三个扁柱形足。腹部装饰有三周兼有艺术装饰和加固器身作用的乳钉。

这件陶鼎为手制，胎壁厚薄不均，整体显得较为粗糙，并且由于烧制火候不高，胎质疏松易碎，体现出这一时期陶鼎的原始性。

红陶双耳三足壶
裴李岗文化
河南新郑裴李岗遗址出土
口径5.8、高14.3厘米

橘黄色细泥质陶胎，分段泥条盘筑拼接制成。壶为圆形，高领小口，口微外侈，球状腹。肩上捏塑竖置弯月小耳，耳上穿小孔。圈底，底部附有三个锥状短足，足外撇。通体素面。

双耳罐
裴李岗文化
河南舞阳贾湖遗址出土
口径11、高30厘米

直口，方唇。颈部不显，颈肩处设有对称横耳。鼓腹，下腹壁弧收。小平底。器体瘦高，内外壁及底部均施有红陶衣，器表陶衣多剥落。

此类双耳罐是新石器时代裴李岗文化的典型器物之一。从其造型推断其应与造酒和饮酒文化有关，成为新石器时代早中期先民生活内容的重要见证。此件器物造型优美，附对称双耳，对研究舞阳贾湖遗址先民的日常生活及手工业制造具有独特意义。

罐形鼎
裴李岗文化
河南舞阳贾湖遗址出土
口径22、高31厘米

夹蚌黄褐陶。侈口，折沿较窄。下附三足。器表素面，有羼和料掉落留下的孔洞。外壁磨光，器表可见杂乱的划痕，集中在颈部，部分在腹部，多是用尖细的工具刻划而成，没有规律。器表底部和腹部及内壁底部均可见明显的烧烤痕迹，显示出其功能是日常用的炊器。

盆形鼎
裴李岗文化
河南舞阳贾湖遗址出土
口径33、高21.8厘米

夹砂红褐陶。敞口，方唇，唇面外斜，内缘圆钝凸起，外缘较尖，唇部下方略呈一周凹槽。深腹，壁微弧。圜底近平，扁凿状足，较矮。

鼎是新石器时代出现的一种炊器，用于烹饪食物，一般为夹砂陶，最早见于河南新郑裴李岗和河北武安磁山遗址。陶鼎多为实用器物，与后来的青铜鼎功能有重合，但大多不同，礼器的色彩轻很多。陶器器型大多为深腹，圜底或平底，有圆柱形或扁片形三足，有的有双耳，部分带盖。

罐形壶
裴李岗文化
河南舞阳贾湖遗址出土
口径8.8、高10.6厘米

泥质红陶。口部较大。器耳横剖面为三角形，中部两面对钻圆孔，圆孔较大。鼓腹。大圜底。

此件罐形壶器型相对矮小，圆胖，造型流畅，制作较为规整。流畅的大圜底制作不易，展现了贾湖先民相对先进且较为精湛的制陶技术。

圆腹壶
裴李岗文化
河南舞阳贾湖遗址出土
口径4.8、高17厘米

泥质黄褐陶。侈口，方唇。颈部细长，耳孔一面钻。球腹。小平底微内凹。

圆腹壶是舞阳贾湖遗址发现的重要器类之一，为汲水器，腹部圆鼓，形似篮球，制作精美。其细长颈、球腹、小平底无疑大大增加了制作难度，其造型展现出贾湖先民先进的技术水平与丰富的制陶经验，展现出黄河流域史前陶器文化的鲜明色彩和先进水平。

折肩壶
裴李岗文化
河南舞阳贾湖遗址出土
口径7.4、高14.6厘米

泥质红陶。直口，尖圆唇。颈部较长。器壁较薄。肩腹转折处圆折微凸，腹壁斜直。器壁稍厚。器耳剖面呈三角形。底周角明显。此件器物从造型到装饰都有其特点，从造型看与舞阳贾湖遗址出土的众多壶一样明显有酒器的功能，而装饰朴素，工艺已有很大进步，显示出贾湖先民的技术水平和艺术水准。一定意义上来说，众多此类酒器的出土可能意味着贾湖先民的信仰和生活内容趋于复杂化。

扁腹壶
裴李岗文化
河南舞阳贾湖遗址出土
口径4.8、高13厘米

泥质黄褐陶。侈口，圆唇。颈部细长直束，斜肩较宽，肩部弧凸微鼓，其上饰对称双垂耳。器耳较薄，在中上部一面钻圆形耳孔。扁腹，肩腹转折处较圆折，下腹部斜收，微弧，小平底微内凹。

扁腹壶是舞阳贾湖遗址2001年第七次发掘时新发现的壶类器物，相对少见。舞阳贾湖遗址的壶类一般制作精巧，器壁较薄，绝大部分为泥质红陶，成型工艺以泥片、泥条盘/圈筑为主，器体陶坯成型后涂一层泥浆，外施陶衣并打磨光滑。

红陶小口双耳壶
裴李岗文化
河南长葛石固遗址出土
口径5.4、高19.5厘米

侈口。高领。卵形腹。平底假圈足。肩部两侧有对称的半月形耳，双耳中部有一圆形系孔。通体素面无纹。

该陶壶是在早期裴李岗文化遗址中采集的，距今已有8000年的历史，对研究原始社会生活习俗和制陶史的发展有一定价值，特别是对黄河流域史前陶艺的研究，具有标志性意义。

陶盂、陶支脚
磁山文化
河北武安磁山遗址出土
陶盂口径19.5、高17厘米
陶支脚底径14、高11厘米

陶盂为夹砂红褐陶，呈圆筒形，直壁，口微敛，大平底，口沿两侧附贴鋬耳一对。口沿下有四条并列为一组的弧曲纹，底面留编织纹痕。制法为泥条盘筑。

陶支脚三个，夹砂红褐陶，形制相同，为倒靴状。顶面前突成尖、后端圆弧形。下部为中空圆圈。附贴一对横鋬耳。制法为泥条盘筑。陶盂和陶支脚相当于现代的锅灶，下面生火，上面煮饭，后来逐渐被陶鼎取代。

刻陶假面面具
磁山文化
河北易县北福地遗址出土
高21、宽14厘米

夹云母灰褐陶。保存完整。整体呈倒梯形。左侧有整齐的切割痕迹。主要技法为减地阳刻，凹下块面构成椭圆形大眼眶，其与阴刻弧形线条之间的凸弧条成为眼眉。镂孔为眼睛，双眼斜立，右眼长2.9、宽0.4厘米，左眼长2.3、宽0.4厘米。弧形三角凸块面为鼻部，镂刻两个小圆坑点为鼻孔，孔径0.4厘米。面目严肃庄重。

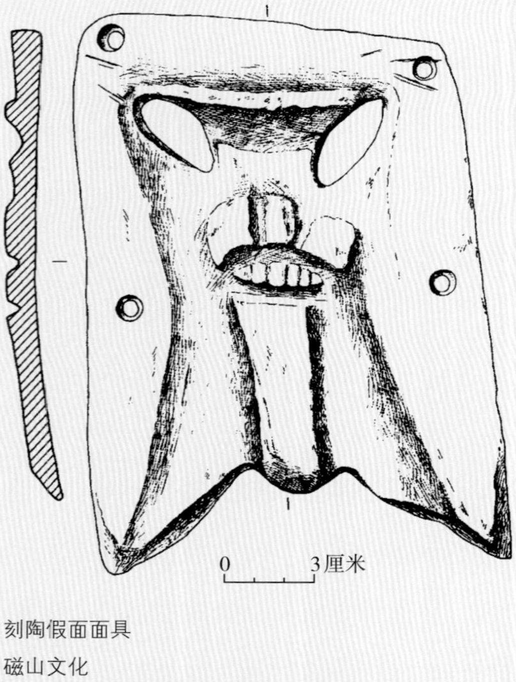

刻陶假面面具
磁山文化
河北易县北福地遗址出土
高19.2、宽13厘米

夹云母褐陶。内壁褐色，抹光。整体形制大致呈弧顶长方形。面部雕刻于沿下腹部表面，方向与口沿正向垂直。技法主要采用减地阴刻，用凹条块表现。宽额下为尖弧形条状眉弓，镂孔菱形双眼，长1.4、高0.8厘米。椭圆形阴刻粗条构成硕大的鼻部，双坑点为鼻孔，鼻高3.9、宽4厘米。口部微张，阴刻短竖线上下对接为两排露出的牙齿。嘴角两侧各一圆形凹窝。额头穿二孔，嘴下两侧各穿一孔，孔径0.7～0.9厘米。

北福地遗址出土陶面具残片145件，其中完整或可复原的12件，材质多为夹云母红褐、灰褐、黑褐陶，大多由直腹盆的腹部或底部改制而成。大小不一，大的与真人面部相近，采用阳刻、阴刻、镂空、浮雕等多种技法勾勒出人或兽面，额头和两侧有多个穿孔。推测这些陶面具用于祭祀活动中，是目前所见最早、保存最完整的史前面具，是研究史前宗教活动的重要资料。有学者推测其为原始傩仪用具。这些陶面具在北福地比较集中出土，在周边的史前文化区也有零星出土，反映出地域文化信仰方面的某些共同特征。

（二）黄河下游地区

这段时期黄河下游地区主要表现为后李文化，以今天的山东济南和淄博、潍坊、滨州一带为集中发现区，如章丘、长清等地，主要为陶容器，以红色为多见。

图示陶釜为夹砂红褐陶。圆唇，卷沿。深弧腹。圜底。口部以下饰有四个錾手。

陶釜
后李文化
山东章丘西河遗址出土
口径27、高28.5厘米

陶拍
后李文化
山东章丘西河遗址出土
长14.4厘米

夹砂红褐陶，亚腰形，两端较平。

陶匜形器
后李文化
山东章丘西河遗址出土
口径37、高15.5厘米

敞口，口部一侧为桥形鋬手，对应一侧为缺口状流，口沿外侧饰齿状戳印纹。

红陶釜
后李文化
山东章丘小荆山遗址出土
口径26.6、高23.5厘米

夹砂红褐陶。圆唇，卷沿。深腹。圜底。口部以下饰有细泥条。

红陶猪
后李文化
山东章丘小荆山遗址出土
通长12.6、通高6.4、厚3.5厘米

陶釜
后李文化
山东长清月庄遗址出土
口径27.2、高27.6厘米

夹砂红褐陶。整体近似筒形，圆唇，卷沿。深腹。圜底。口部以下饰有两圈附加堆纹。

三、史前陶器的进步

纵观黄河上、中、下游地区，与前期相比，裴李岗时代陶器的进步主要体现在如下几个方面：

首先，陶器制作工艺有了较大发展。这个时期，陶器质地方面最大的变化是出现了泥质陶，表现为夹砂和泥质陶共存。但是泥质陶的质地并不十分纯净，多夹杂细砂或者少量粗砂，为泥质陶原料的早期状态。泥质陶的出现表明古人开始有意识地对制陶原料进行加工，而且夹砂陶和泥质陶的原料与器型通常表现出一定的对应关系，表明裴李岗时代古人对陶器功能和原料类型之间的关系有了一定的认识。此外，在陶器成型技术方面，在前裴李岗时代泥片贴塑和捏塑技术的基础上，出现了明确的泥条盘筑成型技术。泥条盘筑技术有助于减低器壁厚度、规范陶器器型、提高陶器质量和生产效率，此种成型技术的优势自此开始呈现并沿用数千年。

其次，陶器器型有了较大变化。在前裴李岗时代，黄河流域早期陶器器型方面多为圜底器和少量平底器，简单的形制映射出相对较低的技术水平，而单调的器型也反映了那个时代相对简单的饮食结构和生活水平。反观裴李岗时代，除了承袭前期的圜底器和平底器，还可见到罐、瓶、鼎等器物，多样化的陶器形态结构需要高超的成型和烧制技术，因此陶器器型的变化是裴李岗时代生产技术进步的体现。同样，多样化的陶器器型反映着多样化的饮食和其他生活需求，这在一定程度上反映了裴李岗时代古人生活水平、社会活动形式的进步。

另外，陶器装饰有了进步。反观前裴李岗时代，那些简单的器物只表现出形态的塑造，而毫无美化和装饰存在。到了裴李岗时代，在实现器物基本功能的基础上，陶器外表开始出现有意识的装饰行为，如附加乳钉纹和泥条、戳印，施加绳纹，磨光甚至出现简单的彩陶等，表现出古人的原始审美追求和逐渐提升的工艺水平。

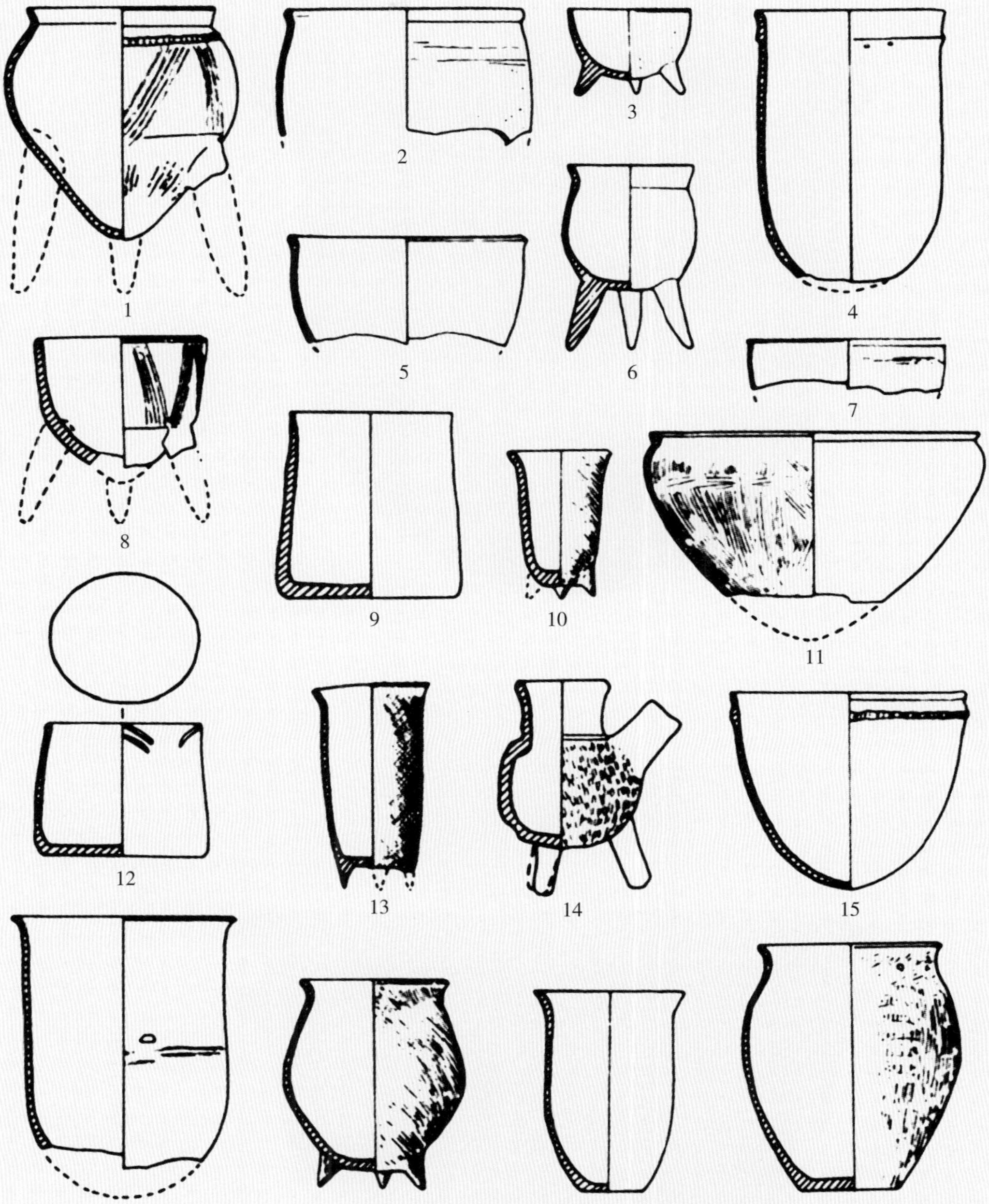

1、8.釜形鼎（H701:13、H706:1）；2、7、18、19.罐（H1:73、H1:75、M18、78H32:14）；3、6.鼎（M12、M14）；4、5、15.釜（H3827:1、H2885:1、H3832:1）；9、12.盂（T8②:144、T9H23:168）；10、13.深腹罐形鼎（M13乙:3、T112H5:77）；11、16.釜（H1005:11、H19:46）；14.盉（77H13:5）；17.鼎（77M10甲:1）。（1、8、11、16出自北辛遗址，2、7出自枣园遗址，3、6、18出自裴李岗遗址，4、5、15出自后李遗址，9、12出自磁山遗址，10、14、17、19出自北首岭遗址，13出自白家村遗址）

裴李岗时期丰富的器物种类

陶器外表上的附加堆纹上饰压印纹
（山东章丘西河遗址F301:7）

陶器外表上的乳钉装饰
（河南新郑裴李岗遗址出土乳钉纹红陶鼎）

陶器外表上的竖向细绳纹
（河南渑池关家遗址角把罐）

陶器外表上的斜向细绳纹
（河南渑池关家遗址角把罐）

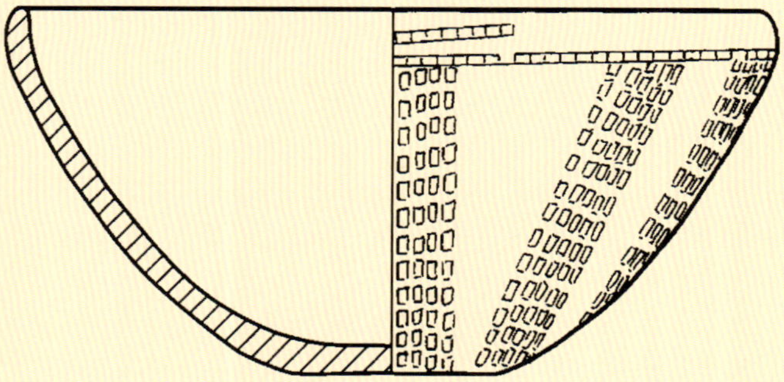

陶器外表上的方格状篦纹
（河南渑池关家遗址平底钵造型）

第三篇

仰韶时代黄河流域史前陶器的繁荣

仰韶时代黄河流域陶器快速发展，陶器生产技术迎来巨大转折。彩陶的盛行与器型的多样化是这个时代的典型特征。轮制工艺的出现和陶器的区域性流通进一步推动了陶器生产的繁荣。

一、史前陶器概说

（一）黄河上游地区

黄河上游在仰韶文化时代先后经历了仰韶文化阶段和马家窑文化阶段。早期仰韶文化以陕西为核心开始扩展，中期已覆盖黄河上游的甘青地区，至晚期马家窑文化逐渐兴起并替代了仰韶文化在黄河上游的影响范围。黄河上游在仰韶时代早期属于北首岭类型与半坡类型的影响范围，陶器制作技术较裴李岗时代有所发展，多为手制，质地多为夹砂和泥质陶，红色为主，兼有少量黑色、灰色陶器。出土陶器以瓶、壶、钵、罐为代表，典型器物有尖底瓶、细颈壶、小平底钵等。纹饰多饰绳纹。彩陶发现较多，以黑彩居多，纹饰图样多几何纹、动物纹等，展示出先民对生活和自然的丰富观察视角，一件件彩陶仿佛一个个栩栩如生的动物或植物图景。代表性遗址有大地湾遗址、王家阴洼遗址。中期黄河上游以大地湾三期遗存为典型，受庙底沟类型影响较大，陶器制作技术进一步发展，器型更加多样，但仍以瓶、钵、罐、盆为代表性器物，典型器物有小口尖底瓶、葫芦口平底瓶、深腹罐、釜灶等。纹饰以绳纹为主。彩陶除了施黑彩，出现红彩与白衣彩陶；彩陶纹样多为写实风格，以动物纹、花卉纹与几何纹为主，内壁不见施彩。晚期早段黄河上游以大地湾四期遗存为典型，受西王村与半坡晚期类型影响较大，陶器制作技术进一步发展，虽以红陶为主，但灰陶的比例大有提升，器口普遍采用轮修技术，主要器型有宽沿折腹盆、曲腹钵、尖底瓶和圈足豆等。纹饰常见绳纹、附加堆纹，其次是篮纹、细绳纹和少量的方格纹。彩陶数量较庙底沟类型减少，纹饰也简约化，这也是黄河流域仰韶时代晚期的普遍特征。晚期晚段马家窑文化石岭下、马家窑类型逐渐兴起，并很快向甘青地区辐射，而陇东地区兴起了仰韶晚期的超大规模聚落——南佐遗址。该阶段陶器以红褐陶为主，手制较多，轮修较为普遍，多饰有绳纹和附加堆纹。发达而精美的彩陶为马家窑文化早期、中期遗存的突出特征，且彩陶在陶器中所占的比例较高。彩陶的施彩面较广，泥质、夹砂陶上均有发现。与庙底沟类型相比，器内壁也有施彩，有的甚至通体施彩。纹样多旋涡纹、圆圈纹、条纹等几何纹与动物纹、人像纹等，器型有盆、钵、瓶、壶等。

甘肃庆阳南佐遗址北部大型夯土建筑发掘区

1.仰韶时代早期

该器物为典型的半坡风格陶器。泥质红陶。广口，卷唇。弧壁。圜底。上腹部用黑彩绘两组变体鱼纹。手制，泥条盘筑。曲腹盆是半坡类型的典型器物，属于盛器的一种，用来盛装水、粮食等物品。想象一下，当曲腹盆里装满水，盆外壁所饰鱼纹仿佛变成了真的鱼儿，四处舞动。无论是黑彩还是鱼纹都具有明显的半坡风格，可见此时陇东地区已经被半坡类型所影响。如鱼纹般的动物纹饰被广泛施彩于陶器之上，具有写实的艺术风格，也表明半坡先民对生活观察之仔细，以及鱼类在他们生活中所扮演角色之重要。

鱼纹彩陶曲腹盆
仰韶文化半坡类型
甘肃秦安王家阴洼遗址出土
口径50、通高15厘米

猪面纹彩陶细颈壶
仰韶文化半坡类型
甘肃秦安王家阴洼遗址出土
口径6.2、腹径15.3、底径6.8、通高20.6厘米

泥质红陶。通体呈葫芦形。小圆口。束颈。曲腹。平底。口部绘四组三角形纹。腹部绘一圈二方连续的猪面纹。手制，泥条盘筑。互连的猪面共用一个眼睛，成功地运用双关的装饰手法，体现了较高的艺术情趣。细颈壶广泛发现于半坡类型遗址中，其颈部较细，很可能用作盛装酒类液体以更好地防止酒精挥发。

小平底钵
仰韶文化半坡类型
宁夏隆德沙塘北塬遗址出土
口径14.4～15.4、腹径20.2、高12.7厘米

泥质橙黄陶。敛口，圆唇。圆腹。小平底，底部有一圆孔。器身施黑彩。口沿外侧饰有竖向箭头纹，器身通体饰数周波折纹。手制，泥条盘筑。彩绘图案像是小草和水波的结合，充满了对自然和生命的遐想。仰韶文化半坡类型彩陶主题丰富，几何纹饰不仅仅只是简单的横竖线组合，也有这件器物口沿所饰的箭头纹或者类似草的纹饰，丰富多彩，表现了先民对彩陶艺术的独特思考。

三角花叶纹彩陶盆
仰韶文化庙底沟类型
甘肃秦安大地湾遗址出土
口径39、底径13.2、高16.4厘米

2.仰韶时代中期

这段时期彩陶特色更加明显，图案内容更加复杂生动，富有艺术性，彩陶逐渐走向成熟的发展阶段。

图示的陶盆为泥质橙黄陶。敞口，卷唇，折沿。鼓腹。圜底。圜底器上施橙黄色陶衣，腹部以黑彩绘两两相对的弧边三角形纹饰一周六组。手制，泥条盘筑。花纹装饰在彩陶盆的上端，结合下腹斜收的整体造型，整个陶盆就像盛开的花朵，饰有一周娇艳的花瓣。几何图案构成的花瓣、草叶等纹饰是庙底沟类型彩陶纹样的主要母题之一，体现了庙底沟先民对生活的细致观察。施彩由腹部至口沿内外，表明该器物使用期间器内是盛满物品的，但不漫过口沿。

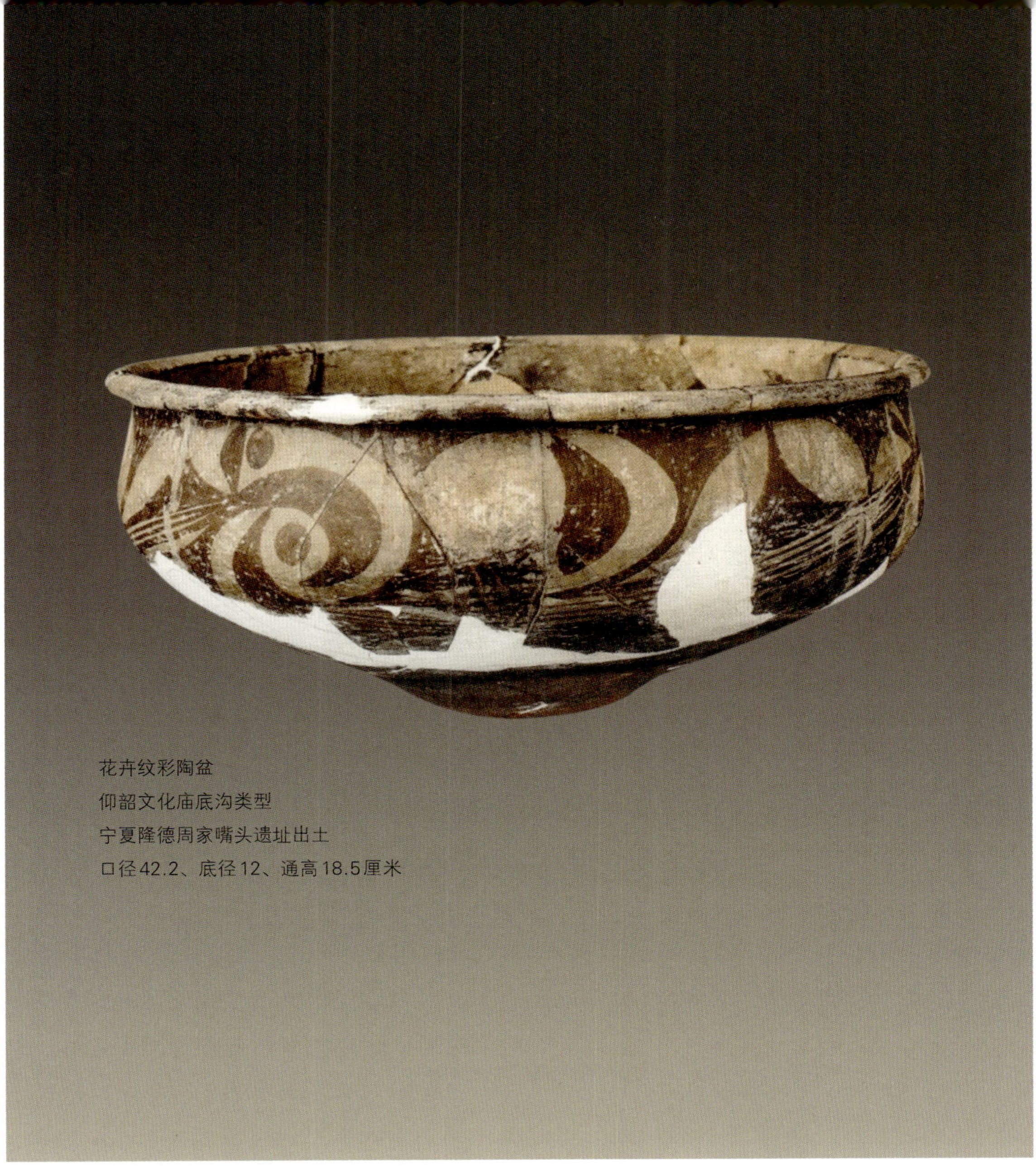

花卉纹彩陶盆
仰韶文化庙底沟类型
宁夏隆德周家嘴头遗址出土
口径42.2、底径12、通高18.5厘米

泥质灰褐陶。敛口，卷沿。鼓腹，下腹斜收成小平底，稍内凹。口沿外侧饰黑彩一周，腹部饰黑彩所绘的圆点、弧线、弧线三角组成的花卉图案。腹部圆点似有重复绘制痕迹，在圆点中心有一似花心的圆点。手制，泥条盘筑。庙底沟时期灰陶的比例逐渐上升，类似该器物的灰胎彩陶数量大幅增加。

3.仰韶时代晚期

晚期的仰韶文化陶器制作水平更加成熟并向周边地区扩散，生活类器物的艺术和礼仪功能更加丰富，对周边的影响也更大，在黄河中上游地区形成很明显的特色。

图示鼎为夹砂红陶。敛口，圆卷唇。直腹。四足。中腹部饰四道凸旋纹，腹足相接处饰一道凸旋纹。口沿和腹外壁及足上半部加饰红色陶衣，除了口沿和底部以及足内壁，其他部分又饰白色彩绘。腹部下接四铲形足，整体造型如同“长脚”的碗，体现了仰韶文化晚期的先民对鼎类炊煮器的独特理解。

陶鼎
仰韶文化晚期（大地湾文化四期）
甘肃秦安大地湾遗址出土
口径46、通高25.5、足高10厘米

敛口罐
仰韶文化晚期（大地湾文化四期）
甘肃秦安大地湾遗址出土
口径24.5、底径14.8、通高25.8厘米

泥质红褐陶。敛口，外圆唇。上腹略鼓，中下腹斜直。折腹处饰三周附加堆纹，在这三周附加堆纹之上又饰一周断续的附加堆纹，通体饰整齐的斜绳纹，底部饰交叉绳纹。手制，泥条盘筑。附加堆纹与斜绳纹的运用体现了当时陶器制作的过程，将陶器制作同艺术创作相结合，另一方面又增加了实用性，显示出朴实的一面。

平底瓶
仰韶文化晚期（大地湾文化四期）
甘肃秦安大地湾遗址出土
口径4、底径6.6、高29厘米

泥质红陶。侈口，尖唇。高颈微鼓。溜肩。鼓腹，下腹微曲。小平底。双腹耳已残。颈口部为一人头形雕塑，一侧雕出人面，器口部刻划出一周竖道短发，两侧捏出双耳，一耳有孔，一耳已残，鼻梁凸起，并戳出两鼻孔，双目镂孔，口部划刻而成，面部轮廓清秀，比例十分合理；肩腹部黑彩绘制成三层结构的图案，均以弧边三角、月牙形、斜平行线等构成。这件带有人像的彩陶像是“不倒翁”，对人脸部的刻画极其细致。同时代的中原地区彩陶纹样已经趋于朴素，而甘青地区仍然保持对彩陶艺术的追求，直接影响了随后的马家窑文化彩陶艺术的发展，形成黄河上游的独特风貌。

白陶带盖簋
仰韶文化晚期
甘肃庆阳南佐遗址F2出土
口径21、底径8.5、残高11.7厘米
器盖口径21、钮径5.4、高11.4厘米

泥质白陶，陶质细腻，原料为瓷石。器身敛口，尖唇，宽平沿。鼓腹。假圈足较高。内外壁磨光，腹上部压印一周附加堆纹。器盖为敞口，斜壁，上部有圆形平顶钮。南佐遗址F2为大型夯土建筑基址的祭祀区，出土大量高规格的器物，众多白陶器、白衣陶器即从该遗迹中发现，表明这些器物都与上层贵族的各种仪式息息相关。

白衣陶簋
仰韶文化晚期
甘肃庆阳南佐遗址F2出土
口径34、圈足径20.6、高18厘米

泥质浅红陶。敛口，宽弧唇。弧腹。矮圈足。腹部饰多条附加堆纹。唇面涂红衣。内外壁涂白彩。南佐遗址发现了大量的白陶器与白衣陶器，证明南佐人尚“白”，且当时制陶的技艺已经达炉火纯青水平。白陶往往充当贵族的礼仪用器，结合南佐遗址大量出土海岱、中原与长江中游因素的器物以及大量炭化稻米来分析，这无疑表明南佐一带是仰韶文化晚期黄河流域最具影响力和控制力的中心聚落之一。

白泥附加堆纹罐
仰韶文化晚期
甘肃庆阳南佐遗址F2出土
口径13.6、底径8.5、高15.4厘米

夹砂红褐陶。侈口，方圆唇，折沿。鼓腹。平底。唇上压印花边。器表饰竖向细绳纹，口沿外侧和颈部饰宽扁的白泥附加堆纹，颈部饰一圈白泥小圆饼，颈部以下饰多周白泥附加堆纹。南佐遗址白陶、白衣彩陶出土丰富，类似这件饰有白泥附加堆纹的器物亦不是孤例，表明南佐贵族崇尚白色，以白为尊。在南佐人心目中，白色是高贵的颜色，代表了高尚的追求，所以众多陶器都能发现白色的元素。

子口缸
仰韶文化晚期
甘肃庆阳南佐遗址F2出土
口径39.4、底径33、高52.5厘米

泥质灰褐陶。器表颜色斑驳不均。子口微敛，圆唇。斜腹近直，腹上部有两个圆形鋬，腹近底部有两个圆孔。平底。磨光。器底饰浅绳纹。南佐遗址出土大量体积较大的盛水器，可能与发达的酒文化有关。想象一下，如此之大的盛器在南佐出土数量十分丰富，再加前文所述大量具有白色陶衣和白陶礼仪性器物的出土，可以设想南佐一带的贵族阶层相当庞大且具有一定权威，同时表明南佐一带存在地位较高的一批贵族人士，注重宴飨与祭祀等仪式性活动。

双腹盆
仰韶文化晚期
1996年甘肃庆阳南佐遗址H36出土
口径41.4、底径24.4、高8.8厘米

泥质浅红陶。敞口，圆唇。折腹。平底。上腹内壁多有几何纹黑彩图案。上腹内壁饰两组对称的半同心圆及两组对顶半圆形图案。双腹盆在案板、王家咀等遗址均有发现，同类器差别较小，表明黄河中上游仰韶文化晚期的遗址存在十分密切的文化交流。

内彩旋纹彩陶豆
马家窑文化马家窑类型
甘肃兰州小坪子遗址出土
口径24、底径15、通高16.4厘米

泥质红陶。敞口略侈，尖圆唇，折沿。弧腹。小平底，下接圈足。通体施黑彩，腹外绘水波纹和宽带纹，豆内绘卷浪纹，圈足绘宽带纹两道，足沿呈锯齿状。手制，泥条盘筑。这件彩陶豆在使用时，使用者能通过透明的液体看到器内壁的纹饰，栩栩如生，心情更加畅快。波纹往往象征着水流，也是马家窑文化代表性纹饰之一，象征着对水的崇拜。豆盘内绘制卷浪纹，同器内之物相结合，更具艺术美感。该器物器内壁也绘彩陶纹样，表明日常生活中器内不盛或所盛液体透明才能令使用者观察到器内纹样，同庙底沟时期彩陶内壁不见纹样大有区别。

双耳瓶
马家窑文化早期
宁夏隆德阎庄村遗址出土
口径8.5～8.7、底径9.9、通高34.8厘米

泥质橙黄陶。喇叭口，圆唇。高领。平底。腹部有双耳，耳表面有附加泥条。平底有一“X”形刻划纹。器身施黑彩。器身正面颈腹部饰圆点纹、弧线纹、弧线三角纹构成的图案，耳腹部饰四条黑彩线纹，其间填充弧线纹和弧线三角纹，器身背面饰有“X”形图案。马家窑文化出现较多的弧线纹饰组合，体现了马家窑文化区先民对艺术的独特理解与追求，这些纹饰组合也见于庙底沟文化类型，体现了庙底沟文化对于黄河上游的影响。

双耳罐
马家窑文化马家窑类型
1995年青海同德宗日遗址出土
口径8.8、腹径26、底径10.6、高25.1厘米

泥质橙黄陶。敛口，口沿处有四钮。广肩。折腹，下腹部饰一对成环耳，下腹内收。平底。器表施黑彩，肩部及腹部饰弧线三角纹、弧线条纹、漩涡纹，漩涡纹内填网格纹，最下部饰一条宽带纹。

这件器物中最引人注目的当属内填网格纹的漩涡纹，它以转动的纹样呈现自然节奏，常与多种纹样结合，达到统一的效果，在半山类型初期达到最盛，出现在这件器物上说明，在马家窑类型时期漩涡纹已开始流行。

舞蹈纹彩陶盆
马家窑文化马家窑类型
青海同德宗日遗址出土
口径22.8、底径9.9、高12.5厘米

泥质红陶。敛口，卷沿。略鼓腹。小平底。施黑彩，在口沿内壁绘有两组手拉手的群舞人体图形，分别为11人和13人，是现存同类舞蹈纹彩陶文物中人数最多的一件。

人物身着圆球形裙装，手拉着手围圈起舞，有的两腿并拢站立，有的双腿微微岔开，使得静态的画面富有动感。整幅画面用简洁明快的构图，生动描绘出一幅原始人群集体舞蹈的场景，对于探索原始舞蹈起源、传承和发展，探讨黄河流域上游文化艺术的发展，都具有重要参考价值。

双人抬物纹彩陶盆
马家窑文化马家窑类型
青海同德宗日遗址出土
口径24.5、底径9.8、高11.3厘米

泥质红陶。敛口，卷沿。略鼓腹。小平底。施黑彩纹饰。口沿内壁等距绘有四组二人抬物的纹饰，两人为一组，相向而立，身体微弯曲，双臂前伸，用双手抬着一个圆形物体，人物与横线之间用竖线相隔，下饰平行纹。盆口沿饰三角纹和斜线条纹。外壁饰平行带纹和单钩纹。

艺术来源于现实生活，“双人抬物”应为先民对当时现实生活的真实记载，可能表现的是真实的劳动场面。亦有学者认为，虽然该图像构图简单，但透露着浓厚的原始宗教和巫术气息，反映的可能是原始播种祭祀场面。

（二）黄河中游地区

黄河中游仰韶文化时代经历了早期的半坡类型、中期的庙底沟类型与晚期的西王村和后冈一期类型，社会复杂化进程逐渐发展，农业手工业水平逐渐提高，陶器等器物制作水平逐渐提高。黄河中游仰韶时代早期以半坡类型为代表，分布范围以关中地区为中心向外辐射，随时代发展辐射范围逐渐扩大，代表遗址有西安半坡、临潼姜寨遗址等。该阶段陶器为手制，泥条盘筑居多，质地多为夹砂和泥质红陶，也伴有少量黑色、灰色陶器。器型主要有圜底器、尖底器和平底器，少见圈足器，不见三足器，典型器物有平底钵、深腹盆、细颈大腹壶、小口尖底瓶、深腹罐等。至半坡类型晚期，葫芦瓶、带盖平底小罐和高领罐等典型器物出现。陶器纹饰有绳纹、弦纹、锥刺纹等，彩陶以黑彩图案为主，几乎不见其他颜色，纹样多几何纹与鱼纹、鸟纹、人面纹等，常见内彩。主题多与自然相关，很多彩陶的制作就是先民直接将其眼前所见绘于彩陶之上，可能是一方池塘轻泛的涟漪，可能是一抔热土昂扬的麦苗。

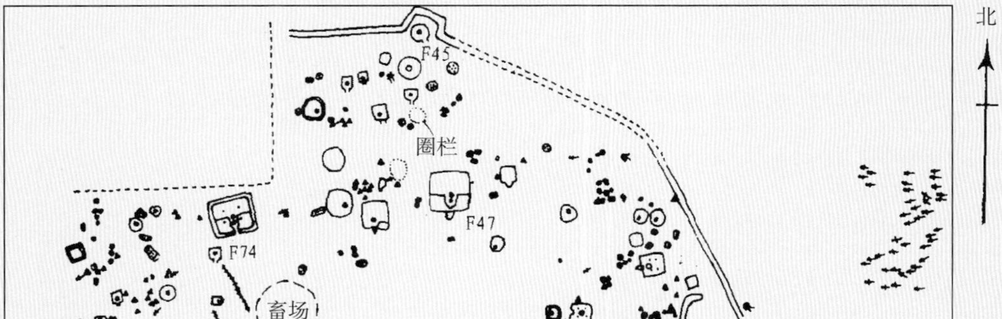

陕西临潼姜寨早期聚落布局示意图

中期以庙底沟类型为代表，分布范围较半坡时期更广，代表性遗址有河南陕县庙底沟、灵宝西坡、巩义双槐树和陕西高陵杨官寨。该阶段是仰韶文化发展的全盛时期，农业手工业技术逐渐成熟，其中陶器尤其是彩陶制作技术臻于成熟，无论是器型种类还是数量均较半坡时期有所发展。陶器以夹砂和泥质的红陶为主，典型器物有卷沿和敛口曲腹盆、敛口曲腹钵、小口尖底瓶、葫芦口平底瓶、敛口深腹瓮、深腹罐、釜灶等。纹饰多饰绳纹与线纹。彩陶多施黑彩与红彩，也见白衣彩陶。纹样有写实的鸟纹、蛙纹等动物纹，还有花卉纹与几何纹等，均绘于器外，不见内彩。

晚期仰韶文化逐渐衰落，在中游分裂成多个类型，包括以晋西南为核心的西王村类型、以豫北冀南为核心的后冈一期与大司空类型、以郑洛地区为核心的大河村类型等。西王村类型陶器以红陶为主，较庙底沟类型灰陶比例大幅提升，器口普遍采用轮修技术，主要器型有宽沿折腹盆、曲腹钵、圈足豆等，纹饰以绳纹为主，彩陶数量与种类减少，纹饰简约化，只见几何纹饰。后冈一期陶器也以红陶为主，同西王村与庙底沟有所区别的是素面陶占比较大，纹饰以线纹、弦纹与附加堆纹为主，彩陶数量也较庙底沟时期减少，多饰红黑彩的竖线、宽带、三角、网格等几何纹，器型有圆腹鼎、圜底釜、细颈壶、圜底缸等，流行圜底器，不见圈足器。大司空类型陶器中灰陶数量最多，纹饰多见篮纹，彩陶施彩以红褐色为主，简练的几何纹饰多见。大河村类型陶器以泥质红陶和夹砂灰陶为主，晚期流行轮制技术，纹饰多见附加堆纹，彩陶有复彩和白衣彩，图案主体较多，既有几何纹饰，又有月牙纹、太阳纹、六角星纹等，陶器器型有釜形鼎、罐形鼎、小口尖底瓶、大口尖底缸、折腹盆、曲腹盆等。这个阶段彩陶的衰落不仅表明陶器制作技术的进步——高温烧成的灰陶不易施彩，也表现了先民审美趣味与文化的改变，不再像先前那样将器物作为画板肆意创作。

陕西灵宝西坡遗址鸟瞰

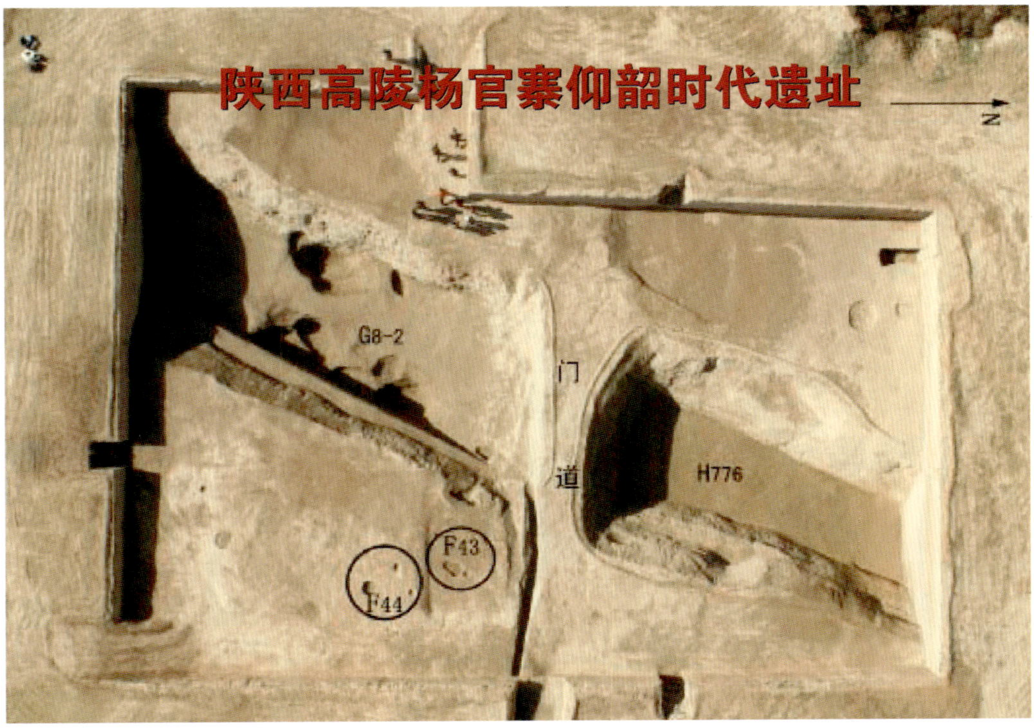

陕西高陵杨官寨遗址西门址鸟瞰图

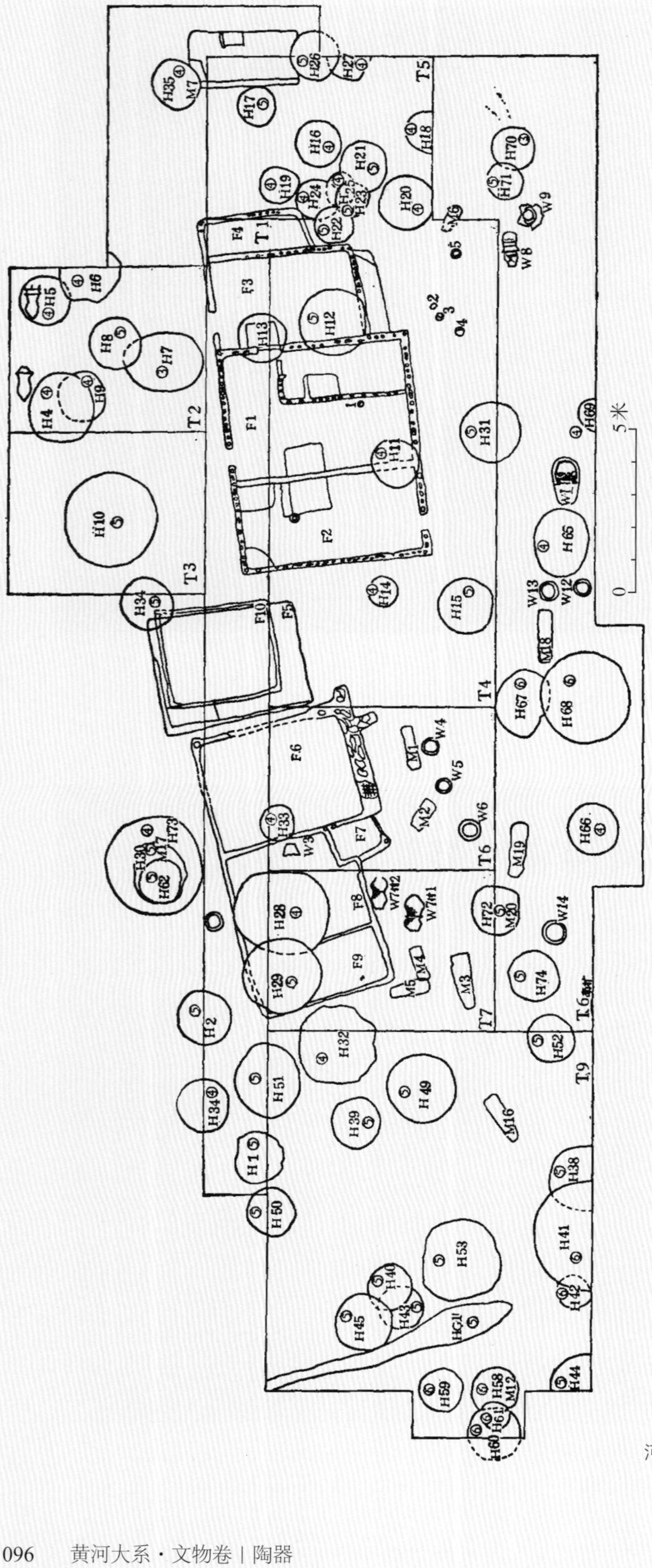

河南郑州大河村遗址1983年Ⅰ区发掘平面图

1.仰韶时代早期

以半坡类型较为典型。

图示瓶为夹细砂红陶，质硬。小口。短颈。鼓腹。尖底。腹两侧有耳。周身磨光。小口尖底瓶是仰韶文化半坡类型的典型水器，其工作原理是：汲水时，将绳子穿过瓶子的双耳，将空瓶放入水中，它在水中自动下沉，注满水后，由于重心转移，瓶口朝上竖起，再用绳将瓶吊出水面，从而实现取满水而滴水不漏，汲满水时，瓶口向上并保持平衡。这充分反映了半坡先民的生活智慧。瘦体的尖底瓶小巧而精美，正迎合了人们的审美。

小口尖底瓶
仰韶文化半坡类型
陕西华阴横阵村遗址出土
口径6.2、高31.6厘米

小平底罐
仰韶文化早期
1977年陕西宝鸡北首岭遗址M17出土
口径13.9、底径3、通高16.5厘米

细泥红陶。器壁较厚。直口微敛。上腹微鼓，下腹斜收成近尖底的小平底。口部以下饰四道弦纹，其下饰一周鹰嘴状附加堆纹，器身下部两侧附双耳，下腹绘黑彩“山”“M”“V”等符号。手制，泥条盘筑。此件器物放置在墓中人头骨处，推测是用来代替死者缺失的头颅。类似文字与字母的符号体现了半坡人对于艺术的遐想，也可能要向世人传递一些信息，可惜我们现在已无法释读，它们也为研究古代艺术与古代文字的起源提供了丰厚的研究材料。

小平底罐
仰韶文化早期
1979年陕西临潼姜寨遗址H493出土
复原前长14.8、宽12厘米

泥质红陶。直口，口唇下刻划数道弦纹，弦纹下有尖喙状突饰，突饰下饰有人面鱼纹。人面圆形，双眼以细线表示，呈闭目状，鼻以黑彩绘制，印堂以上留白成倒三角形，其余部分涂黑，双腮亦涂黑，口部留白；双耳侧各绘出一条细弧线，弧线端头绘一条鱼。人面口部两侧以线条绘两个头部相对的抽象化鱼纹；头顶为尖锥状，头顶上方有用线条绘出的“A”状图案。人面与动物的结合在其他地方文化中也有发现，有的和原始宗教崇拜有关，表现了当时半坡人的艺术追求。有学者认为这是一种鱼鸟结合的纹饰，它恰恰像是一种徽章，也许在久远的半坡时代，它正是一个族群的象征，是一群先民共同的精神追求与图腾。

红陶船形壶
仰韶文化半坡类型
陕西长武碾子坡遗址出土
长29、腹径10、壁厚0.8、器高15.5厘米

泥质红陶。两端圆尖，中部有一圆管状壶口，口部两侧各附一耳。周身磨光。

陶壶上端两肩上横置两个桥形小耳，既便于提拿，又可穿绳背负，便于携带。造型由仰韶文化常见的小口尖底瓶转化而来，基本是将纵向的瓶身横置并稍加变形，将瓶口移到壶身的中央，再将本位于瓶身两侧的对称双耳移到壶身的肩部而成。艺术的产生，是人们长期生产和生活实践的结晶，此件船形壶可能说明先民已有制造船只的能力，以便渔猎或进行对外交流。这种胖体的陶壶同瘦体的尖底瓶相对比，足见先民对器物多种造型的烧制十分娴熟。

2.仰韶时代中期

图示陶钵为泥质红陶。敞口，圆唇。斜腹。圜底。器物表面成色不匀，灰、红相间，而且表面光滑，带有陶衣。口沿内、外侧各有一圈很明显的红褐色带状彩饰，带状纹下缘不规整，为有意涂上的一层浆状颜料。腹内、外侧隐约可见手工线状抹制痕迹。底部有一个不规则的圆形打制小孔。

陶钵
仰韶文化中期
1999年山西翼城枣园遗址出土
口径27、底部孔径2.5～3、高10.5厘米

鹳鱼石斧图彩陶缸
仰韶文化中期
1978年河南临汝阎村遗址出土
口径32.7、底径19.5、高47厘米

细砂浅红陶。大口近直，平折沿，厚圆唇。上腹微隆，下腹斜直。平底。口沿下饰四个对称的捏制鼻钮。腹部一侧用深浅不同的棕色和白色绘出一只口衔鱼的白鹳和一件带柄石斧，其中石斧上用黑色线条勾勒出孔眼、符号及网状纹等图案。对于鹳鱼石斧图上表现的鹳、鱼、斧形象的释读，多年来颇有争论：有人认为鸟形是鹭不是鹳，有人认为斧是象征权力的石钺，有人认为全图是当时农耕渔猎生活的真实写照。这个彩陶纹案也是鱼鸟的结合，也许它代表的正是以鸟为族徽的一群先民战胜了以鱼为徽的另一群先民，用此缸来记录这一段历史。

双联壶
仰韶文化中期
1972年河南郑州大河村遗址出土
口径6.4、底径5、高20厘米

由两件造型相同的壶相连组成。泥质红陶。两壶均为喇叭形口，尖圆唇。高领。两腹中部相连，平底。两壶两侧中腹部各装一竖桥形鋬。器表施红色陶衣。颈部以下以黑彩绘多周弦纹，每两周弦纹之间饰三道平行竖线纹或斜线纹。器表磨光。

平底瓶
仰韶文化中期
1957年山西垣曲下马遗址出土
口径3、底径12、高36厘米

夹细砂红陶。胎体深红色。小口。弧腹。平底。器侧腹中部附双桥状耳。上腹饰两组由黑彩弧边三角纹组成的单旋纹，下腹饰线纹。手制，泥条盘筑。

小口平底瓶底部的变化规律：器壁由薄向厚发展；底部直径由中向大、再由大向小发展。小口平底瓶可能是小口尖底瓶的前身。有学者通过对零口遗址出土的零口期平底瓶进行残留物分析，认为其可能兼具酿酒器与饮酒器的功能。酒文化在仰韶文化发展中作用突出，尖底瓶、平底瓶的产生都为研究仰韶文化仪式宴饮活动提供了丰厚的材料。

陶罐
仰韶文化中期
2008年陕西高陵杨官寨遗址G8-2出土
口径20、底径12.8、高33厘米

泥质黄陶。侈口，圆唇。鼓肩。下腹斜收。平底。罐身绘弧线三角和圆点纹，留白处形成花瓣纹，组成花朵的花瓣共用。

陶罐上所饰花瓣纹主要流行于仰韶文化时期，富有中期特点，使用在器型较大的陶器腹部。其形似绽开的花朵，可分为两类：一是由彩绘实体纹组成，花如半月形或橄榄形，由中心向周围展开；二是由多个弧线三角纹相接而形成空白地花瓣。此件陶罐上的花瓣纹即属于后者。有学者认为，彩陶的“花纹”装饰可能与“华夏族”的得名有关。

红陶釜灶
仰韶文化庙底沟类型
河南灵宝西坡遗址出土
陶釜口径14、最大腹径15.6、高7.1厘米
陶灶口径14.4、底宽17.1、高18.4厘米；通高22.7厘米

图示陶釜为夹砂，红褐色，敛口，有窄而厚微向上斜的听沿，尖圆唇，器身上壁外撇，下部内弧，上、下部分交接的最大腹径部位在中部偏上。陶灶为夹砂，棕红色，口内敛，近圆形，口上缘有三个凸出的支垫，均残，口壁外弧，灶膛为直壁桶形，前面开膛口，膛壁有三个圆形通风孔，有四个灶足。这件陶釜透露了浓浓的生活气息。

陶钵
仰韶文化中期
2010年陕西高陵杨官寨遗址H2出土
口径31、底径11、高11厘米

泥质红陶。敛口，方唇。上腹略鼓，下腹斜收。小平底。唇部一周涂黑。上腹部绘两组黑彩图案，由一个侧视的动物与一个圆点组成，圆点位于动物嘴前方。动物头部较小，长嘴微张，脑后上方绘有较短的三角形犄角或耳朵，身体呈弓形，尾巴细长，尾梢上扬，尾尖有明显的笔锋痕迹，四足健硕向前弯曲作行走状，爪三趾微张。也许它所描绘的就像洞穴壁画一样，是一段先民的传说，类似天狗食日的故事。庙底沟时期写实彩绘的艺术风格已达至臻之境，自庙底沟以后中原地区的彩陶文化开始衰落。

彩陶罐
仰韶文化中期庙底沟类型
山西垣曲下马村遗址出土
口径35、腹径43、底径15.6、高45厘米

泥质红陶。器表磨光。侈口，圆唇。短颈。宽肩。上腹突出，下腹内收。小平底。上腹部以黑彩绘以弧线和圆点等组成的花卉图案。体型硕大，器身完整无缺。此类彩陶罐属庙底沟类型的典型遗物。

庙底沟文化彩陶纹饰具有严密的分类系统，可以划分为几个不同的纹饰体系，由不同的纹饰主题构成，这是由纹饰的象征性决定的。随着种植经济在生活中占据主要地位，植物题材的花瓣纹被更广泛地用于陶器装饰。花纹大多使用等分圆分割法，花瓣呈轮花形；有的则采用横向平行切割法，把花朵上下平行分割成几部分。应用最广泛的是由直线与曲线组成的曲边三角纹。不同的三角纹组合构成的整体纹饰，或相对或相背，或单体或连续，图案既高度抽象概括，又不失灵活多变的效果，动感强烈，韵律明显，勾连回旋，变化无穷。

3.仰韶时代晚期

黄河中游陶器文化到仰韶文化晚期走向衰落，在精细度和色彩等方面不及下游。但是在烧造技术和灰陶等方面仍有一定进步，呈现出承前启后的特征。

图示尖底瓶为夹砂灰陶。重唇口，内外唇较明显。截面略呈台阶状。细颈。溜肩。略束腰。锐尖底。器表颈部以下饰斜向及交错线纹直至瓶底，肩部饰篮纹。仰韶文化晚期灰陶的数量大幅增加，表明陶器烧造技术的进步；同时，尖底瓶的基本特征又承袭自杨官寨遗址庙底沟时期，表明仰韶文化在该区域的发展是一以贯之的。尖底瓶作为酒器更表现了酒文化仍然在社会生活中起到不可替代的作用。

尖底瓶
仰韶文化晚期
陕西高陵杨官寨遗址出土

陶缸
仰韶文化晚期
1959年河南临汝大张遗址出土
腹径72、高22.5厘米

泥质黄陶。口近直，尖圆唇。颈微束。上腹直，下腹折而内弧，平底。上腹施红色陶衣，其上以黑彩绘网纹、弦纹、“X”形纹及竖线纹。仰韶文化晚期彩陶纹样简单化，数量也在减少，究其原因不仅是审美在变化，也因轮制陶的兴起导致施彩困难。“X”形纹饰在马家窑文化彩陶上也被频繁发现，体现了仰韶时代晚期各地文化交流频繁密切。

网纹彩陶背壶
仰韶文化晚期
河南郑州大河村遗址出土
口径6.2、高19.5厘米

泥质红陶。直口。流肩。腹下收。平底。肩部有不对称半圜形双系一对，另一端有一凸纽，肩部绘网纹、弦纹等纹饰。背壶是大汶口文化的典型器物，郑洛地区距离海岱地区较近，仰韶文化晚期受大汶口文化的影响，是区域文化交流的有力证据。在大汶口文化中，背壶不仅仅是一件日用器物，其独特的造型并没有传至龙山文化，可能象征着一种大汶口人特有的崇拜。大汶口人迁徙至伊洛地区，带来了他们的信仰与制陶技术，于是产生了如同这件器物一样文化交流的结果。

白衣彩陶钵
仰韶文化晚期
1972年河南郑州大河村遗址F19出土
口径22、肩径34.2、底径11.5、高21厘米

泥质红陶。敛口，圆唇。上腹外鼓，下腹内弧。平底。上腹部施白色陶衣，其上以褐彩、红色绘图案。图案分为上下两组：上部为梳齿纹、菱形纹与三角形纹等组成的连续图案，下部为弧边三角形纹、圆点纹和平行竖线纹组成的二方连续图案。

陶钵
仰韶文化晚期
1989年山西侯马乔山底遗址出土
口径18.7、腹径19.8、底径8.2、高7.8厘米

红陶。圆唇。上腹略鼓，下腹内收略曲。小平底。上腹饰黑彩横线、斜线与细长弧边三角纹构成的图案。

钵是仰韶文化最重要的器类之一。此件陶钵的黑彩部分脱落，保存情况一般，但从其残存彩绘可见，所饰黑彩线条流畅，涂抹均匀，展现出仰韶文化陶工拥有的深厚彩陶绘制功底。晚期彩陶的图案大大简略，多数器物施彩仅用简单的线条勾勒，体现了审美的变化。

（三）黄河下游地区

黄河下游在这个阶段经历了北辛—大汶口文化的发展。

早期为北辛文化，分布范围以鲁中南地区为核心，代表遗址有滕州北辛遗址、临沂里宏遗址等。陶器以黄褐色为主，陶色不纯，典型器物为釜、鼎，常见敞口或直口釜、双耳或深腹圜底罐、卷沿平底盆、红顶钵等。三足器优势较大，平底器较少，不见圈足器。制法以手制为主，泥条盘筑居多，出现慢轮修整的痕迹。在夹砂陶类中，有少量羼和蚌末的现象。纹饰以附加堆纹和刻划纹较多见，并有少量乳钉、篦刮、锥刺、指甲、压划等纹样，还出现了

山东临沂里宏北辛文化环壕聚落遗址

简单的刻划符号。

中晚期以大汶口文化早中期为主，分布范围辐射至整个海岱地区，并由黄河下游向中游地区扩展，代表性遗址有泰安大汶口遗址、章丘焦家遗址、滕州岗上遗址等。陶器以夹砂陶为主，红陶占比较大，大汶口文化早期至中期灰黑陶占比逐渐提升。早期纹饰多乳钉纹、刻划纹、弦纹等，彩陶发现较少，多施红、黑彩，纹样多几何纹、波浪纹、花瓣纹等，常见器型有釜形鼎、罐形鼎、觚形杯等；中期纹饰篮纹占比增多，也有弦纹、附加堆纹等，彩陶仍有发现，一般用黑、红、白等颜色绘出花瓣纹、几何纹、波浪纹等，典型器物有釜形鼎、罐形鼎、钵形鼎、镂孔豆、背壶、实足鬶、觚形杯、盉、尊等。

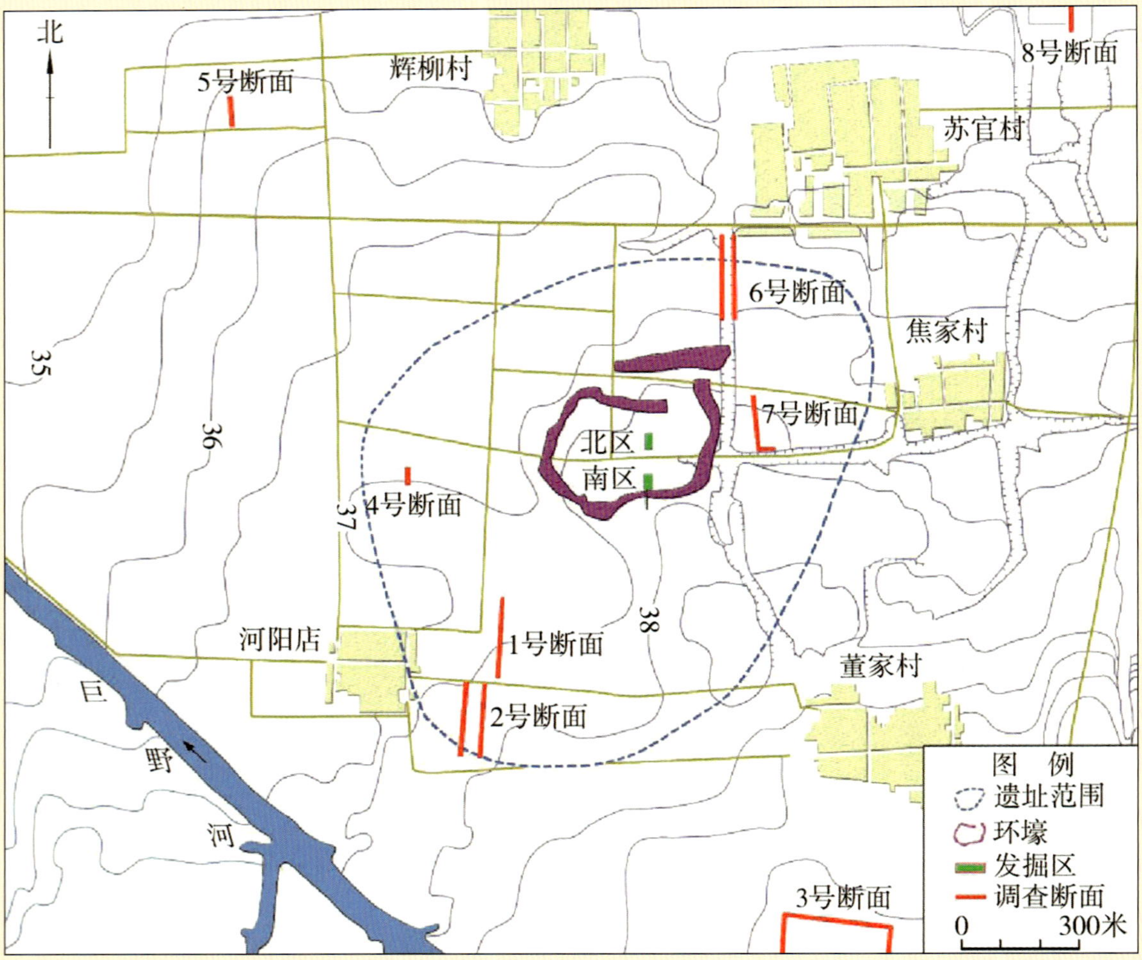

山东章丘焦家遗址2016—2017遗址范围与分布图

山东章丘焦家遗址发掘区

山东章丘焦家遗址大型墓葬出土陶器

山东章丘焦家遗址大型墓葬随葬陶器出土场景

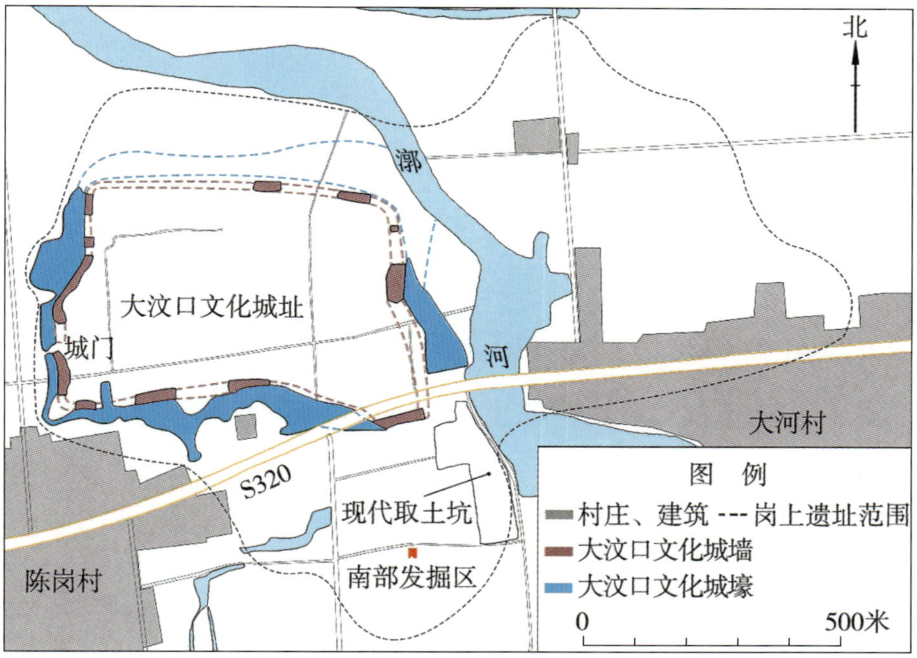

山东滕州岗上遗址范围与分布图

山东滕州岗上遗址多人合葬墓

1.仰韶时代早期

仰韶文化时代早期，黄河下游地区陶器在纹样装饰和彩陶色彩图案等方面与中游有差异，而更多体现出跨地区文化交流的特征和综合性特色。

图示支座为夹砂红陶。支座整体呈拱背形。颈部附一圈附加堆纹，其上饰戳印纹，器身饰成组的镂孔，一些区域饰交错的线纹与刻划痕迹。手制，泥条盘筑。猪嘴形陶支座在长江下游的河姆渡文化中也有发现，表明在仰韶文化时代早中期海岱地区与太湖地区文化交流比较密切。陶器似猪嘴状，可能表明猪在北辛先民的生活中扮演了十分重要的角色。自北辛文化开始，海岱地区陶器的类型逐渐向多样化发展，不同于中原地区仰韶文化彩陶图案丰富的特征，中原人“所见即所绘”，海岱人“所想即所制”，呈现出多样化的文明特质。

猪嘴形陶支座
北辛文化
1978年山东泰安大汶口遗址H24、H44出土
高23.5厘米

陶釜
北辛文化
1979年山东滕州北辛遗址出土
口径31.4、高28.3厘米

夹砂黄褐陶。敞口，尖圆唇。圆腹略鼓。圜平底，下饰一对乳足。器身依稀有彩绘痕迹。手制，泥条盘筑。乳足器是北辛文化的典型器物，自后李阶段已经发现，也是后李、北辛同一源流的重要例证，体现出黄河下游区域交流的明显特征。

2.仰韶时代中晚期

图示陶鬶为夹砂灰陶。侈口。细颈。鸟喙形流。扁腹折棱明显。背置宽带鋬。器下置三角凿形足。

其整体形似一只展翅飞翔的小鸟，用陶器的流、腹、足生动描绘出鸟类形象。这种形象的出现可能源自先民对自然的观察。鬶是一种兼具实用性与美观性的器物。陶鬶由壶形鼎演化而来，大汶口文化中期陶鬶逐渐流行，成为象征黄河下游海岱地区文化的典型器物。鸟类元素以两种不同的形态出现在中原和海岱地区的陶器上，前者总以彩陶纹样出现，后者总以陶器造型出现。

灰陶实足鬶
大汶口文化
1959年山东泰安大汶口遗址出土
高13.5厘米

白陶鬶
大汶口文化
山东章丘焦家遗址出土
宽20、高26厘米

白色。鸟喙形流。口斜向伸展于器身前部。顶部有环形提梁，上连颈部，下接器身，表面按压成绞索状。腹部略呈扁圆形球状，腰部有一周横向附加堆纹，表面压印成花边形的装饰。三个肥大的空袋足，呈鼎立形式均匀分布于腹部下方。白陶陶器约在仰韶时代晚期出现，其独特的陶土原料以及独到的炉温控制标志着制陶工艺的一大进步；白陶总是发现于高等级墓葬中，表明其成为上层人士彰显身份的标识之一；在黄河流域众多遗址中，白陶频频出现，体现了高等级地位人士的交流十分密切。

红陶三足折腹鼎
大汶口文化
1959年山东泰安大汶口遗址出土
口径13.5、通高28厘米

夹砂红陶。罐形鼎。侈口，尖圆唇。折腹，下腹微鼓。平底，下接三扁凿形足。顶配一个带大环形钮的盖子。手制，泥条盘筑。海岱地区在仰韶时代以前以釜最为盛行，受裴李岗文化带来的影响三足器逐渐出现，到仰韶时代鼎逐渐代替了釜成为占比最高的器物。小口折腹的器身使热量不易扩散，既节省能源，又能增加容器的容量。

陶鼎
大汶口文化
山东章丘焦家遗址M157出土
口径10.6、底径6、高16厘米

夹砂红陶。尖唇，卷沿，侈口。折腹。圜底。三凿形足较高。折腹处有一周凹槽，其下有一圈戳印纹。足跟可见明显的粘接痕迹。焦家遗址是鲁北地区大汶口中晚期的高等级墓葬遗址。陶鼎的演化具有一定的规律，体现在口沿、底部和鼎足方面，表现了焦家遗址的连续性。

时的指纹痕迹。

黑陶背壶
大汶口文化
山东章丘焦家遗址出土
口径9.3、腹径14.3、底径6.7、高16.8厘米

泥质黑陶，夹云母。口沿至上腹部内外均有明显的轮修痕迹。下腹部一侧圆鼓，一侧腹部扁平，均刮抹并打磨。偏向扁平腹面有双耳，扁条环形，与腹部粘接而成，耳上留有制作时的指纹痕迹。

陶背壶
大汶口文化
山东章丘焦家遗址出土
口径13.4、底径11.3、高34.3～34.8厘米

泥质灰胎，夹少量云母。外有红黄色陶衣。耳、鼻与器身相接处有套接痕迹。器表经打磨修整。

此件背壶器表磨光，制作精良，是背壶中的精品。背壶作为大汶口文化十分常见的水器，广泛出现在墓葬中，在大型墓葬中甚至可发现大小不同、成组出现的多件背壶。大汶口中晚期黑灰陶的比例大大增加，表明先民对烧制温度的控制更加炉火纯青。

红陶兽形壶
大汶口文化
1959年山东泰安大汶口遗址出土
高21.6厘米

背有提手。尾根部有筒可注水，嘴可倒水，使用方便，生动美观。当时人们塑造的陶塑动物，显然是受到已驯养家畜的猪、狗等形象的启发而创作的。其形象生动，憨态可鞠。全器构思巧妙，造型生动，饶有趣味。这件器物也是黄河下游器型多样的生动例证。大汶口时期发现了一些墓葬中存在疑似驯狗的证据，加之这件材料能够更有力地证明大汶口时期存在驯养狗类的行为。想象一下，在倒水时，水从兽嘴中涌出，活灵活现，不得不赞叹大汶口人对器物造型独特的艺术造诣。

八角星纹彩陶豆
大汶口文化
山东泰安大汶口遗址出土
口径26、高29厘米

泥质红陶，红色陶衣。口沿外折。深腹。下为喇叭形足。口沿以白彩绘底，赭彩绘直线纹及三角纹；腹部用白彩绘方形空心八角星纹，并用黑影描边，其间用条形纹相隔；足上用赭彩绘底，白彩绘对弧线纹。

此件陶豆色彩鲜艳，纹饰丰富，造型优美，是大汶口文化最具代表性的彩陶之一。其上所饰八角星纹亦出现在多种文化之中，至今仍发现于山东地区的石磨盘和石碾上，是文化交流与传承最生动的证据之一。

灰陶大口尊
大汶口文化
山东莒县陵阳河遗址出土
口径45、高57.5厘米

夹砂灰陶。器壁厚重。大口。深腹。尖底。腹上部刻划有特殊符号，类似“日火山”的纹案，被许多专家认为是东夷有虞氏的族群标记。

山东大汶口文化大口尊上的文字距今5000余年，在莒县陵阳河、大朱村等遗址都有发现，共8种20余枚。学者们认为是迄今所知中国文字的源头之一，或称为图像文字。大口尊多形体较大，筒形深腹。厚壁。尖底，器表饰篮纹等外观装饰成为普遍特征。有些陶尊的外壁还刻有斧钺、日、月、山、树等不同的几何符号，这些符号一般只是单独出现。陶尊多竖立于墓主人的脚端，刻划符号朝向墓主，部分符号还有涂朱痕迹。这些符号通常被视作与文字萌芽相关的证据。

褐陶盉
大汶口文化
山东章丘焦家遗址出土

泥质褐陶，泥条盘筑，慢轮修整，素面磨光。器身呈圆腹、小平底造型。圆形口，大小与底部相当。口内敛，口沿外侧上腹部处有一个斜伸的管状粗流。

盉是中国古代盛酒水等液体的器具。青铜时代的盉一般深腹，有长流，底部有三足或四足，使用时用水来调和酒味的浓淡。

陶筒形器
大汶口文化
山东滕州岗上遗址M1出土
盖口径15.3、捉手径6.8、高8.4～8.7厘米；器身口径15.8～16、底径12.6～12.9、高15.1～15.4厘米

泥质黑皮陶。盖为浅盘形，近口沿处有一小孔，喇叭形捉手。器身方唇，折沿，深腹，平底。器身口沿有一小孔，唇面饰一周凹弦纹，腹部饰三周刻划纹，并有红色彩绘图案，近底部饰两周凹弦纹。

泥质灰陶。覆杯形盖，喇叭形捉手，中空。杯喇叭口，圆唇，矮圈足。杯中部和下部饰两圈竹节纹，其上有按窝。觚形杯是大汶口文化的典型器物之一，具有自身的演化规律。如这一件觚形杯中间带箍形凸起多在高等级墓葬中发现，是大汶口礼制雏形的典型例证。可能在当时，地位较低的平民是不允许使用它们的，所以看见这些器物就如同看见了当时的贵族。

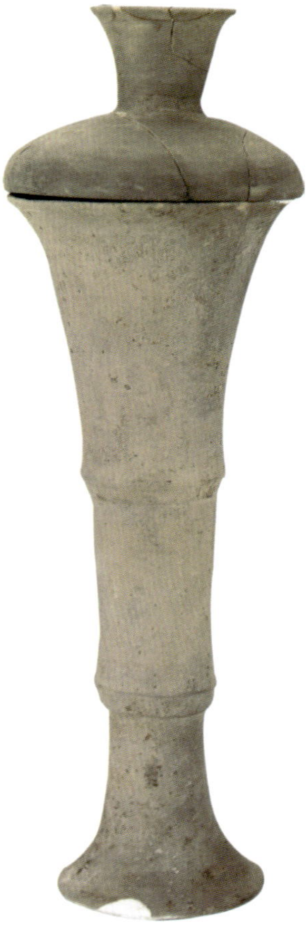

陶觚形杯
大汶口文化
山东滕州岗上遗址M1出土
盖口径9.7、捉手径4.9、高6.1厘米；杯口径9.8、圈足径7.3、高24.3厘米

高柄杯
大汶口文化
山东章丘焦家遗址M17出土
口径8.4、底径6.3、高18.6、壁厚0.1～0.25厘米

泥质黑陶。尖唇，敞口。束腰。腹较深，下腹折收。圜底。弧形细高柄。底部起台。柄部饰成组的圆形和三角形镂孔。薄胎。通体磨光。轮制。快轮制陶象征着史前制陶技艺的最高峰之一，在大汶口时期已经出现，并鼎盛于龙山时代。黑陶高柄杯发现在大汶口晚期逐渐增多，象征着海岱地区制陶技艺逐渐走向成熟，也是龙山时代蛋壳陶高柄杯的源流。

白陶鬶
大汶口文化
山东章丘焦家遗址M17出土
口径5.9、高18.3厘米

出土于墓主双脚之间，器口朝向墓主，流部向下放置。泥质白陶。圆唇，侈口，口部偏向一侧，平流较短。细长颈。高腹，上腹部有一宽带状把手。三袋足。把手上有一道凹槽。另侧饰一圆形泥饼。中腹饰一周附加堆纹。泥条盘筑，慢轮修整。白陶需要高超的制陶技艺，对陶土原料的选取也十分苛刻，白陶器自然地成为史前贵族阶层的仪式性用器。

彩陶鼓
大汶口文化
1978年山东泰安大汶口遗址出土
口径30、高41厘米

泥质红陶。上腹部近口处一圈附加堆泥饰，器腹两侧有对称小圆孔，底部正中亦有小圆孔。器身以红彩、白彩绘以连续四瓣花纹，器底器腹之间又饰一圈锯齿状戳印纹。鼓身绘连环花瓣纹，仿佛先人在鼓声的伴奏下载歌载舞的场景就在眼前。彩陶鼓是大汶口文化的重要礼乐器。彩陶鼓可与先秦典籍中的“土鼓”相印证，如《周礼·春官·籥章》中记载：“掌土鼓豳（bīn）籥（yuè）。”东汉郑玄注曰：“杜子春云：土鼓，以瓦为匡，以革为两面，可击之。”这里的“土鼓”就是指“陶鼓”。陶鼓的发现表明大汶口先民的精神生活很丰富，是礼出东方的最好例证之一。

二、史前陶器的改变

与裴李岗时代相比，仰韶时代的陶器呈现出繁荣之势，具体表现为工艺更加进步。这个时期，在裴李岗时代泥质陶的基础上，夹砂和泥质原料的区别更加明显，泥质陶的淘洗更加精细，出现了流行于龙山时代的细泥陶。夹砂陶的原料也变得多样化，在前期夹碳、夹砂的基础上，基于不同的功能需要和环境因素，新出现了夹蚌壳、滑石、陶渣等羼和料的陶器，且羼和料在前期直接取自自然界的基础上，开始采用人为加工、筛选和添加的羼和料制备陶器，反映了陶器生产技术的进步。

另外，在裴李岗时代彩陶萌芽的基础上，仰韶时代彩陶制品大流行，相比于普通日用陶器，彩陶颜料和施加工艺更加复杂。彩陶的盛行也是古人制陶工艺进步的直接体现。除了彩陶，仰韶时代在黄河下游地区还出现了白陶，白陶原料为高岭土，相对于普通日用陶器而言，其烧成温度通常在900度以上，白陶的出现反映了古代陶器烧制技术的巨大进步。

山东章丘焦家遗址出土彩陶罐

在成型技术上，本阶段仍以裴李岗时代出现的泥条盘筑成型为主，但是在仰韶时代晚期黄河下游开始出现快轮拉坯成型技术。轮制技术的出现是古代陶器工艺上的巨大转折，此种技术成型的陶器器壁厚度均匀、型制规整，且在节约泥料的基础上实现陶器的高效成型，促进了古代陶器的规模化生产。

除了以上工艺方面的进步，仰韶时代陶器在器型和功能上也有了明显的进步。如果说裴李岗时代的陶器能够满足古人的基本饮食需求，那么仰韶时代的陶器则能够服务于古人物质和精神双重层面的需要。这个时期，除了常见的炊器和盛器如釜、鼎、罐，新出现了钵、盆、灶、背壶、杯、器盖、大口尊、豆、鼓等炊器、盛器、明器和乐器等。陶制品在这个时代开始应用于人们日常生产生活的各个层面。

山东章丘焦家遗址大汶口文化晚期泥条盘筑和轮制成型技术并存

山东章丘焦家遗址典型墓葬出土的白陶、黑陶和红陶

相比于前一个时期，仰韶时代黄河流域史前陶器的区域差异更加明显。整体而言，黄河上中游彩陶文化较为繁盛，而下游地区彩陶发现较少，但在器型方面较上中游更复杂；晚期中游地区彩陶文化开始衰落，有审美变化的因素，也有轮制陶逐渐兴起促使彩绘逐渐消失的因素，但上游地区随着马家窑文化的兴起彩陶又重回繁盛；三足器传统在黄河下游得到了继承，而中上游并没有得到体现。

同时，各区域的陶器发展也存在共性。早期陶器以红、黄、褐陶居多，彩陶多单施黑彩，中期灰陶、黑陶的比例逐渐上升，到晚期一些区域灰陶、黑陶的比例超过了红陶，表明陶器烧制技术的成熟与审美情趣的变化。中原地区晚期地方类型多样，其中一些明显受到了海岱地区大汶口文化的影响，不仅灰陶和黑陶比例增加，纹饰也由传统的绳纹居多向篮纹转变，三足器比例逐渐提升，体现了这一阶段的文化交流已经相当密切，很可能已经有固定的贸易通道，这为研究中华文明起源和早期国家的产生提供了珍贵的材料。这个时间段，是“古国”的成型期，是部落联盟向酋邦社会转型的关键时期，也是早期国家起源的重要时期。仰韶时代的陶器及其制作技术不仅反映了手工业的巨大进步，也表现了先民艺术审美的不断改变与各区域文化的交流融合，最终迎来了史前陶器制作的巅峰时代——龙山时代。

第四篇

龙山时代黄河流域史前陶器的鼎盛

龙山时代是中国史前陶器发展史上的鼎盛期。这个时期陶器生产技术达到了史前时代的最高峰，陶器生产的专业化水平极大提升，以交换为目的的规模化陶器生产开始在不同区域广泛出现，不同型制的陶制品广泛应用于人们日常生产生活的各个方面。

一、史前陶器发现概说

龙山文化最早因1931年山东历城龙山城子崖遗址的发掘而得名。这种不同于仰韶文化彩陶的史前黑陶文化遗存的出现，对当时盛行的仰韶文化构成了挑战，因而引起了中国学者的广泛关注。随着其他地区相关遗存的发现越来越多，凡是具有黑陶特征的文化遗存统统都被命名为龙山文化，如山东龙山文化、河南龙山文化、陕西龙山文化等。至20世纪60年代，龙山文化已经发展成为一个庞杂的复合体，实际上包含了许多具有各自特征、文化传统和分布范围的不同考古学文化。鉴于此，1981年考古学家严文明先生提出了“龙山时代”的概念，以此代表大致年代为距今5000～4000年的各地不同龙山文化遗存所处的时代，并指出龙山时代是中国的铜石并用时代，是中国史前社会大变革的重大历史时期和探索中国文明起源的关键时段。

龙山时代作为史前考古学上一个文化发展阶段，主要是以与龙山文化处于同一发展阶段上各考古文化的时代性特征及其文化总体发展水平为基础的。黄河流域龙山时代的考古学文化主要包括上游地区的马家窑文化半山和马厂类型，以石峁、芦山峁、新华等遗址为代表的石峁文化；黄河中游地区有以关中地区的客省庄文化、山西陶寺文化、河南王湾三期文化、河北后冈二期文化等为代表的中原龙山文化；黄河下游地区则有典型的龙山文化，即海岱龙山文化。

这些文化的共同特征是陶器都以轮制的灰陶、灰黑陶和黑陶为主，许多地区流行绳纹、篮纹和方格纹，鼎、豆、罐、盆、碗是共有的器物。同时，它们还各有特征和文化发展源流。在发展过程中各地文化在不同方面、不同程度上相互影响和相互交融，不断发生着相互作用，最终紧密地联系在一起。尤其是它们在相互接触的地区，不仅分布越来越犬牙交错，而且文化面貌具有越来越多的共性，以至难分彼此，最后形成一个不可分的有机整体，共同组成一个不可分割的大文化圈。

（一）黄河上游地区

马家窑文化晚期遗存包括半山、马厂两种类型，各自因首先发现于甘肃广河半山和青海民和（旧属碾伯县）马厂（或称马厂塬）而得名。半山与马厂类型的遗存主要分布在甘、青境内的黄河及其支流洮河、湟水、渭河等河流两岸台地上。若以现在行政区划定位，东起陕西陇县，西至甘肃酒泉市，北入甘肃景泰县，南抵甘肃康乐县。这两个类型分布的中心区均是从兰州至西宁的河湟地区。不过，在中心区外两者的分布范围存在差异。半山类型东扩至甘肃东部泾、渭河流域，最东边直至陕西陇县境内。马厂类型的分布则主要往西北方向延伸，最远可抵达河西走廊的酒泉境内，在青海省可至尖扎县。

半山类型有许多文化因素承袭自马家窑类型，如石器、骨器的质料、制法、类别等两者没有太大差别。陶器的质地、色泽、制法、类别等亦颇多相同。所不同的主要表现是在陶器特别是彩陶方面，如彩陶的比例骤然增加，而且彩陶图案更为绚丽多彩。据统计，彩陶量约占全部陶器总数的60%，最高者如地巴坪遗址出土的彩陶占90%。彩陶花纹主要是以带齿边黑彩与中间夹红彩组成的各种几何形纹饰。典型纹样有左右连续的漩涡纹、葫芦形纹、圆圈纹、波折纹和多道齿带纹等。施纹部位多在器的颈部和腹上部，少数遍饰于器外表，并盛行在大口器内壁施彩。黑、红彩对比鲜明，画面绚丽夺目，图案设计严谨巧妙，不论正视还是俯视，都能使人感觉是一幅完整而美妙的画面。器型有盆、钵、壶、罐包括单耳罐和双耳罐等。夹砂陶除了素面者，器表主要装饰有绳纹和多种形式的附加堆纹。绳纹多为密集式竖绳纹。附加堆纹多作条带状、三角形、多道波折纹和四方连续的菱格纹等，还有不少在器的颈部或腹部两侧粘附一对鼻耳或环形耳。附加堆纹的多样化，是半山类型的突出特点。施纹器类多是侈口罐、双耳罐和瓮等一类器物。

陶豆
马家窑文化马家窑期
1958年甘肃兰州黄河南岸营盘岭出土
高16.4、口径24、足径15厘米

泥质橙红陶。敞口，折唇。圆腹下收。喇叭形圈足，足沿呈锯齿状。双腹耳。施黑彩。内壁绘漩涡纹，外腹绘宽带纹及水波纹，圈足绘宽带纹。

马厂类型陶器比半山类型的有了较大变化。陶器表面处理马厂类型不如半山类型精细，打磨光亮的较少，在器上部往往还施一层红色或紫红色陶衣，以此掩盖器表的粗糙面，也便于着彩绘画。彩陶花纹的主体纹饰以黑彩为主，黑红彩不占主要地位，代表性的花纹是四圈纹和蛙纹，次为连弧纹、回形纹、菱格纹或方格纹等。在四圈纹中还缀满各种小花纹，其单独纹样达400多种。蛙纹又分全蛙、半蛙、蛙肢等，富于变化。器型除了与半山类型常见的盆、钵、壶、罐等，还增加了许多新的器类，如葫芦形罐、长颈垂腹罐、提梁罐、长方口斗形器、人面形壶、人像彩塑壶等。夹砂陶器的纹样有绳纹、附加堆纹、锥刺纹、划纹等，以绳纹较为常见。器类主要是瓮和罐，瓮的形体较高大，多作为储藏器用。

石峁文化以石峁遗址为代表，多处于陕西、山西和内蒙古地区，以石砌城址为典型特征。其中石峁遗址位于陕西神木高家堡，地处黄土高原北部、毛乌素沙地南缘，黄河一级支流——秃尾河在此与其支流洞川沟交汇。2011年以来系统的考古工作表明，石峁遗址是北方地区龙山时代晚期至二里头文化早期的一处超大型中心聚落。石峁遗址主体内涵为面积逾

陕西神木石峁遗址皇城台点2016—2019年发掘区（由东南向西北摄）

陕西神木石峁遗址大台基东南角及东南巷道（由南向北摄）

陕西神木石峁遗址大台基发掘区（由南向北摄）

内蒙古清水河后城咀遗址布局示意图

400万平方米的石砌城址，位于城址内城偏西居中部的皇城台是其最核心的区域。陶器方面，石峁遗址A段常见宽弧裆双鋬鬲、细柄豆、喇叭口圆肩罐、直口圜底瓮、敛口刻划纹瓮等；B段常见尖角裆双鋬鬲、中柄豆、喇叭口折肩罐、直口三足瓮等；C段常见尖角裆高领双鋬鬲、直口方唇肥足鬲、圈足盘、喇叭口折肩亚腰罐、敛口三足瓮等。

（二）黄河中游地区

黄河中游地区龙山时代的诸多考古学文化可以统称为中原龙山文化，基于具体文化特征的不同，可进一步细分为王湾三期文化、后冈二期文化、陶寺文化和客省庄文化等考古学文化类型。

1.王湾三期文化

这一文化主要分布在今河南省中部。其范围东起郑州左近，西至渑池，北达济源，南抵驻马店一带，位于中原的核心地区。目前在这一地区内已发现六七百处同类遗址，分布密集，其中经过发掘的遗址有30余处，除了王湾，还有登封王城岗，淮阳平粮台，洛阳西干沟、东干沟、西李庙，孟津小潘沟，偃师汤泉沟、灰嘴，伊川白元，新安马河，叶县余庄等。

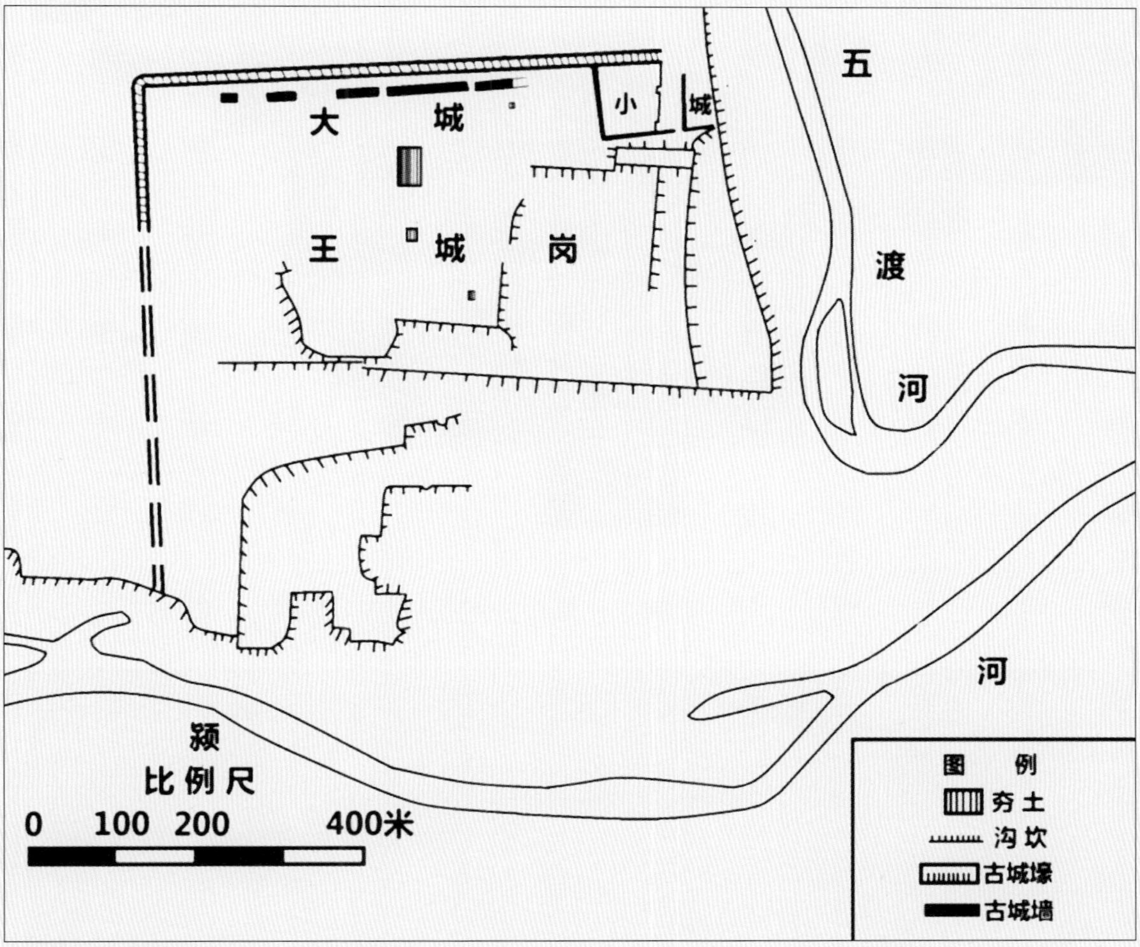

河南登封王城岗遗址平面图

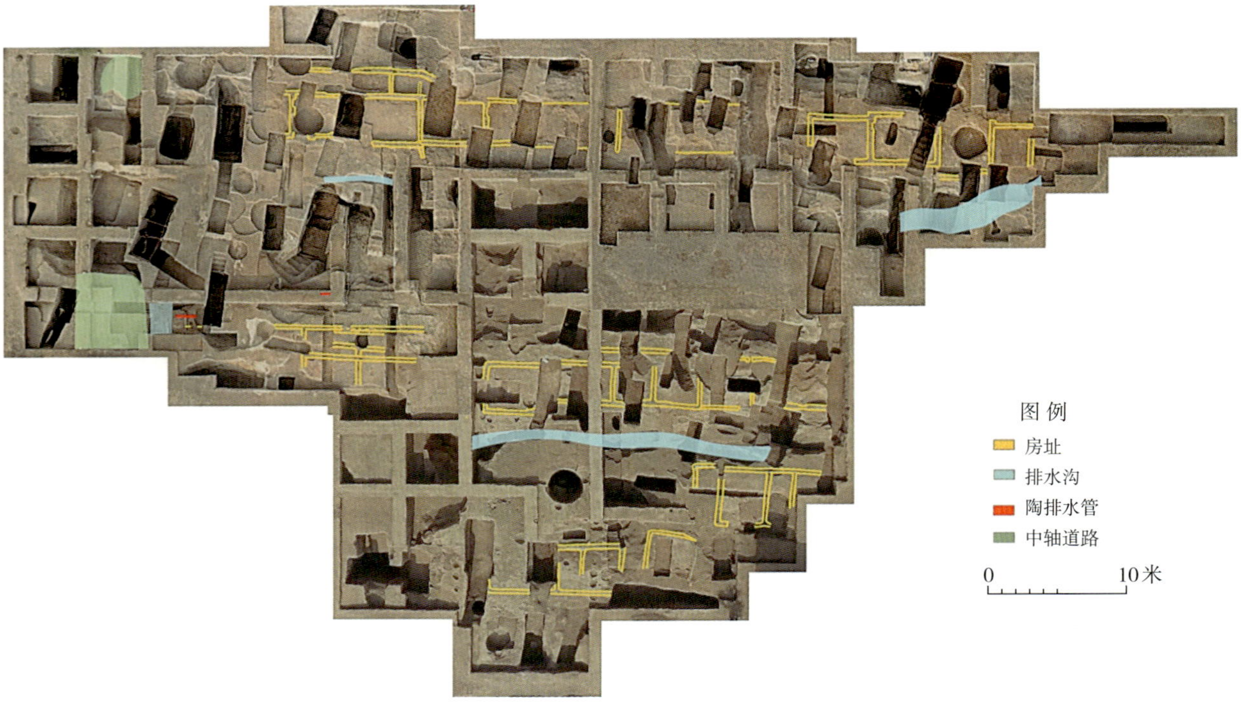

河南淮阳平粮台遗址发掘区鸟瞰

河南叶县余庄遗址龙山文化M10

河南叶县余庄遗址龙山文化M10出土随葬品

王湾三期文化的陶器以泥质灰陶和夹砂灰陶为主，在全部陶器中的比例约为三分之二甚至更多，黑陶有一定数量，红陶很少。陶器的制法以轮制为主，手制较少，器型规整程度显著提高，烧制火候较高，温度可达900℃～1000℃，陶器的质地较为坚硬。器表除了素面磨光，多施加纹饰，尤其流行拍印纹，如篮纹、方格纹和绳纹，此外有附加堆纹、弦纹、镂孔等。器型种类丰富，主要有罐形鼎、釜形斝、中口罐、罐形甑、平流鬶、瓮、双腹盆和大平底盆、擂钵、圈足盘、豆、杯、碗和器盖等。

2.后冈二期文化

这一文化的分布区域可达冀中平原的子牙河和滹沱河流域，其范围比过去认为的要大。其影响范围兼及鲁西和皖西北部分地区。这一范围除了西部边缘是太行山，其他全位于平坦肥沃的华北平原上。目前已发现同类遗址一二百处，其中经过发掘的遗址有近20处。包括河南安阳大寒南岗、八里庄，汤阴白营，淇县宋窑，辉县孟庄，河北邯郸涧沟，磁县下潘汪等。

后冈二期文化的陶器以夹砂灰陶和泥质灰陶为主，有少量黑陶、红陶和白陶，其中黑陶的数量要多于中原地区的其他文化类型。制作方法以轮制为主，手制较少，袋足器的袋足则采用模制法做成。器表装饰除了素面和磨光者，纹饰以绳纹为主，其次为篮纹和方格纹，还有弦纹、附加堆纹、刻划纹等。常见器型有深腹罐、袋足甗、罐形斝、鬲、鼎、甑、鬶、高领瓮、子母口瓮、双腹盆、瓦足盆、大平底盆、圈足盘、碗、豆、杯、钵、器盖等，还有（山东）龙山文化中常见的鸟头式或“V”字式鼎足的鼎、长流鬶及少量蛋壳陶等，但不见或少见鼎、鬲。后冈二期文化是否存在着不同的地域差异，限于资料的不足，目前尚不甚清楚。有研究者曾将华北平原龙山时期文化划分为除豫东地区以外的豫北冀南区和冀中区两区，为这一文化的分区分类研究提供了线索。

以后冈遗址为代表，其陶器可分为早、中、晚三期。早期以灰陶为主，约占50%；黑陶次之；夹砂红陶较少。细绳纹较多，篮纹较窄，方格纹呈正方形。常见器类有深腹罐、甗、瓮、双腹盆、平底盘、圈足盘、豆、钵、碗等，未见罐式斝。中期灰陶增加，黑陶减少，绳纹变粗，器类增多，除了早期器类，又出现深腹盆、器盖、罐式斝等。晚期灰陶约占70%以上，并出现白陶和蛋壳黑陶。绳纹较粗，篮纹变宽，方格纹呈菱形。器类较多，尤多大型器。

3.陶寺文化

陶寺文化以山西襄汾陶寺遗址龙山时期文化遗存而得名，主要分布在晋南的临汾盆地一带，北以太岳山南麓、东以太行山西侧、南以中条山北麓、西以吕梁山东侧为界，地处汾河下游。目前在这一地区已发现陶寺文化遗址75处。除了陶寺，还有曲沃方城、翼城开化、襄汾丁村、新绛古堆、临汾下靳村等。经过重点发掘的陶寺和下靳村两处，为这一文化的代表性遗址。陶寺文化的陶器以夹砂灰陶和泥质灰陶为主，有一定数量橙褐色陶和磨光黑陶，早期以手制为主，以泥条盘筑法成型，陶胎较厚，轮制者较少；晚期以轮制为主，陶胎变薄，器型的规整性提高。模制只见于鬲等器型的袋足。纹饰以绳纹为主，其次为篮纹，其他如附加堆纹、方格纹、刻划纹、旋纹、乳钉纹等均较少。部分出自墓葬的壶、盆、豆、盘等器物上有烧后绘画的鲜艳彩绘，如著名的蟠龙纹陶盘和云雷纹陶壶即其代表。陶器的器类较为丰富，主要有釜灶、斝、鼎、甑、鬲、甗、瓮、缸、罐、壶、尊、盆、钵、盘、豆、碗、瓶、觚、杯和器盖等。

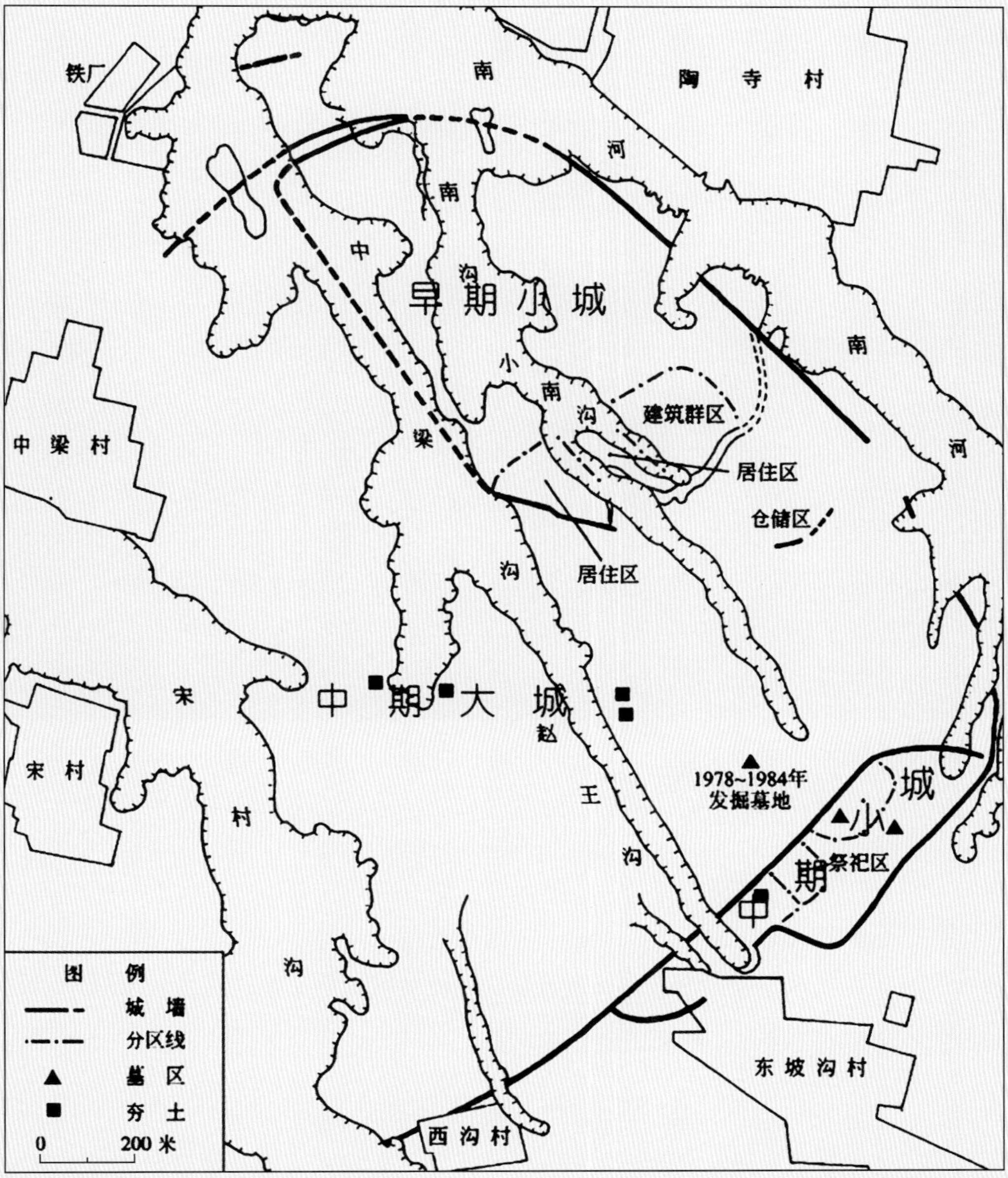

山西襄汾陶寺城址平面图

陶寺文化下靳村墓地航拍图

4.客省庄文化

客省庄文化以陕西长安客省庄（又名开瑞庄）遗址第二期文化遗存为代表而命名，是黄河中游地区西部新石器时代末期的原始文化支系。

客省庄二期文化的陶器，关中东西部之间存在着较大差别，东部以灰陶为主，红陶极少，这与前述几支文化相同；向西去灰陶逐渐减少，红陶增多，两者数量相当甚至红陶占据多数。制作方法以手制为主，轮制者极少，有模制陶器存在。器表纹饰较多，主要是篮纹和绳纹，方格纹、附加堆纹、弦纹、镂孔等甚少，东西部也存在一定差异，如东部素面磨光者较多，以绳纹为主，篮纹次之，西部则较少素面，纹饰以篮纹为主，绳纹次之。器型主要有单把鬲、罐形斝、甗、盉、平流鬶、有耳罐、瓮、尊、盆、盘、豆、杯和器盖等。

芦山峁遗址因最早发现于陕西延安李渠镇芦山峁村而得名，其中第二期遗存根据出土的单把鬲、双耳罐等陶器形态分析，其文化内涵与客省庄文化十分相似，应属于客省庄文化晚期。主要器类有单把鬲、双鋬鬲、双耳罐、三足罐和各类夹砂罐等。

陕西延安大营盘梁发掘区全景

（三）黄河下游地区

黄河下游龙山时代涵盖了海岱地区大汶口文化晚期阶段和海岱龙山文化阶段。这个时期发现的遗址点有数千处，典型的遗址如景阳冈、城子崖、丁公、桐林、边线王、两城镇、尧王城、西孟庄等。

海岱龙山文化的陶器直接承袭大汶口文化晚期而来，陶器生产已经进入等级较高的成熟专业化生产阶段。陶器颜色有黑、灰、褐、白等多种，其中绝大多数为黑色陶器。龙山文化的黑陶既有里外一致、漆黑如墨、表面光洁亮丽者，也有表皮黑内胎灰、褐的“夹心饼干”型，还有半黑半灰的灰黑色。从区域上看，从东部的海边到西部的内陆，黑陶呈现递减的趋势。龙山文化还存在少量用高岭土为原料制作的白陶，并且只是用来制作陶鬶一种器型。由于普遍采用了快轮拉坯成型技术，制作出来的陶器造型规整，棱角分明，线条流畅，陶胎薄而均匀。陶器表面装饰绝大多数为素面磨光，夹砂陶也是如此，纹饰数量较少，常见的纹样

山东章丘城子崖遗址纵中探沟发掘场景

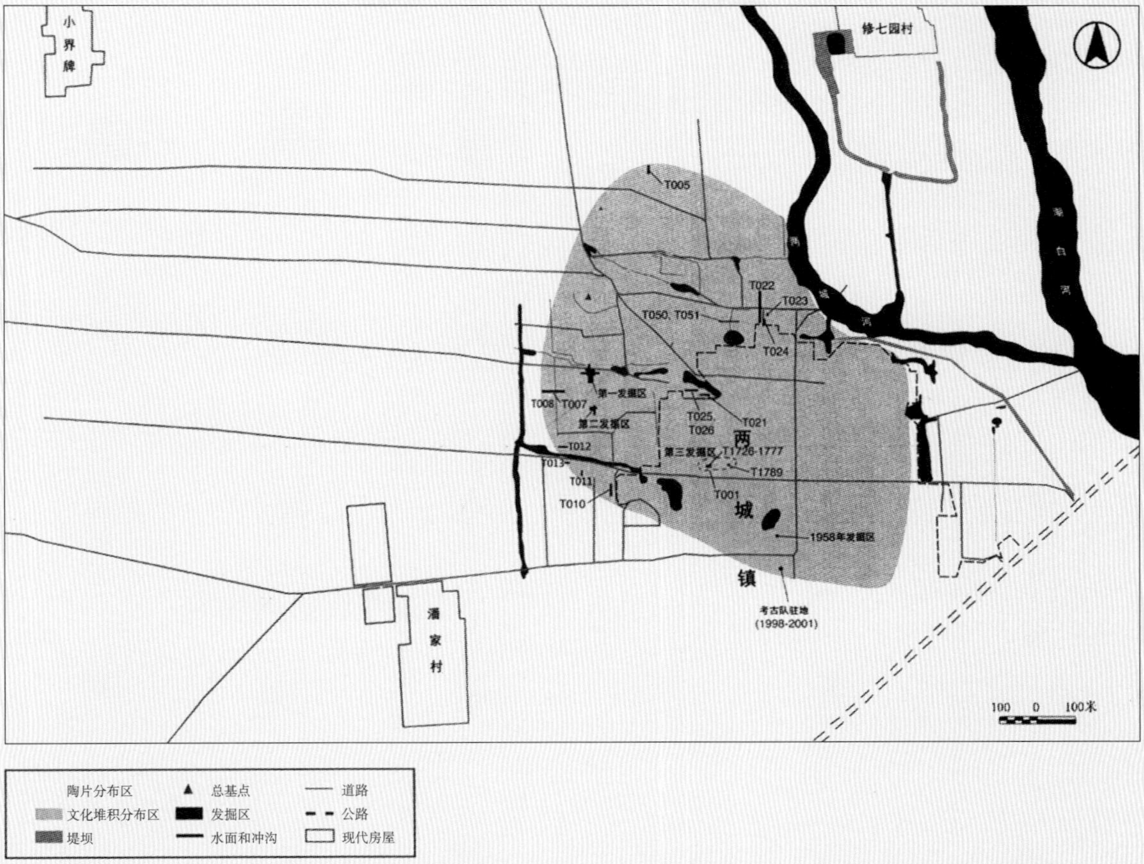

山东日照两城镇遗址陶片分布区、文化堆积分布区和发掘位置图

有凹凸弦纹、篮纹、刻划纹、镂孔、凸棱等，也有绳纹、方格纹、附加堆纹等。十分流行小的装饰附件，如泥饼、盲鼻、齿状泥条、短泥条等。龙山文化陶器群的器类繁多，以大类计有20余类，以小类计则可多达60余种。造型以平底器和三足器最多，也有一定数量的圈足器，圜底器基本不见。器型有鼎、鬶、甗、鬲、罐、盆、杯、壶、匜、盘、豆、罍、钵、觚、尊、碗、盒、瓮、缸、甑、箅子、器盖等。各类器型中，由于功能、时间和地域的差别，又可以分为诸多不同类别，如鼎类就有罐形鼎、盆形鼎、盘形鼎、釜形鼎、单耳鼎等，杯类则有筒形杯、壶形杯、罐形杯、觯形杯、觚形杯、高柄杯以及单耳杯、双耳杯、平底杯、三足杯、圈足杯等。鸟首形足鼎、白陶鬶、中口罐、蛋壳陶高柄杯、大平底盆、子母口盒等是其代表性器类。

山东滕州西孟庄龙山文化遗址

二、史前陶器精华

龙山时代是我国史前陶器生产技术的高峰期，这个时期的制陶手工业无论在技艺还是在组织和流通方面，都在继承仰韶时代传统的基础上有了极大的提升。但是就黄河流域而言，由于区域文化发展的滞后性影响，不同区域的陶器又呈现出不同的特征。

（一）黄河上游地区

黄河上游地区在龙山文化时代陶器从装饰到器型都有了发展。

图示陶罐为泥质红陶，质地细致。侈口短颈。深腹平底。黑彩绘，口侧绘一宽带纹，肩部饰五道平行条纹。肩部浮塑一完整人首。器型完整。整个塑画富有神秘的宗教色彩，是一件罕见的制造精湛、艺术水平高超的瑰宝。

人头像饰彩陶罐
马家窑文化半山类型
甘肃天水师赵村遗址出土
口径15.3、高22.2厘米

圆圈网格纹彩陶鸟形壶
马家窑文化半山类型
甘肃榆中上花遗址出土
口径8.8、底径8.4、高22.9厘米

壶口偏于一侧。圆肩圆腹。下腹内收。平底。双腹耳。短尾鋬。腹部绘四圆圈，内填网格纹。半山类型的彩陶不仅在纹饰上更加丰富，在色彩的运用上也臻于成熟。不同纹饰、色彩的结合，使半山先民的审美艺术得到了充分展现，在黄河上游龙山文化时代有一定代表性。

陶罐
马家窑文化马厂类型
1975年青海乐都柳湾墓地出土
口径15、腹径40、底径11、高40厘米

泥质橙黄陶。敞口。短颈。圆肩。鼓腹，双腹耳，下腹斜内收。小平底。施黑红双彩，口沿内侧及颈部饰波折纹，肩腹部饰四大圆圈纹间“人”字纹，圆圈内填网格纹，以红彩勾边，下饰垂幛纹。

这件器物上所饰的四大圆圈纹是马厂类型中最具代表性的纹饰，由半山类型的漩涡纹演变而成。这类纹饰主要装饰于大型壶、罐的上腹部，圆圈内常填各种各样的几何纹饰，如网格纹、菱格纹、斜方格纹、三角纹等。四大圆圈纹独具特色，是学者判断陶器所属时代的标志之一。

陶罐
马家窑文化马厂类型
1974年青海民和官户台遗址出土
口径12.8、腹径15、底径6、高16.6厘米

泥质橙黄陶。敞口。束颈。溜肩。鼓腹。平底。口沿上置一拱形提梁。施黑红双彩，提梁上饰菱形纹，部分已脱落，口部饰三角纹，颈部饰连弧纹，肩部饰双彩条带纹，腹部饰网格纹组成的折线纹，空白处饰网纹。

马厂类型彩陶陶器的种类繁多，主要有壶、瓶、罐、碗、盆、杯等，以瓶和罐的数量为最多。这件陶罐的口沿上置拱形提梁，方便拿取，与其作为盛储器的用途相合，展现了先民的生活智慧。

陶罐
马家窑文化马厂类型
1980年青海民和阳山墓地出土
口径8.6、腹径10、底径5.8、高8厘米

泥质橙黄陶。侈口。长颈。双耳。溜肩。垂腹。平底。黑红双彩，口沿内侧饰短线连弧纹，颈部饰网格纹，肩腹部饰宽带菱形圆点纹。

马家窑文化的彩陶内涵十分丰富，所占比例极高，即使是简单的陶罐，制陶者也愿意花时间对其内外壁进行装饰，说明彩绘在马家窑文化先民的生活中占据了非常重要的位置，在黄河上游一带形成鲜明特色，体现了早期先民对于艺术的理解与运用。

陶罐
马家窑文化马厂类型
1985年青海民和阳山墓地出土
口径13、腹径13.3、底径7.2、高7.4厘米

泥质橙黄陶。侈口。溜肩。鼓腹。四环耳，每个环耳上又附加三环耳，耳唇相接处有凸纽。颈部有镶嵌石珠的小孔，石珠多已脱落。施黑红双彩，口部饰一周宽带纹和连弧纹，口沿饰对顶三角纹，颈肩部饰两周弦纹间长短不一的短线纹，耳部施彩，腹部饰菱形网格纹。

陶罐肩腹部等距所附的四个环耳颇具特色，大环耳上附加三个小环耳，造型特别，富有对称之美。耳唇相接处的四个凸纽既有加固作用，又有装饰作用，实现了审美性与功能性的统一。

陶壶
马家窑文化马厂类型
1976年青海乐都柳湾墓地出土
口径7.6、腹径13、底径6.5、高19.1厘米

泥质橙黄陶。敞口。长直颈。溜肩。颈肩处置一单耳。垂腹。平底。黑红双彩，口沿内侧饰短线纹、带纹、连弧纹，颈部饰倒三角纹间双彩弦带纹，腹部饰双彩四大圆圈纹间斜线纹，圆圈内填网纹。

陶壶腹部的四大圆圈纹是马厂类型最具代表性的纹饰，这样的纹饰在不同器物上多有体现，显示出其共性。陶壶是一种典型的水器，在使用时，其中所盛应为液体：敞口便于液体进入；长直颈使液体不易溢出；垂腹能扩大存储量；颈肩处的环耳方便使用者提取陶壶，倒出液体。

人形浮雕彩陶壶
马家窑文化马厂类型
1974年青海乐都柳湾墓地出土
口径9.2、高33.4厘米

泥质橙黄陶。敞口。长颈。溜肩。鼓腹，双腹耳。平底。从口到器腹中部施红色陶衣，上施黑彩。器身饰一组对称圆圈网纹，另一组为蛙身纹加塑绘裸体人像；人像各凸出部位以黑彩勾勒，头面在壶颈部，目、耳、口、鼻俱全，披发，眉作“八”字形，小眼、高鼻、大耳、张口；腹部为身躯，乳房、脐、下部及四肢袒露，上肢双手作捧腹状，下肢直立，双足外撇。

这件人形浮雕彩陶珍贵罕见，一是因为它是中国考古史上第一次在史前陶器上发现完整的人体浮雕作品，二是因为浮雕人像兼具男性与女性的特征。学界一般认为这是一个集男、女为一体的两性人，是一种男女同体的崇拜物，与史前宗教信仰相关。亦有其为单一女性或单一男性的观点。特殊的图案装饰表明它可能不是生活用具，而是礼器或专门制作的葬具。

陶罐
马家窑文化马厂类型
1975年青海乐都柳湾墓地出土
口径8.5、腹径24、底径9.3、高17.8厘米

泥质橙黄陶。敛口。溜肩。鼓腹，双腹耳。平底。红色陶衣，黑彩，肩部饰平行线纹，腹部饰多重折线纹，上绘“卐”字纹，下饰垂幛纹。

甘青地区新石器时代的“卐”形纹饰属于马家窑文化半山类型。有学者认为，“卐”字纹是马家窑文化时期出现的新纹样，是十字的另一种变体。东北地区小河沿文化的陶器、商周时期的青铜器上亦见此类纹样，亦有学者认为它是先秦时期中西方已经存在文化交流的有力证据。

陶罐
马家窑文化半山类型
1996年青海同德宗日遗址出土
口径9.3、腹径20、底径10、高16.5厘米

泥质橙黄陶。侈口。溜肩。折腹，腹部有对称鋬纽。平底。施黑红双彩，口沿内侧彩绘脱落，颈部施一道红彩，肩腹部饰四周宽锯齿纹，等距分布四个圆圈纹，圆圈内填叶脉纹，黑彩边缘的密集锯齿纹以红彩勾边。

器物上的叶脉纹属植物纹的一种，是截取植物的某一部分进行拆分、重组，多以写实的形态出现。在马家窑文化初期，这种纹饰发现较少，至半山、马厂类型，植物纹才大量出现。不同于水文化的主题，类似叶脉状的纹饰表达了先民对自然、对田园土地的热爱。

陶壶
马家窑文化马厂类型
1974年青海乐都柳湾墓地出土
口径11.1、腹径25、底径12、高22.6厘米

泥质橙黄陶。侈口。短颈。溜肩，肩部置一筒状流。鼓腹，双腹耳。平底。颈下至上鼓腹处施红色陶衣，其上绘黑彩，口沿内侧饰留白联珠纹，颈部饰三角纹，肩腹部饰线纹间双层连续折线纹，上层折线纹内填网纹，流部饰折线纹，下腹一侧有“十”字符号。

整个黄河流域均有带流陶壶的发现，附流是为了方便倾倒液体，说明此类陶壶应为液体容器。近来，有学者对河南偃师灰嘴遗址的带流壶进行研究，认为其中曾装有米酒，因而也不排除柳湾墓地这件陶壶是酒器的可能性。

陶壶
马家窑文化马厂类型
1985年青海民和阳山墓地出土
口径10.8、腹径37、底径11.4、高37厘米

泥质橙黄陶。侈口。短颈。圆肩。鼓腹，双腹耳，斜腹内收。平底。黑红双彩，口沿内侧饰锯齿弦带纹，颈部饰网格纹，肩腹部饰竖向连续螺旋纹，下饰垂幛纹。

在马家窑文化的其他彩陶中，黑彩往往占据主要位置，比红彩更引人注目。这件器物则有所不同，肩腹部满饰连续螺旋纹，以红彩填充，色彩鲜艳，别具一格。

鸭形彩陶壶
马家窑文化马厂类型
1977年青海民和加仁庄遗址出土
口径5.2、通长17.1、高18厘米

泥质橙黄陶。器身呈鸭形。双耳。头部接鼓腹小壶，似鸭头。黑红双彩，头部饰线纹，背部、腹部饰双彩蛙纹，填充波纹，似缓缓流动的湖水。

整个壶的造型新颖别致，壶口像昂起的鸭头，对称的双耳为鸭形翅膀，器身纹饰动感十足。器型与纹饰相结合，共同展现了马厂先民独特的审美情趣。

“卍”字纹长颈彩陶壶
马家窑文化马厂类型
口径10、腹径26.5、底径12、高26厘米

泥质红陶。侈口。长颈。鼓腹。平底。双耳不对称，一耳置腹部，一耳置颈部。施黑红两彩，颈部饰弦纹，肩、腹部四大圆圈内绘网格纹“卍”字图案。

此件陶壶制作规整，器表打磨光滑，纹饰布局精美，线条圆润流畅。不同于其他直接书写的“卍”字符号，这件陶壶上的“卍”字采用网格纹绘制，别具一格，为研究“卍”字纹的起源、先民的思想意识和宗教信仰提供了难得的实物资料。

彩陶豆
马家窑文化马厂类型
1982年青海民和阳山墓地出土
口径1.9、底径8.1、高9厘米

泥质橙黄陶。豆盘侈口，弧腹。豆柄呈圆柱形，中部有一周横向棱脊，两侧有对称镂孔。黑红双彩，口沿外侧、足部饰红彩宽带纹，器内饰四组双彩相间的“卐”字纹。

陶豆上所绘“卐”字纹在世界范围内分布广泛，受众多古老民族青睐，但主要集中在亚洲。马厂类型的彩陶上发现有数量丰富、形态各异的“卐”字纹。王克林认为其原始寓意应是先民对自然的崇拜、祖先崇拜以及原始宗教萨满教“灵魂不灭”观念的艺术表达。

变体神人纹彩陶瓮
马家窑文化马厂类型
甘肃兰州土谷台遗址出土
口径19.8、底径11、高44厘米

侈口短颈。鼓腹下收。平底。腹部双耳。器物上半部施红黑两色彩绘。颈部为波折纹。肩部有蛙纹两组，圆圈回形纹间网纹两组，口沿内彩为齿纹。相比马家窑类型和半山类型，马厂类型的彩陶更加重视“面”，通过不同的单元组合展现不同的主题，不再更多地依赖横竖线与网格线表达主题。

三足瓮
石峁文化
陕西神木石峁遗址出土
口径31、高51.5厘米

泥质灰陶。敛口，方唇，唇面内倾。圆鼓腹。宽裆。圜底，三袋足略外张。腹上部饰一周凹弦纹，以上抹光，以下饰篮纹，三足饰绳纹。

折肩瓶
石峁文化
陕西神木石峁遗址出土
口径24.5、底径10.7、高38.5厘米

泥质灰陶。大喇叭口，圆唇。斜高领。折肩。腹部微鼓。平底。肩部下饰一道凹弦纹，以上抹光，以下饰篮纹。

（二）黄河中游地区

黄河中游地区在此时代与上游地区联系加强，器物在区域间的交流色彩明显。

图示罐为泥质灰陶。直口。双桥形耳自口连接至折腹处。平底。口沿内侧、颈、肩部装饰彩绘，纹饰母题为红彩白地植物勾连纹。

此件双耳罐的形制少见于中原地区，可能来自甘青地区，体现了陶寺遗址中的文化交流与融合。

陶罐
陶寺文化
2005年山西襄汾陶寺遗址出土
口径7.5、底径3.9、通宽13、高10.4厘米

陶盆
陶寺文化
1980年山西襄汾陶寺遗址出土
口径31.5、底径9、高21.2厘米

胎灰褐色。器表红色陶衣。唇涂红，第一、三层腹用红、白、绿三色，绘曲折形几何勾连纹构成的环带状图案。

彩绘陶盆是陶寺遗址中墓葬的随葬器类之一，此外有灶、罐、壶、瓶、盘、豆，个别墓有鼎和觚。凡泥质盆、罐、壶、瓶、盘、豆，均施彩绘。

纹，颈上、下段以红色，中段以白色绘条带纹各一周，肩部以黑陶衣为地，用红色和粉色绘出S形勾连纹。

陶壶
陶寺文化
1980年山西襄汾陶寺遗址出土
口径9.3、肩径21.8、颈部直径6.6、颈高7、通高25.4厘米

胎灰褐色。器表深灰色。颈较直。沿面及通体器表着黑色陶衣并磨光。三足内侧见绳纹，颈上、下段以红色，中段以白色绘条带纹各一周，肩部以黑陶衣为地，用红色和粉色绘出S形勾连纹。

彩绘陶壶
陶寺文化
山西襄汾陶寺遗址出土
口径16.2、高28.2厘米

泥质褐陶。侈口斜折。高领。广肩，肩部以磨光黑陶衣为地，上用红、白彩绘出变体动物图案，颈下部有红色条带一周。

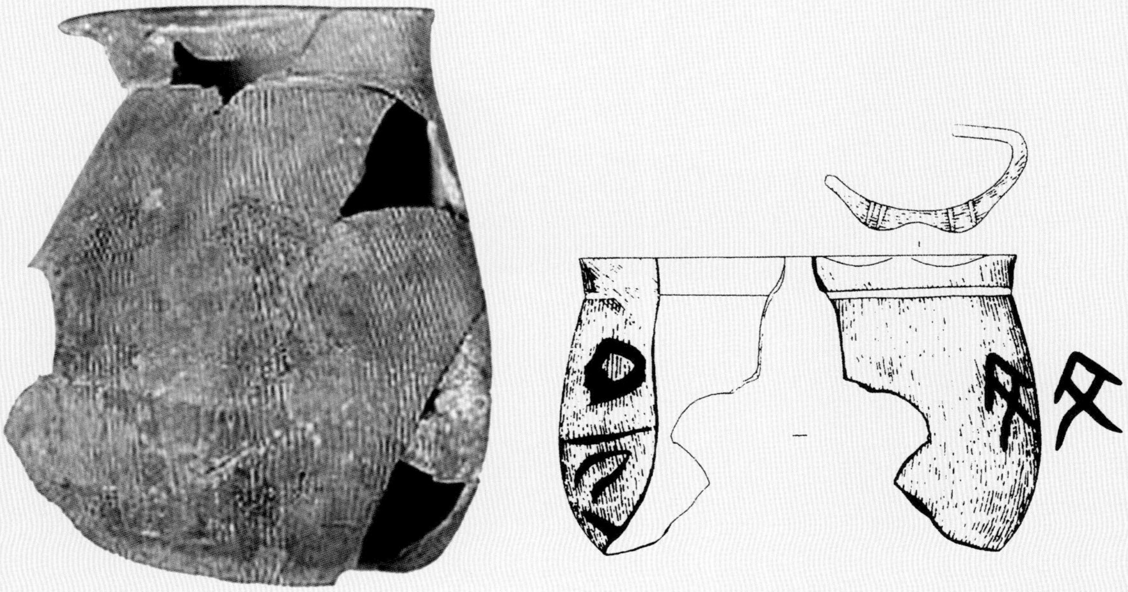

文字扁壶
陶寺文化
山西襄汾陶寺遗址出土
口径18.9、高27.7厘米

扁壶上用朱砂写了两个字符，一是“文”字，另一个字符在学界仍有较大分歧，或释为命、尧、邑、唐等，但都与“唐尧”或“夏禹”或“夏启”有关。这件陶扁壶上的朱书符号，被许多学者认为是文字。朱书是用类似毛笔的红笔书写而成，扁壶断茬处也以红笔涂描，可见朱书应是在扁壶破损后书写的，但不详为何在破损陶壶上写字。总之，扁壶正面一字极似甲骨文的“文”字，背面朱书是一字还是两字，以及如何解读，学术界还有较大争议。

豆
陶寺文化
1980年山西襄汾陶寺遗址出土
口径19.1、底径16.6、高26.1厘米

唇、沿面朱绘，柄下缘及底座上缘各有朱红色条带一周，底座下缘用红、白二色绘竖向宽带图案五条，其间有红色或白色细线各四至八道不等，红色与红色条带之间用白色细线间隔；白色与白色条带之间则用红色细线间隔。

衣，施红彩绘出蟠龙图案。

彩绘龙纹陶盘
陶寺文化
山西襄汾陶寺遗址出土
口径37、高9厘米

泥质褐陶。敞口。斜折沿。盘壁斜收成平底。外壁饰隐浅绳纹。内壁磨光，着黑色陶衣，施红彩绘出蟠龙图案。

彩绘龙纹盘是陶寺遗址中最具特色的器物，是迄今在中原地区所见蟠龙图像的最早标本。从出土情况看，彩绘龙纹盘应为礼器，龙纹则有可能是氏族、部落的标志。

陶簋
陶寺文化
2002年山西襄汾陶寺遗址出土
口径18、高18.4厘米

泥质褐陶。微侈口，尖唇。斜弧腹。圈足外撇。腹部有双鋬。内壁着黑陶衣，外着红陶衣，颈部以白、黑彩勾绘饕餮纹，腹部以白、黑彩勾绘出上下两组不同图案。

罐形斝
陶寺文化
山西襄汾陶寺遗址出土
口径12.3、通高20厘米

黄褐色陶。沿微侈。尖圆唇。外观似矮领。腹壁外弧而斜张。腹、底之间有明显折棱。底心近平，下接三锥形足。器身及耳鋬施细绳纹，腹、底外壁有烟炱。

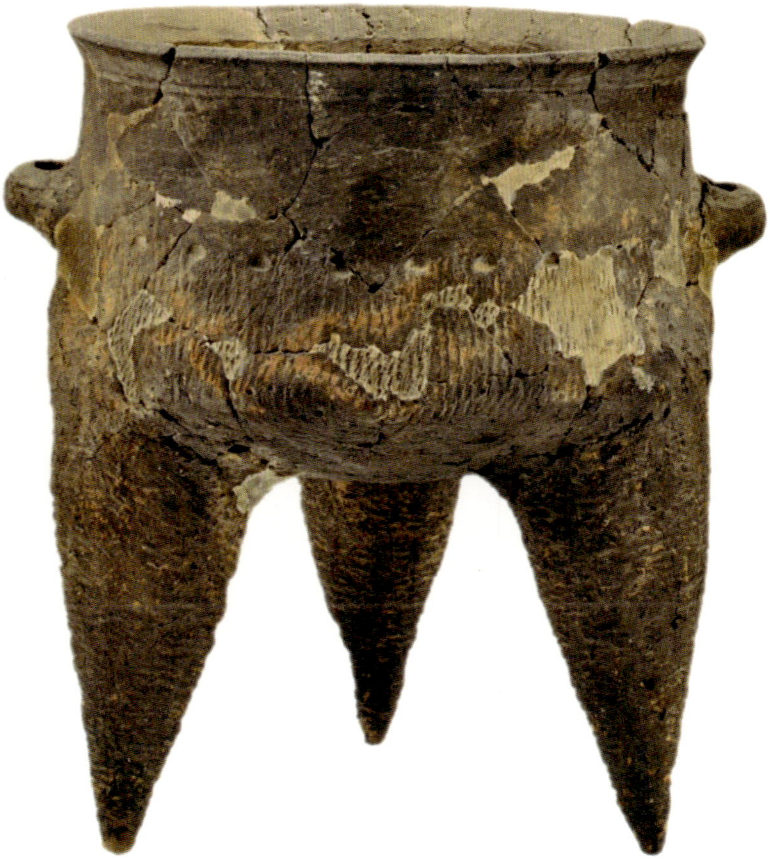

盆形斝
陶寺文化
山西襄汾陶寺遗址出土
口径23.4、通高30.2厘米

灰褐色陶。敛口。窄侈沿。斜方唇。腹壁自上而下斜张，口径明显小于腹径。圜底。上腹抹光，中腹以下施绳纹，绳纹上缘有凹点纹一周，中腹设对称横耳。出土时，斝内盛有猪头骨。

釜灶
陶寺文化
山西襄汾陶寺遗址出土
上口径18.5、下口径17.2、通高32.6厘米

褐色陶。整体呈上、下口均内敛的束腰筒形，较为细高。箅架置于筒腔中部偏上，燃烧室空间相对较大，并在周壁对称位置设四个筒状出烟孔。通体压印绳纹，其上又有曲折斜向附加堆纹多道，腰部有横向附加堆纹一周，灶门旁有弦纹两道。原或有双耳，已残。

陶鼓
陶寺文化
山西襄汾陶寺遗址出土
口径25.6、最大腹径41、底中孔径6.5、通高80.4厘米

灰陶。上口微内敛。口下外壁贴附泥片一周，宽约8厘米，其上设圆饼状纽11枚，纽径约4厘米，纽面呈一斜面，纽的上缘与筒壁近平，下缘呈刃状突起，便于绷皮。颈部至耳下高约37厘米的一段，周壁器表磨光后又用弦纹、刻划纹及剔刺凹点纹组成多条卷曲但不辨头、尾的蛇躯鳞身状图案。在腹部器表密集的绳纹上贴附多道泥条交叉成菱形格图案，泥条上又补压绳纹。腹底中孔稍残。胎厚近1厘米，烧制火候较高。

陶鼓
陶寺文化
山西襄汾陶寺遗址出土
口径11.4、最大腹径39、底中孔径9.2、通高140.5厘米

器表灰褐色，胎红褐色。筒口微侈，平唇，口下有柱状圆纽两周各9枚，上、下两周纽的位置呈间隔分布。纽以下的筒颈器表，在大致等分部位有凹弦纹9周，从而将筒颈分成9段，自上而下第三、五、七、九段将原有绳纹抹去并经磨光。耳下至腹底在绳纹之上加多道泥条构成菱形格图案。

绳纹磨光黑陶斝
龙山文化
1975年山西太原狄村遗址出土
口径20、高21.3厘米

磨光黑陶鼎
龙山文化下王岗类型
河南淅川下王岗遗址出土
最大径24、通高21厘米

灰陶印纹鼎
龙山文化下王岗类型
河南淅川下王岗遗址出土
口径35、高23厘米

这两件鼎形状类似，但颈腹比例不同，外表处理也不同，显示出同类器物的不同风格，展示出时代特色和灵活多变的艺术思想。

刻槽盆
王湾三期文化
河南淮阳平粮台遗址出土
口径34、残高23厘米

粗泥黑灰陶。尖唇内敛，外侧加厚；大敞口，口部带流。束腰。底残。外壁素面，内壁上部为波浪形刻槽，下部为纵向刻槽。

粗泥黑灰陶。折沿，沿内侧起凸棱。斜方唇，唇面有一道浅凹槽。溜肩。垂腹。圜底。三短小乳状扁足，足部经切削。口沿及肩上部经轮修，素面。腹部饰竖篮纹。

陶鼎
王湾三期文化
河南淮阳平粮台遗址出土
口径12.8、高15.8厘米

粗泥黑灰陶。折沿，沿内侧起凸棱。方唇，唇面有一道凹槽。溜肩。弧腹。凹底。腹饰斜方格纹。

陶罐
王湾三期文化
河南淮阳平粮台遗址出土
口径17、底径7.5、高20.6厘米

刻纹陶钵片
王湾三期文化
河南淮阳平粮台遗址出土
复原口径14.2、高6厘米

粗泥浅红褐陶。圆方唇较厚，口微敛。弧腹较直。平底。外壁刻划兽面纹，底部也有刻划痕迹。

陶壶
王湾三期文化
河南淮阳平粮台遗址出土
口径7、底径4.8、高10.4厘米

泥质黑陶。直口微侈，圆唇。长颈微束。弧肩。鼓腹。平底微凹。颈中部和肩部共有三道凹弦纹。此件为黑陶，具有良好的文化时代代表性。

陶碗
王湾三期文化
河南淮阳平粮台遗址出土
口径20、底径8、高7.2厘米

粗泥黑灰陶。敞口，方唇，唇面有一道凹槽。斜直腹。假圈足。平底，底边出棱。外壁有多道凹弦纹。

（三）黄河下游地区

黄河下游地区在此时代陶器走向成熟，白陶和黑陶都富有特色，形状也颇具特色。

图示鬶为夹砂白陶。广口。粗短颈。短流，流口两侧内收，颈部有小横耳一对，并饰三道凸弦纹。条状弧形把手上联口部，下接袋足。器型整体较矮。乳状分裆肥袋足，末端有实足根，足尖纤巧。

白陶鬶
龙山文化
山东泗水尹家城遗址出土
宽16～21.8、高23.8厘米

白陶鬶

龙山文化

山东泗水尹家城遗址出土

宽16～21.8、高23.8厘米

白陶鬶
龙山文化
山东日照东海峪遗址出土
高28.3厘米

夹砂白陶。细长颈，颈腹分界明显。流口窄细，两侧内收。腹较深，腹部饰一周弦纹。宽带状把手。联裆实足，足根尖且细长。

红陶鬶
龙山文化
1960年山东潍坊姚官庄遗址出土
高31.8厘米

侈口。鸟喙形流。圆鼓腹。锥形实足。鋬呈索状。颈两侧各置一环钮。腹饰锯齿状凸弦纹两周。

侈口，细颈，颈腹无明显分界并置一鋬，腹分裆成三袋足，整器前倾，腹足间饰乳钉和凸弦纹。

橙黄陶长流鬶
龙山文化
1960年山东潍坊姚官庄遗址出土
高44厘米

侈口，细颈，颈腹无明显分界并置一鋬，腹分裆成三袋足，整器前倾，腹足间饰乳钉和凸弦纹。

橙黄陶乳钉纹鬶
龙山文化
1960年山东潍坊姚官庄遗址出土
高29.3厘米

整体形态为长流，高颈，下接三袋足支撑器身，颈身之间有一绳纹鋬相连。器表遍布乳钉纹，腹部饰凸弦纹和盲鼻。造型活泼和谐。

陶罐
龙山文化
山东章丘城子崖遗址出土
口径14.3、底径8.2、高15.6厘米

侈口，尖唇。折沿内侧略凹。鼓腹，最大腹径偏上。平底。肩饰一周凹弦纹。下部经烧烤呈深褐色。

陶罐
龙山文化
山东章丘城子崖遗址出土
口径9、底径8.4、高16厘米

口近直，圆唇。高领。肩部有一对横耳。鼓腹，近底部急收。底内凹。颈中部饰一周凸弦纹，肩腹部等距饰三组凹弦纹，每组两道。

陶三足杯
龙山文化
山东章丘城子崖遗址出土
残高9.2厘米

泥质磨光黑陶。口沿和单耳已残，应为近直口。高颈中部内弧。折腹。平底略鼓。底沿有三个三角扁足。腹上部饰一周细弦纹，腹中部等距饰五组压印纹，每组三个。

陶鼎
龙山文化
山东章丘城子崖遗址出土
口径12.2、高16.6厘米

夹砂灰陶。侈口，唇略尖。折沿内侧有一道凹槽。鼓腹。平底。盲眼鸟首形足。此下器物中的多件在造型和装饰方面有鸟的元素和风格，显示出黄河下游的明显特色。不限于颜色，白陶、黑陶甚至灰陶都可能有此风格。

泥质黑陶。方唇。卷沿。束颈。溜肩。鼓腹。平底。通体磨光。肩部及上腹部各饰两周凹弦纹。

黑陶罐
龙山文化
山东日照两城镇遗址出土
口径11.3、腹径14.6、底径7.6、高16厘米

黑陶鸟喙足鼎
龙山文化
1960年山东潍坊姚官庄遗址出土
口径26、高18.5厘米

细砂陶。外施黑陶衣，器表磨光。器身呈盆形。大敞口，口沿外卷。折腹。平底，下接三鸟喙形足。

灰陶鸟喙足罐形鼎
龙山文化
山东邹平丁公遗址出土
口径20.4、高23厘米

夹砂灰陶。圆唇，折沿，敞口。鼓腹。圜底。颈部下方刻划两周凹弦纹，弦纹上左右对称装有一对舌形鋬，鋬上带竖向小孔。鸟喙形足，中央起凸脊，深孔状圆眼。

宽平沿，柄上下两端细，中间圆鼓中空，有透雕，像含苞待放的花蕾，覆盆状底座。该器器壁薄如蛋壳，器物内外表面乌黑光亮，是地处黄河下游的山东地区新石器时代龙山文化的代表性器物。黄河下游的海岱文化区出土了多件薄壳黑陶液体容器，以杯、豆和鬲数量为多。从今济南一带到潍坊、日照、临沂、济宁，形成一个联系比较密切的薄壳黑陶器物文化圈，成为黄河下游地区陶器文化特色鲜明的文化带。这些器物从制作工艺到器型，从装饰纹路到细节处理，都体现出较高的水平。

蛋壳陶高柄杯
龙山文化
1981年山东日照东海峪征集
口径10.3、足径4.5、高22厘米

蛋壳黑陶高柄杯
龙山文化
1972年山东临沂大范庄遗址26号墓出土
口径8.8、高22厘米

泥质黑陶。器身修长，柄部饰戳印镂空。

蛋壳陶高柄杯
龙山文化
1985年山东泗水尹家城遗址出土
口径16.2、底径6.3、高18.3厘米

泥质黑陶。浅盘形口。杯腹较深，杯腹微内束。直柄，柄部饰规则的竹节纹。

陶高柄杯
龙山文化
1985年山东泗水尹家城遗址出土
口径13.7、底径9、高27.6厘米

泥质黑陶。盆形口。双折腹。短尖底嵌入柄内，细长柄。喇叭形底座。器壁较厚。饰凸棱四周。

蛋壳黑陶杯
龙山文化
山东安丘峒峪遗址出土
口径11.8、高12.1厘米

蛋壳黑陶杯
龙山文化
1960年山东潍坊姚官庄遗址出土
口径11.5、高12.6厘米

泥质黑陶。上部为平沿宽大的直筒形圜底杯，下接豆形器座。下腹部透雕三角纹和菱形组成的宽带图案。该器物制作精美且考究。

黑陶双耳杯
龙山文化
1960年山东潍坊姚官庄遗址出土
口径7.8、高12.5厘米

泥质黑陶。侈口。长腹，腹部呈长圆形，两侧附对称双小耳。底部呈假圈足形。

黑陶单把杯
龙山文化
山东日照两城镇遗址出土
口径8、高11.3厘米

泥质黑陶。器表磨光。直口。长颈。腹微鼓，腹一侧偏下部附单把，下接三短足。

黑陶单耳杯
龙山文化
山东日照两城镇遗址出土
口径4.5、高6厘米

泥质黑陶。圆唇，侈口。粗高颈。鼓腹。平底。颈腹之间饰一周凸棱。粗条带状单耳把手，上联杯口，下接腹部。

黑陶单耳杯
龙山文化
山东泗水尹家城遗址出土

泥质黑陶。筒形深腹。大口平底。腹部中部偏下有一周凸棱，近底部有桥形单耳把手。器表磨光，留有大量轮制时形成的旋纹痕迹。

黑陶尊形杯
龙山文化
山东潍坊姚官庄遗址出土
口径8.6、高14.7厘米

泥质黑陶。侈口。折腹，折线偏下，下腹内收。器表有轮制痕迹。

黑陶高圈足豆
龙山文化
1960年山东潍坊姚官庄遗址出土
口径28、高18.3厘米

泥质黑陶。表面磨光。整体较高，上部为宽沿外折的盘，圈足略高，呈竹节式。

黑陶豆
龙山文化
山东邹平丁公遗址出土
口径16.7、底径10.4、高8.9厘米

泥质黑陶。宽平折沿。浅盘。粗柄。底座略成喇叭形，底口宽出呈圆台状。轮制，通体内外素面磨光。

陶豆
龙山文化
1991年山东邹平丁公遗址出土
口径14、足径10.1、高17.5厘米

泥质黑陶。浅盘，盘壁外折，盘底近平。细高柄。喇叭状圈足。柄中部饰凹弦纹一组。

陶环足盘
龙山文化
1989年山东邹平丁公遗址出土
口径22.7、高9厘米

泥质灰陶。敞口。折腹。平底，下接三个环形足。这种环形足盘在龙山文化中颇具特色，其装饰理念与鸟喙形足等带有造型成分的陶器底部有异曲同工之妙。

黑陶竹节纹盘
龙山文化
1957年山东安丘峒峪遗址采集
口径23.9、高16厘米

泥质黑陶。通体磨光。侈口。平底。口沿下分装四鼻。四道凸弦纹等分腹部，似竹节状。

陶鬲
龙山文化
1989年山东邹平丁公遗址出土
口径32.6、高43.4厘米

夹砂灰黑陶。大口，方唇。筒腹，饰小耳一对，下接乳状分裆大袋足。

灰陶鬲
龙山文化
山东章丘城子崖遗址出土
口径26.9、高31.6厘米

口微侈。三袋状足。夹砂灰褐陶，是龙山文化时期陶鬲的典型代表。

陶鬲为炊煮器，出现于新石器时代晚期，商周时期与青铜鬲并存，大都为侈口、圆腹、三袋状足，使用时，在三个袋状足下直接燃火煮食。

陶甗
龙山文化
1991年山东邹平丁公遗址出土
口径42、高74.4厘米

夹砂灰陶。侈口。颈部有两个小贯耳。腰部附加泥条一圈，其上刻有短竖纹。大乳状分裆袋足。

黑陶甗
龙山文化
山东章丘城子崖遗址H1562出土
口径29.5、高52.3厘米

泥质黑陶。侈口。鼓腹。三袋状足。甗是蒸食器，分为上下两部分，下半部是煮水的鬲，上半部是盛放食物的甑，甑与鬲之间有镂空的箅子以流通蒸汽。

陶人面
龙山文化
1960年山东潍坊姚官庄遗址出土
长6.4、宽6厘米

丁公陶文
龙山文化
1992年邹平丁公遗址出土

文字整齐地刻在泥质磨光灰陶大平底盆底部残片的器内面，计有5行11个字。陶片长4.6～7.7、宽约3.2、厚0.35厘米。这些刻文笔画流畅，刻写有一定章法，排列也有规则，已经脱离了符号和图画的阶段，表现出一定的进步性。目前对这些刻文的解读和定位尚有不少分歧，但这些刻文对探讨中国文字的产生与发展、研究中国文明起源等重大问题无疑有重要意义。

三、史前陶器的进步

距今5000～4000年的龙山时代，是中国古代社会大分化、大动荡、大改组和大发展的重要时期，中国的早期国家在这一时期出现，从而进入文明时代。与前一阶段相比，这一时期中国的几个文化发达区，社会内部产生了侧重点有所差异的重大变化。作为表层现象，如三级结构的聚落群普遍出现，在聚落群的中心遗址筑城挖壕已经迅速普及，形成了一座座有墙有壕的环壕城；大规模的祭祀场所如祭坛、庙宇等开始在一些地区出现。战争越来越频繁，成为一种重要的社会现象。社会分化进一步加剧，这种分化表现在聚落与聚落、聚落内部的不同层级社群之间，并且成为一种普遍性的现象。礼仪制度向着规范化、制度化的方向发展，考古材料主要表现在宫室制度、作为礼仪载体的高档器具的使用制度、棺椁制度等方面。

这一时期社会生产力获得迅速发展。在陶器方面，在仰韶时代陶器生产不断发展的基础上，龙山时代又取得长足进步，进入中国陶器生产历史的鼎盛时期，部分区域如海岱龙山文化，则达到人类制陶史的巅峰状态。这一时期陶器的进步性主要表现在：陶器生产进入较大规模较高层次的专业化生产阶段；陶器作为商品可能在较为广泛的区域内进行交换；陶匠对陶土的认识和选择更加科学；快轮制陶技术迅速推广和普及，达到空前的高度，甚至以后在陶器生产上再也没有达到这样的高度和水平；陶器烧制技术高超，出现了里外一致、漆黑光亮的黑陶，有人甚至认为出现了匣钵装烧蛋壳陶的技术；纹饰不求奢华，崇尚简朴典雅，绝大多数陶器外表（有的内里也是）经过了磨光处理，得到光滑油亮的效果；陶器的数量和种类均达到空前绝后的境地；陶器的使用领域包括了所能波及的所有方面。

器型方面，中原地区早期龙山文化的陶器，以手制为主，口沿部分一般都经过慢轮修整。在成型工艺方面，底部多采用“接底法”，即将器身和底部分别制成后再进行接合，因此在某些器物的下端常留有底部边沿贴住器壁的痕迹，这种现象以罐类最为明显。这时的陶器不仅在造型上有其显著特点，而且产生了一些新的器型，如双耳盆、三耳盆、深腹盆、筒形罐和斝等。仰韶文化所特有的小口浅腹圜底釜和盆形灶，这时已为新出现的大口深腹圜底釜和筒形灶所代替，两者虽属同一用途，但器型已截然不同。鼎的形制也有很大变化，以盆形和圜底罐形鼎最为流行。这时的陶器虽然在造型上有着自己的特点，但仍有不少的器物（如小杯、敞口盆、折沿盆等），依然保留有仰韶文化的某些因素。这正说明中原地区的龙山文化陶器是在仰韶文化的基础上发展起来的。晚期龙山文化的陶器除了大量灰陶，红陶还占有一定的比例，而黑陶的数量也有所增加。据测定，灰陶和红陶的烧成温度均达1000℃。这时轮制技术虽然得到了进一步的应用，但还不占主要地位。制法仍以手制为主，部分器物则采用模制。陶器的种类比早期增多，而且随着地域的不同器型又有若干变化。这时除了杯、盘、碗、盆、罐、鼎、斝、器盖、器座等各种器皿，还出现了鬲、鬶、甗和盉等新的器型。鬲的产生显然是从早期鼎的型制改进发展而来，鬶则是在单把鬲的口部延伸出流形成的。甗是甑和鬲的结合。至于斝到了晚期腹部扩大变深，器型也有显著变化，有的地区还出现一种扁腹斝。此时陶器种类丰富，制作方法多样。

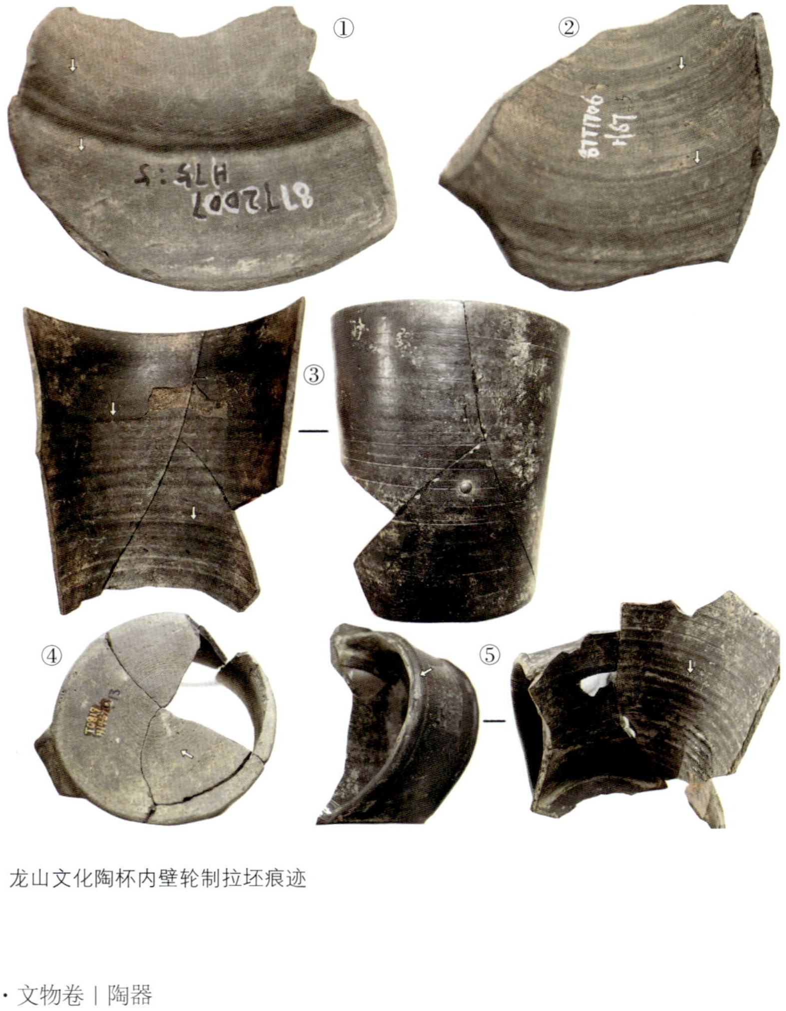

龙山文化陶杯内壁轮制拉坯痕迹

纹饰方面，早期龙山文化的陶器纹饰，以篮纹最为常见，而且有不少陶器在篮纹上面又加饰数道甚至通身饰以若干道附加推纹。这种做法不仅是为了装饰，更重要的是起了加固器身的作用。值得注意的是，在早期龙山文化陶器身上还出现了少量具有仰韶文化风格的彩陶，即在小口深腹红陶罐的上部施以黑色的斜方格带纹。此外，有少数涂红衣的小陶杯则是早期龙山文化的特殊产物。过去这两种陶器在河南渑池仰韶也曾经发现，但都被误为仰韶文化的遗物。新中国成立后，通过河南陕县庙底沟和山西平陆盘南村遗址的发掘，根据地层上的证据才得以肯定这类陶器确属于早期龙山文化。

在黄河下游，黑陶技术是龙山时代的突出特征。山东龙山文化早中期，黑陶进入其发展史上的鼎盛时期，黑陶的数量达到了空前绝后的境地。进入龙山文化之后，黑陶数量更多，文化层和居住类遗迹中黑陶所占比例也超过了50%。如胶州三里河遗址公布的资料，3个龙山文化灰坑共出土5210件陶片，其中黑陶片为3781件，占比为72.6%。墓葬随葬陶器中黑陶所占比例则更高。这一阶段快轮拉坯成型技术比较广泛地运用到了陶器的制作之中。同时，分工明确的专业化生产程度不断提高。对两城镇遗址龙山文化陶器的制作工艺研究表明，当时制作陶器的分工已经十分精细。如制作陶杯把手这一工作，就是采用了批量生产的方法，一次性可以生产出4个、6个甚至更多，极大地提高了陶器的生产效率。同时，快轮拉坯成型技术的逐渐推广和普及，也显著提高了龙山文化黑陶的质量，生产出大批造型优美、陶胎薄而均匀、棱角分明、线条流畅、外表光洁、内面细密的黑色陶器。这一阶段制作的黑陶，整体特征十分突出，简而言之，可以用五个字来形容，即“黑、光、亮、薄、轻”。这一阶段的多数陶器黑如墨，而且多是里外透黑，即不仅陶器的表面漆黑，内胎也是黑色的。这一阶段无论是泥质陶还是夹砂陶，均经过精细打磨，有的还经过抛光处理，器物的表面光洁如玉，像镜子一样光亮。各式陶器陶胎都很薄，各个部位的厚薄均匀，其中杯类陶器的厚度，一般在1毫米左右，最薄的蛋壳陶高柄杯，杯口沿位置薄得像刀刃，厚度在0.5毫米以下，甚至比鸡蛋壳还要薄，重量极轻。

从龙山文化晚期开始，海岱地区盛行了一千余年的黑陶开始走向衰落。其具体表现为，黑陶的数量逐渐减少，黑陶的质量不断下降，不仅薄如蛋壳的高柄杯类陶器逐渐绝迹，薄胎黑陶和里外透黑的陶器也越来越少见。龙山文化晚期，快轮拉坯成型技术仍然被广泛运用，但较之龙山早中期的薄胎陶器，晚期的陶胎明显增厚，不仅薄如蛋壳的陶器消失，普通的薄胎陶器也大大减少。

山东邹平丁公遗址龙山文化陶窑复原示意图

陶器生产组织形式方面，来自丁公遗址的证据表明，除了在龙山文化早期早段受到以夹蚌陶为代表的单纯手制陶器的微弱影响，龙山文化早中期，陶器生产标准化程度得到提升并稳定在较高的水平，此时陶器生产规模介于个体作坊和核心作坊之间，具有高层次个体作坊的特征；龙山文化晚期阶段可能受到外来因素的冲击，陶器生产出现波动，但这种波动并不是由技术退化引起的，生产规模总体上仍维持在个体作坊的水平。另外，基于陶器生产背景的观察，丁公遗址龙山文化陶器生产活动可能受到权贵阶层的干涉。

总之，龙山文化时期的陶器在仰韶时代的基础上，在器型、纹饰、制作工艺、生产组织等方面又迎来了新的改变，反映出社会生产力的发展与社会组织形式的变革，体现了古代先民的高超技术与智慧以及多元一体格局的互动融合，深刻影响了中华文明进程。

第五篇

黄河流域史前陶器制作技术

“水火既济而土合”是宋应星在其所著的《天工开物·陶》中开宗明义式对陶器工艺基础的高度科学概括。陶器从诞生的第一天开始，就是技术与艺术的结合。各异的造型、多变的装饰、纷呈的彩绘和不断改进的工艺，就在人类利用水、火的作用而将泥土转变成的陶器上充分表现出技术和艺术相结合的魅力。一般说来，陶器的发明需要两个基本条件：一是把黏土塑造出一定形状，这就要有支撑的模具，如篮子就起这样的作用；二是人们会用火。这两个条件在旧石器时代就出现了，客观上具备了制作和烧制陶器的基本条件。中国目前最早的陶器发现于江西万年仙人洞遗址，经测年已达到了距今20000年前后。黄河流域最早的陶器发现于山东赵家徐姚遗址，距今15000～11000年。

一、传统陶器的制作流程

从黏土到陶器成品的制作流程主要有以下四个环节：（一）将黏土制备成陶土；（二）陶土成型为初步陶坯；（三）修整、装饰陶坯；（四）烧制。

（一）制备黏土

陶器原料是制约陶器生产以及陶器性能的重要因素。古人很早就开始有意识地选择合适的原料并进行相应的加工，用于制作特定功能的陶器，例如质地细腻纯净的黏土通常用来制作日用盛器或其他高端陶器，因为这种原料制作的陶器胎体较为致密、渗水率低且具有美感，而那些夹砂黏土（含砂、夹炭等）则通常用于制作炊器，主要因为此类黏土中的包含物在加热或冷却过程中能有效地减缓陶器胎体的膨胀与收缩，从而有效地增强陶器强度和使用寿命、减缓陶器破损率。此外，人为添加包含物的夹砂陶，有时候是为了调节原始黏土的粘性，从而方便陶工的陶器生产。制作陶器的主要原料是黏土，黏土是一种具有细粒度的泥土材料，遇湿后会变得具有可塑性或延展性。黏土的制备过程，一是黏土的选择，二是黏土的准备和加工。

首先，我国新石器时代的制陶用土都是经过一定选择的，制造者采用的是一种黏性较大、相对纯净的黏土，以其为原料。目前的调查和实验证明，黄河流域古代制陶原料主要是红土沉积土、黑土或其他粘土。

其次是对黏土的准备和加工。据民族学调查资料，我国传统制陶的泥料加工一般有晾晒、粉碎、筛土、淘洗、炼泥和陈腐等步骤。采集回来的陶土需要晾干、打碎，然后加水浸泡。晾晒是为粉碎和筛土做准备，主要是为了除去杂质并获得粒度均匀的陶土。晾干的块状土经过粉碎过筛，即可获得粒度较为规整的纯净陶土。如果陶土的杂质较多或需要制作更为纯净的细泥陶，要再进行淘洗、过滤和沉淀处理。如果是制作夹砂陶还需要加入羼和料或拣出大粒砂子，以避免陶器过度收缩。如果杂质较少，比较纯净，则可以直接炼泥，简单的方法就是用手揉捏或者用脚踩踏，目的是减少泥料中的气孔，使泥料内部结构更均衡，提高泥料的可塑性。泥料制成后通常要经过陈腐环节，即将泥料置于一个潮湿的密封空间，经过自然发酵后泥土中有机质被分解，从而减少烧制过程中胎体产生气泡和开裂。

淘洗黏土

陶器拉坯成形

（二）制作陶坯

陶器制作的核心是成型技术，即制作陶坯。古代制坯方法一般包括手制和轮制。手制又包括捏塑法、泥片贴筑法、泥条盘筑、模制法等。泥片贴筑和捏塑法主要适用于早期陶器、小型器物和器物附件的制作，泥条筑成法又分为泥条盘筑和泥圈套接两种。新石器时代晚期已普遍采用快轮拉坯成型的工艺，此后轮制陶器成为陶器制作的主流。拉坯时先将泥料抛在拉坯机的陶盘上，然后用沾了水的双手抱紧泥料并调整其位置，使其处于陶盘的正中央，接着双手用力使泥料呈柱形。再通过拇指发力，四指护住泥料向外用力将柱形泥料制成直筒形。接下来，借助工具将筒形泥料调整为需要的器型。但是在大型器物的制作上，泥条盘筑技术直至近代在全国各地仍在使用。模制陶器则主要盛行于黄河中游地区，最早出现于庙底沟二期，盛行于中原龙山文化时期，它是随着龙山时代袋足器的兴起而流行的。模制法一般应用于器物的下部袋足的制作，也是与手制中泥条盘筑法相配套的制作手法。

1. 手制

所谓手制，系指直接用手制作的陶器，而不是借助于机械性或半机械性工具。手制又可细分为各种不同的方法，有捏塑、泥片贴筑、泥条盘筑等具体的方法。

捏塑工艺是指直接用泥料捏塑成型而不经过制泥片或泥条过程的成型工艺。采用此种工艺制作的器物通常可以很容易通过肉眼分辨，比如小型动物塑像，小型杯碗及器物的耳、足、鼻和一些附加纹饰等。完全采用此种工艺制作的器物通常器型不太规整，胎体多残留明显的指痕。

泥片贴筑技术主要应用于新石器时代早期陶器的制作。所谓的泥片贴筑法，就是将泥料先搓成泥球，再按成泥片，然后经过手捏、拍打或滚压使泥片相互粘贴在一起筑成坯体的方法，具体又分为大泥片贴筑法和小泥片贴筑法，前者主要用于制作粗放的圆底器，后者则常用于制作早期的小型精致器。总之，这种方法制作的陶器一般胎体较厚重、粗糙，如果不加修整或者修整不完全，则从器物内壁或断茬处一般能看到泥片交错叠压的痕迹。

泥条盘筑工艺是将泥料搓成泥条筑成坯体的成型方法，具体是指在陶器成型时，把准备好的泥料搓成细长的泥条，然后把泥条连续地盘绕着螺旋向上堆砌，最后用手抹平内外壁并加以拍打，做出所需要的器型。

泥圈套接法则是把若干个泥圈叠摞起来，用手抹平内外壁，并加以拍打而成型的制作手法。部分器物出现的由数层泥圈套接而成的制作工艺，或许是泥条盘筑法的变体。泥条筑成

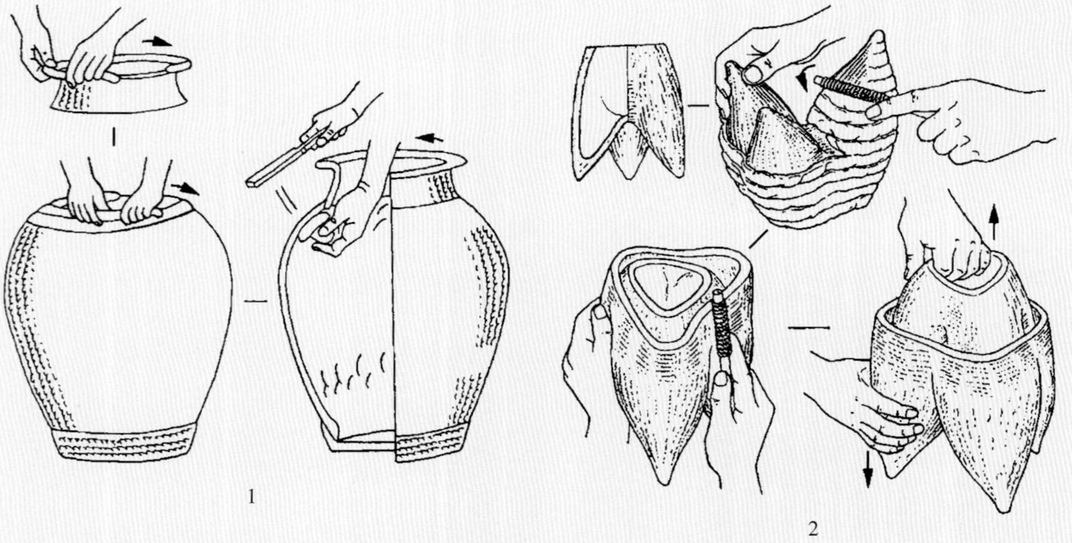

1.泥条盘筑法及泥圈套接法；2.泥条盘筑法及模制法
陶器制作工艺示意图

工艺在新石器时代中期以前的陶器制作中占主流地位，新石器时代中期以后，其与轮制技术相结合应用，至今仍在大型器物的制作中广泛应用。

2.轮制法

快轮拉坯成型是指利用轮盘快速旋转产生的惯性力，用双手提拉、托捧、挤压陶坯使之形成想要的器物形态。快轮制陶最初出现于新石器时代中期，普遍应用于新石器时代晚期及以后，且主要流行于黄河、长江流域的中下游地区。快轮是从慢轮继承发展而来，但对慢轮制陶技术又有质的提高，主要表现为，由于其构造和操作上的差别，导致其转速相对于慢轮来说有极大的提高。

采用轮制技术生产的陶器，器型规整，棱角分明，器壁薄而匀称，器身从上到下都遗留有平行而细密的轮旋痕迹，器底则有偏心切割螺线。轮制技术产生于仰韶时代晚期，盛行于龙山时代，特别是海岱龙山文化是陶器轮制技术水平最高的时期，进入后龙山文化阶段逐渐衰退。

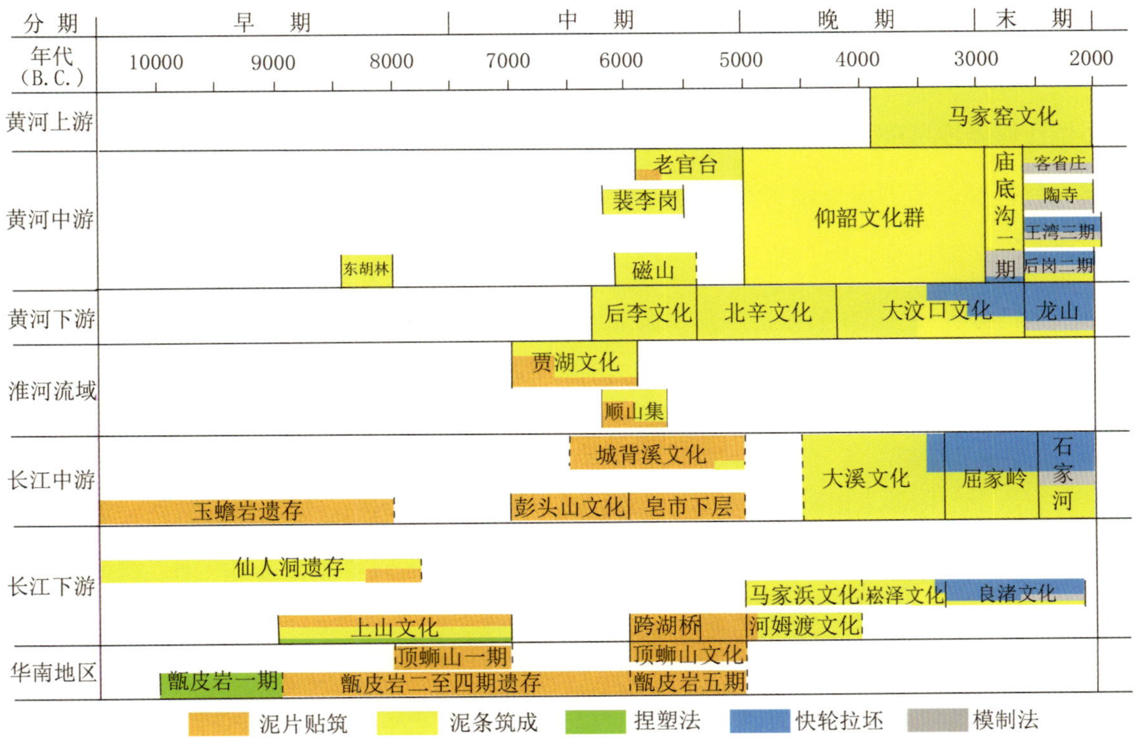

新石器时代部分考古学文化陶器成型技术类型示意图

（三）修整与装饰

对成型的陶器表面进行适当处理，或者施加一些纹样等装饰，既是实用的要求，也具有装饰美观的意义。

慢轮修整属于轮制的原始或早期阶段，其所实施的对象基本上是手制出来的。这种方法的实施，表明已经发明出可以转动的轮盘，把手制成型的陶器置于轮盘之上，转动轮盘，对已经基本成型的陶器进行整形，做局部的修整，使之比较规矩和符合要求，更加美观。慢轮修整的工艺出现于新石器时代后期前段，即距今约6000年。在北辛文化、仰韶文化半坡类型等的陶器上，都出现了慢轮修整的迹象。可能大多数陶器生产过程中并没有一个完全独立的修整阶段，所谓的修整就是在陶坯成型与烧制之前对陶坯器型、纹饰进行的修整与装饰过程，即修整与装饰之间并没有严格的界限，修整也是一种装饰，而陶坯的装饰过程也是对器型的局部修整，故两者多是相伴完成的，先后顺序因器类和陶质而各异。

陶器表面的修饰工艺主要可以分为素面、纹饰和画彩三个类别。

1.素面

素面是指陶器的表面未施加纹饰和彩绘者，细分也有三种不同的形式。一是在陶坯晾干后不做任何处理直接入窑烧制的素面陶器。二是在陶坯晾干后用兽皮、骨器、石器等对陶坯表面进行打磨，使器表呈细密光亮的磨光陶器（这种方法在新石器时代晚期应用较为普遍，无论黑陶、灰陶还是彩陶，都发现有磨光工艺迹象，其中尤其以龙山文化的蛋壳黑陶的磨光技术最为精湛）。三是用特定的土加水调成泥浆，然后用刷子一类器具将其涂抹在陶器表面，使陶坯表面有一层陶衣。

2.纹饰

在大半干的陶器表面施加各种纹饰，既可以加固和打实陶坯，使之更加坚固，也是美观的需要，可以增加美感。新石器时代和后来的陶器表面多施加多种不同的纹饰。纹饰的划分目前不甚统一，一般说来，常见的施纹方式主要有七种。

1.拍印纹饰；2.压印纹饰；3.刻画纹饰；4.戳印纹饰；5.附加堆纹

陶器器表施加装饰示意图

拍印纹：是在陶拍上刻划出相应的绳纹、篮纹、云雷纹或者其他几何纹饰，与陶垫内外配合在陶坯上拍出纹饰。当然也存在木板缠绳拍出纹饰的情况。篮纹、方格纹多出现于龙山文化时期，而多数几何形纹饰形成于龙山晚期及商周时期。

压印纹：按照施纹方法的不同又可以分为滚压和戳印。滚压是在棍子上缠绕绳子按照一定的方向在陶坯上滚动压出纹饰。此类压印绳纹与拍印绳纹不同之处在于其纹饰在弧面上多是连续的，而拍印绳纹多间断且纹饰相接处杂乱无章。戳印是利用材质坚硬的棍子、骨片等在陶坯上连续戳出纹饰，如陶寺遗址出土敛口斝内壁布满细密的麻点纹、指甲纹等均可归为压印纹饰。

刻划纹：用削尖的木棍等雕刻工具在陶坯上划出弦纹、水波纹等。

附加堆纹：在陶坯上附加泥条、泥饼或者各类捏塑附件。

陶寺遗址晚期IHG8敛口斝内壁麻点纹

戳印纹：用特定的工具，如圆圈、三角等形状的工具，在陶坯上戳印出各种不同的纹饰，多用于辅助性纹饰。

镂孔：在陶坯上镂出三角形、方形、圆形等各种形状的孔洞作为纹饰。镂孔工艺通常施加在器物的圈足上，如豆柄盘圈足等。此外，陶坯的装饰工艺有施加陶衣、彩绘等。

凹凸弦纹：轮制技术出现之后，在陶器的表面常常会做出一些凹下或凸起的规则弦纹，这是一种利用轮盘转动而做出的纹饰，刻、压、挤等手法兼而使之，形式主要有凹弦纹和凸弦纹两种，竹节纹也可以归入此类。

在装饰的时间安排上，镂孔和附加纹饰需借陶坯较软时施加，这样才能保证镂孔时不致使陶器变形，保证附加纹饰和坯体同步干燥收缩而不致脱落。其他纹饰的施加则在陶坯稍微干燥时为好，因为那时陶器已有所收缩，此时施纹更利于排除陶坯内部因收缩而形成的气孔，从而使陶器质地更加致密。同时，此刻在表面施纹也不再会因收缩而产生大的形状扭曲，再者，在陶器将干未干时施加陶衣才能最大程度发挥陶坯的吸附力。

3.施彩

在晾干或烧成的陶器上绘制各种颜色的纹样、图案，是陶器装饰中的一个重要门类。根据画彩的时间又可以分为两类，即烧前画彩的彩陶和烧成后画彩的彩绘陶。前者胎体与颜料结合紧密，不易脱落，后者容易脱落，不易保存。

彩陶：彩陶作为一种重要的装饰陶器，产生于新石器时代偏早阶段，即裴李岗时代的大地湾文化，多数地区主要流行于距今7000～5000年的仰韶时代，个别地区到距今5000～4000年的龙山时代还十分流行彩陶，如西北的甘青地带，是中国彩陶最为发达的地区。多数地区的彩陶在龙山时代就已衰落和逐渐消失。彩陶的颜色主要有红、黑、白、褐（棕、紫等）、黄等五种，其中数量最多的是红、黑两色，白色也有一定的数量，褐色和黄色数量不大。

彩绘陶：彩绘的出现要晚于彩陶，数量也相对较少，仰韶时代晚期有一些发现，但数量不大。新石器时代末期和青铜时代早期在部分地区比较流行彩绘陶器，如中原地区的陶寺文化、海岱地区的岳石文化等。东周至秦汉及其以后阶段，在一些地区仍然有彩绘陶存在，特别是汉代，许多墓葬的随葬品中，都发现有各种形式的彩绘陶，如各种陶容器、陶俑等。彩绘陶的颜色主要有红、白、黑、紫等色，也有少量的黄色。彩绘的纹样和图案较之彩陶要简单得多，但也不乏彩绘精品。由于是在陶器烧成之后才绘画各种纹样和图案，其保存和永久保持原样是文物保护的重要课题之一。为此，国家文物局在陕西兵马俑博物馆建立了专门从事彩绘陶器保护和研究的基地。

在装饰工具的运用方面，根据对少数民族地区传统制陶工艺调查，发现拍印纹饰一般用刻有相关纹饰的陶拍或木拍，压印纹饰常用缠绳的木棍，磨光陶器常用的是光滑的蚌壳、鹅卵石或者兽皮、兽骨，刻划和镂孔主要采用各种形状的骨、木器。

（四）烧制工艺

经过装饰的陶坯晾干之后，就是陶器的烧制环节。陶器的烧制是整个陶器制作过程的最后一步，其烧制水平往往与陶窑类型密切相关。成型、修整与装饰工艺决定了陶器的器型和纹饰，陶器的胎色与胎质则取决于其烧成温度和窑内气氛。烧成温度的高低直接影响陶胎的致密性，窑内气氛更多的是影响陶胎的颜色。也就是说，陶窑的结构、燃料的品质等会直接影响到陶器烧制过程中的温度、气氛，最终决定陶器的质地和颜色。

栾丰实先生根据对考古发现陶窑的观察，指出陶窑的发展大体经过了三个阶段：

一是露天堆烧也称平地堆烧。就是在比较平整、坚实、抹光的地面上先堆放燃料，将陶坯置于柴草等燃料上直接点火烧制，最后放入燃料将其点燃，其间不断在火堆外侧添加燃料，火由外向内燃烧。待燃料燃尽，冷却后取出陶器。新石器时代较早时期可能采用此法，考古发现中有一些平地呈圆形的红烧土面，可能就是烧制陶器的残留。有时也会用柴草覆盖陶坯，或用草泥在柴草上涂抹密封，形成一个圆锥形或馒头形的草拌泥盖子，有一定的隔氧保温作用，点火之后通过在草拌泥罩子上插孔来交换空气，这样的陶窑可称为薄壳窑。

二是横穴窑。大约在新石器时代，古人在长期平地堆烧的基础上，逐步发明出规范的陶窑。陶窑的基本要素有窑室、窑箅（火眼）、火道、火膛和工作间。横穴窑的特点是，火膛在窑室的前方，两者前后相连。这种结构的陶窑一直使用到夏商时期甚至更晚。

三是竖穴窑。横穴窑和竖穴窑均属于升焰式窑，都是火焰自底部升起，气体从窑室顶部排除。竖穴窑是在横穴窑基础上改进而产生的新型窑，横穴窑的火膛通常位于窑室的后方，通过火道把火传送到窑室，而竖穴窑是将火膛后移到窑室之下，使火膛和窑室上下相连。这样，火膛的火向上直接进入窑室，缩短了火膛到窑室的距离，提高了火的利用率，既节省燃料，又可以提高窑温。横、竖穴窑相对于平地堆烧和薄壳窑来说，不仅节省燃料，更能有效地控制窑室的温度和烧制气氛，从而根据需要采用封窑、渗水、渗碳等技术烧制出不同质地和颜色的陶器。

由横穴窑向竖穴窑的过渡，经历了一个比较长的发展时期，即最初火膛在窑室之后，后来火膛逐渐向下向前移动。龙山文化时期还发现一些介于横穴窑和竖穴窑之间的过渡陶窑。

陶器的烧成气氛可分为氧化气氛和还原气氛。氧化气氛是指在烧窑的过程中，窑内通风良好使得窑内氧气充足、燃料充分燃烧，从而产生氧化焰，氧化焰将陶胎内的铁转化为红色的氧化铁，最终使陶胎呈现出红色。还原气氛则是由于窑内通风较差，后期氧气不足导致窑内燃料不能充分燃烧，未完全燃烧的一氧化碳会在高温条件下将氧化铁还原成氧化亚铁，从而使陶胎呈现出黑灰色。山东史前陶器的烧制，基本上是以穴窑为主的直烟式窑炉，所烧制的陶器陶色丰富，有红、黄、橙、青、灰黑、白等陶色，有的陶器由于窑内气氛氧化还原不均，同一件陶器上会出现多种陶色。传统烧窑用山松枝等木柴，现代则用煤炭点火后，先用小火烧，逐步升温。

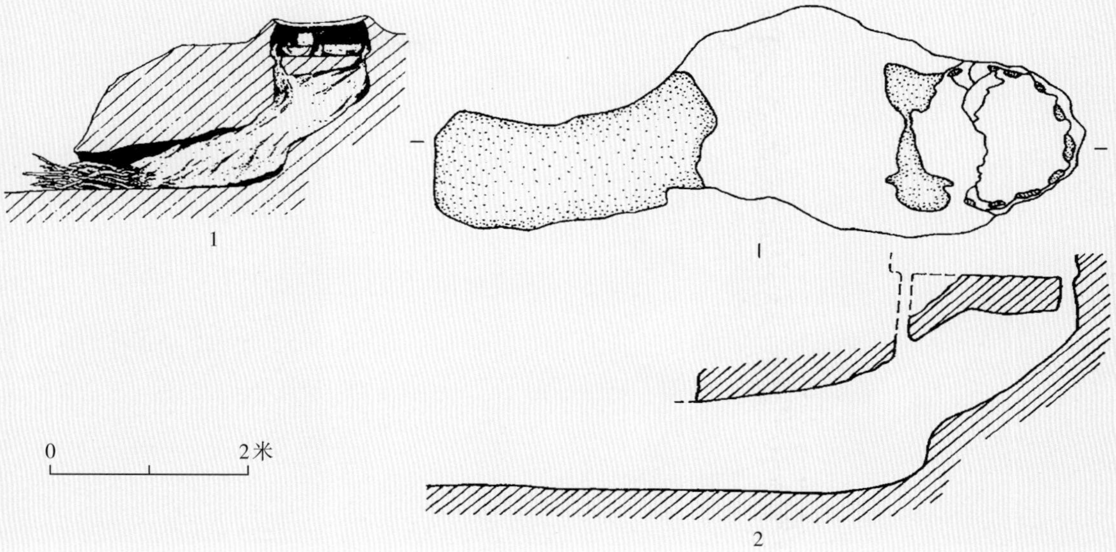

半坡三号陶窑：1.复原图；2.平、剖面图

横穴窑示例图

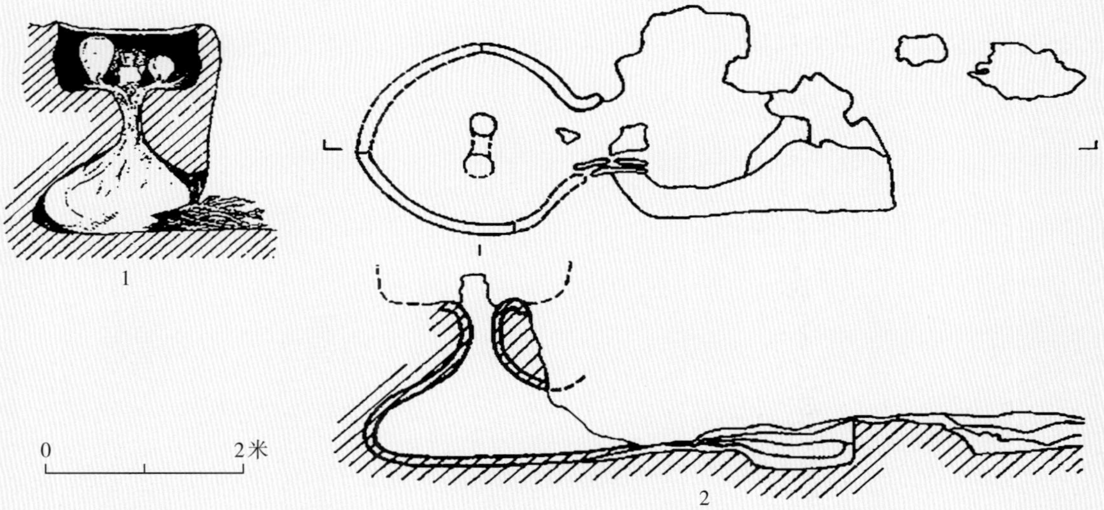

半坡二号陶窑：1.复原图；2.平、剖面图

竖穴窑示例图

传统烧窑

二、黄河流域史前制陶工艺分布

经过近百年来的考古发掘和研究，人们已经对黄河流域不同区域史前陶器的工艺细节有了初步的理解。总体来说，黄河流域古代陶器发端于前裴李岗时代，发展于裴李岗和仰韶时代，繁荣于龙山时代。受各方面因素影响，不同时空背景下黄河流域史前陶器的工艺细节也存在具体差异。

（一）黄河上游地区

中国的陶器诞生于前述新石器时代早期，即前裴李岗时代，绝对年代在距今10000年以前。这一时期发现的遗址十分稀少，总体上来说，南方比北方多一些。北方主要发现于河北、河南、北京、山东等地。前裴李岗时代和裴李岗时代黄河上游地区陶器发现较少。

考古界将新石器时代晚期称为仰韶时代，年代范围为公元前5000～前3000年，此期的文化遗存有师赵村一期文化（相当于北首岭下层类型）、半坡文化、庙底沟文化等。黄河上游地区制陶技术在仰韶时代异军突起，先后经历了仰韶文化阶段和马家窑文化阶段，早期仰韶文化以陕西为核心开始扩展，中期已覆盖黄河上游的甘青地区，至晚期马家窑文化逐渐兴起并替代了仰韶文化在黄河上游的势力范围。仰韶文化前后跨越了2000年，一般将其划分为三大期或三个类型（或三个文化）。早期（半坡类型或文化）：陶系以夹砂红陶和泥质红陶为主，其他颜色的陶器较少。制作方法均为手制，多以泥条盘筑成型。修饰手法为素面和施纹并存，纹饰有绳纹、弦纹、锥刺纹、刻划纹等。有一定数量的彩陶，以黑彩为主，纹样多为几何形的三角、宽带、折线和动物形的鱼纹、鹿纹、鸟纹等，也有少量人面纹。造型多为圜底器、尖底器和平底器，少见和不见圈足器和三足器。器型常见杯形口尖底瓶、深腹罐、圜底和平底钵、盆、细颈壶等。

中期（庙底沟类型或文化）：陶系以泥质红陶为多，夹砂红陶次之，灰黑陶很少。制作方法方面，采用泥条盘筑法成型，并经慢轮修整，小型器物则直接用手捏塑。器表装饰以弦纹为主，彩陶次之，还有篮纹、刻划纹、附加堆纹、镂孔等。彩陶在全部陶器中所占比例较高，以黑彩为主，也有红彩和白衣彩，纹样和图案复杂且富于变化，由圆点、勾叶和弧边三角等组成的回旋勾连图案和花卉图案最具代表性，还有写实的动物类图案，如鸟纹、蛙纹等。陶器的器类增多，主要有重唇尖底瓶、釜灶、深腹罐、深腹瓮、曲腹盆、曲腹钵、平底碗、甑、器座等。

晚期（西王村类型或文化）：陶器中泥质陶和夹砂陶的比例大致相同，陶色以红陶为多，灰陶和褐陶次之。制作方法为手制，较为普遍地运用了慢轮修整技术。器表以素面为主，纹饰主要有绳纹、附加堆纹、弦纹、篮纹、方格纹等。有一定数量的彩陶，较之此前的庙底沟类型时期，彩陶数量明显减少，纹样和图案也趋于简约，以条带、圆点、波折、网格等几何形纹为主。器型有所增多，主要有长颈尖底瓶、深腹罐、曲腹盆、曲腹钵、深腹缸、敛口瓮、豆、甑、尊、碗和器盖等。

公元前3000～前2000年的龙山时代，是中国古代社会大分化、大动荡、大改组和大发展的重要时期，中国的早期国家在这一时期出现，从而进入文明时代。从“仰韶时代”向“龙山时代”的过渡，在陶器生产上表现在两方面：一是由手制技术向轮制技术过渡；二是由氧化烧成工艺向还原烧成工艺过渡。黄河上游地区马家窑文化的陶器有泥质和夹砂两大类，泥质陶所占比例远高于夹砂陶。陶色以红陶为主，橙黄陶和灰陶次之。制作方法均为手制，小型器物一般直接捏塑而成，大型器物则采用泥条盘筑法成型，然后进行慢轮修整。器表的普通装饰主要有附加堆纹和绳纹，而彩陶极其发达是马家窑文化陶器的显著特征，尤其是半山类型的彩陶制作工艺达到最高峰。马家窑类型的陶器多为橙黄色，彩陶多为单一的黑彩，纹样的基本母题有弧边三角、宽窄不一的各种线条、圆点、同心圆等，组成不同的纹样和图案；半山类型的彩陶数量较之此前的马家窑类型显著增多，彩陶占全部陶器的比例高达60%以上，有的甚至达到80%～90%。彩陶流行用黑、红两彩绘制，画面结构严谨，色彩绚丽多姿；马厂类型的彩陶以黑彩为主，黑、红两彩的复彩纹样数量减少。纹样种类繁多，配置富于变化，图案极其繁缛。

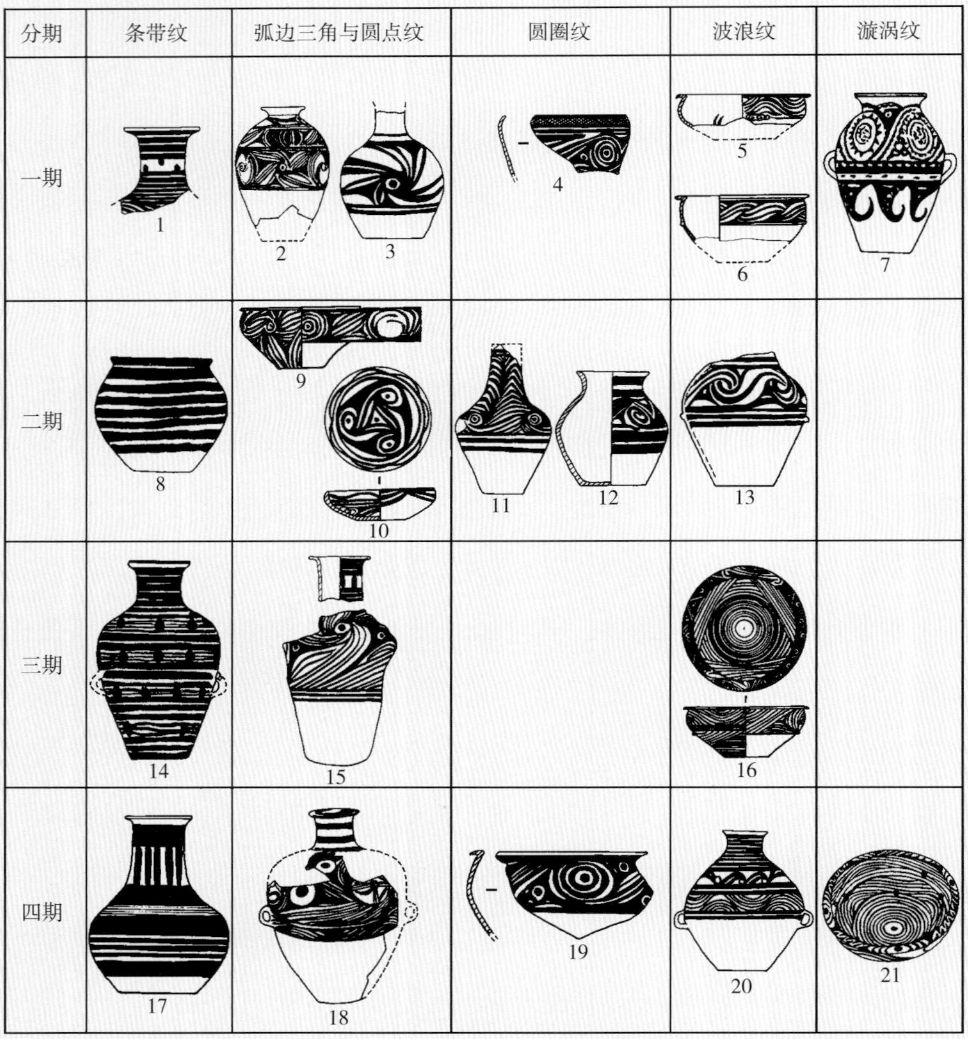

马家窑文化彩陶纹饰分期

（二）黄河中游地区

黄河中游前裴李岗时代的重要遗址有河南新郑李家沟、河南淅川坑南、河南许昌灵井、河北徐水南庄头、河北阳原于家沟、河北张家口四台等遗址。此期发现的陶片质地多为夹砂陶，颜色以褐色为主，兼有红褐色、灰褐色等，烧成温度较低，质地疏松，器表大多数没有纹饰，少量有压印纹、绳纹、戳印纹等。器型较为原始，如直口筒形器类。

裴李岗时代是以裴李岗文化为起点，终于仰韶文化初期的历史时期，大致可对应为新石器时代中期，绝对年代距今9000～7000年前后。此期黄河中游主要有裴李岗文化、磁山文化和贾湖文化，渭河流域的考古学文化以大地湾文化为代表。裴李岗文化出土陶器丰富、类型多样，典型器物有双耳罐、平底钵、圜底钵、三足钵等。磁山文化典型器物有陶盂和陶支脚等，盂一般为直壁筒形，显然受到了东北地区筒形器的影响。大地湾文化出土的深腹罐、圜底钵大都带有三足，呈半球形的圜底深腹罐也是大地湾文化的一大特色。海岱地区发现的后李文化典型遗址有淄博后李、章丘小荆山、章丘西河遗址等。后李文化陶器以圜底器为主，尤以圜底釜为多。纹饰装饰也较简单，一般仅于口沿装饰花边纹，有些器物腹部也装饰附加堆纹和绳纹。多数圜底釜的口沿下方仅装饰简单的花边纹，圜底釜的口沿下装饰四个微凸的扁圆形鋬手，这种器型已经传播至淮河中下游地区。

黄河中游仰韶时代早期以半坡类型为代表，分布范围以关中地区为中心向外辐射，随时代发展辐射范围逐渐扩大。该阶段陶器为手制，泥条盘筑居多，质地多为夹砂和泥质红陶，也伴有少量黑、灰色陶器。器型主要有圜底器、尖底器和平底器，少见圈足器，不见三足器，典型器物有平底钵、深腹盆、细颈大腹壶、小口尖底瓶、深腹罐等。至半坡类型晚期，葫芦瓶、带盖平底小罐和高领罐等典型器物出现。陶器纹饰有绳纹、弦纹、锥刺纹等，彩陶以黑彩图案为主，纹样多几何纹与鱼纹、鸟纹、人面纹等，常见内彩。中期分布范围较半坡时期更广，以庙底沟类型为代表。该阶段陶器以夹砂和泥质的红陶为主，主要器型有卷沿和敛口曲腹盆、敛口曲腹钵、小口尖底瓶、葫芦口平底瓶、敛口深腹瓮、深腹罐、釜灶等。纹饰多饰绳纹与线纹。彩陶施彩颜色除了黑彩还有红彩，也见白衣彩陶，纹样有写实的鸟纹、蛙纹等动物纹，还有花卉纹与几何纹等，均绘于器外，不见内彩。晚期仰韶文化逐渐衰落，在中游分裂成多个类型，包括以晋西南为核心的西王村类型、以豫北冀南为核心的后冈一期与大司空类型、以郑洛地区为核心的大河村类型等。西王村类型陶器以红陶为主，较庙底沟类型灰陶比例大幅提升，器口普遍采用轮修技术。主要器型有宽沿折腹盆、曲腹钵、圈足豆等，纹饰以绳纹为主。彩陶数量与种类减少，纹饰简约化，只见几何纹饰。后冈一期陶器也以红陶为主，同西王村与庙底沟的区别是素面陶占比较大，纹饰以线纹、弦纹与附加堆纹为主，彩陶数量也较庙底沟时期减少，多饰红黑彩的竖线、宽带、三角、网格等几何纹。器型有圆腹鼎、圜底釜、细颈壶、圜底缸等，流行圜底器，不见圈足器。大司空类型陶器中灰陶数量最多，纹饰多见篮纹，彩陶施彩以红褐色为主，简练的几何纹饰多见。大河村类型陶器以泥质红陶和夹砂灰陶为主，晚期流行轮制技术。纹饰多见附加堆纹，彩陶有复彩和白衣彩，图案主体较多，既有几何纹饰，又有月牙纹、太阳纹、六角星纹等。陶器器型有釜形鼎、罐形鼎、小口尖底瓶、大口尖底缸、折腹盆、曲腹盆等。

到了龙山时代，黄河中游地区的庙底沟二期文化的陶器以夹砂灰陶和泥质灰陶为主，两者所占比例超过80%，红陶和黑陶数量甚少。制作方法早期为泥条盘筑法，部分器物采用慢轮进行修整，晚期多使用快轮成型。庙底沟二期文化首创模制法，这是一种新的成型方法，用陶质内模制作的袋足见于山西垣曲古城东关遗址。器表绝大多数施加纹饰，数量最多的是横、斜篮纹，部分遗址约占全部陶器的半数，绳纹和附加堆纹也有一定数量，还有少量刻划纹、镂孔、方格纹和彩陶。其中附加堆纹多为宽带状，外表为绹索形或波浪形，多见于大型筒状陶器的外表。彩陶数量很少，有黑、红、白三色，有网纹和平行线条纹等。器物种类增多，主要有罐、灶、鼎、甑、斝、盆、擂钵、钵、豆、碗、杯、瓶、箅子和器盖等。庙底沟二期文化的制陶者经常利用竖穴式升焰窑进行还原烧造，烧制出灰陶或灰褐陶，这是烧制工艺上的一项创新。如山西垣曲古城宁家坡遗址庙底沟二期文化的两座陶窑，既可烧氧化焰，又可烧还原焰。

（三）黄河下游地区

前裴李岗时代黄河下游的重要遗址主要有山东临淄赵家徐姚、山东沂源扁扁洞、山东济南张马屯、山东沂源黄崖等遗址。赵家徐姚遗址在距今13300～13100年前是一处临时性活动营地，发现遗物1000余件，以动物骨骼为主，陶片、陶塑次之，少量石制品、蚌壳制品，其中陶片200余件，包括可复原陶器2件、花边口沿6件、穿孔陶片5件，均为夹炭红陶，质地均匀，器型规整，表面磨光，出于审美需要的装饰工艺可能在此期初步形成。

海岱地区的北辛文化，陶系以夹砂陶为主，泥质陶早期较少，晚期增多，陶器以褐色为主，有黄褐色、红褐色、灰褐色之分。陶器制作方法为手制，多采用泥条盘筑法成型，掌握了慢轮修整技术。器表装饰以素面为主，纹饰以刻划纹和附加堆纹的数量为多，还有锥刺纹、指甲纹、乳丁纹、圆饼纹、篦刮纹、戳印纹、压划纹、凸棱和席纹等，其中成组的窄条状堆纹和连续刻划纹是其特色。此外，出现少量彩陶，有黑、红两色，纹样有短条、弧线、水波和网格纹等。器型种类增多，特别是各种形制的鼎大量出现，造型较为复杂，是北辛文化最具代表性的器类，此外，有钵和三足钵、小口双耳罐、釜、壶、盘、器盖、器座、支脚等。出土的盖鼎、红顶钵、红陶壶等显示出当时较为先进的制陶烧陶技术，其中红顶钵为东方彩陶的产生奠定了基础。

继北辛文化而起的大汶口文化前后延续了1500余年，可以分为早、中、晚三大期。早期陶器以红褐色为主，中期红褐陶和灰黑陶并存，晚期灰陶和黑陶占据多数，并且生产出里外透黑的标准黑陶，还出现了一定数量以高岭土为原料的白陶和橙黄陶。早期的陶器成型方法以手制为主，普遍采用慢轮修整技术，中期后段发明了快轮拉坯成型的新技术，晚期快轮技术逐渐得到推广和普及。器表装饰以素面为主，有纹饰者一直不多，早期主要有乳钉纹、刻划纹、附加堆纹、镂孔等，中晚期增加了弦纹、篮纹、绳纹等。早中期有一定数量彩陶，颜色有黑、红、白、褐、黄等五种，单彩和复彩图案并存。器物的种类和数量不断增多，基本组合有各种鼎、实足鬶和空足鬶、罐、各种豆、钵和三足钵、觚形杯和高柄杯、壶和背壶、平底盉和三足盉、瓶、尊、匜、器座等。

海岱地区的彩陶最早见于北辛文化，最初只是在陶钵的口沿处饰红色或黑色的彩带，在大汶口文化早期和中期阶段，海岱地区的彩陶开始增多，逐渐达到成熟阶段，流行复彩技法，绘制图案纹样有云雷纹、涡纹、花瓣纹、八角形纹、太阳纹等。其中最为典型的器物代表要属大汶口遗址出土的八角星纹彩陶豆，是我国古代彩陶艺术的辉煌之作。该器物采用彩陶装饰，器表先施白色陶衣，其上用褐、红等矿物染料绘成图案。图案为八角星纹，象征东方的太阳光芒四射，也有学者认为四射的八角寓意天空，中间的方形象征大地，有天圆地方之意。海岱地区的白陶最早出现于大汶口文化晚期，如大汶口、野店、西夏侯、陵阳河、大朱村、尉迟寺等遗址均出土有这一时期的白陶，其原料有两种：一种是高铝质耐火黏土（高岭土），另一种是高镁质易熔黏土（滑石黏土）。

大汶口文化彩陶豆和彩陶壶

薄胎高柄杯

黄河下游海岱龙山文化的陶器直接承袭大汶口文化晚期而来，陶器生产已经进入等级较高的成熟专业化生产阶段。陶器颜色有黑、灰、褐、白等多种，其中绝大多数为黑色陶器。黑陶在大汶口文化早期已经出现，当时黑陶主要是黑皮陶，到了大汶口文化中晚期，随着快轮拉坯技术和渗碳技术日臻成熟，黑陶数量进一步增多，尤其在墓葬陶器中占有较大比重。史前制陶技术在龙山时代发展到了巅峰，轮制陶器占大多数，尤其黄河下游地区，拉坯成型工艺成为日用陶器生产的主流技术，如海岱地区龙山文化的蛋壳陶高柄杯，素有“薄如纸、硬如瓷、明如镜、声如磬、黑如漆”的美誉。薄胎高柄杯口颈大于底径，腹部精细，造型独特，给人头重脚轻却又顶天立地的感觉，让人叹为观止。黑陶甚至成为龙山文化最典型的特征和代名词。龙山文化还存在少量用高岭土为原料制作的白陶，并且只是用来制作陶鬶一种器型。由于普遍采用了快轮拉坯成型技术，制作出来的陶器造型规整，棱角分明，线条流畅，陶胎薄而均匀。到龙山文化时期，可以说海岱地区内部的所有小区都发现有白陶，当然不同地区和遗址的白陶在数量上存在较大差别。陶器表面装饰绝大多数为素面磨光，夹砂陶也是如此，纹饰数量较少，常见的纹样有凹凸弦纹、篮纹、划纹、镂孔、凸棱等。十分流行小的装饰附件，如泥饼、盲鼻、齿状泥条、短泥条等。龙山文化陶器群体的器类繁多，以大类计有20余类，以小类计则可多达60余种，造型以平底器和三足器为多，也有一定数量的圈足器，圜底器基本不见，器型有鼎、鬶、甗、鬲、罐、盆、杯、壶、匜、盘、豆、罍、钵、觚、尊、碗、盒、瓮、缸、甑、箅子、器盖等。

（四）小结

前裴李岗时代的陶器从原料选择、坯体成型到烧制，都呈现出非常原始的特点。北方诸遗址的陶器以平底器为特征，与南方诸遗址的陶器以圆底器外底呈球面状的器物形制特征差异明显，表明中国早期陶器的起源是多元的，存在着南北两个独立的起源中心。

裴李岗时代制陶技术进步之处主要表现在以下几点：

一是制陶者以木板垫在地上，在垫板上采用泥片贴筑法和泥条盘筑法成型。有了垫板，人可以原地不动，用手转动垫板，坯体就会随着转动，垫板已经是一种制陶工具。由于垫板没有轴，转动时不平稳，若干坯体出现歪斜现象，如贾湖遗址出土的罐形壶。

二是到裴李岗时代晚期出现了慢轮装置。制陶者发现用石凿在垫板下面中央凿一个圆洞，在地上栽一根木桩，再将垫板置于木桩上，用手拨动垫板就会旋转，垫板与木桩变成最原始的慢轮装置，垫板变成轮盘，木桩变成车桩。后来制陶者发现这种慢轮旋转时很不平稳，于是在轮盘下面中央装一个轴筒，这样慢轮旋转时就比较平稳了。起先是直接在木质轮盘上制陶，后来发现木质轮盘怕水，于是专门烧制了陶转盘，将它扣置于木质轮盘上，作为坯体与木质轮盘之间的隔离层，在陶转盘的小平顶上面制陶。属于贾湖文化晚期的大岗遗址出土了帽式陶转盘，还出土了经过慢轮修整、留有细密轮纹的陶盆。

三是出现了彩陶，尤其是大岗遗址彩陶罐外表的红彩平行条纹，是利用慢轮边旋转边绘制而成的，这是中国境内目前所发现年代最早的轮绘制成的彩陶。

四是贾湖文化和裴李岗文化都出现了陶窑，例如贾湖遗址有坑穴形窑和横穴形窑，完成了由平地堆烧向有窑烧成的过渡。陶窑处于地面以下，有利于窑内保温，因而提高了陶器的烧成温度，如贾湖遗址两块质地较硬的陶片经过测定，烧成温度分别为920℃和960℃。

五是此期已开始采用淘洗工艺除去黏土中的杂质、粗颗粒、钙质结核。裴李岗文化涂刷陶衣所用的泥浆经过淘洗，有人说只有发现淘洗池一类设施，才能证实存在淘洗工艺。据了解在贾湖遗址裴李岗文化中已发现淘洗迹象。

从总体上归纳，这一时期的陶器特点是：夹砂陶较多，泥质陶较少，多数地区甚至尚未出现泥质陶，即仍未掌握淘洗陶土的技术；陶器的颜色以红褐色为主，颜色多不纯正；制作方法均为手制，手工捏塑、模制、泥片贴筑、泥圈套接、泥条盘筑等方法均有发现；陶器的烧制火

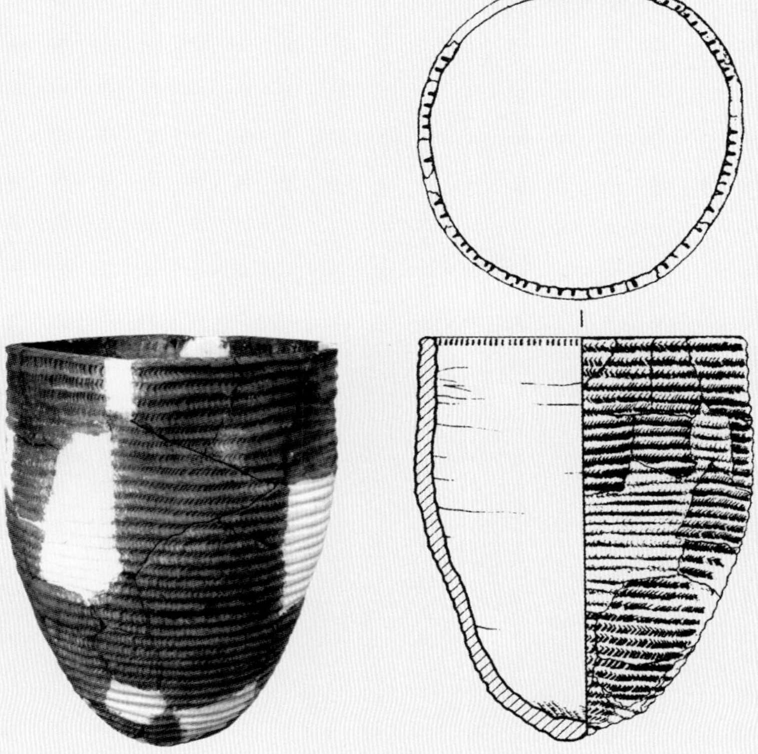

大口圜底罐

候较低，通常在800℃左右；器表装饰方面，除了大地湾文化和跨湖桥文化发现有少量彩陶，多数区域均以素面陶和绳纹陶的数量为多，河南渑池关家遗址裴李岗文化陶角把罐器表多装饰细绳纹；器物造型比较简单，种类相对较少，以罐、釜、钵、壶、盂、盆、盘等为主。

仰韶时代区域考古学文化获得长足发展，这一阶段生产的陶器各具特色，区域之间的差距十分显著。到仰韶时代，陶工在陶土的选择上，开始普遍采用过滤和沉淀的淘洗技术，其结果是泥质陶大量增加，与夹砂陶一起构成了陶器的两大陶系；同时，在长期使用慢轮修整的基础上，这一时代的后期，部分陶器生产特别发达的地区发明了快轮制陶技术，如大汶口文化、大溪文化、良渚文化等。烧制技术方面，横穴窑十分流行，烧成温度明显提高，灰陶的数量逐渐增多，到后期，取代红褐陶成为陶器的主体。陶器的表面装饰，除了各种普通纹饰，彩陶开始流行，特别是以中原地区为主的黄河流域，彩陶十分发达，是这一时期陶器装饰的突出特色。陶器的数量和种类明显增多，这既反映了由于社会经济的发展，人们的生活

河南渑池关家遗址裴李岗文化陶角把罐

方式开始产生变化，生活质量不断提高，如酒器的数量明显增多、礼器和明器出现等，也与陶器生产技术的进步和生产规模的扩大有关。在一些先进地区，陶器生产可能已经进入了具有一定规模和层次的专业化生产阶段。从总体特征来看，制陶技术得到较快发展。相较于裴李岗时代，仰韶时代陶器生产技术的发展主要表现在以下五个方面：一是有羼合料的陶器比例逐渐减少，出现了细泥陶和细砂陶；二是快轮制陶出现；三是彩陶制作工艺飞速发展；四是升焰横穴窑改进，陶器烧成温度可达1000℃左右；五是渗碳技术进步，除了窑内渗碳，新出现了窑外渗碳的操作。渗碳是将微小的碳粒渗入陶胎的孔隙之内，将孔隙堵塞，可以防止盛在黑陶容器内的液体往外渗漏，可见渗碳工艺的成就不仅使器表更加美观，而且具有实用意义。

龙山时代陶器生产技术获得了长足进步，是中国陶器生产的鼎盛时期。相较于仰韶时代，龙山时代制陶技术的进步主要体现在以下六个方面：

一是在黄河中下游地区和长江中下游地区普遍呈现出快轮制陶技术的第一次高潮。山东沿海地区成为轮制技术最发达的地区。薄胎高柄杯（又称蛋壳黑陶高柄杯），代表了山东龙山文化轮制技术的最高水平，在轮制技术史上是空前绝后的。

二是黄河中游地区成为内模制法最流行的地区，例如山西襄汾陶寺遗址陶寺文化的肥足鬲代表了内模制法的最高水平，在陶寺、东下冯、侯村等遗址均有发现采用三足合制的方法模制鬲足。

三是彩陶工艺走向衰落，彩绘陶工艺有所发展，如陶寺墓地出土的彩绘龙盘，在经过渗碳的黑衣陶上用朱砂绘成龙纹图案。

四是竖穴式升焰窑得到发展，出现双层窑箅的陶窑和垒叠装窑的方法。还原烧成工艺的普及和成熟，推动烧制出大批颜色纯正的灰陶。山东沿海地区成为渗碳工艺最发达的地区，如蛋壳黑陶高柄杯渗碳透彻，漆黑光亮，代表了渗碳工艺的最高水平。

五是还原烧成技术已经达到普及和成熟的程度，烧制出了大批颜色纯正的灰陶，对于提高陶器的质量具有重要意义。

六是山东沿海地区成为窑内渗碳技术最发达的地区，如蛋壳黑陶高柄杯吸水率很低，仅0.43%。薄胎磨光黑陶，具有黑、光、亮、薄、轻的特点。还出现了专用于礼仪活动和丧葬活动的陶器，代表了龙山文化陶器制作艺术的高超水准，也反映出当时社会礼器的地位。

1. IH38陶片器表或内壁遗留的水平状泥条缝；2、4. IH9内壁遗留有拉坯指印的陶片（2为内壁图、4为器表图）；3. IH24袋足内壁遗留有明显的反向绳纹

山西襄汾陶寺遗址中期遗留有制作痕迹的陶片

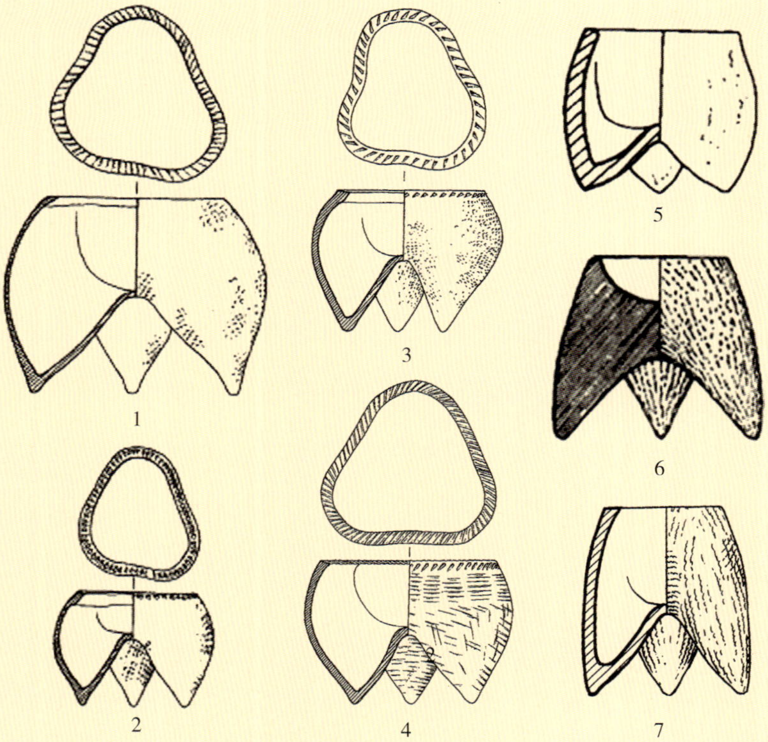

晋南地区出土龙山时期鬲模

第六篇

史前陶器与社会复杂化进程

社会复杂化一直是我国史前考古学研究的热点。其将社会演变过程视为一个由简而繁的渐进过程，是社会群体规模不断扩大、生产不断强化、社会等级分化加剧、对外交换愈加频繁的发展过程。社会复杂化进程研究的一个关键问题就是对推动社会复杂化的动力机制的探讨。人口增长、战争、农业强化和交换等几个因素是国内外相关研究的共同着力点。

陶器作为古代文化和社会研究中最大体量的考古实物遗存，和其他材质相比，具有易碎性、形制变化速率快、年代变化敏感等特征，因此一直是考古学研究最重要的实物材料之一。在社会属性层面，陶器研究涉及经济、文化、艺术和宗教等领域。陶器标准化程度与生产关系、生产组织相关联，陶器专业化生产则表明手工业生产者与农业生产分离，代表着较高的经济发展水平和集约化的劳动生产。陶器外形和风格的差别代表着背后文化的演进和人群的区分。类型学研究建立起中国史前考古学文化的时空框架。陶器的装饰和造型与人们的审美取向和宗教追求相关。因此陶器研究是揭示社会复杂化的重要研究元素。

一、陶器生产与社会复杂化

至今，对黄河流域陶器生产的基础性研究已经取得显著成果，为深入探讨陶器生产专业化与社会复杂化的关系等深层问题提供了坚实基础。手工业生产专业化被视为衡量社会复杂化程度的重要指标之一。随着我国考古学研究重心的调整，从考古资料中辨识古代社会生产的社会层面信息，探讨手工业发展与社会变革之间的关系已成为国内外手工业考古研究的关键议题。深入研究手工业专业化，有助于更好地理解古代社会组织结构、运行机制和变化原因，推动对社会分化和阶级产生的认知，加深对国家社会发展及非国家社会经济、政治关系的理解，进而有效揭示从资源到日常生活用品再到社会权力的转变过程。

（一）早期陶器与定居生活

中国早期陶器的出现时间大致可以追溯到旧石器时代晚期，目前中国已经发现了一定数量的距今超过10000年或10000年左右的早期陶器遗存。早期陶器生产呈现出原始的技术面貌，陶器均使用遗址周边的土壤直接制作而成，均为夹砂陶器，以褐色为主，制作方式均为手制，包括泥片贴塑和泥条盘筑两种方式。

在中国秦岭—淮河以南，早期陶器主要集中于江南丘陵区，如万年仙人洞和道县玉蟾岩，其特点是早期出现圜底釜类形态。北方，如华北平原的东胡林和李家沟，陶器较晚出现，主要为平底直腹罐类。这一早期陶器南北文化格局的分界与中国旧石器时代晚期细石叶工业的南北分界吻合，表明这一时期的南北差异不仅体现在陶器形式上，也反映了当时南北两区在流动方式、生计方式与栖居方式等多种行为模式上的差异。北方以高流动性和狩猎经济为主，适应森林—草原环境；南方则以采集经济为主，适应森林环境。

此时陶器在人类社会生活中仅作为辅助工具，但陶器生产技术的发明明显拓宽了人们的生存广度。其一方面可以作为容器，存储植物的种子、果实或鱼类、软体动物等动物资源；另一方面，陶器可以作为炊器将食物加热后食用，使食物更加美味可口、便于消化，拓宽了可食用或易食用资源的范围。这个时期以细石叶工业和陶器产生所划分的南北两个区域，形成了各自的文化传统，并显示出在区域内部存在独立社会交流网络的可能性。

（二）陶窑与慢轮技术的诞生

新石器时代中期基本延续了新石器时代早期的生产技术，各地区、各文化分支的制陶者多就地取材，进行陶器生产，同时由于各群落的工艺传统及审美观念不同，陶器生产技术总体呈现出多样化的特征。这一时期陶器生产技术的进步突出表现在陶轮、陶窑等新的生产工具和生产设施的出现。裴李岗文化晚期率先出现了慢轮制陶技术，发现了中国古代历史上首先出现的、最原始的轮轴机械。裴李岗文化还发现了中国最早的陶窑，标志着陶器生产开始走出平底堆烧的原始阶段，通过有效控制陶器烧制氛围来提高陶器质量。

由于针对这一时期陶器专业化生产的研究较少，较难确定新石器时代中期是否已经开始了陶器的标准化生产，但已经可以观察到区域的陶器生产与其背后的社会组织和社会结构有着密切关联。研究表明，裴李岗文化在陶器生产技术、陶器装饰风格和陶器种类等方面较同时期其他文化表现出明显的领先优势，这与其相对先进的社会组织和社会结构有着密切关联。

裴李岗文化仍处于氏族社会阶段，如图所示这时期仍采用大型公共墓地，裴李岗文化的社会组织与社会结构呈现个人、对偶家庭和家族这三个层次的组织关系，各个层级内部具有一定的自主性和发展空间，这为聚落内部分工的细化和陶器的生产提供了可能。裴李岗文化的对偶家庭拥有独立的生活空间，独立性和自主性较强。同时，对偶家庭和个人私有财产的出现、对个人财富的强调，为陶器生产提供了社会需求以及充足的生产力。以家族为核心的社会结构强调血缘关系，充分发展了集体的凝聚力，使裴李岗文化的社会有更快的发展。

这样的社会背景下裴李岗先民的生活面貌更为丰富。裴李岗文化先民可能已经解决了“食”的问题，而对“饮”也已经有更高的追求。人们需要多元化的器物类型来应对日常生活中的多种使用情境，因此裴李岗文化陶器相较同时期其他考古学文化更富有变化的线条和造型，显示出审美观念的进步。

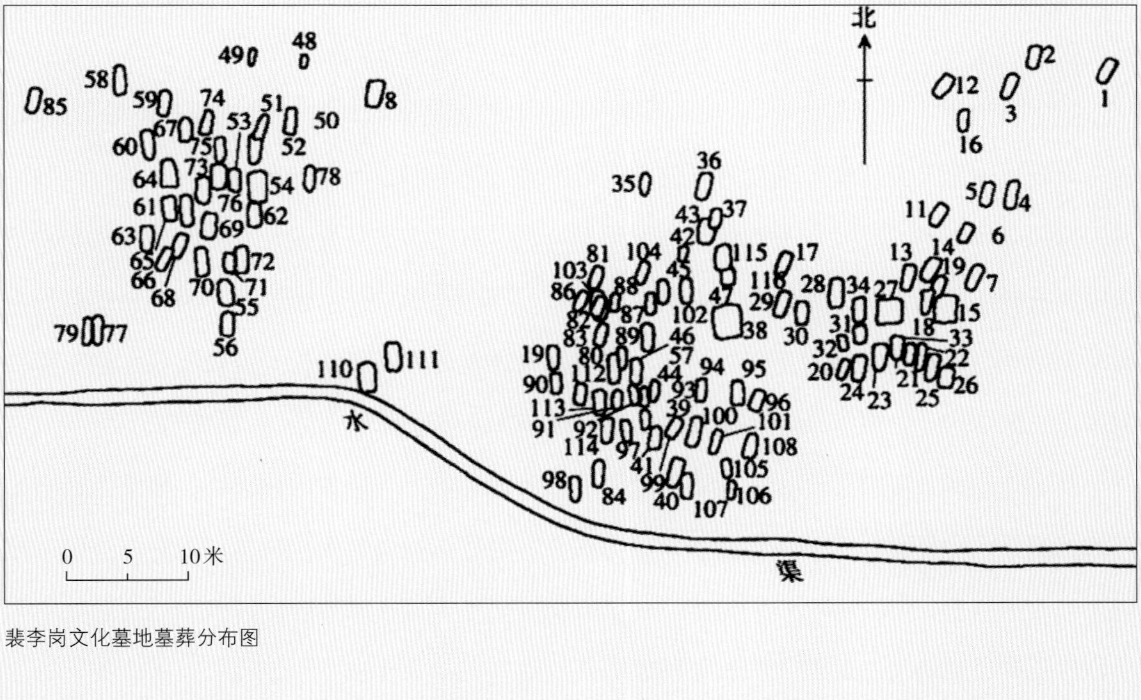

裴李岗文化墓地墓葬分布图

（三）快轮拉坯与古国文明

新石器时代晚期，泥条盘筑的技术传统仍在延续，但在5300年前后，黄河下游地区的大汶口文化中期至晚期逐渐开始采用快轮制陶的工艺技术，出现泥条盘筑加拉坯成型以及一次性拉坯成型技术。在黄河中游地区，仍然延续了使用泥条筑成的技术传统。

在技术层面，大汶口文化中晚期陶工已经开始针对不同的陶器选择和制备相应的黏土。在成型阶段，虽然陶器大宗采用的是单纯的泥条盘筑成型技术，但快轮制陶的出现大幅提升了陶器的生产效率，这无疑是中国古代制陶史上的一次飞跃。这一时期陶器修饰手段和烧制技术都相对有限，当时有限的技术对人们的审美和多样化需求形成束缚。总的来说，大汶口文化中晚期的陶器生产技术已经达到手制陶器的最高阶段和轮制陶器的启蒙阶段。随着社会阶层化和人口的增长，这种相对落后的生产技术已经不能满足社会对于高效率、多样化产品需求的增长，新技术的启蒙最终带来龙山文化时期陶器生产的巨大飞跃。

从生产组织层面来看，黄河下游的大汶口文化聚落在气候和环境方面具备陶器生产所需要的条件，同时高等级社会环境又为其陶器生产提供了较大的社会驱动力。两者共同助力提升了这一时期陶器生产标准化和专业化水准。从各个方面来看，此时大汶口文化的陶器生产已经超出了低层次家庭生产的范畴，但尚未达到大规模专业化生产阶段，标准化水平较低，反映了低层次的专业化生产水平，大概处于“家庭手工业生产”阶段。

生产技术的飞跃与大汶口文化中晚期的社会生产力发展和社会组织变革有着密切关联。这一时期农业以及家畜饲养业的进步使社会生产力飞速发展，社会财富的总拥有量较之前激增，这从墓葬随葬品总量和平均数量方面可见一斑。有学者进行过统计，大汶口文化晚期平均每座墓葬随葬品为15.5件，高出中期阶段1/4，是早期阶段的近4倍。这一时期聚落遗址内部社会结构复杂，存在四级至五级结构。区域间聚落群已普遍出现，大汶口文化晚期聚落群内多呈三级结构。各层级聚落互有隶属关系，具有领导和被领导、统治和被统治关系。

新型生产关系随着生产力的发展相应出现，大大激发了生产者的积极性，推动了社会生产的迅速飞跃。新型生产关系以父系家族为核心，替代了过去的氏族集团，私有财产合法化成为追逐的目标，导致私有制的出现。在私有制框架下，父系家族内部的大家庭逐渐从消费单位向生产单位转变，促使人们在某些领域实行高效的专业化生产，但也引发了一些不正当手段，包括剥削和战争掠夺。生产关系的变革与社会生产逐步形成互动。在大汶口文化中晚期，至少在一些经济发达地区已经跨进了早期国家的门槛。从横向上比较，他们与以瑶山、反山等为代表的良渚文化发达地区在时间上大体同时，形成南北呼应之势。

在这一过程中，生产的进步导致剩余产品增加，引发了贫富分化的发展和加剧，社会分层逐渐形成。分化的社会组织刺激了陶器制作技术的改良，推动快轮技术的发明。同时，快轮制陶技术的发明和实践，迅速引起了新的“产业革命”，极大促进了陶器生产的效率和产量，陶器的标准化程度也较以前有明显提升，又为当时的社会演进提供了物质支撑。如山东章丘焦家遗址，在大型墓葬中发现了陶鬶、背壶、彩陶豆、高柄杯等众多精美陶器，制作工艺精良，陶器类型丰富多样。

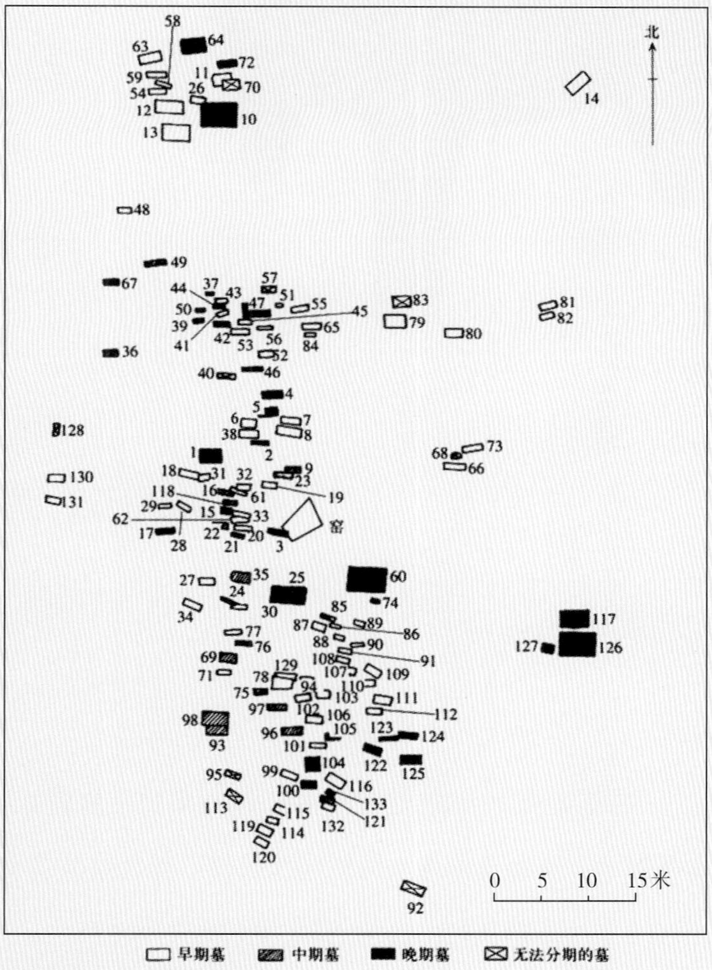

大汶口文化区墓葬分布图

部中央有粗壮的条状把手。

红陶鬶
大汶口文化
山东章丘焦家遗址出土
高20.5厘米

陶鬶通体磨光，口部前端捏出短流，颈较粗矮，扁球形腹。侧装扁三角形足，器身顶部中央有粗壮的条状把手。腹部外侧饰一周横向凸棱纹。器物整体造型似一只卷尾的动物形象。

黑陶背壶
大汶口文化
山东章丘焦家遗址出土
口径12.4、底径10.3、高32.9厘米

夹砂黑陶。口沿至上腹部内有明显的轮修痕迹。下腹部一侧圆鼓，一侧扁平，均刮抹并打磨。偏向扁平腹面有双耳，环形，与腹部粘接而成，耳上留有制作时的指纹痕迹。

背壶器表磨光，制作精良，是背壶中的精品。背壶作为大汶口文化十分常见的水器，广泛出现在墓葬中，在大型墓葬中甚至可发现大小不同、成组出现的多件背壶。

泥质灰陶。方唇。豆盘略浅，盘口沿和圈足底部各饰一周红色彩带，圈足上部饰两周红色彩带。通体磨光。

灰陶豆
大汶口文化
山东章丘焦家遗址出土
口径8.2、底径13.1、高14.7厘米

灰陶觚形杯
大汶口文化
1959年山东泰安大汶口遗址出土
口径14.8、高29.2厘米

喇叭口。竹节形柄，柄部饰一凸箍并有凹弦纹数道。三矮足各钻两个小孔。此杯在大汶口遗址早期发现较多，中期少有，为大汶口遗址的典型器物。

（四）专业化作坊与早期国家

龙山文化时期，黄河下游的轮制技术开始向西传播，抵达中原地区，对当地技术类型产生了影响，使中原地区的轮制技术使用率显著提高。在中原龙山文化中，轮制拉坯技术逐渐增多，但呈现由东向西逐步递减的趋势。关中及西北地区坚守传统，主要采用泥条筑成和模制法。与此同时，黄河下游的东部沿海区域经过长期改良和发展而成为快轮技术最发达的地区，快轮制陶技术达到高潮，工艺水平显著提高。大量形制复杂的陶器，包括把手、鼎足等部件，甚至对精度要求较高的袋足器，都采用轮制拉坯进行生产，其中造型精美的蛋壳高柄杯，代表了中国陶器生产的最高技术水平。在快轮技术的支持下，相关的组装生产工序和稳定的手工专业化家庭产生了。

鲁东南沿海地区以两城镇和尧王城为中心的社会组织是黄河下游地区政治层级较为清晰的早期国家。该区域在龙山文化时期同时共存着两城镇和尧王城两个区域中心、三个具有行政职能的聚落等级，以及以分散的聚落群为代表的小型聚落分层，其中北区以两城镇遗址为中心，聚落核心化程度明显，次级聚落层级发展充分，体现出的社会组织结构较为清晰，整个区域社会和政治形态呈现出较高水平的整合性特征。

这一社会组织在手工业生产上表现出陶器器型和生产技术的高度同质化，区域内各遗址在技术传统上保持着较高的相似性，陶工共享着“技能池”，彼此之间保持着密切关联。在生产组织层面，这一时期主体的生产组织方式可对应为“个体作坊手工业”，可能存在生产专门器类的“核心作坊”。尤其两城镇遗址作为区域中心聚落，很有可能也存在专门的陶器手工业作坊区。

龙山文化中期两城镇作为中心聚落，对其所在区域进行了高度整合。在社会组织架构中，陶器生产作为涉及人民生计的重要手工业，其生产阶段和流通环节并没有受到政治集中和不平等的强烈制约，并没有形成与政治结构相对应的垄断性控制体系。但陶器生产尤其是精致陶器的生产可能仍然受到精英阶层的强烈影响。精英群体为了在政治竞争中取得优势，需要进行大量的宴饮活动来提升自身的声望，扩大自己的利益集团。这一时期蛋壳陶被选择成为象征社会权力与身份地位的奢侈品，大量的社会需求推动了对蛋壳陶及一系列配套陶器产品的技术革新。在多重社会力量的推动下，龙山黑陶形成了“黑、光、亮、轻、薄”的外观特征，其工艺技术到达了人类陶器生产的巅峰，陶杯、陶罍和陶鬶等精美器具，无一不彰显史前时期工匠的创造智慧。

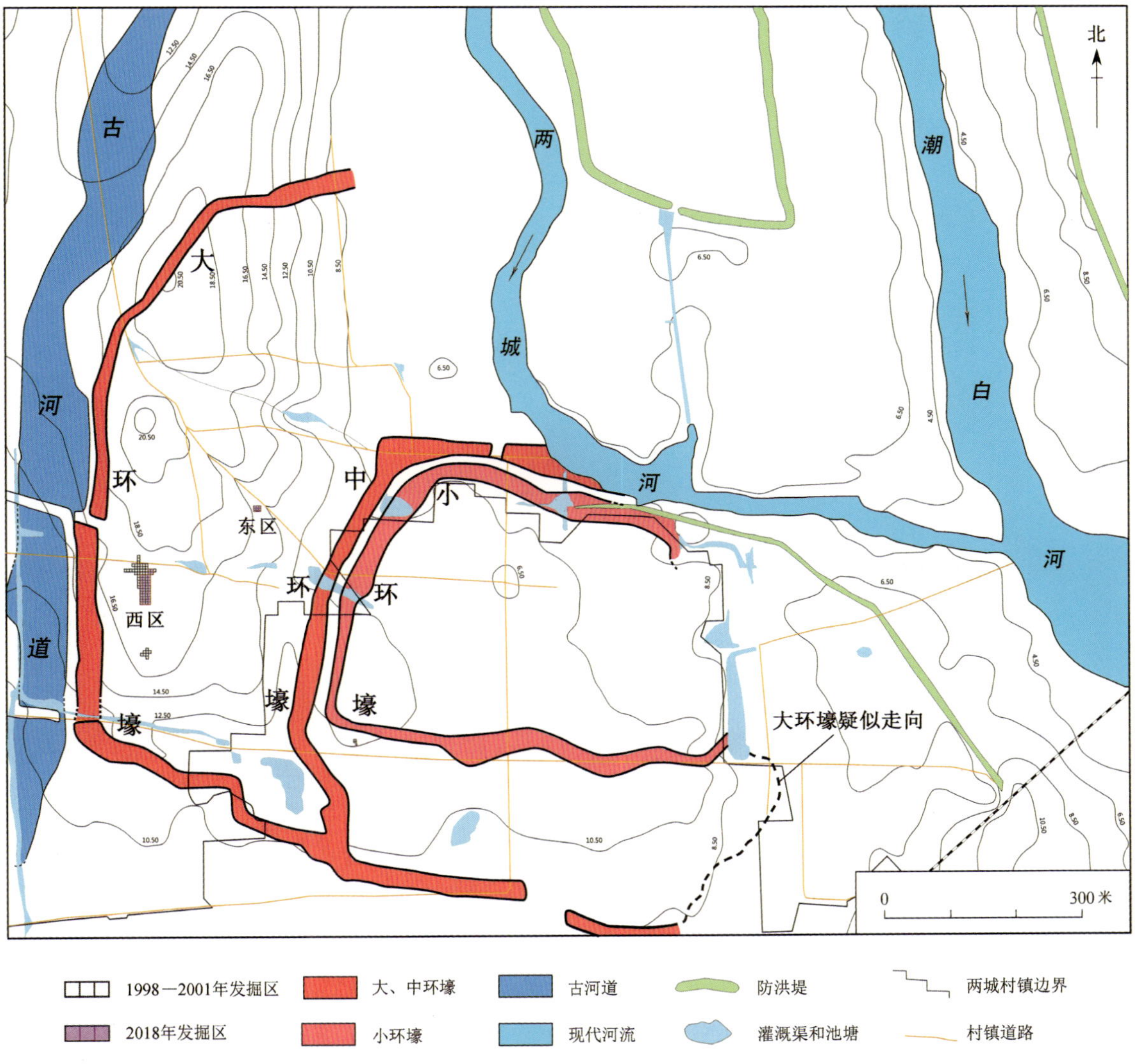

山东日照两城镇遗址分布范围及发掘区位置图

黑陶豆
龙山文化
2019年山东日照苏家村遗址出土
口径13.2、圈足径9.3、高13.6厘米，壁厚0.3～0.7厘米

夹细砂黑褐陶。直口，圆唇。浅盘，盘口外侧略内凹。粗豆柄略斜，柄身中部有一对圆形镂孔。外壁及豆盘内壁磨光。

红陶鬶
龙山文化
2019年山东日照苏家村遗址出土
残高27.4厘米，壁厚0.3～0.7厘米

夹砂红褐陶。仰流残。侈口，口沿外翻，尖圆唇。细长颈，颈、腹分界明显。腹部较深。分裆。袋足，前两足间距较宽，后足粗壮略向后伸。一侧有象征性绞索状把手，把手下端沿器身饰一周按压细索状附加堆纹。颈、腹交界处饰一泥饼。

黑陶罐
龙山文化
1974—1975年山东胶县三里河遗址出土
高22、口径13.3、底径6.3厘米

泥质黑陶。圆唇，侈口。粗短颈。溜肩。鼓腹，下腹斜收。平底。颈部饰两周凸弦纹，腹部饰三组六周凹弦纹。鼓腹处饰一对对称横耳。器表磨光。

黑陶盒、黑陶双耳杯、黑陶单耳杯
龙山文化
1974—1975年山东胶县三里河遗址出土
双耳杯高13、口径8.1、底径5.2厘米
单耳杯高8.5、口径5.6、底径4.3厘米
陶盒高6、口径7.8、底径5.8厘米

陶杯与陶盒均以快轮制成，制作精美，器型规整，外表黑亮如漆，是龙山文化的典型陶器。双耳杯腹部浅刻网格纹，单耳杯为纵向压印纹，陶盒口沿钻等距小孔，附尖钮器盖。这三件器物有着明显的工艺和装饰共同性，体现了生产技术和审美水平的进步。

陶鬶
龙山文化
2018年山东日照两城镇遗址出土
口径8.2、高44.4厘米

夹砂红褐陶，残存白色陶衣。高流。圆唇。卷沿。长颈。分裆袋足，尖锥状足尖外撇。一侧有象征性的绞丝状把手。流、口和把手根部各有一对泥饼。颈部有一对盲鼻和十二周凹弦纹。裆部上方各有一个泥饼。袋足上有两周半凸棱。

陶鬶
龙山文化
2018年山东日照两城镇遗址出土
残高36.8厘米

夹细砂红褐陶，残存白色陶衣。流残。直口，方唇，唇沿微外伸，沿面有一周凹槽。粗颈略短。深腹。分裆肥硕袋足，高实足尖。流口一侧有残断的宽带形把手，另一侧并列两个宽带形把手，其上各有四道纵向凹槽。颈部有一对横耳，其上各有两道横向凹槽。流口和把手根部各有一对圆泥饼。颈部有四周凹弦纹，两两一组。袋足上有一周半凸棱。

陶罍
龙山文化
2018年山东日照两城镇遗址出土
口径6.6、底径7.6、高13.9厘米

泥质黑陶。直口，圆唇。粗颈。圆肩。鼓腹。平底微内凹。肩、腹部各有一对横耳。腹部饰六周细凹弦纹。

陶圈足盘
龙山文化
2018年山东日照两城镇遗址出土
口径22.3、圈足径15.5、高19.1厘米

泥质黑陶。浅盘。敞口。窄沿。折腹，腹下部斜收。筒形圈足。器表和盘内壁磨光。折腹下有一对贯耳。圈足上、中、下部分别有两周凸棱。

二、陶器流通与社会复杂化

（一）新石器时代中期

新石器时代中期，裴李岗文化在物质文化和精神文化发展水平方面处于中国主要的新石器文化区系中的领先地位，与同时期周边的黄河中游磁山文化、老官台文化和黄河下游的后李文化有着诸多文化交流，在发展源流上可能为河南下王岗一期文化和北辛文化的主要来源或者主要来源之一。

裴李岗文化和磁山文化之间存在着一定的相同或相近因素，例如，均有带足的石磨盘，存在大型弧刃石铲；陶器中共有双耳壶、深腹罐、圜底钵和三足钵等器物；陶器上都有少量特殊的压印“之”字形篦点纹等。从整体上看，在两者的文化交流中，磁山文化具有较多的裴李岗文化因素，所以，可以认为磁山文化更多地受到了来自裴李岗文化的影响。

红陶三足钵
磁山文化
口径21.3、足距15、高8.1厘米

泥质红陶。敞口。圜底，下承以三足。此钵制作方法比较原始，系采用泥条盘筑和捏塑法成型，器型欠规整，器壁凹凸不平。此种三足钵是磁山文化陶器中的典型器物。

小口瓶
磁山文化
口径5.2、底径5.6、高23.8厘米

泥质红陶。撇口。束颈。颈以下渐广，至腹中部直径最大。腹部置双系，腹以下渐内收。平底。以手制成型，胎体薄厚不均，具有新石器时代中期陶器的特征。

深腹双系罐

磁山文化

口径9.5、底径6、高14.4厘米

撇口。深腹。平底。肩部置双系。通体刻划纹饰，颈部纹饰为正反三角纹，肩、腹部装饰简单的麦穗样纹饰。这样简单的刻划纹饰反映了新石器时代早期和中期陶器装饰纹样比较简单的特点。

裴李岗文化与北辛文化在日用陶器方面具有很多共同元素。二者在陶土制备环节都会人为加入云母、滑石、蚌壳碎片等羼和料，陶器外表都会施陶衣。北辛文化陶器基本组合中的鼎、钵、小口双耳罐与裴李岗文化有密切关系，其在北辛文化中发现数量最多。需要进一步说明的是，北辛文化的陶器组合除了钵在许多文化中均较常见，鼎在裴李岗时代，只有裴李岗文化数量略多，而其他如后李文化、磁山文化、兴隆洼文化等基本不见；小口双耳罐在北辛文化中数量较多，型制也与裴李岗文化的同类器相近。北辛文化年代与裴李岗文化前后衔接，文化内涵和特征存在许多相同或相近的因素，所以，认为裴李岗文化是北辛文化的主要来源或者主要来源之一是可以成立的。

下王岗文化与裴李岗文化在陶器方面存在许多相似之处，如深腹罐和钵等器型。此外，下王岗文化中大量出现的陶鼎显然是受裴李岗文化的影响并有所发展。体质人类学研究显示，贾湖遗址的人骨与下王岗一期文化的关系紧密。进一步的研究还表明，下王岗一期文化的居民与海岱地区的大汶口文化居民在体质上有更近的亲缘关系。这一发现揭示了裴李岗文化、大汶口文化、北辛文化以及南阳盆地的下王岗一期文化之间存在深层次的联系。这种联系可以解释为什么这些相距甚远的文化在许多方面表现出相似之处。

总之，以上分析比较或可说明，以贾湖遗址为代表的裴李岗文化，在其晚期阶段，一部分人向西南方向发展，形成了南阳地区目前所知较早阶段的下王岗一期文化。当然，下王岗一期文化在自身的发展过程中，也接受了许多来自中原地区仰韶文化早期阶段的文化因素。

陶鼎
北辛文化
1988年山东邹平苑城遗址采集
口径23、高27.6厘米

夹砂灰褐陶。钵形。敛口，沿微外卷。深腹。尖圜底。圆锥形足。

陶钵
北辛文化
1988—1990年山东临淄后李遗址出土
高13、口径29.5厘米

泥质红陶。敛口，圆唇。腹斜收。平底。

陶双耳壶
北辛文化
1988年山东邹平苑城遗址采集
口径7、腹径24.4、底径7.5、高32.5厘米

泥质红陶。小直口。鼓腹。肩部有对称的双耳。小平底。

钵
仰韶文化早期
1973年河南淅川下王岗遗址出土
口径22.5、高11.8厘米

泥质红陶。敛口，圆唇。鼓腹，下腹弧收。小平底，底部有麻点。外壁上部饰黑彩斜三角纹大小四个，其间有不同方向斜平行线组成的波折纹。通体磨光。

（二）新石器时代晚期

距今6100～5500年前后，海岱地区属于大汶口文化，其与仰韶文化庙底沟类型或称为仰韶中期大体属于同一时代。在这一时期，庙底沟类型在中原地区史前文化发展中达到了前所未有的高峰，文化传播和影响蔓延至四面八方。尽管东方海岱地区大汶口文化发展势头良好，与中原地区的文化联系不断增强，但总体上，中原地区对海岱地区的文化输出和影响仍占主导地位。

在中原地区的仰韶文化遗址中，如长葛石固、郑州大河村、陕县庙底沟等，发现了来自东方大汶口文化的文化元素，例如小口釜形鼎、钵形豆和圜底筒形釜等。相反，大汶口文化中也出现了一些来自中原地区仰韶文化的文化因素，尤其在彩陶装饰方面。彩陶中明显受到中原地区仰韶文化影响，表现为饰彩器型、彩陶颜色、施彩方法和纹样图案等方面的相似之处。这种文化交流不局限于器物形状，还包括彩陶的颜色、施彩方法以及纹样图案等方面。下文所列器物的彩绘绘制了花瓣、几何图案等丰富元素，施加了红、白、黑等多种色彩搭配成型，色泽艳丽，图案醒目，充分体现了黄河流域先民共同的艺术创造和文化互动，绘制出了古国文明蓬勃发展的绚烂图景。

彩陶器座
大汶口文化
1978年山东泰安大汶口遗址出土
高12、上径15.2、下径19.6厘米

泥质红陶。用熟褐色、红色两彩绘凹线三角纹，卵点并用白彩勾边，构成四瓣花式图案，每两朵花之间各加红色弧形组成花蕊状图案。

彩陶钵
大汶口文化
1978年山东泰安大汶口遗址出土
口径16、腹径23.6、底径5.6、高12厘米

泥质红陶。敛口，圆唇凸起。宽圆肩。腹壁斜直内收。小平底。肩部施白彩作地，绘深红色和黑色等彩的弧线三角形、直线及卵点等纹样，组成球形（或称圆灯笼样）的图案。色泽艳丽，图案醒目。

彩陶盆
大汶口文化
1978年山东泰安大汶口遗址出土
口径30.4、沿宽9、腹径29.6、底径7.2、高20厘米

泥质红陶。侈口，圆唇。宽沿平折。深腹圆鼓。小平底。腹部着红色陶衣为地，饰两组平行白色彩带。中填白色连续“回”字形（或称方心云雷纹）纹样。沿面以白彩作地，上绘深红、熟褐等色的半月形和竖条纹相间的彩陶图案。

彩陶壶
大汶口文化
1974年山东泰安大汶口遗址出土
口径6.8、底径3.5、高16.5厘米

泥质红陶。侈口。鼓腹。小平底。腹部着橘黄色陶衣，绘白、深红和黑（熟褐色）三色组成连续弧边三角形、卵点等纹样，构成五瓣花样的彩色图案。

彩陶釜
大汶口文化
1978年山东泰安大汶口遗址出土
口径32.4、腹径41.2、高30.8厘米

泥质红陶。敛口。球形腹。小平底。腹两侧附对称小横耳。器体庞大，上腹部施红色陶衣，以熟褐色彩为底，用白彩绘等距离六组团花状云雷纹，再以白色彩线勾连各组团花，构成一幅色彩艳丽、构思独特的画面。

彩陶背壶
大汶口文化
1959年山东泰安大汶口遗址出土
口径10.2、高31厘米

泥质红陶，施红陶衣。器表磨光。侈口。深腹，一面扁平。小平底。腹两侧装宽带式竖耳，鼓腹一侧安装凸钮。肩与腹上部以黑彩绘相交错的连三角形网纹。背壶是盛水器，双耳一钮可系绳，腹一侧扁平，汲水或带水均较方便。设计合理，装饰秀丽，为大汶口文化富有特点的器物。

彩陶壶
大汶口文化
山东章丘焦家遗址出土
口径7.1、腹径13、底径7.1、高14.4厘米

泥质红陶。直口。短颈。圆垂腹，下腹部明显内收。小平底。器表通体磨光。外壁及口沿内侧施红陶衣。口唇部位饰黑彩条，颈部饰多道黑彩平行线纹。器身腹部上下遍饰由平行条纹和内填斜线的三角纹组合而成的纹饰带，下腹部空白。

彩陶背壶
大汶口文化
1959年山东泰安大汶口遗址出土
口径8.3、底径6.8、高17.5厘米

盛水器。侈口圆肩。深腹，一面较平并置两半圆形耳，与其相望处的鼻钮似等分该平面，使整器造型在追求艺术美的同时，更具有实用性。

大汶口文化中晚期阶段在中原地区和海岱地区文化联系的格局上，发生了一个重大变化，即由以往中原地区对东方的影响为主转向了相反的方向。中原地区仰韶文化晚期和庙底沟二期文化中存在着明显的来自东方的大汶口文化因素。这些文化因素按性质可以划分为两大类：第一类是与人员迁徙有关的考古遗存的发现，第二类是属于一般意义上的文化传播和文化影响范畴的内容。

第一类因素的考古遗存主要包括大汶口文化墓葬，其中包括在周口市烟草公司仓库和郑州大河村遗址发现的墓葬。这些墓葬中发现了典型的大汶口文化器物，确认了大汶口人的存在。这些遗存的时代跨越大汶口文化中期到后期。此外，在豫中地区的仰韶文化晚期遗址中也发现了大汶口文化的典型遗物。

第二类因素较为宽泛，源自大汶口文化但部分注入本地文化，具体表现为受到大汶口文化影响而产生的器类，如壶、尊形甑、壶形鼎、圈足杯等。这些器物有两种情况：直接受到大汶口文化影响而产生，或者继承本地先行文化，源头为大汶口文化。

在大汶口文化晚期阶段（约距今5000～4600年），中原地区主要呈现庙底沟二期文化，与大汶口文化年代大致相符。这一时期，大汶口文化对中原地区的文化输入和影响表现出三个显著特点。首先，人口迁徙规模逐步扩大，形成高潮，将中原地区东部相当大的区域变为大汶口文化的分布区。其次，在豫中、豫西和豫东南地区普遍发现大汶口文化的文化因素，包括人口迁徙的成分。第三，大汶口文化的影响扩散到晋南、陕东、豫西南、鄂北地区，范围较前一个时期更广。这一地区的大汶口文化因素可能以河南地区为中继而向外扩散，但在内容和数量上无法与前述几个区域相比，属于一般性的文化交流。

大汶口文化晚期阶段开始，东方海岱地区向中原地区输出文化，伴随着大规模人口迁徙形成全方位的文化输入。此时，豫东至洛阳一带成为新的大汶口文化分布区，而今京广铁路沿线地区当时也受到影响。大汶口人带来东方文化，与当地文化融合，改变了中原文化，推动了从仰韶文化向庙底沟二期文化的演变。这次西进运动对中原系文化产生深远影响，最终在华夏文明中留下相当比例的东方文化基因，尤其在夏代时期的礼器基本组合中得以体现。

彩陶器座
大汶口文化
1974年山东泰安大汶口遗址出土
口径15、底径20、高11.4厘米

泥质红陶，施深红色陶衣。上下壁均较斜直，下部用白色和熟褐色两彩相间绘两组波折形图案。

彩陶壶
大汶口文化
1959年山东泰安大汶口遗址出土
口径7.5、底径5.4、高15.7厘米

盛水器。泥质红陶。直颈。扁圆腹，下收为平底。器表磨光并涂红色陶衣。腹部饰黑底白彩涡纹带及白色圆点纹各一周。

彩陶壶
大汶口文化
1959年山东泰安大汶口遗址出土
口径7、高16.5厘米

泥质红陶，器表磨光并施红色陶衣。器腹上下用黑白彩绘菱形网纹，是大汶口文化晚期新出现的彩陶图案。

彩陶鼎
大汶口文化
1986年山东广饶五村遗址出土
口径16.5、高24.2厘米

泥质红陶。侈口。束颈。肩附双錾。折腹。圜底。三锥形足。颈腹间以赭彩为底，绘红白彩涡纹。线条流畅，色彩鲜艳。

彩陶支座
大汶口文化
1978年山东泰安大汶口遗址出土
口径9.3、底径13.2、高15.5厘米

泥质红陶。喇叭形圈足，托一空底碗形器，上下贯通。上口绘一圈熟褐色彩带。圈足部用白色、熟褐色两彩相间绘不甚规则的斜道彩线。

（三）新石器时代末期

距今4600年前后，中原地区和海岱地区都进入了龙山文化时期。龙山早期，中原大部分地区仍保持旧传统，几乎不见龙山文化的影响。龙山文化中期，海岱龙山文化表现出强烈的对外扩张迹象，向中原地区扩散。豫东地区受海岱龙山文化影响深刻。王油坊类型大幅改造海岱核心地区文化，并赋予其新的生命力。豫北冀南地区的后岗二期文化有大量东方海岱龙山文化因素。豫中嵩山南北地区在整个龙山时期，海岱龙山文化因素较少。豫西晋南地区远离海岱文化区，呈现不同景象。在龙山文化中晚期，海岱龙山文化逐渐将其优良文化基因注入中原各地，为二里头广域王权国家在政治和意识形态方面奠定了浓厚的东方文化底蕴。

三、陶器功能与社会复杂化

新石器时代晚期开始，随着社会生产力的发展，社会财富的累积速率明显提升。社会组织单位的分化使家族和个人财富得以凸显。陶器的数量和质量成为衡量社会组织财富力量的重要标准。陶寺墓地随葬品的种类和数量往往体现出以宴饮和武力为核心的丧葬仪式内容，在早期大墓中，以大量的饮食器具、炊厨器具和猪下颌骨、肢解猪骨等体现墓主的财富。大墓的丧葬仪式除了炫耀武力和财富，也是出于维系政权等级秩序以及社会稳定的需要，其结果便是葬仪日益复杂化及专业化，比如棺椁制度、铺撒朱砂、掏挖壁龛、增加随葬品种类与数量、器物彩绘或朱绘，乃至以人或动物做祭祀牺牲等，都逐渐成为整个丧葬仪式过程中的一环，其背后则展现了早期国家的政治和礼仪社会风貌。

彩绘陶器是陶寺墓葬中彰显社会权力的重要载体，如彩绘陶盆是陶寺文化的典型器物之一，用于随葬。陶寺的彩绘陶器均为烧成后着彩，以黑陶衣为地，上施红、白、黄彩；或以红色为地，上施黄、白彩。纹样有圆点、条带、几何形纹、涡纹、云纹、回纹、龙纹、变体动物纹等。

陶壶为水器，是陶寺遗址中墓葬的主要随葬陶器种类之一。陶寺遗址的彩绘陶器多为烧成后施彩，施彩面积大，很可能已经失去实用性，专作随葬器类，以其作为墓主财富及地位的象征之一。陶寺遗址中陶壶的图案主要位于肩（或上腹）部器表，多是由圆点和近似S形叶状勾连纹组成连续的几个单元。遗址中墓葬出土的陶器上，常见相同或极近似的构图（如折腹盆），研究者推测当时有流传下来的绘制蓝本可依。

陶尊诞生于新石器时代，盛行于商代至西周时期，较著名的有四羊方尊、妇好鸮尊等。新石器时代的尊与青铜时代的有较大差别，但其数量较少，可能为礼器，彰显着拥有者的身份地位。

山西襄汾陶寺遗址M2001墓室全景

陶壶
陶寺文化
1980年山西襄汾陶寺遗址出土
口径16.8、肩径20.8、底径7.6、颈高8、高19.2厘米

红陶。沿面、唇、颈、肩部着黑色陶衣，并经磨光。颈根有红色细条纹及黄色条带纹各一周，以黑衣为地，用红、黄两色绘出勾连纹和圆点纹，横绕器壁一周。下腹原有绳纹。

陶瓶
陶寺文化
1980年山西襄汾陶寺遗址出土
口径8.6、肩径11.7、底径5.4、颈高7、颈根直径47、
肩高3.1、腹高12.6、通高22.7厘米

黄色陶胎，沿面至上腹以上器表着黑色陶衣，下腹着灰褐色陶衣，通体磨光。沿面、唇部和颈上段饰红彩。颈部中、下段以红彩为地，用白彩绘出带状纹三周、条状纹六周、圆点纹一周，相间分布。腹部是在红彩地上用白彩绘出近似涡纹或卷云纹一类的繁缛图案。

陶盆
陶寺文化
2005年山西襄汾陶寺遗址出土
口径32.9、底径17.8、高9厘米

泥质黑陶。宽折沿。深腹。腹壁斜直。底部略凹。沿面白彩绘连续几何勾连纹。

陶盆
陶寺文化
1980年山西襄汾陶寺遗址出土
口径32.8、底径13.1、高17.1厘米

胎红褐色，器表灰褐色。沿面及器表着黑陶衣、磨光，沿面红彩。上腹以黑陶衣为地，红、白、绿三色绘圆形、菱形、梯形、尖弧形图案，下腹近底部饰红彩条带一周。斑斓绚丽的彩绘陶器是陶寺类型文化的一大特色。

陶盆
陶寺文化
山西襄汾陶寺遗址出土
口径46.5、高19.3厘米

泥质褐陶。微侈口。平沿。腹下斜收成小平底。肩部着黑色陶衣，施白、红彩构成几何图案。

彩绘陶盆是陶寺文化常见的彩绘陶器之一。陶寺遗址随葬的泥质陶器器表广泛使用朱绘和彩绘，达到鲜艳夺目的装饰效果，部分朱绘、彩绘图案蕴含着特定的寓意。此件陶盆的彩绘色彩丰富、线条流畅，具有较强的艺术性。

胎灰褐色，器表深灰色。壶口已残，打磨后再次使用，颈及肩部着黑色陶衣并磨光，沿面及颈下部各涂红色条带一周，肩部用红、白色相间绘出勾连云纹图案，其下又有白色和红色条带各一周。

陶壶
陶寺文化
1980年山西襄汾陶寺遗址出土
腹径18.5、底径11.4、颈根直径6.5、颈高9.7、高24.5厘米

陶壶
陶寺文化
山西襄汾陶寺遗址出土
口径8.2、底径8.8、腹宽16.5厘米

敞口，圆唇。细颈微束。底心内凹。颈下段用白色、红色绘宽带纹各一周。器身绘白色三连环纹，每环中部涂一红色圆点，连环纹外周又涂红为地。下腹素面。

陶壶
陶寺文化
1984年山西襄汾陶寺遗址出土
口径13、腹径23、底径10、高24厘米

红褐色陶胎。敞口。长曲颈。溜肩。折腹。平底。肩、颈部及沿面施黑褐色陶衣，颈下部绘橙红色条带一周，肩部以黑褐色陶衣为地，下腹绘橘红彩连续条带勾连纹和圆点纹。

陶瓶
陶寺文化
1980年山西襄汾陶寺遗址出土
口径13、颈根直径7.3、肩径11.8、底径5.5、颈高10、
肩高2.8、腹高14.2、通高27厘米

胎红褐色，器表深灰色。沿面及通体器表着黑陶衣并磨光，沿面和沿外涂红彩，颈、肩及腹部上半以红彩为地，用白彩绘出或衬托出图案；颈部上缘和肩部经自白彩衬出两周红色窄条带纹之间，有着等距离分布的鳄鱼头形红色图案，颈部一周八个，肩部一周五个；瓶颈大部是在上下红色窄条带之间，用白彩绘出自成单元的几何勾连图案六组，每组图案不尽相同；颈下部有白色条带一周；腹部上半用白彩绘出外轮廓呈方形又互相勾连的卷云纹；腹部中部偏下有红色窄条纹两周，中为红色宽带纹一周。局部图案已斑驳不清。

陶尊
陶寺文化
2005年山西襄汾陶寺遗址出土
口径14.5、底径7.2、通宽19、通高27.4厘米

泥质黑陶。斜折沿。长颈。折肩。斜直腹内收。平底。颈、肩部涂朱红彩。

大汶口文化早期的大汶口遗址显示出较强的经济实力和较高的整体富裕程度，其突出表现为墓葬随葬陶器的压倒性优势。而在聚落内部，家族的贫富差距逐步拉大。这一时期陶器占有量是彰显和衡量社会财富的重要标志，同时，在富有家族，财富开始与权力和社会地位相互关联。

社会权力的萌芽催生了陶器的社会功能。陶器社会功能最终的使用场景就是宴饮活动。对资源获取途径进行控制以获得财富奖励追随者的相关活动对精英群体社会权力的建设至关重要。凭借仪式活动操控社会盈余是社会权力兴起的重要组成内容。仪式不仅是精英群体操控社会劳动力的媒介，也是他们展示与炫耀自我的平台，更重要的是，具有意识形态含义的规律性仪式活动促成了领导权的合法化与世袭化，推动临时领导者转变为正式的领导机构，等级社会作为一种制度而固定下来。

从大汶口文化中晚期开始出现的在墓葬中埋葬大量精致陶器以及成组的饮器与盛食器的情景，对于精英群体而言是推动和巩固社会权力合法化与世袭化的非常重要的仪式活动。精英群体个人墓葬中表现出的宴饮活动，明显属于区别性宴飨，虽然死者本身并未参与这一仪式性活动，但活着的社群成员通过宴飨，实现了社会等级差异概念的自然化。通过宴饮活动的不断重复和强调，精英群体与一般群众的社会差距逐步拉大，社会阶层分化明显并走向固化。

在这一过程中，宴饮活动用具的生产得到重视，海岱地区形成了重饮器的文化传统，其突出表现就是薄胎高柄杯诞生。薄胎高柄杯是大汶口文化晚期和山东龙山文化的代表性器物之一，属饮酒器。已发现的蛋壳陶杯，平均厚度不足0.5毫米，最薄的仅有0.3毫米，因其厚度可与蛋壳相比，因而被称为蛋壳黑陶高柄杯。制造此类器物的要求十分严格，代表了海岱地区最为高超的陶器制作工艺。薄胎高柄杯费耗时间，且要耐心细致，稍有疏忽，将前功尽弃，因此即使在技术非常发达的今天进行仿制也不是件易事。成品陶杯虽然胎质极薄，其质地却极为细腻坚硬。有人称赞它们黑如漆、亮如镜、薄如纸、声如磬，被世界各国考古界誉为“四千年前地球文明最精致之制作”。薄胎黑陶是龙山文化时期人们生活习俗和审美观念的反映，代表着黑陶技术的最高成就。薄胎高柄杯造型丰富，技术多样，有镂空、弦纹、刻划等多种装饰手段，纹饰复杂又不失规律，是史前工匠艺术创作的集大成之作。

河南永城王庄遗址大汶口文化大型墓葬考古发掘现场

黑陶高柄杯
大汶口文化
山东章丘焦家遗址出土
口径7.8、底径6.7、高19.4厘米

泥质黑陶，轮制而成，打磨极为光滑。侈口。杯身束腰弧腹。下腹部饰凹弦纹。柄部也磨光，呈竹节状，中空，中部略粗，外壁饰多道弦纹组合圆形和三角形镂孔。圆点状杯座，直径与杯口相当。

泥质黑陶。尖唇，宽沿，盘状口。杯身和杯柄两部分套接而成。短粗筒形柄，末端与喇叭状的圈足相接。杯柄表面饰镂孔与斜线纹等。

薄胎黑陶高柄杯
龙山文化
1975年山东胶县三里河遗址出土
口径14.5、足径6.3、高18.5厘米

泥质黑陶。尖唇，宽沿。沉腹，下接细长筒形杯柄。座部略成束腰式。杯柄中部压印数道凹槽使外壁呈竹节状。

薄胎黑陶高柄杯
龙山文化
1960年山东潍坊姚官庄遗址出土
口径12、高16.9厘米

薄胎黑陶高柄杯
龙山文化
1960年山东潍坊姚官庄遗址出土
口径14.2、高12.4厘米

泥质黑陶。尖唇，宽沿。沉腹。杯柄矮胖，向下弧收，近底收束，底部成台形。杯柄上部及中部饰刻划和镂空花纹，共分五圈，图案复杂。

参考文献

李仰松：《云南省佤族制陶概况》，《考古通讯》1958年第2期。

河南省开封地区文物管理委员会编：《裴李岗文化》，河南省开封地区文物管理委员会出版，1979年。

中国硅酸盐学会编：《中国陶瓷史》，北京：文物出版社，1982年。

中国社会科学院考古研究所编著：《胶县三里河》，北京：文物出版社，1988年。

李文杰、黄素英：《黄河流域新石器时代制陶工艺的成就》，《华夏考古》1993年第3期。

李文杰著：《中国古代制陶工艺的分期和类型》，《自然科学史研究》1996年第15卷第1期。

李文杰著：《中国古代制陶工艺研究》，北京：科学出版社，1996年。

李家治主编：《中国科学技术史·陶瓷卷》，北京：科学出版社，1998年。

河南省文物考古研究所编著：《舞阳贾湖（上卷）》，北京：科学出版社，1999年。

郁金城：《从北京转年遗址的发现看我国华北地区新石器时代早期文化的特征》，《北京文物与考古（第五辑）》，北京：北京燕山出版社，2002年，第37—43页。

中国科学技术大学科技史与科技考古系、河南省文物考古研究所、舞阳县博物馆：《河南舞阳贾湖遗址2001年春发掘简报》，《华夏考古》2002年第2期。

河北省文物研究所、段宏振主编：《北福地：易水流域史前遗址》，北京：文物出版社，2007年。

中国社会科学院考古研究所、山西省临汾市文物局编著：《襄汾陶寺：1978—1985年考古发掘报告》，北京：文物出版社，2015年。

彭小军：《史前陶器成型技术类型的分布和演变》，《江汉考古》2021年第1期。

王小娟：《晋南地区新石器时代末期陶器制作技术》，《中原文物》2022年第3期。

后　记

《黄河大系·文物卷》包括“陶器”“玉器”“青铜器”三个分卷，是团队集体工作的结晶。各分卷的编撰工作由不同作者完成，在此加以说明。

“陶器”由王芬、陆青玉合作编著，在资料收集和整理过程中得到山东大学研究生郑晨雨、杨菊贤、孙华铭、郎靖真、赵怡然、高研的帮助。“玉器”由王强著，在资料收集和整理过程中得到山东大学研究生刘舒羽、徐晶、曹雪娇的帮助。“青铜器”由方辉主编，各部分由不同作者分别撰写，其中第一篇由彭富仁撰写，第二篇由齐营营撰写，第三篇由于俊辉撰写，第四篇由王钦玄撰写，第五篇由刘晨熙撰写，第六篇由李世豪撰写，最后由方辉修订并统稿。

在成书过程中，山东博物馆、山东省文物考古研究院、山东大学博物馆、山西博物院等单位，以及河南大学张友来，陕西省文物局孙周勇、孙战伟，中国社会科学院考古研究所彭小军、郭志委、赵海涛，山东省文物考古研究院朱超、张强、赵益超，山西大学考古系王小娟，山东大学邓聪、路国权，日照两城镇黑陶作坊经理刘加东等，给予了指导并提供了部分图片资料。编辑出版过程中，齐鲁书社的王路社长、张丽副总编辑、刘强主任、马安钰等倾注了大量心血。在此一并致谢！

方　辉

出版说明

山东是黄河流域唯一的沿海省份、黄河流域最便捷的出海口，因此被赋予“发挥山东半岛城市群龙头作用，推动沿黄地区中心城市及城市群高质量发展”的国之重任。由此也可见山东在新时代黄河流域生态保护和高质量发展战略中举足轻重的地位。

为认真贯彻落实好习近平总书记关于中华优秀传统文化“两创”的重要指示精神和对山东“三个走在前”的重要指示要求，充分发挥出版界的内容资源、作者资源、品牌资源优势，以精品力作书写新时代黄河精神，使读者能够从历史和专题的角度，生动立体地来认识黄河、了解黄河、感知黄河，更好地传承弘扬黄河文化、提升发展质量，进而为中华民族的伟大复兴提供精神动力和智力支持，按照山东省委、省政府部署，山东省委宣传部策划、山东出版集团组织实施了《黄河大系》的编纂出版。

《黄河大系》为山东省习近平新时代中国特色社会主义思想研究中心重大项目，同时列入山东省社科规划重大委托项目。山东省委常委、宣传部部长白玉刚对项目高度重视，提出明确要求。山东省委宣传部分管日常工作的副部长袭艳春，山东省委宣传部副部长、一级巡视员魏长民对项目编写作出具体指导。《黄河大系》共十二卷二十册，由山东出版集团所属的七家出版社共同承担出版任务。分别是：

《图录卷》精选存世的汉代至1911年关于黄河的历史图画，提纲挈领地体现黄河文化的整体感和黄河文明的立体性，画龙点睛，展示黄河文化的博大精深与兴衰起伏。（齐鲁书社，1册）

《文物卷》分为陶器、玉器、青铜器三册，以历史时期的黄河流域为时空依据，以物说文，精彩阐释黄河作为中华民族母亲河的文化象征意义和厚重典雅的文明积淀。（齐鲁书社，3册）

《古城卷》选择黄河现在流经的主要古城，解说以这些古城为代表的中华优秀传统文化和重要历史遗产，为触摸黄河文明提供实体参照和文化坐标。（山东画报出版社，1册）

《诗词卷》收录中华人民共和国成立前吟咏黄河及其相关重要人文遗迹、重大事件、历史人物、风物民俗的诗词，以古典诗体作品为主。(山东文艺出版社，3册)

《书法卷》以时间为坐标，以书法艺术为参照，梳理展示黄河文化的深厚源流和传承脉络，从文体风格到作品内容实现高度融合。(山东美术出版社，2册)

《绘画卷》古代卷体现黄河文脉孕育的数千年文化精神成果，现当代卷体现黄河精神的发扬创新和时代风貌，用丹青成果再现黄河文化的灿烂辉煌。(山东美术出版社，2册)

《戏曲卷》梳理沿黄河九省(区)戏曲脉络，详述代表性剧种的源流变迁、著名演员、代表剧目及本省(区)戏曲界重大事件等。(山东人民出版社，2册)

《民乐卷》主要展示黄河流域的民间歌咏、器乐、曲艺，精选二十七个国家级"非遗"品类，阐述其文化根源、艺术特点和历史沿革。(山东友谊出版社，1册)

《民艺卷》主要收录黄河流域国家级"非遗"项目中的传统美术类、传统技艺类代表性项目，挖掘、展示黄河文化孕育的传统手工艺的文化内涵与美学价值。(山东友谊出版社，1册)

《民俗卷》重点展现沿黄河九省(区)国家级"非遗"项目中的民俗类代表性项目，阐发黄河流域民俗诞生、发展与黄河的血脉之情。(山东友谊出版社，1册)

《水利卷》详细介绍自古以来黄河水利发展历史，系统展示中华民族探索黄河、认识黄河、开发利用黄河水利的历史，以及黄河流域生态保护和发展的思想史。(齐鲁书社，2册)

《生态卷》重点介绍黄河流域生态特点、生态治理与可持续发展等内容，并对流域生态治理与高质量发展提出建议与对策。(山东科学技术出版社，1册)

这十二卷图书内容各有侧重、自成体系、交相辉映、相辅相成，力求展示黄河文化多元立体的生动厚重形象。

尽管我们怀着美好的初衷，做了不少努力，但是不足之处在所难免，诚恳希望读者和各界朋友批评指正。

山东出版集团

2024年3月

黄河大系

文物卷

玉器

方辉 总主编

王强 著

The Yellow River Series

齊鲁書社

·济南·

河

乔建业《大河依旧东流去》（局部）

图书在版编目（CIP）数据

黄河大系. 文物卷. 玉器 / 方辉总主编；王强著
. -- 济南：齐鲁书社，2024.3
ISBN 978-7-5333-4825-0

Ⅰ. ①黄… Ⅱ. ①方… ②王… Ⅲ. ①黄河流域－古玉器－图集 Ⅳ. ①K928.42 ②K876.82

中国国家版本馆CIP数据核字（2024）第050577号

统　　筹：王　路　张　丽
责任编辑：刘　强
装帧设计：蔡立国　张　宜　亓旭欣

黄河大系·文物卷　玉器
HUANGHE DAXI · WENWU JUAN　YUQI
方　辉　总主编　王　强　著

主管单位　山东出版传媒股份有限公司
出版发行　齐鲁书社
出 版 人　王　路
社　　址　济南市市中区舜耕路517号
邮　　编　250003
电　　话　总 编 室（0531）82098512
　　　　　发行中心（0531）82098521　82098519　82098517
网　　址　www.qlss.com.cn　E-mail:qilupress@126.com
印　　装　北京雅昌艺术印刷有限公司
经　　销　新华书店

规　　格　16开（210mm×285mm）
印　　张　19
插　　页　4
字　　数　340千字
版　　次　2024年3月第1版
印　　次　2024年3月第1次
ISBN 978-7-5333-4825-0
定　　价　1010.00元（共三册）

《黄河大系》编纂指导委员会

主　　任　林　武　周乃翔　葛慧君　杨东奇

常务副主任　白玉刚

副 主 任　邓云锋

成　　员　袭艳春　程守田　刘金祥　白　皓　赵国卿　李世华
何思清　刘为民　李　明　孙海生　李　峰　赵晓晖
侯翠荣　黄红光　王　磊　马立新　袁红英　国承彦
张志华　赵银亮

《黄河大系》学术顾问委员会

总 顾 问　葛剑雄

主　　任　（按姓氏笔画排序）
王仁卿　方　辉　刘曦林　孙晓云　李令福

副 主 任　（按姓氏笔画排序）
王　芬　王加华　刘方政　张　宜　陈孟继　孟鸿声

成　　员　（按姓氏笔画排序）
王　砚　王　谦　王　强　王　蕙　王芸芸　王秀环
仝晰纲　曲　刚　李振聚　何涵妃　陆青玉　陈培站
郑立娟　郑培明　孟宪平　耿建华　高亚平　韩兰魁

《黄河大系》编辑出版委员会

总 序

“三万里河东入海，五千仞岳上摩天。”百万年如斯，奔腾不息的黄河之水滋润了中华大地，哺育了中华民族，孕育了中华文明。故《汉书》总结道：“中国川原以百数……而河为宗。”

2019年9月18日，习近平总书记在河南郑州的黄河流域生态保护和高质量发展座谈会上提出，“黄河是中华民族的母亲河”“保护黄河是事关中华民族伟大复兴的千秋大计”，要“保护传承弘扬黄河文化，让黄河成为造福人民的幸福河”。这不仅道出了黄河及黄河文化对中华民族生存发展的重大历史意义和现实意义，也表明党中央和习近平总书记对黄河及黄河文化的亲切关怀和高度重视。

水脉牵系着血脉、延续着文脉。黄河文化源远流长、一气呵成。从甘肃一带的大地湾文化，到中游的仰韶文化，再到下游的大汶口文化，黄河文化多元一体，正如波澜壮阔、绵延不绝的黄河之水，生动活泼，兼容并蓄，既丰富了黄土文明，又成就了中原文明、海岱文明，成为中华文明的主要表征和重要载体。从青海源头，到黄土高原，再到中原大地、华北平原，黄河文化跳跃跌宕，穿越时空，向光而生，气势如虹，“忽如一夜春风来，千树万树梨花开”，绽放出笃厚神圣、繁荣璀璨的文明之花。汉风唐韵，丝路华章，中华文明从这里出发，走向四面八方。

黄河文化催生的思想观念、道德情操、审美品格和科学智慧，蕴含着中华民族深沉的行为准则，对中国传统社会的政治范式、经济格局、文化理念、科技思维等方面有着深远影响。在不同族群和文化交流的灿烂星河中，黄河文化形成生生不息、开放包容的特质，反映在不同时期的典籍史料、艺术作品以及科技成果

中，无不以物质形式或精神形式展现出来，并深深影响着人们的社会生活和精神建构。

黄河文化的形成、发展、传承，在不同流域、不同时代、不同族群形成了鲜明的特色，又反映了中华民族千百年来顺应自然、认识自然、改造自然、保护自然的共性过程和结晶，成为中华文明的组成部分和现代中华生态文明的源泉。

正因为黄河的赐予，我们才拥有了世世代代赖以生存的物质宝藏和精神家园；正因为黄河千回百转、勇往直前，我们的文化基因中才有了更加坚忍的品格、更加超凡的智慧、更加鲜明的特性；也正因为文化基因的坚忍、超凡、鲜明，中华民族才形成了熠熠生辉、博大精深的中华文明。

“黄河落天走东海，万里写入胸怀间。”党的十八大以来，习近平总书记立足“两个大局”，就文化建设提出了一系列新思想新观点新论断，形成了习近平文化思想。习近平总书记强调：“中国文化源远流长，中华文明博大精深。只有全面深入了解中华文明的历史，才能更有效地推动中华优秀传统文化创造性转化、创新性发展，更有力地推进中国特色社会主义文化建设，建设中华民族现代文明。”

习近平总书记考察调研足迹遍及黄河上中下游九省（区），他将保护黄河作为事关中华民族伟大复兴的千秋大计，亲自擘画、亲自部署、亲自推动黄河流域生态保护和高质量发展，发出了为黄河永远造福中华民族而不懈奋斗的号召。沿黄河九省（区）牢记习近平总书记嘱托，全面加强生态保护治理，着力促进全流域高质量发展，大力保护传承弘扬黄河文化，努力“让黄河成为造福人民的幸福河”。习近平总书记在黄河流域生态保护和高质量发展座谈会上明确指出：“黄河文化是中华文明的重要组成部分，是中华民族的根和魂。”在总书记心中，黄河早已同中华民族的苦难辉煌融合在了一起，锻炼出中华儿女的韧性、力量和精神，也为中华民族赓续发展注入不竭动力。

2022年10月28日，习近平总书记考察安阳殷墟遗址，遍览青铜器、玉器、甲骨文等出土文物，细察车马坑展厅商代畜力车实物标本和道路遗迹……总书记感慨道：“我们的文化自信就是从真正能证明我们的久远历史中来……”

为深入研究阐释习近平文化思想的科学内涵，推进中华优秀传统文化“两创”工作，以黄钟大吕式作品书写新时代黄河精神，助力黄河文化保护传承弘扬，铸牢中华民族的根和魂，增强文化自信自立自强，建设中华民族现代文明，为中华民族伟大复兴提供强大精神动力，用黄河故事讲好中国故事，传播好中国声音，以高质量出版工程服务读者，奉献社会，山东省策划推出《黄河大系》，在中华文化保护传承弘扬的重要承载区建设方面走在前面并提供山东样板素材，同时，力争以黄河文明为抓手和突破口，在建设中华民族现代文明方面做一些探索。

《黄河大系》从沿黄河九省（区）所共有的文化特色着手，既有对黄河历史、文化、艺术的梳理，也有对民艺民俗及水利、生态等的呈现，既回望传统，又观照当下，多角度、广层次、图文并茂地展现黄河文化的内涵和魅力。

《黄河大系》包括《图录卷》《文物卷》《古城卷》《诗词卷》《书法卷》《绘画卷》《戏曲卷》《民乐卷》《民艺卷》《民俗卷》《水利卷》《生态卷》共十二卷，每卷或为一册，或分为两册、三册不等，整体规模为二十册，三百六十余万字，四千三百余幅图。这十二卷图书内容相辅相成，生动全面地展示出黄河作为中华文明摇篮的丰富多彩、万千气象。这十二卷图书内容不仅关注人类文明的既有辉煌，而且着眼人类文明新形态的创造：从《文物卷》探寻中华文明的源头；从《古城卷》《民乐卷》《民艺卷》探索人类文明成果的创造性转化和创新性发展，为文明的演进生发提供启迪；诗词、书法、绘画这些黄河文明固有的艺术成果形式，也终将如黄河之水内化为中华文明生生不息的天然动力，为推进人类文明新形态建设提供智慧源泉；《水利卷》和《生态卷》则重在探索共生文明，助力生态文明和人类命运共同体的构建……

“周虽旧邦，其命维新”。和合共生，自强不息。黄河，从中华民族厚重深远的精神河床流淌而来，正向着中华民族伟大复兴的波澜壮阔奔腾而去！

“江河之所以能冲开绝壁夺隘而出，是因其积聚了千里奔涌、万壑归流的洪荒伟力……现在，中国人民和中华民族在历史进程中积累的强大能量已经充分爆发出来了，为实现中华民族伟大复兴提供了势不可挡的磅礴力量。”

《黄河大系》的编纂出版是一项基础工程，是一个继往开来、努力探索的过程。我们将以出版《黄河大系》为契机，深入贯彻落实习近平文化思想，落实好习近平总书记在黄河流域生态保护和高质量发展座谈会上的重要讲话精神，立足黄河文明的深厚资源，发扬中华文明的自信自觉优势，为黄河流域生态保护和高质量发展蓄势赋能，为实现中华民族伟大复兴作出贡献。

序

黄河，是中华民族的母亲河。作为一条自然河流，黄河之所以享有这样的美誉，是因为无论是从自然地理而言，还是从文化地理来说，这样的称誉都是当之无愧的。

从自然地理上来说，黄河发源于青海省巴颜喀拉山脉，自西向东依次穿越青藏高原、黄土高原、内蒙古高原、华北平原，流经青海、四川、甘肃、宁夏、内蒙古、陕西、山西、河南、山东9个省（区），最后于山东省东营市垦利区注入渤海，干流全长5464千米，流域总面积79.5万平方千米。

从历史地理角度而言，黄河横贯东西，将中游黄土高原的大量泥沙携带到下游，大约在距今10万年至1万年间的晚更新世，形成了华北平原和黄淮海平原，为华夏文明的形成与发展奠定了基础。因此，黄河流域是中华民族与中华文明的主要发源地，中华民族被称为“黄土的儿女”。

世界五大文明古国无一例外都是大河文明，无一不是在农业经济基础上进入文明社会的。地质学研究和考古发现表明，大约在距今1万年，人类迎来了全新世大暖期，人类的生活方式也由狩猎采集过渡到以定居农业为基础的食物生产。考古学文化也由旧石器时代过渡到新石器时代，其主要特征是石器制作由打制发展为磨制，出现了直接用于生产的斧、铲、镰刀和用于食物加工的石磨盘、石磨棒等新器类，出现了用于炊煮食物的陶器如釜、罐、支座等。考古发现证明，这种转变是全球范围内普遍适用的规律，黄河流域史前考古的证据尤为明显。而且，农业、畜牧业经济的发展和剩余产品的积累，社会内部的分工日益明晰，使社会出现分化并导致社会阶层和阶级的出现。社会外部，部落间的战争不可避免地发生，而且其频率和规模越来越难以控制。为了使社会内部和外部的集团不至于在日益加剧的冲突中消耗殆尽，就需要有凌驾于社会之上的力量，体现身份等级的礼仪制度和

国家组织应运而生。这一历史过程在文献中有所体现，如先秦文献和司马迁《史记·五帝本纪》所记载的炎黄蚩尤大战及尧舜禹“禅让”传说，都是发生在各部族集团之间的互相战争与妥协的故事。因此，本来是用于满足人们日常生活之需的石器、陶器，逐渐发展为体现社会等级差异的玉礼器、陶礼器，文献所记载的“六瑞”即玉璧、玉琮、玉圭、玉琥、玉璋、玉璜，到龙山时代均已具备，还有体现军事礼仪的玉钺、玉戚等仪仗用品，共同构成了黄河流域史前社会的礼器组合，而作为饮食器具的陶鼎、陶鬶、陶豆、陶壶等，制作技术愈加规整，形制愈加美观，在彩陶之外更出现了白陶、黑陶等陶质礼器。随着青铜铸造技术的出现，史前先民在铸造兵器、工具的基础上，于夏王朝建立前后更是发明了“块范法”，制造出具有我国青铜文化特色的青铜鼎、爵、斝、盉、铃等礼乐器组合，由此开启了夏商周三代青铜礼乐文明的发展之路。商周王朝则进一步将青铜铸造技术发展到极致，器物形体越来越硕大，纹饰越来越繁缛，组合越来越齐全，并且因其在祭祀、丧葬等行为方面体现着的礼仪性，被誉为具有“纪念碑性”独特价值的器物。与此同时，我国北方处于游牧阶段的少数族群则根据自己的需要，制造出具有北方草原民族风格的青铜器具，其器类以兵器、车马器和装饰品为主，也有出于对中央王朝礼乐制度的仰慕而生产的青铜礼器。

《黄河大系·文物卷》选择了陶器、玉器和青铜器这三类文物，分别从不同侧面呈现黄河流域史前文化和夏商周三代历史的精华和特征。相信读者在阅读这篇序言和各分卷前言的基础上，结合编者精心选择的一幅幅文物图片加以细心体会，定会有不少收获。如果能进一步“行万里路”，顺着黄河沿线来一个文化寻根之旅，亲眼目睹收藏在博物馆中的一件件文物，亲身感受分散在田野中的一处处遗址，一定会受益良多!

方　辉

前　言

对于“玉”这一概念的理解，古代与现代是有所不同的。东汉许慎在《说文解字》中，对玉的解释为“石之美，有五德”。因此古人心目中的玉，不仅包括软玉，还包括蛇纹石、绿松石、孔雀石、玛瑙、水晶、琥珀等美石。而现代矿物学和宝石学对玉的界定有所不同，现代认为只有硬玉（jadeite）和软玉（nephrite）两种矿物集合体才是真玉。所谓软玉，主要是指由透闪石或阳起石组成并达到玉石级的矿物集合体，绝大多数摩氏硬度为6～6.5度，是一种具链状结构的含水钙镁硅酸盐物质。硬玉主要是指由绿辉石和钠铬辉石组成的达到玉石级的多晶集合体，俗称为翡翠或翠玉，摩氏硬度为6.5～7度，是一种钠和铝的硅酸盐物质。我们谈论玉器时，一定要认识到古今对于玉器概念的界定是有所不同的。

如果放眼全球，世界上共有三大用玉中心，包括以中国为代表的东亚及东南亚地区、中美洲地区以及大洋洲的新西兰。在这三大用玉中心中，中美洲最早的玉器文化诞生于奥尔梅克时期，大约相当于我们的商代时期，而后至1521年，随着欧洲殖民者的入侵，玉器文化也随之中断，并且就玉器种类而言，中美洲地区主要是绿色翡翠以及其他一些绿色的美石，而不见软玉制品。新西兰的用玉文化主要见于毛利人族群，其用玉的历史至多可上溯至1200年前后，约相当于我们的唐代时期，其所用的玉料主要是软玉，但主要是青绿色玉料，基本不见白玉。以我国为代表的玉器文化则有着超过8000年的历史，并且从8000年开始直至今日，爱玉尚玉的习俗依然流行，因此就用玉历史而言，中华民族显然是世界上最早的用玉民族，并且一直未曾中断。黄河流域无疑又是我国玉文化起源较早、玉文化最发达的地区之一。从玉料而言，我国古代虽然也有多种似玉的美石，也被称为玉器，但最受认可的依然是软玉，尤其从汉代之后，对白玉的喜好在世界上也是独一无二的。有学者认为另外两个玉文化圈，无论从自然条件、人种起源的DNA证据以及有形和无形的文化基因（包括玉器造型、仪式性功能以及审美倾向）观察，它们最终极可能都始于一源，即东亚玉文化圈，因此可以说启动东亚和世界玉文化引擎的是中国。

研究中国科技史的专家，英国剑桥大学著名学者李约瑟曾言：“对于玉器的爱好，可以说是中国文化特色之一。三千多年以来，玉的质地、形状和颜色一直启发着雕刻家、画家和诗人们的灵感。”故宫博物院玉器研究专家杨伯达也明确表示“中国堪称玉器之邦”。早在周代，就出现了对玉器进行系统记述和研究的重要文献《周礼·考工记·玉人》篇。《礼记·玉藻》曰：“古之君子必佩玉。”孔子曰：“君子比德于玉焉。温润而泽，仁也。”屈原在《九章·涉江》中云：“登昆仑兮食玉英，与天地兮同寿。”《诗经·秦风·小戎》：“言念君子，温其如玉。”书中自有颜如玉。在我国汗牛充栋的大量文献中，对于玉器有太多诸如此类的赞美之词。

此外，我国与玉相关的汉字，比如瑾、琬、璐、珍、琳等都含有美好的寓意。与玉器相关的成语及俗语，比如亭亭玉立、玉树临风、琼浆玉液、金玉良言、黄金有价玉无价、宁为玉碎不为瓦全、化干戈为玉帛、弄璋之喜等，大都具有优美的意境。与玉器相关的文学作品也有很多，比如，元末明初的《玉梳记》、明代的《玉玦记》《玉簪记》以及清代的《红楼梦》等。尤其是《红楼梦》中，全书总计用“玉”字约5700处，且多位主人公名字也都带有玉字，比如宝玉、黛玉、妙玉等，其中也有很多诗句涉及了玉，比如“玉是精神难比洁”一句更是典型的借物喻人。书中“刘姥姥进大观园”一节，更是借用刘姥姥之目，道出了当时贵族家庭的陈设品是以玉器为主。与玉器相关的很多典故也颇值得思考，比如大家耳熟能详的女娲补天神话，文献记载，女娲补天是采用五色石，我们上文已提及，在古代美石为玉，所以五色石即“玉”，补天这样的重大事件一定是要采用“玉”这样的“神物”，而不是去使用其他物质。另一个与玉器相关的经典故事就是和氏璧——完璧归赵以及玉玺系列，在这个系列典故中，卞和之所以冒着巨大风险去向楚王献宝，就是其看到了美玉所具有的重大价值。而后时光流转，和氏璧辗转到了赵国，秦王得知后之所以愿意用十五座城池去交换和氏璧，也正是看中了在当时和氏璧是“天下共宝”的属性，所谓“价值连城”也正是对美玉的至高赞誉。之后，嬴政一统天下，和氏璧也为秦朝所有，始皇帝命李斯将其雕刻成传国玉玺，成为皇权的重要象征物，之后历朝世代沿袭。我们不禁要问：作为最高权力象征的器物，为何又是使用美玉制作而非黄金或青铜等材质？答案显而易见，因为“玉本神物”，大家对玉器赋予了太多属性和价值。

由上述可见，中华民族对于玉器的喜好由来已久，且已经深入骨子里，体现在中华文明的诸多方面，玉文化也正是我们优秀文化基因的特质之一。黄河流域的玉文化更是我国灿烂辉煌玉文化的典型代表，尤其是先秦阶段，更是在我国玉器史上发挥过极为重要的作用。秦汉之后，由于郡县制及儒家思想的大一统，全国范围内的玉器风格也基本归为一致。因此，本书立足独具特色的先秦黄河流域玉器之视角，探讨其源流及风格演变，试图归纳出其特质，并对其在我国古代文化中所发挥的重要作用进行总结。

目　录

第一篇

黄河流域是玉器的重要起源地

谈到玉器文化的起源，我们首先要明确一个问题：是不是只要利用美石类的材质制作物品的考古学文化都可以称之为玉器文化？比如，四五十万年前的周口店猿人所制作的打制石器中，就发现有水晶制品。两三万年前的辽宁海城小孤山遗址也发现了岫岩玉（蛇纹石）打制的石片及尖状器。那我们可以说二者都已经进入玉器文化时代了吗？答案显然是否定的，因为在当时虽然已经使用玉料加工器物，却是一种无意识的选择，用玉料制作的器物并没有受到特殊的“礼遇”，仍然是作为普通工具使用。

近些年小南山遗址发现了一批玉器，有研究者认为其应该是中国最早的玉器，因为碳十四测年数据显示，其最早文化层的年代应该超过9000年。我们知道，碳十四测年数据即使经过校正，仍会存在不小的误差。并且从类型学角度出发，我们发现其出土的玉器种类与兴隆洼文化基本相同，因此其年代是否确实超过9000年，尚值得商榷。就目前考古材料来看，8000多年之前的兴隆洼文化是我国最早的“真玉”文化，其出土的玉器在中国范围内是时代最早的，这应该是最没有争议的，甚至在世界范围内来看的话，其很可能也是目前所知最确定的“真玉”文化代表。所谓兴隆洼文化，正是据内蒙古自治区敖汉旗兴隆洼遗址所出的遗存而命名的。兴隆洼文化共出土玉器约50件，种类有玉玦、玉管、玉匕形器、玉弯条形器、玉斧、玉锛、玉凿、玉人面等（装饰品及仿工具类）。玉器主要出土于房址和居室墓葬中。经过科技检测，玉器主要属于透闪石—阳起石类软玉，颜色有淡绿、黄绿、深绿、乳白等。就玉料产地而言，目前一般认为兴隆洼文化的玉料应来自辽宁岫岩、析木一带。在工艺上，已出现线切割、抛光及管穿孔技术等较为先进的制玉技术。玉器全部为素面，未见纹饰。在所有的玉器种类中，对后世影响最大的当属玉玦。

所谓玉玦，是一种有缺口的半环状或柱状玉石饰物，是直接穿入耳孔、挂于耳垂作为装饰之用的，也就是我们今天说的耳环。清末吴大澂在《古玉图考》中对这类如环而缺的玉器进行了定名。其在墓葬中发现于墓葬人头骨耳部两侧的情况也为其用途提供了直接的证据。兴隆洼的玉玦，大多采用软玉制成，可细分为环状及柱状两大类。玉玦在兴隆洼文化最早出现后，逐渐向四周扩散，目前我们可以观察到的文化现象是，玉玦向南部传播应该存在两个波次及路线，首先是距今8000年前后，玉玦在兴隆洼文化出现不久，即向西南传播，其中第一站应该是到了河北北部一带，比如易县的北福地等遗址，但有意思的是，在此后整个黄河中游一带的史前时期，玉玦却很少被使用，个中原因引人深思。第二个波次和线路是，到了距今7000～6000年前后，沿东部沿海一带向东南方向传播，首先到达了黄河下游的海岱地区，比如北辛文化就发现了玦类器物。而后继续向南传播至江淮一带，再由江淮南传至环太湖地区，比如马家浜文化及河姆渡文化也都发现了玦，到距今6000～5000年前后，继续向南传播至福建、台湾、广东一带，比如石峡文化及卑南文化也都发现有玉玦。此后历经夏商周三代直至汉代仍较为流行，至汉代之后才逐渐被耳珰取代。其也向国外传播和扩散，远及俄罗斯、日本、越南、菲律宾、印度等地。因此玉玦的传播可以看作是以玉器为代表的中华古代文化的向外传播。

此外，玉人面也颇有特点，器物总体为玉质，但其口部为蚌壳镶嵌而成，口中明显可见四颗獠牙，里面的两个獠牙朝上，而外面的两颗獠牙朝下。这可以认为是当时人崇拜的獠牙神像。与此类似的形象还在同属于兴隆洼文化的辽宁阜新塔尺营子遗址有发现，并且在位于长江中游的高庙遗址出土的白陶器上也有类似的獠牙神像。獠牙的分布和形态均完全相同，由此可见8000年之前的兴隆洼文化时期，我国大江南北已经有了共同的图腾崇拜。

玉玦
内蒙古自治区敖汉旗兴隆洼遗址117号居室墓出土

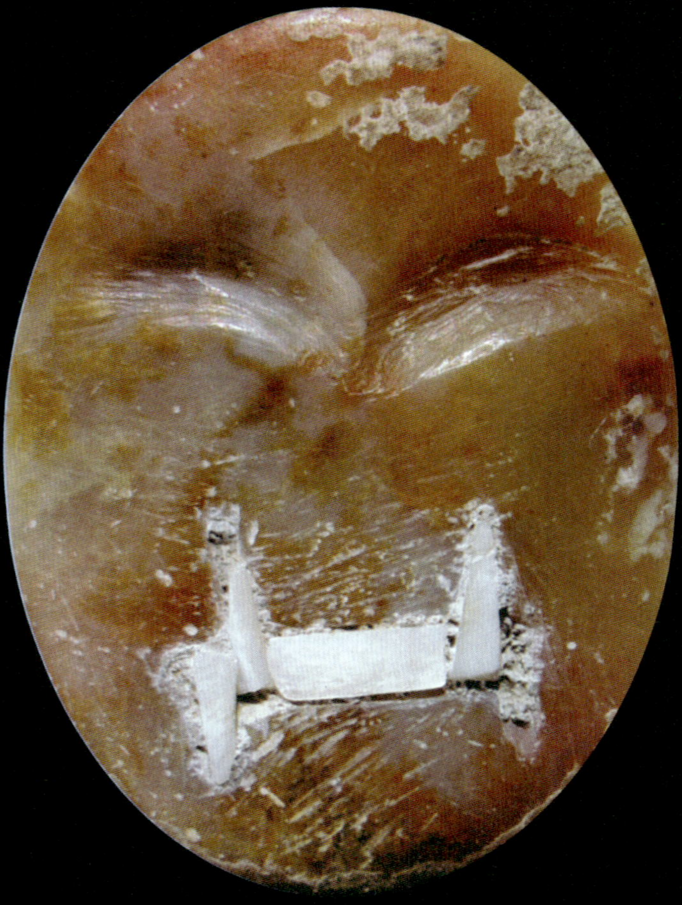

人面形玉饰

内蒙古自治区林西县白音长汗遗址27号探方第二层出土

玉玦

兴隆洼文化

左：直径2.96、孔径1.26、缺口宽0.2、厚0.7厘米

右：直径3.06、孔径1.27、缺口宽0.2～0.3、厚0.71厘米

内蒙古自治区敖汉旗兴隆洼遗址七号居室墓出土。成对出土，尺寸大小相近。应为垂挂于双耳的耳饰。两件玉玦均为标准的圆环状，并有缺口。中孔为盘形孔。

玉匕形器
兴隆洼文化
内蒙古自治区敖汉旗兴隆洼遗址125号房址出土
长3.56、宽1.18、厚0.27、孔径0.24厘米

玉器基质为黄绿色调，大部分受沁变为鸡骨白。整器大体呈长条状，一面凸起，一面略内凹。上部有一圆孔，顶端略平，有一半圆形凹缺，底端为凸弧状。匕形器是兴隆洼文化非常有特点的一类器物，其功能不明，或为头饰。

所。整器大体呈长条状，一面凸起，一面略内凹。上部有一椭圆孔，顶端略平，底端为凸弧状。

玉匕形器
兴隆洼文化
长3.6、宽1.05、厚0.33、孔径0.15～0.35厘米

内蒙古自治区敖汉旗兴隆洼遗址201号房址出土，现藏于中国社会科学院考古研究所。整器大体呈长条状，一面凸起，一面略内凹。上部有一椭圆孔，顶端略平，底端为凸弧状。

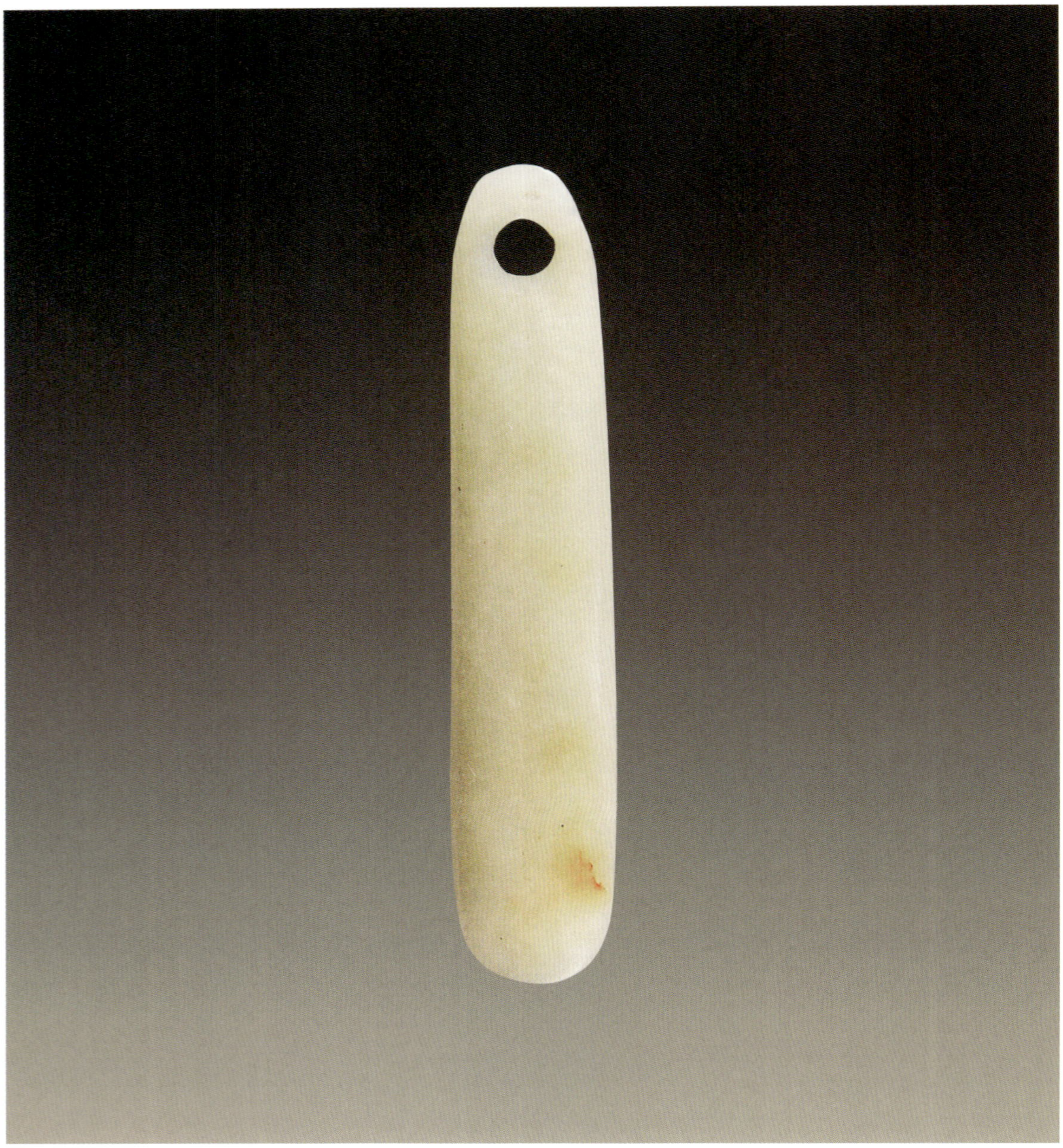

玉匕形器
兴隆洼文化
内蒙古自治区敖汉旗大甸子乡旺兴沟遗址出土
长6.5、最宽1.2厘米

整器大体呈长条状，一面凸起，一面略内凹。上部有一圆孔，顶端略平，底端为凸弧状。

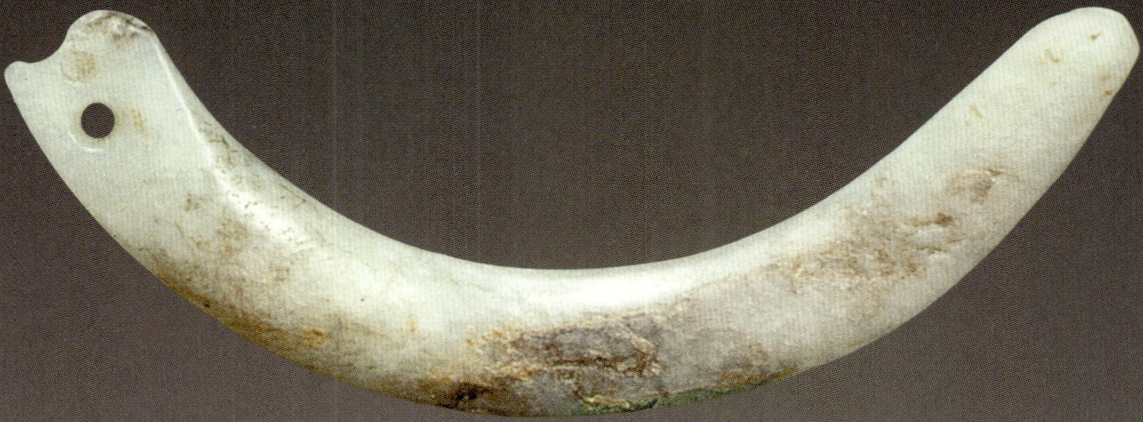

弯条形器
兴隆洼文化
内蒙古自治区敖汉旗兴隆洼遗址109号居室墓出土
长0.95、最宽0.97、厚0.69、孔径0.2～0.35厘米

玉器总体为弯弧状，与玉璜形状近似，但仅一端有孔。其具体功能不详。此种器物也是兴隆洼文化的典型玉器。

玉玦
兴隆洼文化
内蒙古自治区敖汉旗兴隆沟遗址出土

基质为黄绿色，为典型的岫岩玉料。中孔居中，为兴隆洼文化非常有代表性的盘形孔。玦口为线切割技法制成。

玉斧
兴隆洼文化
内蒙古自治区敖汉旗兴隆洼遗址173号房址出土
长7.3、宽5.2、厚1.2厘米

整器略为梯形，顶端略平，刃端平直，中部可见一条明显的片锯切割痕。

绿松石扁珠
河南舞阳贾湖遗址出土

在距今8000年前后位于黄河中游的河南新郑裴李岗、舞阳贾湖，乃至河北易县北福地等遗址发现了玉玦、珠、管、坠饰等器物。其中北福地遗址发现的玉玦为研究玦类器物向南传播提供了重要的实物资料。此外，舞阳贾湖遗址发现了绿松石制品。就目前考古发现来看，贾湖出土的绿松石制品主要是成组的小扁珠，这些扁珠出土时几乎遍布墓主人全身，个体均很小，中间有小孔，直径都在1厘米以下。就出土情况分析，这些扁珠很可能是穿缀在裹尸布之类的有机质布帛上，后来在埋藏环境中布帛以及穿缀扁珠的丝线已腐烂不见，只有绿松石扁珠遗留了下来，也就是今天我们考古发掘时所看到的场景。

在同属黄河中游的陕西南郑龙岗寺、宝鸡北首岭、汉阴阮家坝等几个遗址也发现了少量的玉器，包括珠、坠等器类。其中龙岗寺遗址也发现了绿松石类玉器，其出土年代与贾湖遗址相当或略晚。因此就目前考古材料来看，我们可以认为黄河中游地区是绿松石的最早使用区域，年代至少在8000年之前。如果从绿松石原料产地来看，黄河中游地区最早出现绿松石制品也并不意外，因为众所周知，我国最大的绿松石产地就位于陕南、豫南、鄂北的交接地带。纵观中国古代玉器发展史，一般而言，古人用玉多为就近取材，因此，靠近绿松石产地的黄河中游一带最早使用绿松石就不足为奇了。

位于黄河下游的海岱地区，在距今8500～7300年的后李文化时期，也发现有2件玉器，为锛和凿，经拉曼光谱仪检测为软玉材质。这两件玉器的刃缘部位，在显微镜下可见较清楚的使用磨蚀痕迹。可见后李文化时期先民虽然已经使用玉料加工器物，却是一种无意识的选择，玉器仍然是作为工具使用的。这与兴隆洼文化以玉制成专门的装饰品有所不同。而海岱地区真正出现玉器装饰品是到了距今7000～6000年前的北辛文化时期。其中玉璜应是受到了环太湖地区文化圈的影响，而玉玦应该就是来自兴隆洼文化。有意思的是，到了之后的大汶口及龙山文化时期，基本就不见玉玦的使用了，而是使用长方形或梯形的坠饰作为耳饰。这种情况与黄河中游的情况非常类似，背后原因有待将来专门讨论。

就世界范围来看，广义上的玉器可能最早发源于俄罗斯的丹尼索瓦洞穴，其中发现了一件绿泥石质玉镯，其年代为距今50000～40000年，其时尚处于旧石器时代中晚期之交。之后在贝加尔湖地区距今24000～23000多年前的旧石器时代晚期的马耳他遗址（Mal'ta）和布列契遗址（Buret'）也曾出土透闪石质小璧，其外缘呈不规则圆形，中孔很小，内外缘均较陡直。国外这两三处遗址所出土的玉器无论是从数量和种类上来说，还是其表现出的文化总体发展水平，都还不能称为“真玉”文化。

总体而言，我们可以认为黄河流域是我国“真玉”文化的主要起源地，这对于我国源远流长、博大精深的玉器文化产生了重要影响。其中我国最早的耳饰——玉玦的出现及传播至关重要，为研究早期玉器文化的传播和交流提供了重要证据，也为研究人类饰品历史提供了实物资料。此外，黄河流域是我国最早的绿松石制品使用区域，为三代时期发达的绿松石文化找到了直系源头。

总体而言，距今8000～7000年前后的新石器时代中期，玉器种类还是以装饰品类和工具类为主，这一时期人们主要关注玉器的实用性及外在美。这种风格一直延续至距今7000～6000年的仰韶文化时代早期也未曾有大的变化，因此这一时期或可称为“美玉”时代。这与这个大的阶段的社会发展水平也密切相关，就目前考古资料所见，距今6000年之前的古代社会，基本还是处于一种平等社会，因此玉器主要还是它本初的属性，未被赋予太多的社会意义和象征意义。

玉锛

山东潍坊前埠下遗址出土

玉凿

山东潍坊前埠下遗址出土

第二篇

黄河流域是玉礼器的摇篮

历史发展至庙底沟时代，也即距今6000～5500年前后，在黄河中游一带，在装饰品及工具类的玉器基础上，开始出现象征身份地位的玉礼器，比如在考古发掘过程中新出现了玉钺这种器类。考古学家在河南灵宝的西坡遗址中发现了多件玉钺。

据统计，在西坡22座墓葬之中，只有6座墓葬发现了玉钺，可见这一时期玉钺已被少数人所垄断，成为他们的身份象征。这一时期的玉钺总体呈长舌形，下端为双面突弧刃，在刃部均未发现使用痕迹，说明这种器物已经不是实用器类。西坡发现的这批玉钺可看作是我国最早的玉礼器之一。这一时期之所以会出现玉钺这样的礼器，也与当时的社会发展阶段密切相关，从目前考古资料来看，距今6000～5500年的庙底沟时代正是我国古代社会由平等发展到阶级社会的重要转折期，这一时期，聚落之间开始出现等级分化，在有些区域甚至出现明确的三级或四级分层，比如西坡遗址所在的灵宝铸鼎塬地范围内共发现的19处庙底沟时期的聚落遗址，如果从遗址面积和目前的考古发现来看，很可能已经出现特大型、大型、中型和小型四级聚落结构。其中的北阳平遗址面积超过90万平方米，远超其他遗址，应该是此区域的中心聚落。

在西坡遗址中，还发现了规模宏大的房子，比如F106建筑面积达296平方米，使用面积有240平方米。且外侧地面上有封闭的墙体，内有半地穴居住面，地面涂朱。这均表明这座房址远非普通居所可比，应是权贵阶层居住或是当时权贵阶层召集大家进行公共活动的场所。这与庙底沟时代之前大家居住的房子等级基本相同的情况差异明显。同时，在西坡墓地发现的多座墓葬中，等级分化也十分明显，最大的4座墓葬，墓室面积超过了12平方米，有的墓葬中使用了玉器和大口尊等重器。如前文所述，发现玉器的墓葬也是少数。综合分析认为，西坡墓地也可以划分为4个等级。基于以上资料，无论是从宏观聚落形态还是微观的墓地状况所显示的社会结构来看，西坡所在的黄河中游一带已经进入分层社会阶段。这也正是这一阶段为何出现了象征身份地位的玉钺的时代背景。

玉钺

河南灵宝西坡遗址出土

位于黄河下游的海岱地区在庙底沟时代，正处于大汶口文化早期。从社会发展阶段而言，也处于分层社会，这从当时的墓葬情况即可看出端倪。大汶口文化早期的大型墓葬随葬品较多，可达近百件。并且发现有用猪（整猪或下颌骨）、狗或者龟甲随葬，而小墓则随葬品很少或基本没有任何随葬品，也基本不见猪、狗或龟甲等随葬品。这充分表明，大汶口文化早期，阶级分化已经出现。但从玉器角度而言，却未发现明显的玉礼器。据目前资料来看，大汶口文化早期时，玉器分布范围仍然较为有限，仅限于鲁中南地区的王因类型和苏北的刘林类型。王因遗址仅出土19件绿松石坠饰，大汶口遗址也仅出土坠饰、璜形饰等几件装饰品。刘林遗址出土了镯（钏）、环、管等装饰类玉器。总体而言，这一时期玉器种类仍为装饰品类。这与黄河中游地区的玉礼器与社会分层同步出现有所不同。

黄河下游地区开始出现玉礼器则是到了大汶口文化中晚期阶段。大汶口文化中期阶段时，社会分化更为明显，我们依然可以从墓葬资料中看出变化。这一时期在某些区域，根据墓葬规模以及随葬品等特性可以明确划分为大、中、小三类，比如邹城野店遗址的M49，长3.5米，宽2.9米，深3.9米，规模远超其他墓葬，并且此墓中发现有木质葬具（木椁）以及大量精美随葬品，这样的墓葬主人显然属于当时的权贵阶层。此外，在有些大墓中发现有殉人情况，也反映了墓主人的尊贵身份。到了大汶口文化晚期，墓葬所反映的阶级分化及贫富分化现象更为明显，比如泰安大汶口遗址、邹城野店遗址均可以见到明显的墓葬分等级现象。同时，出现了完备的棺椁礼仪制度。

此外，最近这些年新发现的焦家遗址也发现了属于大汶口文化中晚期的明确城墙、棺椁制度、陶礼器、玉礼器等重要遗存，墓葬明确可以分为大、中、小三个等级，墓葬中棺椁使用率超过60%，充分表明这一时期已进入分层社会。比如M184，葬具为一棺一椁，其中随葬2件玉钺，一件长度可达21.6厘米，宽度为13.3厘米，厚度为0.7厘米，整器近长方形，平直刃，刃口可见多处小崩疤，或有意为之，顶部有一小孔，孔周围可见明显的红色朱砂痕迹，或与宗教祭祀相关。此件玉钺为黄河下游地区典型史前玉钺的特点，显示出王者之气。M152为两椁一棺，随葬品有39件，包含玉刀、玉钺等玉礼器。其中的多孔刀为目前发现的最早个案，长为21.4厘米，宽10厘米，厚度仅为0.4厘米。其背部并列有3个主孔，孔内镶嵌有3个圆形小玉片，在靠近一侧边处还钻有一个更小的副孔，体现出典型的“3+1”模式，这种主孔加副孔的多孔刀对之后的龙山文化有重要影响。

从制玉工艺水平来看，每件玉器都经过打磨，尤其是玉环、玉镯（钏）和指环这三类器物，其上钻孔的内壁均被打磨光滑，双面钻留下的台阶痕也被一一磨平，入钻口和出钻口都经过精心的打磨修整。线切割及片切割技术在大型器物（如玉钺）和小型器物（如锥形器）上都有所体现，但以前者更为流行，大多数切割痕迹都是开料或连环生产所产生。直径较大（约5厘米以上）的钻孔主要采用管钻技术；直径较小（约5厘米以下）的孔洞主要采用桯钻技术钻孔。镶嵌工艺已经出现，主要采用的镶嵌方法为孔洞镶嵌法，即制作与钻孔形状大致吻合的嵌片，直接将嵌片镶嵌入钻孔中。现阶段已出现玉器改制工艺，只是改制现象并不普遍，比如上文提及的多孔刀即为玉钺改制而成。

此外，焦家遗址出土的不少玉环上都有明显的连环生产痕迹，其目的是增加玉环的产量、节省生产成本和提高生产效率。尤其是将玉料横向切割成数个横截面完全相同的玉环这一生产方式，是典型的器物标准化生产的表现，这表明这一时期玉器加工已经出现了专业化生产，具体而言，其可能是一种隶属式专业化生产模式。玉器的专业化生产也是焦家社会进入分层社会的一个重要佐证。

总体而言，从社会发展阶段来看，大汶口中晚期阶段，黄河下游显然进入了明确的分层社会，甚至在有的区域可能已经出现了古国这样的政体，比如位于鲁北的章丘焦家遗址，很可能是一处古国。同样，鲁南莒县的陵阳河遗址还发现有很可能是图像文字的迹象，比如大口尊上所刻划的“日、月（火、鸟）、山”符号，被很多古文字学家认为已经属于文字系统。众所周知，文字素来被认为是国家及文明起源最为重要的标志，因此陵阳河遗址很可能也已进入古国阶段。在如此大背景之下，黄河下游的玉礼器也应运而生。据统计，大汶口文化中晚期时，明确的遗址有二三十处，这些遗址可分为大汶口、尉迟寺（或称为富庄类型）、上庄、五村、三里河、陵阳河、大墩子七个地方类型。其中以大汶口、尉迟寺、三里河、陵阳河四个类型玉器文化最为发达。这一时期玉器种类新出现了礼仪及祭祀类玉器，如钺、戚、琮、璧、牙璧、牙璋、多孔刀、锥形器等。其中多种玉礼器对同时期中原地区以及后世均有重要影响。

纵观我国史前时期玉器的总体情况，我们发现黄河流域是最早出现玉礼器的区域之一。如果从玉礼器的种类组合以及对后世的影响来看，黄河流域更是首屈一指。

玉钺
山东章丘焦家遗址出土

玉刀
山东章丘焦家遗址出土

M55:1，玉钺
山东章丘焦家遗址出土
长18.3厘米，宽7.3厘米

M57:5，玉钺

山东章丘焦家遗址出土

长11.4厘米，宽8.1厘米，厚0.6厘米

M166:7，多孔玉钺
山东章丘焦家遗址出土
长12.2厘米，宽5.9厘米，厚1.2厘米

锥形器
大汶口文化晚期
山东莒县陵阳河遗址出土

锥形器
大汶口文化晚期
山东莒县陵阳河遗址出土

第三篇

黄河流域在南北向玉石之路中的枢纽作用

如上文所述，黄河流域的玉器文化历史悠久，并且就玉器文化的发展来看，黄河流域的玉器文化也与我国北方甚至俄罗斯远东地区、日本、朝鲜半岛为代表的东北亚地区存在着密切的交流。尤其是黄河下游地区，很多时候是在南北方玉器文化交流之中起到了枢纽作用，是史前时期南北方向玉石之路中的重要驿站。

史前时期黄河下游地区与东北亚地区即已存在文化交流。多位学者从不同视角进行过正面探讨，包括红山文化以及小河沿文化陶器器型及纹饰与大汶口文化的关系、辽东半岛史前文化陶器与胶东半岛的关系、辽西地区与黄河下游地区宗教信仰及精神领域的交流。也有学者针对北方地区特定遗址与海岱地区史前文化的关系指出内蒙古通辽的哈民忙哈遗址中所出陶器与大汶口文化陶器的关联。对于黄河下游地区与东北地区史前时期的玉器文化交流也有学者做过论述。在类型学方面，如黄河下游地区的璧、环、连璧等应来自北方的红山文化，两地的小璧及连璧，很有可能都来自松黑地区。对于辽东及胶东半岛地区都有发现之牙璧及锥形器，亦有学者做过详细探讨。在玉料方面，研究者指出黄河下游地区的部分玉料应来自辽宁岫岩地区。关于两地交流的路线问题，有学者主张是沿渤海湾的陆路交流为主，有学者认为是沿庙岛群岛的海路交流为主，有学者则认为存在沿庙岛群岛的海路以及渤海湾西侧的陆路两条交流通道。

对于黄河下游地区与东北亚的玉器文化交流，我们可以黄河下游地区邹城野店遗址所出璧（环）类玉器为案例。在目前学术界，所谓璧和环，甚至瑗，其实很难截然分开。就文献记载来看，关于此类玉器的定名，最为详尽者当属《尔雅·释器》，其中记载："肉倍好谓之璧，好倍肉谓之瑗，肉好若一谓之环。"但在实际的考古发掘品中，很难依此进行绝对的划分，因此大家更习惯按照考古学权威学者夏鼐先生的观点，将此类器物统称为璧环类。下文将对野店遗址所出此类器物进行详细分析和论证。

野店遗址位于山东邹城正南约6公里处，遗址于1965年发现，1971年进行了首次试掘，此后于1971—1972年春进行大规模发掘，揭露出大汶口文化与龙山文化的叠压地层，其中大汶口文化的89座墓葬尤为引人注目，发掘者将其分为五期。如果将其纳入海岱地区大汶口文化的系统分期中，其基本包含了大汶口文化早期至晚期的全部内容，时间跨

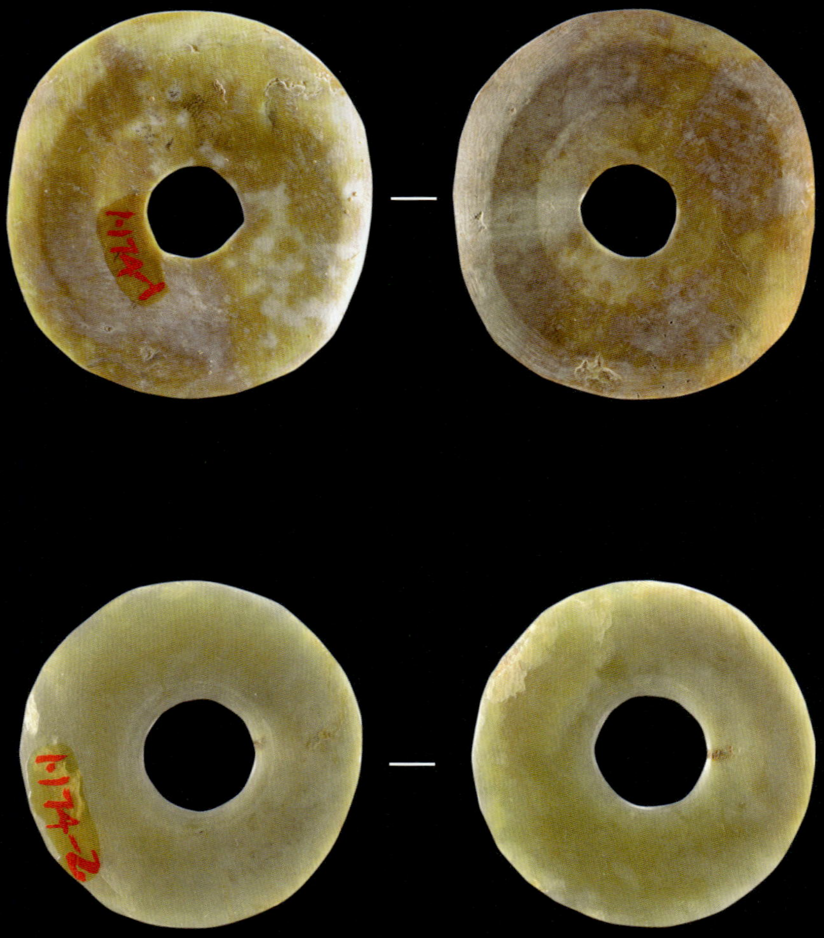

玉璧环（正反面）
山东邹城野店遗址出土

度约为1500年。其中玉（石）环共47件，分属于10座墓葬，时代跨度为报告中所分之2～5期。

我们选择M22、M31、M47所出的玉石环共31件进行系统研究，包括基本属性观测、拉曼光谱仪分析、静水密度测量、加工工艺观测（裸眼观察、微痕分析）。

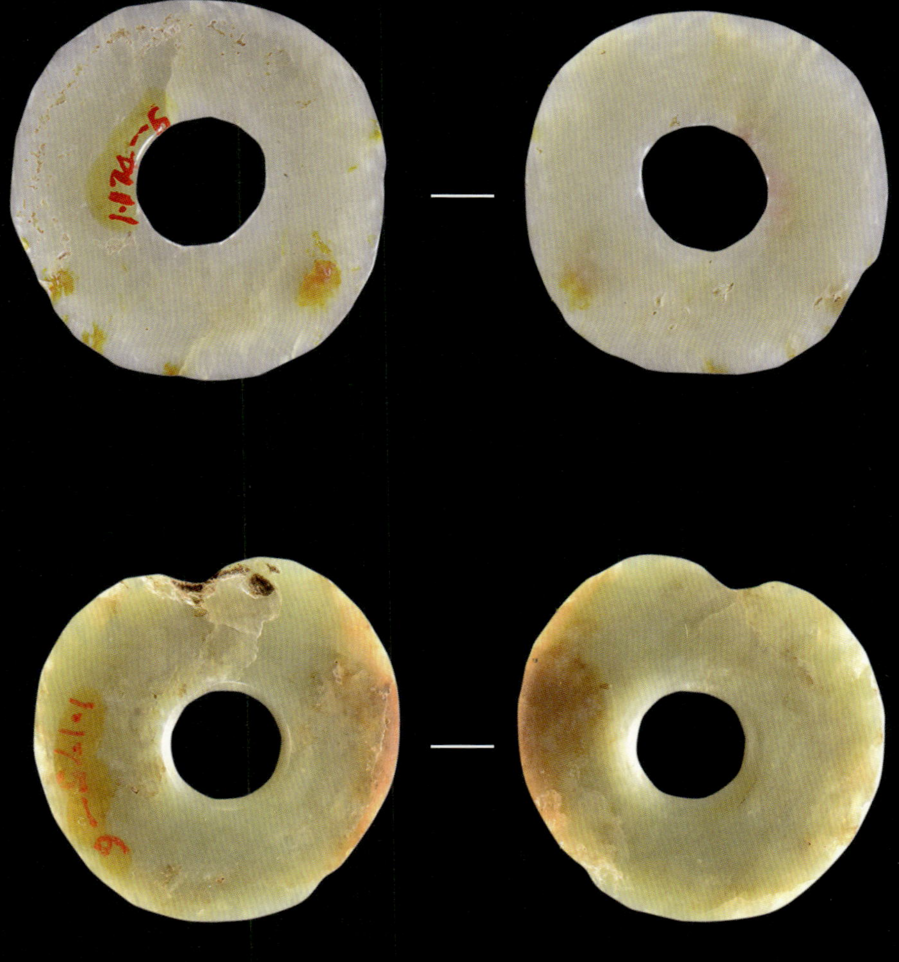

1.基本观测数据分析

通过基本参数测量可知，单体玉石环的直径最大者为M22所出馆藏号1.174-1的石环，最大外径为52.04毫米，最小者为M47所出馆藏号1.176-3的玉环，最小外径为20.12毫米。基本均落在20毫米至50毫米间。

M22所出双连环通高为69.04毫米，四连环通高为49.02毫米。分别统计三组串饰单体玉石环的最大外径，由散点图上可明显看出M47所出串饰大多落在20毫米至30毫米范围内，明显小于M22及M31两组串饰。M31所出串饰外径变异最小，表明其组合更为规整均衡。从装饰品美学角度分析，M47所出串饰体现出一种对称美，在散点图数据中也可明显看出这种几近对称的迹象。

经裸眼观察，31件玉器明显可分为三种类型。其中27件玉器除了受沁部位，基质均为黄绿至墨绿色系，表面颗粒致密均匀，且具油脂光泽，经强光手电照射，微透光；M22所出的1.174-1的单体小环为黄褐色，表面颗粒较粗且疏松，光泽感较弱，微透光；其余3件，包括M22所出的1.174-6单体小环、1.174-4四连环、M47所出1.176-6单体小环除了受沁部位，基质则为青白色，表面具蜡状光泽，且透光较明显。

2.拉曼光谱分析

在研究中，我们采用了微区无损特性的拉曼光谱仪对此批璧环进行科学检测，所用仪器为美国必达泰克公司生产的BWS415-785S型。

在31件检测标本中，除了M22所出馆藏号1.174-1的单体小环为蛇纹石，其余30件均为透闪石质软玉。软玉所占比例高达96.8%。

拉曼谱图表明，与未受沁玉器及现代同类玉料相比，受沁严重的玉器其特征峰所在的拉曼位移虽然没有改变，但其特征谱峰强度往往变弱。受沁非常严重时甚至是只能在674厘米至1拉曼位移处显示出谱峰，其他位置的拉曼谱峰基本看不到。即使是同一玉器，与未受沁部位相比，受沁部位的特征谱峰强度也明显较低。我们推测这可能与受沁过程中某些主量元素流失所导致的特征峰基团减弱有关。

3.静水密度测试

密度为鉴定软玉的可靠标准之一。据以往文献研究，传统将2.9～3.1g/cm^{3}作为软玉的特定指标。近年有学者系统测试过多种常见软玉标本，将密度划定为2.80～3.12 g/cm^3，其中俄罗斯玉密度最高者可达3.12 g/cm^3，而贵州罗甸玉密度最低者为2.80 g/cm^3。此次我们使用高精密天平以及超纯水进行静水密度测量，再根据阿基米德定律进行计算得出静水密度。经测算，除了M22所出馆藏号1.174-1的单体小环密度为2.41 g/cm^3，其余30件标本密度范围均落在2.86～3.1 g/cm^{3}之间，属软玉范畴。而标本1.174-1，其密度范围比标准蛇纹石略低，应与其受沁导致的密度降低有关。经拉曼测试，其材质确定为蛇纹石。

由分析结果可知，静水密度法可与拉曼光谱仪分析结果很好印证。因此可将此两种方法作为鉴定玉器材质的有效方法。在密度测试中，我们发现即使同种色系之玉器，受沁严重者，其密度也往往较未受沁玉器为低，受沁严重且已失去光泽者密度尤低。

4.加工工艺观测

为详尽研究此批玉石器加工工艺，我们采用裸眼观察与微痕分析相结合的方式进行。本次显微观察所用显微镜为Nikon SMZ1500连续变焦体视显微镜，其具备显微摄影和使用外接显示屏观测的功效，最高放大倍数可达180。

如从操作链角度分析，此批璧环均为成品，未发现半成品及改制迹象。从平面形状来看，除了一件双连环、一件四连环以及三件花形单环，余者皆为普通单环。从加工工艺角度分析，单环外廓均非正圆而近方圆，有的甚至略呈圆角长方形或一端平直的凸弧状。璧环总体均呈现出肉中部较厚而内外缘扁薄的剖面结构，根据中孔钻磨方式及肉身打磨工艺又可细分为三大类。

第一类肉身两面均可见一条或两条与外廓近平行的明显折线，致使孔（或称好）缘至折线区域形成一种近似于盘形斜边的形态。盘形斜边上可见与孔缘近乎平行的旋转磨痕。中孔近圆形，结合盘形斜边上旋痕及中孔形态推断其不可能是管穿所致，其钻孔方式应为双面桯钻，或谓之盘形孔钻磨法。M31所出六件璧环均为此类，而M22及M47则有部分璧环属于此类。

M31所出馆藏号1.175-6单体玉环：外径30.00～33.19毫米，最大孔径8.13毫米，最厚2.14毫米，重4.7克，密度2.94g/cm^3。平面形态呈不规则圆形，中孔较圆。正反两面均为盘形孔，盘形斜边上可见明显的与孔缘近平行的旋转磨痕。根据中孔明显的对向漏斗形态，可推知孔为对向桯钻而成，且完成钻孔后，未对孔缘进行进一步打磨。一面肉身中部可见多组打磨痕迹，且磨痕之间存在打破关系。另一面肉身上也可见三组明显不同方向的磨制条痕，右侧磨痕明显打破左上角之磨痕，而此两组磨痕又同时被外缘斜边上的浅细磨痕所打破，表明在对器身进行了通体磨制后又特意对外缘进行了减薄打磨。

第二类钻孔方式与第一类不同，中孔应分为两个步骤加工而成，存在扩孔现象，孔缘较规整，孔近圆。盘形斜边上可见打磨及旋转磨痕两个微痕区域。

M22所出馆藏号1.174-2单体玉环：外径42.15～43.12毫米，最大孔径12.16毫米，最厚3.06毫米，重9.5克，密度2.97g/cm^3。平面形态呈不规则圆形，中孔较圆。盘形斜边上又可细分为上下两个区域，上部区域可见明显的斜向及纵向细磨痕迹，下部区域则可见明显的与孔缘近平行的旋转磨痕，且此旋转磨痕明显打破上部区域的细磨痕迹。如此表明中孔的钻磨应经历了两个阶段。第一阶段应是采用桯钻的方式进行钻孔，钻身应较粗大，而钻头部位较细小，因此所钻之孔应为明显的漏斗状，中孔直径较小，钻孔完成后又对其孔缘斜壁进行打磨，且打磨方向较为杂乱，此打磨痕将之前的旋转磨痕完全磨蚀掉。第二阶段为二次扩孔，为使中孔变大，再使用比第一次所用钻具钻身更为细小的桯钻进行钻磨，使得孔径变大至所需尺寸，二次钻磨的旋转磨痕未进一步处理，致使其仍遗留于下部区域。

第三类中孔也为两次钻磨而成，存在二次扩孔现象。盘形斜边上也可见两个微痕区域，但与第二类明显有别。中孔多不规范，几不见正圆者。此类器物钻孔方式或为俄罗斯风格钻孔技术所致。M22及M47一部分璧环属于此类。

M22所出馆藏号1.174-1单体石环：外径48.01～52.04毫米，最大孔径11.16毫米，最厚3.10毫米，重12.3克，密度2.41g/cm^3。平面形态略呈圆角长方形，中孔不规则。内圈盘形斜边上也可细分为上下两个不同的区域。上部区域可见明显的三组打磨痕迹，下部区域则为扩孔时钻具所遗留下的旋转划痕，且打破斜边上部的打磨痕迹。据中孔及斜边总体形态可推知整个钻孔过程可分为两个阶段。第一步与1.174-2单体玉环相同，也应首先采用钻身粗大的桯钻进行钻孔，完成后再使用打磨工具将中孔斜壁进行打磨，将之前旋转磨痕完全磨蚀掉。第二步再进行扩孔，扩孔方式不再采用桯钻直接进行，而可能采用了与贝加尔湖风格近似的钻孔工艺，即以中轴固定，使用桯钻逐渐研磨划断的方式。斜边下部区域所保留的不规则旋转划痕以及中孔内缘不规整就是明证。如此相应的是，使用此种钻孔方式钻取出的钻芯外缘则呈不规则圆形，在璧环类器物连锁生产的工艺序列中，如果再利用这种钻芯进一步制作外径更小的璧环，则这种璧环的外缘就是我们现在所见到的不规则圆形。

器物表面明显可分为三个大的区域，即内圈的盘形斜边、外圈的减薄区域、两条折线之间的中部区域。从操作链角度分析，中部区域为最早的区域，即器物制成后尚未钻孔前的原始区域，其上密布的多组较为杂乱的磨制痕迹，应是最初的粗磨痕。而后将边缘磨薄，外圈斜边上的磨制条痕几与外缘轮廓相平行，且是分段完成。所有外圈斜边上的细浅磨痕均打破中部区域的粗深磨痕，表明对于外圈的打磨减薄是发生于器物制成粗磨之后。最后进行钻孔，造成了内圈的盘形斜边，斜边上的打磨痕也明显打破中部区域磨痕。

经过上述对野店所出璧环类玉石器的系统研究，我们认为此批器物总体特征应不属于典型的黄河下游地区玉器，因为依照我们此前对于海岱地区玉器的系统研究，从未发现此类器物。按照文化因素分析法，其中很多因素应来自黄河下游地区之外。

从器物尺寸而言，其中单体玉环外径几乎均介于2～5厘米之间。总体形态多为圆角方形或圆角长方形，正圆形较少，肉面上多见一至两周明显折线，内外边缘均呈薄刃状，剖面如柳叶形。此前所见具备如此特征的璧环类器物在吉黑地区、内蒙古东北部、辽西地区以及俄罗斯贝加尔湖地区都有发现。比如黑龙江的小南山遗址、东翁根山一号遗址，吉林的腰井子遗址、聚宝山遗址，内蒙古的哈克遗址、哈民忙哈遗址、南宝力皋吐遗址，辽西地区的红山文化的多个遗址以及贝加尔湖地区格拉兹科沃（Glazkovo）文化中多个遗址。但仔细区分，尚可将这些区域所出璧环类器物分为两个亚区。吉黑地区、内蒙古东北部以及贝加尔湖地区应属同一亚区，其总体特征为器体尺寸较小，多在3～7厘米之间，且肉身上无小孔，中孔形态也包括近圆形及不规则圆形两种形态。辽西地区的红山文化中所出璧环之类玉器，其个体尺寸均较大，大多在8厘米之上，且肉身上还多见1～3个小孔，中孔则主要为近圆形形态，几不见不规则形态。

野店所出之璧环尺寸均较小，且肉身上也无小孔，中孔形态既有近圆形亦有不规则状。总体特征与上述第一个亚区极为类似，而与辽西地区则差异明显。位于海岱地区北部的另一重要区域——辽东半岛地区则璧环之类器物出土较少，且剖面形态也以三角形或长方形为主，与野店所出璧环相差也较大。

那么野店所出璧环类器物是在何时通过什么途径传播而来呢？在讨论这两个问题之前，我们先具体分析一下其所属的时代。如前文所述，野店遗址所出璧环分属于10座墓葬，时代跨度为原报告的2～5期，其中1座墓葬属于2期，2座属于3期，6座属于4期，1

座属于5期。如果我们将野店遗址所出遗物放到整个海岱地区大汶口文化范围内考察，则其第2期应该属于大汶口文化全部11段的第3段，即早期阶段的第2期，绝对年代应为距今约5800～5600年，第3期绝对年代应该介于距今约5600～5400年，第4期应该属于全部11段中的第6段，即中期阶段的第3期晚段，绝对年代约在距今5400～5200年。第5期应该属于全部11段中的最后一段，绝对年代约在距今4700～4600年。从各期墓葬出土璧环数量来看，2期出土1件，3期出土4件，4期出土41件，5期则为1件。由上述墓葬具体分期分析可知，2期属于大汶口文化早期晚段，3期及4期均属于大汶口文化中期阶段，5期则属于大汶口文化晚期最晚阶段。如此则看出，绝大多数璧环类器物均发现于大汶口文化中期阶段，即距今5600～5000年。

就世界范围来看，此类器物最早发源于贝加尔湖地区距今24000～23000多年前的旧石器时代晚期，马耳他遗址（Mal'ta）和布列契遗址（Buret'）就曾出土透闪石小璧，其外缘呈不规则圆形，中孔很小，内外缘均较陡直。至公元前第6千纪的基托伊文化（Kitoy）中也出土过大理石质的璧。黑龙江饶河小南山遗址出土的白玉环玉质纯净，年代可能在距今8000年前。后套木嘎第三期墓葬出土青白玉匕形器与璧形饰等也存在共存关系。俄罗斯远东地区白玉环状饰比吉黑地区稍晚，在距今7000～6000年前开始出现。俄罗斯远东滨海地区鬼门洞洞穴遗址，属鲁德纳亚文化的范围，年代在距今6500年前，器形包括匕形器、弯条形器、璧形饰、管、珠等，色调多为乳白色带褐黄，有块状黑斑。另外，奥克拉德尼科夫也报道过哈巴罗夫斯克区沃兹涅谢诺夫卡遗址（Voznesenskoya）发现有公元前4000年前的白玉环。这些白玉环现藏于新西伯利亚的西伯利亚俄罗斯远东地区民族历史与文化博物馆，奥克拉德尼科夫公布了10件材料，我们在博物馆观察到12件，均为青白至白色的软玉，直径约1.5～3厘米，厚度不均，在0.2～0.3厘米之间，外缘不规整，中孔开孔技术为两边研磨直至最后贯穿，与中国东北地区以南习见的辘轳轴承管钻技术属于不同体系。沃兹涅谢诺夫卡遗址玉环与野店遗址M22、M31、M47玉石环工艺和形态均非常接近，其间应当存在密切的联系。

就目前考古资料来看，此类器物应是在吉黑地区演化为内外缘减薄的风格。我们推测吉黑地区这种风格的璧环类玉器在距今7000年前后北传至俄罗斯远东地区，使这一地区也出现了此种风格的玉璧。到了距今5500年前后，贝加尔湖地区格拉兹科沃文化也开始出现外缘呈刃状的玉璧。也正是在此时，此类器物开始逐渐往东南方向扩散，我国的东北地区、内蒙古、黄河下游地区甚至日本的北海道在距今5500～5000年前后大范围出土此类器物当非偶然，这些区域早期玉文化之间存在着千丝万缕的联系。这条通道最迟形成于旧石器时代晚期，有着超过两万多年的历史。更新世晚期末次冰期高峰（LGM）以后，叶尼塞河以东拥有楔型细石叶技术的狩猎人群向东急剧扩散，在距今20000年前后远东地区及黑龙江流域已全面被渗透，南下覆盖内蒙古、东北三省及朝鲜半岛。1986年，考古学者在韩国所见垂杨介遗址旧石器时代晚期的石器，其主要类型与东西伯利亚同时期的文化有着密切的关系。从外贝加尔湖向东转入黑龙江流域，应该是世界最早的古玉路。

接下来我们讨论一下璧环类玉器起源与传播的动因问题。如上文所提及，璧环类玉器早在旧石器时代晚期即已出现，当时生计模式应属于典型的狩猎采集经济。有学者也曾明确提出，玉器应起源于渔猎游牧族群，并与原始萨满教或巫教信仰有关。我国北方史前时期发达的玉文化也确实与农业经济并无直接的必然关系（比如哈克文化、哈民文化等）。基于此，我们认为探讨玉料以及玉器加工技术的南传，应该与游牧渔猎族群的南下结合起来考虑，历史上游牧族群有过多次南迁，其与当时生态环境恶化有直接关系，但其南下向农业部族掠夺生活资源或进行贸易才是其根本动因。距今6000～5000年北方一度十分繁盛的玉器文化，包括哈克文化、哈民文化、小河沿文化的生计模式都是以游牧渔猎为主，这些游牧渔猎部族向南与大汶口文化等农业部族接触的过程中，可能使用玉器或玉料与南部农业文明交换某些资源（比如精美陶器及制作技术）。野店遗址所见的带有明显北方风格的璧环类玉器可能正是在这样一种大背景下传播而来。当时很可能已存在一个不从事基本生活资料生产而专门从事商品交换或依靠特定手工艺技能（比如玉器加工技术）生存的阶层，正是他们的大范围活动造成了玉料、玉器加工技术以及成品的远距离传播。

最后我们尝试就璧环类器物材质来源问题做一推论。如上文所述，野店此批玉器至少包含三种质地，即黄绿色至墨绿色软玉、青白色软玉以及蛇纹石。遍查海岱地区地质文献可知，海岱地区并不出产软玉，蛇纹石产区则有多处。距离野店遗址最近且近年仍在大规模开采的蛇纹石矿即俗称的泰山玉，泰山出产玉石，在文献中早有记载。因此我们推测野店的蛇纹石应该就是来自附近的泰山地区，即所谓的就近取材。我们也检测过莒县所出史前玉器，发现其有使用泰山玉的迹象，比如杭头遗址所出的扁琮及镯，经拉曼及密度检测均为蛇纹石，且未受沁部位含有较多黑色磁铁矿物颗粒，这是典型的泰山翠斑玉的特征。此外黄绿色及墨绿色软玉应来自辽宁岫岩地区，此前已有学者做过专门论述，此处不再赘述。最后是灰白色的软玉，从其色系、光泽类型以及透明度来看，其很可能来自吉黑地区甚至贝加尔湖周围，学者们在研究牛河梁玉器时曾提出吉黑—贝加尔湖系玉料的概念，我们认为在目前尚未准确界定出吉黑以及贝加尔湖地区玉料的基础上，如此概念不失为一种稳妥的称谓。近些年，在内蒙古敖汉旗、辽西地区以及吉黑地区均有透闪石玉发现的报道，但这些新发现玉矿的特征尚未完全明晰，是否与史前玉器有关有待于将来进一步研究。

三联玉璧（正反面）
红山文化
内蒙古自治区巴林右旗那斯台遗址出土

以上我们通过璧环类玉器详细论述了黄河下游地区史前玉器在发展过程中，明显受到了来自北方地区的影响。这种影响既包括器类本身，也涉及玉料、制作工艺等方面。其中的岫岩软玉的南传问题尤为重要。放眼全国范围内史前玉器，我们可以看到，除了黄河下游地区，环太湖周边地区的良渚文化之中也发现有岫岩软玉的迹象，甚至位于长江中游地区的屈家岭—石家河文化之中也有利用岫岩玉料的例子。在岫岩玉料南传过程当中，黄河下游地区显然发挥了重要的枢纽作用。此外，诸如联璧等玉器也应该是在北玉南传过程中经由黄河下游地区传播至江淮乃至环太湖地区的。此外，红山文化中的其他很多器类也应该是通过黄河下游地区与长江下游一带发生文化交流的。当然，在此过程中，黄河下游地区也受到了长江下游地区玉器文化的明显影响。

三联璧
山东平阴周河遗址出土

两联璧

辽宁朝阳牛河梁遗址出土

组合项饰

山东邹城野店遗址出土

组合项饰

江苏新沂花厅遗址出土

在此件器物中，出现了玉璜的身影，这正是玉璜由太湖周边地区北传的重要证据。

组合项饰
江苏张家港东山村遗址出土

组合项饰
浙江余杭瑶山遗址出土

玉人
辽宁朝阳牛河梁遗址出土

此玉人双手上举的姿态应与萨满教仪有关，其整体特征与安徽含山凌家滩遗址出土的玉人非常接近，应存在着密切的联系。

玉人

安徽含山凌家滩遗址出土

玉龟

辽宁朝阳牛河梁遗址出土

玉箍形器

辽宁朝阳牛河梁遗址出土

镶嵌绿松石雕筒
山东泰安大汶口遗址出土

此器功能或与红山文化以及凌家滩文化的箍形器具有相同的功能，其在南北玉器文化交流之中发挥了重要作用。

玉箍形器

安徽含山凌家滩遗址出土

玉龙
辽宁朝阳牛河梁遗址出土

玉龙
安徽含山凌家滩遗址出土

玉龙佩

湖南澧县孙家岗遗址出土

玉璧
辽宁朝阳牛河梁遗址出土

玉璧

山东广饶傅家遗址出土

玉璧

江苏苏州草鞋山遗址出土

异形璧

辽宁朝阳牛河梁遗址出土

异形璧

山东临沂湖台遗址出土

异形璧
安徽含山凌家滩遗址出土

玉鸟
辽宁朝阳牛河梁遗址出土

玉鹰鸮

辽宁朝阳牛河梁遗址出土

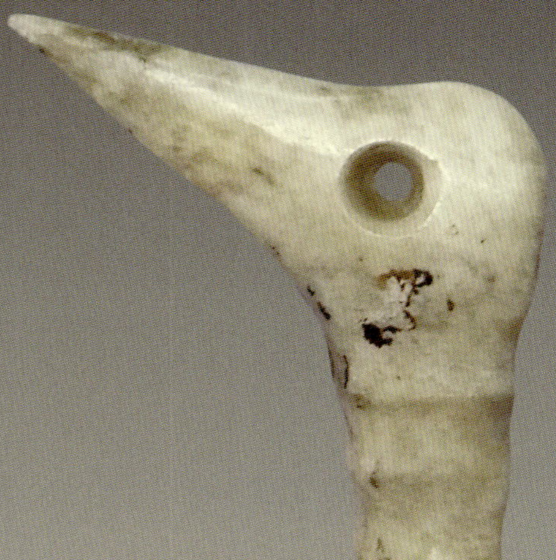

玉鸟

安徽含山凌家滩遗址出土

玉鸟

山东五莲丹土遗址出土

玉鸟
湖南澧县孙家岗遗址出土

玉玦
江苏张家港东山村遗址出土

玉玦
安徽含山凌家滩遗址出土

玦在长江下游地区的出现，显然是北方地区同类器物南传所致，并且其玉料基质颜色为黄绿色调，为北方地区岫岩玉料的可能性比较大。

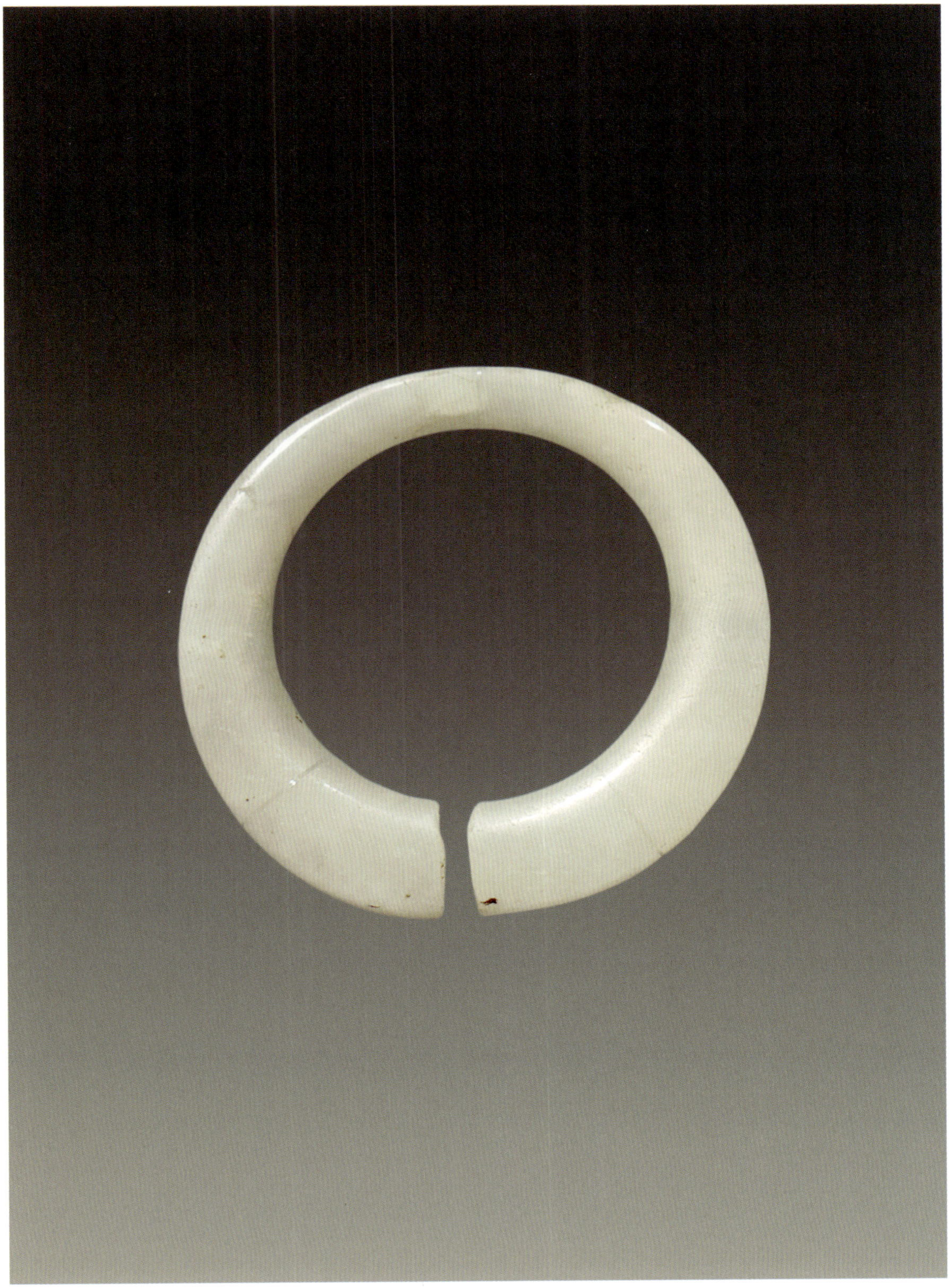

玉玦

江苏南京北阴阳营遗址出土

玉冠饰
安徽含山凌家滩遗址出土

此类介字形冠在黄河下游地区也有发现，比如临朐西朱封的玉簪首以及日照两城镇玉圭上的图案均有类似的风格，清楚地表明南北地区玉器文化的交流。

第四篇

黄河流域在东西向玉石之路中的重要作用以及『黄河系』玉礼器对后世产生的深远影响

一般而言，在考古学领域，大家将距今5000～4000年左右这一时段称为龙山时代，属于新石器时代末期。此段时期也往往被称为玉器时代、铜石并用时代、邦国时代抑或五帝时代。此阶段上承繁盛的仰韶时代，下启辉煌的三代文明，因此在我国社会发展史上具有举足轻重的作用。

这一时期，黄河流域有四个区域的玉器文化最为璀璨，包括黄河下游海岱文化区的大汶口文化晚期——龙山文化；黄河中游以晋南为主要分布区域的庙底沟二期—陶寺文化以及以陕北为主要分布区域的石峁文化；还有黄河上游以甘青为主要分布区域的齐家文化。就目前考古资料所见，四个区域的玉器文化之间曾存在着密切的交流，或可称之为相互作用圈。也正是由于这种相互交流，使得四个区域的玉器文化均呈较为发达的状态，为中华文明起源的多元化提供了强有力的注脚。而后随着夏王朝在中原地区的建立，四个区域的玉器文化也逐步融入一体的中华文明之中，从而很好地诠释了中华文明的多元一体范式。

一、概貌及器类

据已发表的资料来看，位于黄河下游的海岱文化区史前时期的玉器数量已超过400件，从玉器所属时代而言，后李文化、北辛文化以及大汶口文化早期均非常少见，主要属于大汶口文化中晚期至龙山文化时期。尤以大汶口文化晚期至龙山文化时期最为丰富，数量超过300件。位于黄河中游以晋南为主要分布区域的庙底沟二期至陶寺文化谱系中，玉器更为丰富，主要出土于三个遗址：山西襄汾陶寺遗址共出土玉石器1019件，其中有465件属于角岩及灰岩等普通岩石，另有17件未鉴定，可称为玉器的共为537件（其中包括软玉、半玉及似玉）；山西芮城清凉寺墓地历次调查及发掘的玉器数量超过300件；山西临汾下靳墓地出土玉器近400件。三处遗址所出玉器总数超过1200件。同属黄河中游以陕北为主要分布区域的石峁文化中，仅陕西神木石峁遗址所出玉器数量就超过2000件。此外，陕西神木新华遗址出土42件，陕西延安芦山峁遗址出土28件。近年报道的山西兴县碧村遗址也存在大量玉器。而位于黄河上游以甘青地区为主要分布区域的齐家文化中，据学者统计共发现玉器1000多件。

据已发表资料来看，四个区域共有的器类包括七种，分别为钺、琮、璧（环）、刀、圭、锛、凿（关于璧与环的定名分类问题，目前学界尚有不同意见，在此姑且统为一大类）。海岱、晋南、陕北三区域共有器类则达到十种，除了上述七种器物，还有笄（簪）、牙璧和戚三种共有器物。海岱、晋南、甘青三区域共有器物为九种，除了上述四个区域共有的七种器物，还包括有领璧（环）、串珠（以松石为主）。海岱、陕北、甘青三区域共有器物为八种，除了四个区域共有的七种，还有牙璋。晋南、陕北、甘青三个区域共有器类十一种，除了四个区域共有的七种，还包括璜、联璜璧、斧、铲。从相互三个区域之间共有器类来看，晋南、陕北、甘青以及晋南、海岱、陕北两组出土的共有器物种类更多，这应与晋南地区的地理位置有关，其处于传统的中原地区，在黄河流域东西方的文化交流中具有重要的中转作用。下面对四个区域及三个区域间可能存在文化交流的九种器物做一详细分析。

1.钺

四个区域均可见一种大体略呈梯形，平直或微弧刃，分主孔与散（副）孔的玉钺。此种风格的玉钺在黄河流域以外的辽西以及太湖等地区则基本不见。宋建忠先生详细比较了下靳墓地与大汶口墓地所出玉钺，认为两个遗址玉钺呈现出高度一致性，进而指出下靳玉石钺在类型学上与大汶口文化的同类器物有很大相似性。在陶寺报告中，著者也认为玉石钺器形与大汶口晚期至龙山文化同类器十分类似。栾丰实先生也认为，晋南地区钺的总体形态与海岱地区大汶口、龙山文化的同类器极为相似。陶寺文化晚期则与陕北龙山文化（新华文化）有诸多相似性，除了陶器，在玉器方面，玉钺平面呈梯形，主孔外设散孔，玉料开片甚薄等特点均十分相似。总体而言，从四个区域玉钺所属文化的年代来分析，应可看出由海岱区经晋南区、陕北区直至甘青区的传播路径。

玉钺
龙山文化
山东五莲丹土遗址出土

玉钺
陶寺文化
山西襄汾陶寺遗址出土

玉钺
齐家文化
甘肃静宁李店村出土

2.琮

四个区域中均有玉琮发现，但其绝对数量均较少。海岱地区山东诸城前寨遗址出土过一件，外径为7厘米，内径5.8厘米，高3.8厘米，年代为大汶口文化晚期，整器为圆体类型，单节矮体。通过减地的竖槽将器身进行分区，并延伸至射部，射部较矮。这种特征与甘青地区齐家文化的甘肃通渭西岔遗址所出完全一致，西岔这件玉琮外径7.5～7.8厘米、内径6.4厘米、高3～3.9厘米。尺寸也大体与前寨遗址所出的相近。这种通过减地竖槽进行分区的单节圆体矮玉琮，也见于晋南地区，如陶寺遗址M267:2亦是此种风格，其年代为陶寺文化晚

玉琮
大汶口文化晚期
山东诸城前寨出土

期。从玉琮所属文化的年代来看，海岱地区为最早，晋南地区其次，甘青地区最晚，也存在着由东向西传播交流的逻辑基础。这种单节圆体玉琮目前尚未见于陕北地区。但陕北地区芦山峁遗址所出的兽面纹玉琮，也明显具有多地区风格。有学者认为其中的凸弦纹处理眼眶手法应来自海岱地区。当然，目前学界已达成共识，玉琮的最早发生地应为太湖地区，尤以良渚文化最为发达。海岱地区的玉琮也应接受了良渚文化玉琮的影响。至于石峁遗址所出的十字型器亦应为剖切的单节矮体玉琮片，原器应很近似于晋南地区陶寺文化风格的玉琮。

玉琮
石峁文化
陕西延安芦山峁遗址出土

玉璧
庙底沟二期文化
山西芮城清凉寺墓地出土

3.璧（环）

系统梳理黄河流域此四个区域的璧（环）资料，可以发现明确存在两个系统，即海岱地区与晋南地区属于同一系统，甘青地区明显与之有别，为另一系统。陕北地区则是两个系统的融合体。晋南地区以清凉寺墓地为例，璧（环）总体特征为中孔较大，器体扁薄，且大多内缘厚而外缘较薄，横剖面略呈楔形。此种风格的器物以辽西地区红山文化最有特色，而后影响至海岱地区的大汶口文化。但至龙山时代时，红山文化已销声匿迹。并且考虑到龙山时代黄河中下游地区之间的文化互动非常频繁，所以晋南地区此类器物很大可能是由海岱地区大汶口文化直接传播而来。而甘青地区，大多数璧（环）器身较厚，中孔较小，此种风格的玉璧以太湖地区良渚文化最为典型，因此甘青地区此类玉璧在加工理念上应导源于良渚文化，其间具体的传播路径有待进一步研究。陕北地区发现的璧（环）非常少，既有中孔较大、边缘薄刃的传统，也存在类似甘青地区的小孔厚体风格。

玉璧

大汶口文化晚期

山东莒县陵阳河遗址出土

玉璧

齐家文化

青海民和喇家遗址采集

玉璧
齐家文化
青海民和马营马家阳坪遗址采集
直径20、孔径4.5、厚1厘米

整器为圆形，小圆孔居于中部，为单面管钻而成。表面抛光精细，平素无纹。齐家文化的玉璧也可能是财富的象征。

玉璧
齐家文化
青海民和喇家遗址征集
直径27.1、孔径6.7、厚1.2厘米

整器略为圆形，但外廓不甚规整，或为裁方取圆所形成。小圆孔居于中部，为管钻而成。表面抛光略粗，平素无纹。

玉璧
齐家文化
甘肃武威皇娘娘台出土
直径8.5厘米

整器略为圆形，但外廓不甚规整。小圆孔居于中部，为单面管钻而成，一面尚可见玉芯被打掉时所产生的崩疤。表面抛光精细，平素无纹。玉器主体基质为青白色，但仍可见明显的奶白皮及糖色，为典型的甘肃料特征。

玉璧
齐家文化
甘肃静宁治平后柳沟出土
直径27.3、孔径7、厚0.78厘米

整器略为圆形，但外廓不甚规整。小圆孔居于中部，为单面管钻而成。表面抛光精细，平素无纹。玉器主体基质为青白色，但仍可见明显的奶白皮、糖色及水草花，为典型的甘肃料特征。此器为著名的“静宁七宝”之一。

玉璧
齐家文化
甘肃天水师赵八号墓出土
直径18.4～18.6、孔径4.8～5.1、厚0.4～0.5厘米

整器为圆形，小圆孔居于中部，为管钻而成。表面平素无纹，可见明显的片切割痕迹，应为开料时所遗留。玉器主体基质为青绿色，可见明显的水草花。此器出土时与琮和璜伴出。

玉璧
齐家文化
宁夏回族自治区隆德沙塘出土
直径15.3、孔径5.1厘米

整器为圆形，小圆孔居于中部，为管钻而成。表面平素无纹，可见存在明显的绺裂。

玉璧
齐家文化
宁夏回族自治区固原张易堡征集
直径14.2、孔径3.2～3.9、璧厚0.8～1.1厘米

整器略为圆形，小圆孔居于中部，为单面管钻而成，一面尚可见玉芯被打掉时所产生的崩疤。表面平素无纹，可见一条明显的台阶痕，为对向片切割开料时形成。玉器主体基质为青绿色，但仍可见明显的奶白皮及糖色，为典型的甘肃料特征。

玉璧
齐家文化
宁夏回族自治区固原张易堡征集
直径8.6、孔径2.25～2.7、厚0.5～0.7厘米

整器略为圆形，外廓不甚规整。小圆孔居于中部，为单面管钻而成，一面尚可见玉芯被打掉时所产生的崩疤。表面抛光精细，平素无纹，玉器表面可见明显水草花，为典型的甘肃料特征。

玉璧
齐家文化
宁夏回族自治区隆德城关出土
直径36、孔径5.56、厚1.5厘米

整器外廓不规整，应为裁方取圆而成。小圆孔居于中部，为双面钻而成。表面抛光精细，平素无纹。玉器基质为青绿色，但大部分已受沁为鸡骨白。

玉璧
齐家文化
宁夏回族自治区城阳出土
外径16.1、内径6.4、厚0.9厘米

整器略为圆形，小圆孔居于中部，为双面管钻而成。表面抛光精细，平素无纹，玉器主体基质为青黄色，节理发育，局部可见布丁石结构，为典型的甘肃料特征。

整器外廓不甚规整，小孔居于中部，也不甚规整，为单面管钻又经打磨所致。表面抛光较粗，平素无纹。玉器主体基质为青绿色，节理发育，局部可见奶白皮及糖色，为典型的甘肃料特征。

玉璧
齐家文化
宁夏回族自治区白阳罗堡出土
外径19.4、内径7.4、厚1厘米

整器外廓不甚规整，小孔居于中部，也不甚规整，为单面管钻又经打磨所致。表面抛光较粗，平素无纹。玉器主体基质为青绿色，节理发育，局部可见奶白皮及糖色，为典型的甘肃料特征。

玉璧
齐家文化
宁夏回族自治区古城川口出土
外径25.8、内径8厘米

整器呈不规则圆形，应是裁方取圆过程中的半成品。小孔居于中部，为单面管钻而成。表面抛光精细，平素无纹。

玉璧
齐家文化
宁夏回族自治区固原彭阳新集张化出土
外径6.20、内径1.90、厚0.40厘米

整器略为圆形。小圆孔居于中部，为单面管钻而成，一面尚可见玉芯被打掉时所产生的崩疤。表面抛光精细，平素无纹。玉器基质为青绿色，节理发育，局部可见糖色，为典型的甘肃料特征。

玉璧
齐家文化
宁夏回族自治区冯庄小园子出土
外径5、内径1.40、厚0.30厘米

整器略为圆形。小圆孔居于中部，为单面管钻而成，一面尚可见玉芯被打掉时所产生的崩疤，孔壁可见明显的螺旋痕迹。表面抛光精细，平素无纹。玉器基质为青绿色，节理发育，可见明显的水草花及糖色，为典型的甘肃料特征。

整器略为圆形。小圆孔居于中部，为单面钻而成，一面尚可见玉芯被打掉时所产生的崩疤，孔壁可见明显的螺旋痕迹。表面抛光精细，平素无纹。玉器基质为青绿色，节理发育，可见明显的水草花，为典型的甘肃料特征。

玉璧
齐家文化
宁夏回族自治区古城罗山出土
外径6.20、内径2.10、厚0.20厘米整器略为圆形，外廓不规整。圆孔居于中部，为明显的喇叭形，应为单面程钻而成。表面抛光精细，平素无纹。

玉璧
齐家文化
宁夏回族自治区冯庄小园子征集
外径5.50、内径1.20、厚0.60厘米

玉璧
齐家文化
宁夏回族自治区冯庄小园子出土
外径6.90、内径3.0、厚0.30厘米

整器为不规则圆形。中孔较大，为双面钻而成。表面抛光精细，平素无纹。玉器基质为青绿色，节理发育，可见明显的糖色，为典型的甘肃料特征。

多孔刀
龙山文化
山东五莲丹土遗址出土

4.刀

四个区域均存在多孔玉刀。在海岱地区，山东五莲丹土、日照两城镇、临朐西朱封等遗址均有发现，丹土所出玉刀整器略呈梯形，背部两个主孔，刀尾端的中下部还有两个较小的散（副）孔，长51厘米，厚仅为0.3厘米，时代为龙山文化早期。如此形态的多孔刀也见于甘青地区，如甘肃武威峡口遗址所出土的一件玉刀，主孔为四个，散（副）孔为一个，长65.5厘米，厚1.4厘米。同属齐家文化的青海民和喇家遗址、同德宗日遗址也有类似玉刀出土。陕北地区也发现过这种风格的玉刀，比如芦山峁遗址所出的七孔玉刀、石峁SSY83号玉刀等。晋南地区则以双孔刀为主，也有多孔刀，但所有孔均并排位于刀的背部，并无主散（副）孔之分，且材质主要为普通岩石。这与上述的其他三个区域有较大差异，此种风格应与薛家岗文化关系密切。由上述分析可知，多孔玉刀在黄河流域也存在两个明显不同的系统，即海岱地区、陕北地区以及甘青地区属于一个系统，均存在有主、散（副）孔之分的薄体大型玉刀，晋南地区则与此不同，为另一传统。

多孔刀
齐家文化
甘肃古浪峡口出土

多孔刀
齐家文化
青海民和喇家遗址征集

多孔刀
齐家文化
青海同德巴沟宗日遗址出土

多孔刀
石峁文化
陕西延安芦山峁遗址出土

双孔刀
庙底沟二期文化
山西芮城清凉寺墓地出土

5. 牙璧

又名璇玑。基本形态近似圆形，中间有一圆孔。周边一般都有2～5个往同一方向旋转的牙，有的在牙和牙之间还雕刻出齿突。其尺寸大小相差较大，大者直径超过20厘米，小者仅为3～4厘米。此类器物为海岱、晋南及陕北三个区域所共有。有学者系统分析过我国出土的牙璧，认为此类器物最早应起源于黄河下游地区及辽东半岛南部地区，时间约为大汶口文化晚期至龙山文化前期，此后逐渐向西传播。而下靳及清凉寺墓地所出牙璧年代均为陶寺文化早中期，年代晚于公元前2300年，明显比海岱地区为晚，陕北地区石峁文化中出土的牙璧年代更晚一些，为龙山文化晚期。因此就时代早晚关系来看，应存在着从海岱区经过晋南传播至陕北的可能性。再考虑到黄河流域龙山时代文化大势，海岱地区文化是以向中原地区输出为主，所以此类器物的传播也符合由海岱地区向西传播的时代背景。从器形而言，海岱地区只发现三牙者，而晋南及陕北地区则都有四牙者出现，陕北地区还发现有一件五牙璧。因此从器物复杂程度而言，海岱地区也显得较为原始，晋南及陕北地区则较为发达和先进。

牙璧
龙山文化
山东临朐西朱封遗址采集

牙璧

大汶口文化晚期

山东平阴周河遗址出土

整器为圆形，外缘可见三个朝向一致的齿牙，中孔较大，为管钻而成。外缘为薄刃状。或与同出的有领璧套合使用，其具体功能不详。

牙璧
龙山文化
山东海阳司马台遗址出土
直径14.4、孔径11.4、厚1.05厘米

牙璧
庙底沟二期文化
山西芮城清凉寺遗址出土

6.有领璧（环）

又名凸唇璧。与普通璧相比，其中孔周缘呈凸起的形态，绝大多数两面均有凸唇形态。此类器物为海岱、晋南以及甘青三个区域所共有。海岱地区海阳司马台遗址出土一件，为墨绿色，外径11.7厘米，内径6.6厘米，领高2.1厘米。此外，大汶口遗址曾出土象牙质有领璧（环），可能是此类器物之源头。甘青地区的甘肃积石山新庄坪遗址所出有岭璧（环）

有领璧
龙山文化
山东海阳司马台遗址出土

也为墨绿色，外径约12厘米，内径约6厘米。其材质与尺寸大小与司马台遗址所出均比较相似。晋南地区下靳墓地、清凉寺墓地也都曾出土此类器物。如清凉寺M146:3所出的，为六边形有领璧（环），其为第三期出土，属于龙山文化晚期，此时也正是此墓地所在区域文化交流最为频繁的一个阶段，其应该受到了来自海岱地区的影响。目前陕北地区尚未见到此类器物。

有领璧
齐家文化
甘肃积石山新庄坪遗址出土

7. 牙璋

《说文解字·玉部》记载："剡上为圭，半圭为璋。"所谓牙璋，即玉璋的阑部存在棱齿之类的装饰，如锄牙状，故名牙璋。此类器物为海岱、陕北以及甘青三个区域所共有。到目前为止，海岱地区共发现7件，时代为大汶口文化晚期至龙山文化时期。陕北地区出土牙璋数量较多，仅戴应新先生报道中就提及36件，均属于石峁文化。甘青地区发现牙璋数量较少，目前见诸报道的为4件，均属于齐家文化。邓聪先生认为牙璋首先出现于海岱地区大汶口及龙山文化的遗址中，在距今4000年前后，由陕北地区传播至甘青地区的齐家文化中。近来，李伯谦先生也撰文指出，牙璋起源地应为海岱地区，并排定牙璋发展的先后顺序为大范庄、罗圈峪牙璋—上万家沟、司马台牙璋—石峁前期牙璋—东龙山、新庄坪、定西众甫博物馆牙璋。晋南地区目前尚未发现牙璋，但依照上述牙璋传播路线的分析，今后也很有可能在晋南地区发现牙璋。

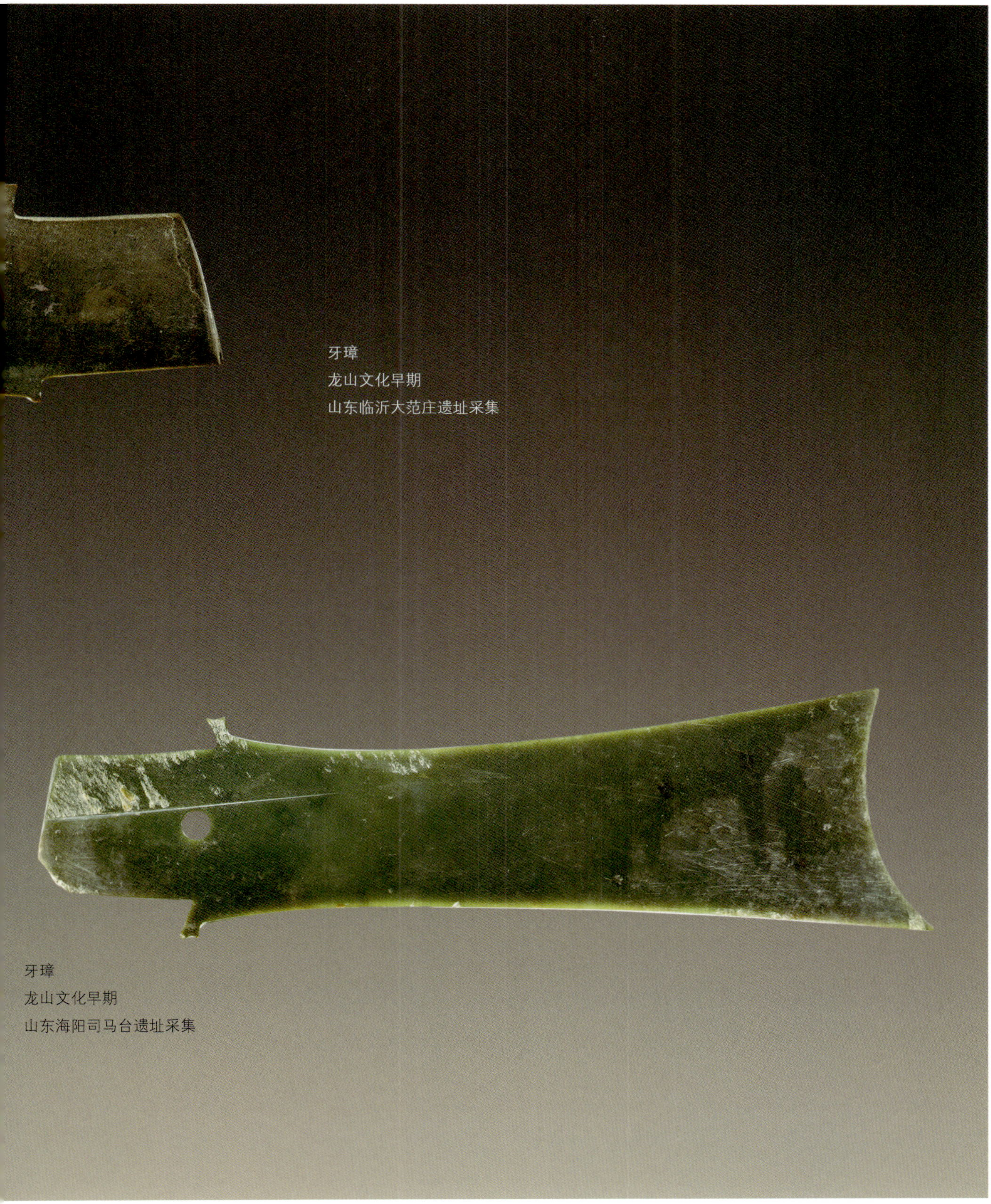

牙璋
龙山文化早期
山东临沂大范庄遗址采集

牙璋
龙山文化早期
山东海阳司马台遗址采集

牙璋

大汶口文化晚期

山东沂南罗圈峪遗址采集

牙璋
石峁文化
陕西神木石峁遗址采集

8.联璜璧

联璜璧是由多件玉璜缀连而成玉璧形状，故得此名。此类器物为晋南、陕北以及甘青三个区域所共有。目前最早的标本发现于晋南地区，其应是此类器物的起源地。在清凉寺墓地二期中即发现有此类器物，多为2至7段玉复合而成。如M4:11、M48:1及M54:2等。陕北地区及甘青地区也都可见到此类器物，从时间早晚来看，源流关系明显，应是从晋南地区传播至陕北地区，进而再传至甘青地区。

联璜玉璧
陶寺文化
山西临汾尧都下靳墓地出土

联璜玉璧
齐家文化
甘肃天水师赵遗址出土

9.戚

关于戚之定名，学界有不同意见。本书所指的戚，为两侧带有扉棱的钺形器。此类器物为海岱、晋南以及陕北三个区域所共有。海岱地区丹土遗址出土过一件玉戚，时代为大汶口文化晚期。晋南地区的山西长治黎城也曾发现一件刻纹玉戚，时代约为龙山文化时期。邓淑苹先生认为丹土遗址所出玉戚与黎城所出非常类似，均为侧面人像风格，并指出黎城所出玉戚应来源于海岱地区。陕北地区石峁遗址中也发现了属于石峁文化时期的玉戚。就此类器物而言，也应存在着由海岱地区经晋南地区传播至陕北地区的交流路径。此外，就全国范围而言，长江中游地区的高庙上层遗存出土了目前最早的戚形器物，但仅为孤例，其与黄河流域玉戚之关系目前尚不明朗。

总体而言，四个区域中，海岱区、晋南区以及陕北区礼器所占比重较高，反映了社会的复杂化程度较高。特别是在海岱区和晋南区，玉钺均是主要器类。通常而言，玉钺较多反映军权在社会中所占地位较高。在某种意义上而言，可能暗示了社会动荡、战乱频仍的情况，而战争也恰恰是社会复杂化非常重要的催生因素之一。从聚落考古等其他情况来看，海岱区以及晋南区也确实是社会复杂化程度较高的地区。甘青区则与上述三区域有明显不同，虽然在甘青地区玉璧是主要器类，但不少学者指出，齐家文化的玉璧大多数可能是财富的象征，甚至可能已成为原始货币，而非传统意义上的礼器。齐家文化中玉璧出土地点较为分散，所出遗址的等级也高低不一，表明当时社会分化程度以及复杂化程度较低，可能尚缺乏明确的都邑性质的权力中心，社会处于相对分散和独立的格局。

此外，四个区域肖生（像生）类玉器均不发达，具有较大的一致性。这与红山、良渚及石家河等文化明显不同。再者，玉玦在四个区域中均极为少见，个中原因有待进一步研究。

玉戚
大汶口文化晚期
山东五莲丹土遗址采集

玉戚
陶寺文化
山西黎城后庄采集

二、玉料材质

笔者近些年对海岱地区史前时期上百件玉器进行过系统材质检测（绝大多数属于龙山时代）。检测手段包括拉曼光谱、静水密度、硬度检测等。在检测的156件样品中，透闪石为124件，蛇纹石24件，绿松石4件，玉髓2件，天河石1件，云母玉1件。透闪石质软玉所占比例近80%。众所周知，海岱地区并不出产软玉，这意味着其软玉应来自其他地区。经过详细观测，可以认为在这些软玉样品中，主要是以黄绿色调为特色的岫岩料。此外可见少量甘肃料，甚至还发现贝加尔湖玉料（俄料）的线索。

晋南地区的玉料材质，可以清凉寺墓地和陶寺遗址为例，二者反映的情况非常近似，即软玉比例均非常低，不足10%，而以大理岩和蛇纹石为大宗。清凉寺报告中对分属各期的247件器物做了检测，其中透闪石质软玉仅24件，所占比例约为9.7%，并指出透闪石可能具有多来源性。陶寺遗址中经闻广先生鉴定的共1001件，其中98件属于软玉，占所有标本的约9.8%，并指出其中的软玉与新疆料不存在相似性。此外，在陶寺遗址2002—2007年发掘中，还发现有5件天河石制品。

陕北地区玉料材质经过科学检测的可以新华遗址和石峁遗址为例。在新华遗址中，研究者共检测24件器物，其中9件属于软玉，其余为蛇纹石及大理岩等；在对石峁遗址所出14件样品的检测中，发现13件为软玉，并提及软玉中存在与齐家文化类似的材质。如果将两个遗址所检测的玉器进行叠加，可见此区域中软玉所占比重达到了57.9%。

关于甘青地区齐家文化的玉料材质，闫亚林先生做过详细研究。他共检测玉器150余件，其中透闪石为72件，其余为蛇纹石、大理岩、绿松石及天河石等。关于其中透闪石来源，研究者根据氢氧同位素分析结果推测可能包括青海料、甘肃料、贝加尔湖料，并明确指出不存在新疆料。总体而言，甘青地区，玉料种类非常庞杂，但以软玉所占比例为最高，近50%。

通过四个区域玉料材质分析来看，海岱地区、陕北地区以及甘青地区三个地区情况较为类似，均以软玉为主体，并辅以其他材质。晋南地区的情况与此截然不同，软玉比例极低，而是以大理岩和蛇纹石为主体。这或与晋南地区缺乏软玉矿产有关，但背后可能还存在有待认识的社会因素。因为海岱地区同样不出产软玉，玉料材质中却以软玉为主，并且在所有四个区域中，软玉所占比例还是最高的。这种情况与学界此前所认识的先民利用玉料一般均为“就近取材”有所不同。换句话说，玉矿存在与否并非玉器文化是否发达的必然条件。

就软玉玉料而言，四个区域间存在着较为明确的交流关系，最明显的证据就是四个区域均可见甘肃料。目前学界对于甘肃料特征的认识较为统一，一般认为甘肃料颜色青灰，边缘糖色明显，有的玉料上还可见布丁石结构、片状云起、水草纹（蚂蚁脚）及韵律条带等。齐家文化中甘肃料在多个遗址都有发现。陕北地区也可见明确的这种玉料，如新华遗址所出部分玉器也可见到明显的水草纹特征，应属于甘肃料。石峁遗址所出的一件玉圭，可见明显的布丁石结构。晋南地区也发现有这种玉料的证据，陶寺遗址所出钺M2035:20经检测为透闪石，且具有明显的布丁石结构。研究者还指出，遗址中具有此类结构的并非仅此一例。从发表的资料来看，除了布丁石结构，颜色青灰，两侧边均可见明显的糖色，也符合甘肃料的特征。清凉寺墓地所出文物中，研究者也通过同位素年龄值的方法推测其中两件软玉来自西北地区。海岱地区也可见到类似标本，比如山东泗水尹家城玉刀（M139:11），两城镇半成品刀（历1272）等。从以上分析来看，以甘肃料为代表的软玉应存在着明显的西玉东传情况，传播路径应是从甘青地区出发，顺黄河及其支流而下，经过陕北地区及晋南地区，直至海岱地区。

此外，天河石也存在着由西向东传播的可能。甘青地区、晋南地区以及海岱地区均可见到此种玉料。据研究，天河石在我国有较多产地，但史前时期发现的天河石制品极为稀少。这种玉料在西亚及北非地区则非常盛行，苏丹地区曾出土公元前5000年前的天河石制品。因此天河石来自西亚地区的可能性比较大。纵观距今4000年前后的文化交流大势，从西亚传播而来的文化因素非常多见，有学者称之为“文化包”，包括小麦、绵羊、马匹、金属冶炼技术等。基于此判断玉料随之进入我国的可能性也比较大。再者，从三个区域出土的天河石制品来看，数量均较少，并且都为管珠及嵌片等小件制品，未见大件器物，这些情况也从侧面表明了此种玉料的珍稀性。天河石可能由西亚首先进入甘青地区，进而与甘肃料一起顺黄河及支流东去，直达海岱地区。陕北地区目前虽尚未报道有天河石，但考虑到此区域经过科技检测的玉器样品数量比较少，因此我们相信将来也很可能会发现天河石制品。

三、制作工艺

在玉器制作的操作链中，第一步就是玉料的开料。四个区域中均可见明显的对向片切割开料工艺。此前学界大多认为在黄河流域范围内，海岱地区的龙山文化最早采用对向片切割技术进行大型玉料的开料。近来笔者在观测丹土遗址所出玉器时发现，在属于大汶口文化晚期的两件玉钺上已存在明确的对向片切割技术。这两件玉钺上均可见到与长轴近平行的单台阶痕迹，应为对向片切割贯通所致。至龙山文化时期，这种开料技术在海岱地区已非常普及，在多个遗址均有发现，如两城镇、司马台、西朱封等。使用片切割技术开料的器形也多种多样，在很多大而薄的礼器上均有发现，比如牙璋、多孔刀、钺等。晋南地区最早出现片切割技术开料的玉器出土于庙底沟二期文化的晚期遗存中，至龙山文化阶段此种开料技术广为流行，如属于清凉寺墓地三期编号为M29:1的玉环上明显可见对向片切割开料所致的单台阶状痕迹，四期编号为M201:1的联璜玉璧上也可见两条明显的片切割痕，其中一条为单台阶状痕迹，另一条为双台阶痕。陶寺遗址多件器物上也均可见片切割痕迹。陕北地区新华遗址编号为99K1:22的玉璋上可见一条与长轴近平行的单台阶片切割痕，石峁遗址中戴应新先生报道的5号以及7号牙璋上也都可见与长轴近平行的单台阶片切割痕。甘青地区齐家文化中片切割工艺的资料也非常多见，如甘肃武威皇娘娘台遗址所出编号为19818的玉璧上可见一条明显的单台阶片切割痕。宁夏固原张易所出土的编号为NCⅢ:207的玉璧上可见一双台阶状片切割痕。

就四个区域目前资料所见，海岱地区采用片切割工艺切割大而薄玉料的工艺为最早，其出现于大汶口文化晚期，绝对年代当在距今4600年以前（就全国范围而言，红山文化及凌家滩文化中此类工艺出现得更早）。另外三个区域的时代明显晚于海岱地区，因此此种工艺存在由东向西传播的很大可能性。就片切割工艺本身而言，目前四个区域均可见明确的单台阶状片切割痕，此外晋南地区及甘青地区尚可见双台阶状痕迹。此两种工艺前期加工方式相同，都是采用硬性片锯对向进行切割，区别在于最后贯通的方式，如果完全是通过片锯切割完成最后的贯通，则形成单台阶痕。如果最后采用打断的方式则会形成双台阶痕。总体而言，双台阶状片切割工艺的效率要高于单台阶片切割，因此可以看作是片切割工艺的进步形

玉钺
大汶口文化晚期
山东五莲丹土遗址采集（右上角可见片切割痕）

态。就出现区域和时间来看，双台阶状片切割工艺似产生于龙山文化晚期的晋南地区，进而影响到甘青地区。

除了片切割工艺，将璧（环）加工为边刃的工艺，也呈现出由东向西传播的态势。此种工艺风格的璧（环）在海岱地区大汶口中期即已出现，如邹城野店遗址M22、M31、M47等单位都出土过此类工艺风格的器物。晋南地区清凉寺墓地中各期都可见此类工艺风格的璧（环），研究者也认为此种工艺理念可能是从海岱地区传播而来。陕北地区的芦山峁遗址出土的一件小玉环，外边缘也可见明显的减薄风格。石峁遗址所出编号为SSY41的玉环，外缘较薄近似刃边。甘青地区目前尚未发现明确的此种工艺风格的璧环。

此外，四个区域都普遍存在绿松石或小玉片的镶嵌工艺。海岱地区从大汶口文化中期开始出现绿松石镶嵌工艺。如大汶口遗址出土的一件骨指环，上面镶嵌三块绿松石圆饼。至大汶口文化晚期及龙山文化时期，绿松石镶嵌工艺更为普及，如山东邹城野店遗址所出镶嵌绿松石的象牙雕筒、西朱封遗址所出镶嵌绿松石的玉簪首、两城镇遗址所出绿松石镶嵌的龙形器物。晋南地区在清凉寺墓地以及陶寺遗址中都可见绿松石或小玉片的镶嵌工艺，清凉寺墓地第三期所出编号为M100:3的联璜璧一孔中可见绿松石嵌片。陶寺遗址所出编号为M3168:10的玉钺，在三孔中都镶嵌有小玉片，遗址还出土有镶嵌腕饰、镶嵌绿松石的骨笄等。甘青地区齐家文化中也存在着玉器的镶嵌工艺。如宁夏固原店河遗址曾出土镶嵌有绿松石片的两件陶器。甘肃临潭磨沟遗址也出土了大量用于镶嵌的绿松石小嵌片。目前，陕北地区尚无明确的镶嵌工艺报道，但大型多孔玉刀上散（副）孔很可能是镶嵌饰物所用。

总体而言，就玉器镶嵌工艺而言，从时代上来看，仍是海岱地区明显较早，而晋南地区稍晚，甘青地区最晚，因此此种工艺也存在着由东至西传播的可能性。就镶嵌工艺本身而言，海岱地区流行浅窝镶嵌法、孔洞镶嵌法以及平面镶嵌法，被镶嵌物主要为绿松石，镶嵌物则包括玉器、骨器以及象牙器等有机质器物。其他区域的镶嵌方法也不出此范围，至于被镶嵌物的材质，甘青地区有所创新，发展出在陶器上镶嵌绿松石的工艺。

此外，四个区域还都有在玉器外缘制作扉棱的工艺风格，比如海岱地区及晋南地区带有扉棱的戚，陕北地区带有扉棱的多孔刀及牙璋，甘青地区带有扉棱的牙璋。并且海岱地区、晋南地区以及甘青地区还存在将管或箍制成亚腰状的工艺风格。这些工艺风格背后也应该存在着交流关系，其交流方向，依然是由黄河下游向黄河中上游传播。

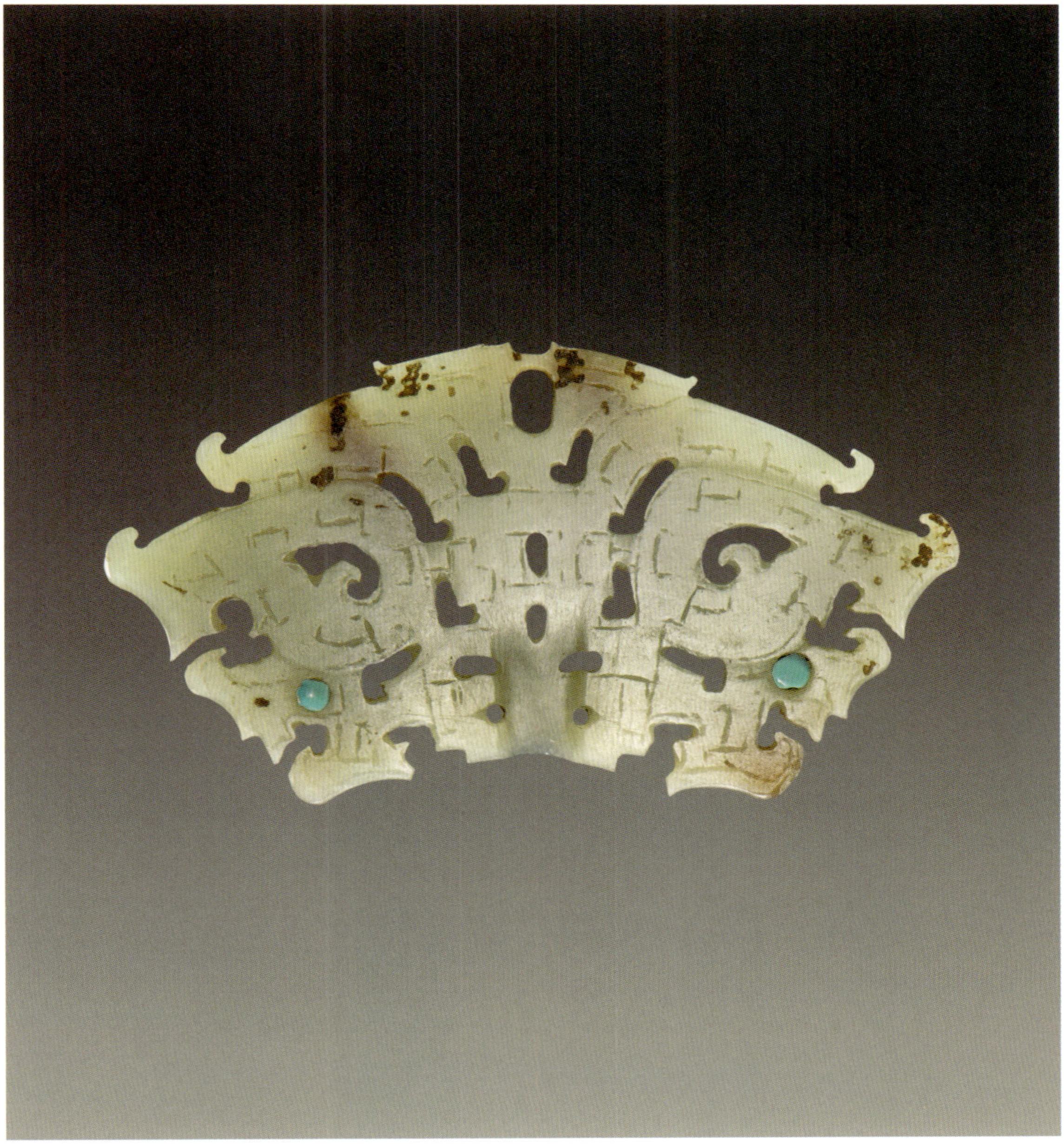

玉簪首

龙山文化

山东临朐西朱封遗址出土

玉骨组合笄
陶寺文化
山西襄汾陶寺遗址出土

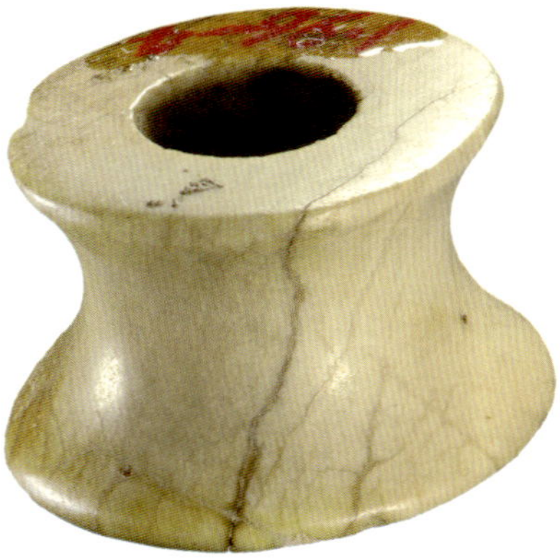

玉管
大汶口文化
山东泰安大汶口遗址出土

四、文化交流方式及动因

通过对龙山时代黄河流域四个区域玉器的比较研究，基本可以看到四个区域之间存在着较为明确的双向文化互动。其中器形和工艺方面，黄河下游地区为主要的策源地，进而西传至晋南地区及陕北地区，最后直达甘青地区。玉料方面，表现出由西向东传播的迹象，具体则是甘肃料及天河石由甘青地区出发，经由陕北地区和晋南地区，最远可达黄河下游地区。其传播途径很可能是通过黄河及其支流的水路所实现。当然这种远距离区域互动，不可能一蹴而就，而是缓慢渗透式逐步推进，这个过程可能持续数十年乃至上百年。如果将视野拓展到更广阔的区域，则会发现龙山时代玉器文化的互动更为频繁和复杂，比如江汉平原的石家河文化与黄河流域龙山文化诸支脉之间亦存在着千丝万缕的联系。

至于交流的具体形式，可能包括多种。一是战争及移民因素。由于龙山时代处于万国林立、社会急剧分化及重组的时代，战争及人群迁徙不可避免。比如海岱地区大汶口及龙山文化可能已西进至黄河中游的豫西及晋南地区。在陶寺报告中，著者明确提出陶寺文化早期受到了大汶口文化的强烈影响，其中陶器中蕴含大汶口文化因素的器型在30种以上。如此多的相似器类很难用简单的文化影响来解释。陕北地区与甘青地区也共同存在一种以女性殉葬的合葬墓。埋藏风俗的如此一致，恐怕也只有用人群的迁徙来解释最为合理。此外，石峁文化的南下与陶寺文化的衰落可能也伴随着战争及人群迁徙。二是平和的交流方式。正像有学者指出的那样，当时很可能存在一个社会上层交流网，各族群的上层人物之间经常会互相交流一些贵重物品。玉器恰恰是当时社会中非常重要的贵重物品。三是贸易活动。当时可能已存在一个不从事基本生活资料生产而专门从事商品交换的商人阶层，正是他们的大范围活动造成了玉料及玉器加工技术的远距离互动。如清凉寺报告中提及的盐商很可能在东西方向玉器交流中发挥过重要作用。也正是得益于这条玉石之路的互动交流，黄河流域在龙山时代出现了多个强有力的方国集团，进而为多元一体的中华文明注入了强劲动力。

综上，我们可以看到，在龙山时代玉器文化东西方频繁互动交流的大背景之下，黄河流域形成了一整套非常有特色的玉礼器组合，包括多孔钺、多孔刀、有领璧（环）、牙璧、牙璋、玉琮、玉戚等，我们可称之为“黄河系”玉礼器群。这些玉礼器在之后的三代文明中也都出现过，并对这些辉煌的王朝都产生过重要影响。此外，除了器物本身，龙山时代黄河流域存在的很多制玉技术，也对三代时期产生了重要影响，比如片切割技术、绿松石镶嵌技术、扉棱制作技术等。正是有了这些关键技术，才保证了三代时期玉器的多姿多彩。至于龙山时代黄河流域的玉器文化对三代的影响，读者们可在后文的介绍中窥见端倪。

束腰玉镯
大汶口文化晚期
山东广饶傅家遗址出土

玉坠
大汶口文化晚期
山东广饶傅家遗址出土

玉钺
龙山文化
山东日照两城镇遗址采集

玉钺
龙山文化
山东日照两城镇遗址采集

玉笄
龙山文化
山东日照两城镇遗址采集

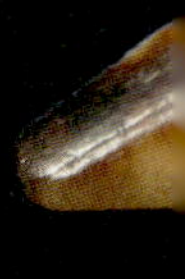

玉笄
龙山文化
山东日照两城镇遗址采集

玉刀
龙山文化
山东日照两城镇遗址采集

玉钺
龙山文化
山东日照两城镇遗址采集

玉钺

大汶口文化晚期

山东平阴周河遗址出土

玉璧环
大汶口文化晚期
山东平阴周河遗址出土

玉刀
龙山文化
山东泗水尹家城遗址出土

璜形坠饰（牙璧改制）
龙山文化
山东泗水尹家城遗址出土

第五篇

王朝玉器之始——夏代玉器

我们首先要明确夏代与夏王朝的区别，夏王朝主要指夏人所创造的居于伊洛河之间的王朝文明，在考古学上，一般认为可以河南偃师二里头遗址为代表。夏王朝也是黄河流域第一个广域王权国家。夏代则是指夏王朝所处的整个时代，据夏商周断代工程，其绝对年代为公元前2070至公元前1600年，除了夏王朝，尚包括其周边地区的非夏人所创造的文化遗存，比如夏家店下层文化、岳石文化等。

这一时期出土玉器的遗址包括河南偃师二里头、登封王村、郑州洛达庙、洛阳东干沟以及内蒙古敖汉大甸子等。

一、夏王朝玉器

这一时期器物种类多样，包括玉柄形器、玉钺、玉圭、玉璋、多孔玉刀、玉璧戚、玉戈、绿松石器物（以镶嵌绿松石铜牌饰为特色）、玉管、玉镯、玉尖状器、月牙形玉器、玉版、玉铲、玉铃舌等器型。如归纳为大类的话，主要包括礼器和装饰品两大类。

（一）礼器类

1.柄形器

所谓柄形器，谓玉器如器物之柄，因此得名。据安阳殷墟所出一件自名的同类器来看，此类器物很可能是文献中所记载的“瓒”。就目前考古资料来看，夏王朝所出柄形器包括片状与圆雕两类。比如二里头遗址4号坑出土的一件即为圆雕制品，器身通长17.1厘米、柄部宽1.8厘米、厚1.5至1.8厘米。基质为白玉，顶端可见红皮。有学者认为不排除此件玉器为新疆和田玉所制的可能性。若此说不误的话，则应将新疆和田玉传入中原的时间提早至夏代。器身共分六节，其间可见阴刻而成的神面纹（兽面纹）、凸弦纹、抽象蝉纹（花瓣纹），顶端作兽首状。其中的神面纹，为梭形目，蒜头鼻，阔口。总体形象与江汉地区后石家河文化（肖家屋脊文化）所出的神人形象颇为近似。顶部的兽首也颇似后石家河文化所出的虎首。此外，蝉尾部作V形凹槽的风格也与后石家河文化所出的玉蝉形态一致。并且就目前材料来看，后石家河文化也是我国最早出现柄形器的区域。因此我们有理由相

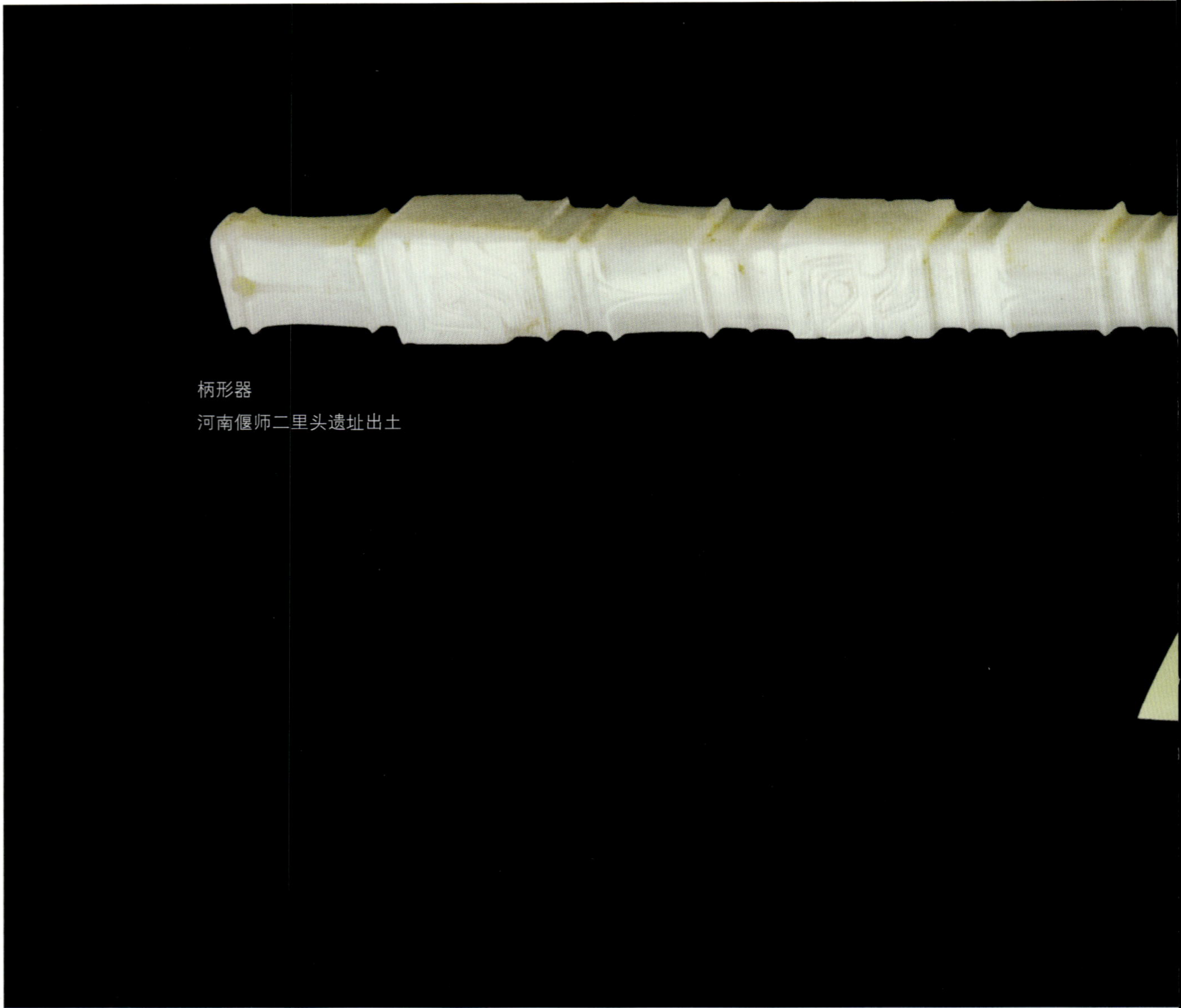

柄形器
河南偃师二里头遗址出土

信，此件柄形器与后石家河文化渊源颇深，或可认为后石家河文化为夏王朝注入了鲜明的文化基因。

关于柄形器之功用，目前学术界也有不同看法，包括柄形器为命圭说、柄形器为牙璋说、柄形器为裸玉说、祖灵牌位说等。目前看来柄形器的功能可能不一而足，并且不同时期功能也可能不尽相同。

柄形器
河南偃师二里头遗址出土

牙璋
河南偃师二里头遗址出土

2.牙璋

目前夏王朝发现的牙璋数量不足10件，其阑部形态特征类似于侧视的龙形，龙首、龙身、龙尾清晰可见。龙首部为张口翘额的姿态，龙尾上翘。观其总体形态，与石峁文化最为接近，因此夏王朝龙牙璋的直系源头可能在陕北一带。与夏王朝牙璋类似的牙璋还可见于我国西南地区的三星堆遗址、金沙遗址。此外，我国东南部的福建及南部的广东一带也可见到类似的牙璋，甚至东南亚的越南也发现有类似的牙璋。夏王朝牙璋的大范围传播很可能代表了其政治文化的扩散。我们或可如此理解——牙璋在夏王朝的地位如同玉玺之于秦汉之后王朝。

关于牙璋的具体功用，各家说法不一，有学者认为其是与军事有关的仪仗器，也有学者认为其是祭祀或朝会所用的礼器，更有学者直接指出其就是文献中所记载之玄圭。如果结合三星堆所出边璋之上的祭山图，我们也有足够理由相信，牙璋的一个重要功用不排除是祭祀山神。黄河下游大汶口文化晚期至龙山文化的牙璋也大多发现于山腰的祭祀坑之内，这也为其可能用于祭祀山神提供了间接佐证。

3.戚

夏王朝共出土戚10余件。较完整器物均出土于墓葬，每墓一例，多为中型墓。其中陕西商洛东龙山出土戚的墓主人明确为男性。夏时的戚大体包括中孔较大的璧戚以及中孔较小的长体戚。这一时期的戚两侧主要装饰六齿牙形态的扉棱，作两龙首相对状。刃部形态多见四段连弧刃。

就目前考古资料所见，戚类玉器最早见于长江中游一带的高庙上层文化，距今约5800年。此后在黄河下游及上中游的大汶口文化晚期、龙山文化、石峁文化之中都有发现。如果从两侧扉牙的形态来看，夏王朝所出的戚与石峁文化最为接近，都是龙首相对的形态。

戚在文献中大多为乐舞之器，且常与盾合用，共用于祭祀之礼。如《礼记·祭统》："朱干玉戚，以舞《大武》八佾。"《公羊传》："设两观，乘大路，朱干玉戚，以舞《大夏》。"也或为兵器，象征军权，比如《左传·昭公十五年》："其后襄之二路，戚钺、秬鬯、彤弓、虎贲，文公受之。"

戚

河南偃师二里头遗址出土

玉戚
河南偃师二里头遗址出土

4.戈

二里头文化玉戈出土数量不多，但特征明显。一般援部特长，无中脊。援面微弧，上、下边有刃，双刃前聚成锋，内部往往有一孔。有的戈在阑部可见浅细阴刻线所构成的平行线纹。

如果从考古发现上来看，最早的玉戈出土于石峁文化，且无论从尺寸而言，还是具体形态上来看，两者非常近似。也有学者指出，江淮一带的凌家滩文化中已发现有戈类器物，但依我们观察，凌家滩所谓的戈类器物，器型过小，且两边刃弧度过大，表现为急聚为锋的特点，称之为矛更为合适。

玉戈
河南偃师二里头遗址出土

5. 多孔刀

夏王朝的玉刀较有特点。形制一般为扁平梯形，直背，平刃，近背部有三个以上一面穿的圆孔。器表两端有时存在浅细阴刻线构成的方格纹。两侧边往往可见四齿或六齿的扉棱。大多尺寸较大，最长的可达60多厘米。器体较薄，显然不是实用器。

多孔刀在龙山时代也较为常见，前文已述，在黄河下游、陕北、甘青等地均有发现。但纵观具体形态，两侧带有扉棱的特点也仅有陕北一带石峁文化发现过，因此夏王朝多孔刀还是直接受到石峁文化的影响。

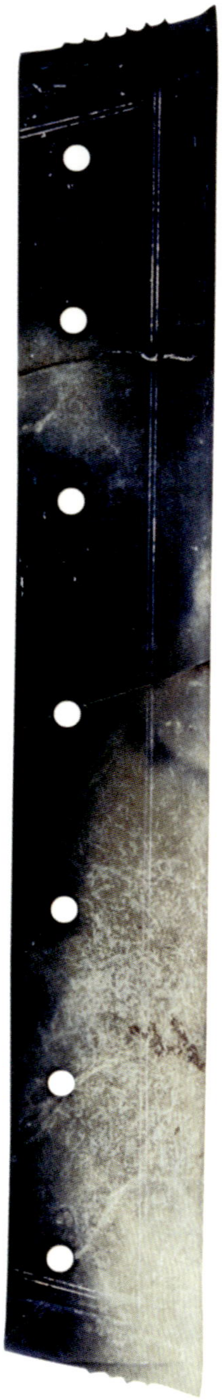

多孔刀
河南偃师二里头遗址出土

6.龙形器

此器仅发现一件，长64.5厘米，中部最宽处4厘米。它由2000余片各种形状的绿松石片组合而成，每片绿松石的大小仅有0.2～0.9厘米，厚度仅0.1厘米左右。龙身略呈波状曲伏，中部出脊。由绿松石片组成的菱形纹象征龙鳞，连续分布于全身。龙身近尾部渐变为圆弧隆起，尾尖内蜷，若游动状。龙首为扁圆形，吻部略微突出。以三节实心半圆形的青、白玉柱组成额面中脊和鼻梁，或为象征抽象之玉蝉。蒜头状鼻，梭形眼，以顶面弧凸的圆饼形白玉为眼球。原本这些构件均应是粘嵌在某种有机质物上，只是由于年代久远，其所依托的有机物已经腐朽。此器出土时与一铜铃共出，或组合为巫觋阶层祭祀时所用之法器。

其龙身总体姿态以及绿松石嵌片的制作技法与黄河下游龙山文化两城镇遗址M33所出的同类器最为接近。但其蒜头状鼻、梭形眼、鼻部的蝉形特征又与石家河神人更为接近。同时，其总体造型也与石峁文化皇城台石雕上的龙形图案有相似之处。因此我们有理由相信，此件器物应该是吸收了多区域文化因素之后而制作的。

纵观史前考古学资料，龙的形态其实源远流长，早在新石器时代早期的小河西文化中就发现过粘土堆塑的龙，仰韶文化时期在河南濮阳的西水坡遗址也发现过蚌塑的龙，红山文化之中也发现过玉质的“C”龙和猪龙，崧泽文化及良渚文化中也出土过玉龙的实物。龙山文化时代除了上述的海岱龙山文化、石峁文化，在后石家河文化中也发现过蜷体的玉龙，山西的陶寺文化中还发现过蟠龙的图案。

夏王朝时期此绿松石龙形器制作精美、技术高超、体量巨大、形象复杂，为中国后世龙崇拜找到了最直接、最正统的根源。或可称之为“中华第一龙”。

绿松石龙形器

河南偃师二里头遗址出土

绿松石龙形器

山东日照两城镇遗址出土

绿松石铜牌饰
河南偃师二里头遗址出土

7.绿松石铜牌饰

考古工作者发现过多件夏王朝绿松石铜牌饰，器身是以青铜铸出主体框架，其上以多片绿松石小片镶嵌拼合出兽面纹的图案。整器多呈亚腰形，四角钝圆，两侧各有对称环纽，多出土于墓主人胸部。学者从两侧有对称的穿孔钮推断，此件器物可能穿缀系于主人胸前，用作沟通天、地、神、人等的法器。绿松石铜牌饰是我国最早的铜玉复合器物，对之后影响深远，比如商代经常能够见到的铜内玉援戈，当是这种工艺的流布。

8.半月形器

整器作半月形，长8.4厘米，类似于岳石文化的半月石刀。靠近背端有一孔，孔内镶嵌绿松石。目前仅见此一件。此类器物在整个中国玉器史上亦极罕见。据学者研究，此类器物最早的源头可能与贝加尔湖一带有关，甚至在南西伯利亚一带的青铜时代早期较为多见，其应是禽鸟的模型，是萨满教中辅助“萨满”与“神灵”沟通的法器。其在墓中与绿松石牌饰及铜铃伴出，也佐证了此种推断。

（二）装饰品

1.玉兽

整器应是一趴窝状姿态的动物，头抬起，尾巴内卷，眼睛突起，口张开，鼻较为明显。圆雕，长0.9厘米，高0.5厘米。个体较小，可称之为微雕作品。但制作精美，工艺精湛，是夏王朝时期不可多得的肖生类玉器。目前仅见此一件。

2.玉镯

亚腰状，高5.7厘米，直径7.1厘米，这是发现的夏王朝时期唯一一件此种类型的镯。纵观史前考古学，此类玉镯最早见于黄河下游的大汶口文化中晚期，此后在陶寺文化、石峁文化以及齐家文化中偶有发现。考虑到夏王朝与石峁文化的密切关系，这件器物来自石峁文化的可能性较大。

3.鹰形笄

目前较为明确的仅有两件。总体形态较有特点，总体为鹰鸟的象征，顶端为鹰首，弯喙内勾，双翅作收拢状贴伏于器身两侧，上雕翎羽，为阳刻而成。下端作尖榫状，器身中部往往可见一通天穿。此类器物从总体造型以及制作工艺而言，应是典型的后石家河文化的遗玉。考虑到夏王朝的柄形器也可能来自后石家河文化，因此鹰形笄与柄形器很可能是作为“文化包”共同传入夏王朝的。

4.管珠

多为绿松石质，大体可分为扁圆柱状、宽扁状、长管状等三类。应为组合项饰。

二、夏代其他区域出土玉器情况

前文已述，与夏王朝同时，其周边地区也存在着非夏人所创造的文化遗存。在周边的考古学文化之中，以夏家店下层文化所出玉器最有代表性。

夏家店下层出土较多玉器，以内蒙古敖汉旗大甸子墓地为代表，共出土玉器94件，包括珠、玦、环、弧形器、直条形器、弯条形器、圆柱形器、曲面牌饰、斧、钺、龟、蝉、鱼、勾云形器、箍形器、钩形器、璧等。

其中的玦、弯条形器、曲面牌饰、勾云形器、箍形器、钩形器等器类显然为本区域前期的遗玉，比如曲面牌饰、勾云形器、箍形器、钩形器四类器物可以较明确地判断是红山文化的遗玉。由此可见，此区域文化传统的延续性和继承性均很强劲。

三、夏代玉器特征

纵观夏王朝玉器，其是相对成熟国家形态下的玉器，呈现出一种特有的、对优秀传统兼收并蓄的发展态势。

从玉料而言，除了软玉，绿松石被大量使用，这是一大特点。从绿松石制品的种类及制作工艺来看，其主要继承自史前时期的黄河流域诸文化，也即我们所说的“黄河系”玉器传统。据目前研究来看，二里头遗址的绿松石应主要来自豫南、鄂北交界地带，直到目前为止，这里仍是我国最大的绿松石产地。其实，自从8000多年之前，裴李岗文化出产的绿松石制品就主要产自此地，此后的新石器时代，整个黄河流域出土的绿松石制品之产地也是主要在此矿脉。

器物组合方面，少见玉璧、玉琮等传统意义上的礼器，来源于兵器和生产工具的柄形器、玉钺、玉戚、玉刀、玉戈和牙璋等构成了夏代玉礼器的主要类型。同时，出现铜玉合体的新器型。从工艺角度而言，承继自黄河流域龙山文化时期的片切割技术依然是主要的开料技法。阴线刻技术更为成熟，多以成组的阴刻直线形式出现，线条细而深。

其多种重要礼器均与石峁文化存在直接传承关系，因此我们将来在追溯早期夏文化乃至先夏文化时，决不能仅在中原一带下功夫，理应给陕北一带更多关注。

从二里头遗址的发掘成果来看，夏王朝有专门生产玉器的作坊，并且这些玉器作坊显然被夏王所控制，是一种高度专业化的生产模式，并非简单的家户生产可比。这种精英阶层对于玉器等贵重资源的控制和垄断，在之后的商周时期依然如此，直到两汉，仍可以看出皇室对于玉器的控制。

从夏代玉器的层次来看，夏王朝与其周边地区所出的玉器组合差异巨大，比如柄形器、玉钺、玉戚、玉刀、玉戈和牙璋等都不见于周边考古学文化。这一情况表明，夏王朝对周边地区的控制力还比较小，其统治中心主要还是在伊洛河一带。这一情况从陶器、铜器等文化面貌上也可得到佐证。这与之后的商、周王朝控制力相比，差异还是十分明显的。

第六篇

神祖祭礼自璀璨——商代玉器

研究商代玉器，我们也需要明确商代与商王朝的区别。商王朝主要指商人所创造的最初居于郑州伊洛一线，后不断向外扩张的王朝文明。商王朝也是夏王朝之后又一个定都于黄河流域的广域王权国家。《史记·殷本纪》云：“殷契，母曰简狄……见玄鸟堕其卵，简狄取吞之，因孕生契。”契便是商人先祖，曾协助禹治洪水有功，被舜任命为司徒，掌教化，封于商，以此为姓。契传十四世至汤，约公元前1600年商汤推翻了夏王朝，建立了我国历史上第二个广域的王权国家——商朝。商王朝时期，青铜铸造高度发达，并且已经出现了明确的文字系统。商王朝在统治政策上主要采用内外服制度，因此王朝周边存在很多方国。此外，商人重祭祀，信“鬼神”，推行的是一种“先鬼后礼”的神权政治。商代则是指商王朝所处的整个时代，绝对年代为公元前1600年至公元前1046年，除了商王朝，尚包括其周边地区的非商人（方国）所创造的文化遗存，比如吴城文化、三星堆文化等。

商代早中期玉器的发现相对较少，出土玉器的遗址主要包括河南郑州商城、小双桥、偃师商城，湖北黄陂盘龙城，河北藁城台西，山东济南大辛庄，江西樟树吴城和山西垣曲商城等；商代晚期出土玉器则比较丰富，河南安阳妇好墓，山西灵石旌介村，山东益都苏埠屯、滕州前掌大，江西新干大洋洲，四川广汉三星堆和成都金沙等，其中又以妇好墓所出器物最具代表性。

一、商王朝玉器

商王朝自成汤建国至帝辛（纣）覆亡，历经十七世三十一王，约五百年。这一时期玉器制作的规模和工艺水平达到了前所未有的高度。《逸周书·世俘解》载：“凡厥有庶告，焚玉四千。……凡武王俘商旧（宝）玉（万四千，佩玉）亿有（又）百（八）万。”可见商王朝用玉之盛。

这一时期玉器主要出土于偃师商城、郑州商城、殷墟等遗址中。器物种类多样，包括璧（环）、琮、牙璋、柄形器、戈、铲、钺、戚、凿、璜、簪、环、蝉形饰、玛瑙玦、铃形饰、坠饰、玉鱼、玉佩等。如归纳为大类，主要包括礼器、工具类和装饰品三大类。

（一）礼器类

这一时期的玉礼器继承了夏代的形式，并进一步加强了王权与神权的统一性，主要发现有璧（环）、琮、璜、牙璋、圭、柄形器、戈、刀等。

1.璧（环）

有领璧（环）是这一时期的主要品种，即孔边留有一圈环状凸棱，器体边缘浑圆或略薄。我们在有领璧（环）上往往可以观察到成组的同心圆阴刻纹，其基本都有正圆等径的特征，很难想象在3000多年前的商代，先民是采用了怎样的技术手段，才可以雕琢如此规范之纹饰。这种玉器在晚商时期大量出现、流行，影响地域广阔，在两周时期逐渐式微。

有领玉璧
河南安阳妇好墓出土

黄褐色。内圆略扁，可能为管钻后进一步打磨而成。孔壁呈弧面，领较低。两面均刻有五组由细线构成的同心圆阴线纹。每组同心圆之间用凹槽隔开，两面线纹对称分布，线条流畅，一气呵成，表现出工匠熟练而高超的加工技艺。

有领玉璧
商代晚期
河南安阳花园庄54号墓出土
直径16.36、孔径5.35、孔壁高4.47厘米此外，发现（环）改制为其他器物的线索，比如妇好墓曾发现一件龙形玉玦，边缘遍施典型的“商式”扉棱，即突起的扉棱上有偏于一侧的凹缺，如鱼钩状。中孔边缘可见明显的凸唇结构，器身仍可见阴刻而成的同心圆纹饰，首尾相接处可见明显的切割痕。这都说明此件器物原来是一件（环），后改制成了玦。此外，殷墟发现过一件抽象鸟形璜，鸟的背部仍可见明显的凸唇形态，显然也是有领璧（环）改制而成的作品。妇好墓还发现过一件玉鱼，也明显是由有领璧改制而成。

而普通璧则发现较少，可以新郑望京楼以及妇好墓所发现的素面玉璧为代表。

玉鱼
河南安阳妇好墓出土

玉璧

河南安阳妇好墓出土

2.圭

玉圭是文献中所述“六瑞”及“六器”中的重要器类。总体发现商王朝玉圭数量不多，且以平首圭更为常见。可以妇好墓为例，共出土玉圭8件，包括尖首圭与平首圭两种形态。比较明确的尖首圭只有一件。其中平首圭多为长条状，体扁平，底端平齐，上有小孔。顶端作刃状。个别器物上还可见双勾阴线雕刻而成的平行线纹。此类平首圭最早见于史前的龙山时代，比如黄河下游的海岱地区龙山文化之中就有此类器物。尖首圭则为文献中提及的“剡上为圭”的标准形态，其顶端作三角状，底端则与平首圭近似，似戈而无阑部。此类尖首圭也可追溯到史前时期，比如陶寺文化就曾发现此类器物。因此就玉圭这种玉礼器而言，其肇始均在史前时期的黄河流域，这也充分印证了前文所提及的史前的黄河流域是三代玉礼器的源头。

尖首圭
河南安阳妇好墓出土

平首圭

河南安阳妇好墓出土

平首圭

山东日照两城镇采集

尖首圭

山西襄汾陶寺遗址出土

清代温凉玉圭
山东泰安岱庙收藏

关于玉圭的用途，先秦文献及甲骨文中多有记载，包括祭祀祖先、燎祭、沉祭、进献等功用。

圭类器物对后世影响深远，历经两周至汉代均可以见到其身影，甚至至明清两朝仍在使用，只是其上的纹饰发生了改变而已。比如明代玉圭上常见四镇名山、乳钉纹等纹饰，清代玉圭则多为仿古作品，其中泰山岱庙所藏的乾隆朝温凉巨型玉圭比较有代表性。

3.琮

商王朝玉琮数量不多。仍以妇好墓为例，妇好墓中发现玉琮类器物共14件，但看其形制，大多应为史前时期的遗玉，尤其是齐家文化的旧玉，部分玉琮甚至做了些许改制。比如其中一件玉琮（594号），根据其单节矮体的形态以及奶白皮的玉质来看，原器显系齐家文化遗玉。但器身可见数条阴刻线纹，或为商代时改制。有些玉琮个体甚小，比如1581号这件，通高仅为1.7厘米，显然已不再是“礼地”的神器，更可能如发掘报告所言，或为供玩赏所用的“弄器”，亦或可供佩戴的装饰品。甚至有学者直言，商人可能已不会制作典型意义上的玉琮。按照传统玉器分类法，在归类时我们姑且仍将其放在礼器之中。

玉琮

河南安阳妇好墓出土

蝉纹玉琮
河南安阳妇好墓出土

蝉纹玉琮
河南安阳妇好墓出土

素面玉琮
河南安阳妇好墓出土

4.柄形器

柄形器也是商王朝最常见的玉器种类之一。其出土时大多放置在墓主腰部及胸部位置，其中个体较大且制作精美者，往往发现于高等级墓葬之中。此类器物在早商、中商以及晚商时均有发现。比如早中商时，主要集中出土于郑州附近，包括白家庄、人民公园等遗址均有发现。而晚商时，则主要集中出土于殷墟附近，比如妇好墓、小屯等地，仅妇好墓就出土30多件。其形态大体与夏代的类似，基本也可以分为片状与圆雕两大类，尤以前者居多。器表雕琢纹饰的比例也较夏代的为高。比如妇好墓所出一件，青白色，玉质佳，基本不见沁色。总体为窄长状，横剖面近方形，器表雕琢莲瓣形纹（或认为是抽象蝉纹）五段，柄上端可见两条凸弦纹，下端逐渐内收呈尖榫状。

关于柄形器的用途，上文已提及。值得一提的是，这一时期发现部分柄形器上契刻有商王的庙号，可能是作为祖先牌位使用。另，从这一时期开始，部分柄形器下端开始出现成组的附饰，为探讨其功能提供了新的线索。

兽面纹柄形器
河南安阳妇好墓出土

素面柄形器

河南安阳妇好墓出土

素面柄形器

山东济南大辛庄遗址出土

5.戈

商王朝的玉戈数量较多，是这一时期十分重要的礼器，仅安阳殷墟发掘出土者就达200多件，大体可分为长体和短体两种。与夏代相比，这一时期玉戈有两处重要变化：首先援部变得更为弧曲，再者援部中间出现突起的中脊。此外，有的玉戈内部还可见成组的扉棱，也有的器物上可见双勾阴线雕刻而成的勾连云纹。甚至有的玉戈上还发现有铭文。比如妇好墓出土的一件长38.6厘米的玉戈（580号），不但制作精美，而且在内后端的一面刻有“卢方皆（剐）入戈五”六字。研究者认为，“卢方”当系方国名，甲骨文中也多有提及，应在商王朝的西部，可能位于现在甘肃及宁夏一带。“皆（剐）”字应为人名。“入”字有贡纳之意。合起来释读的大意就是“卢国的首领皆（剐）给商王朝进贡了五件戈”。这件有铭文玉戈的出土，对了解研究当时商王朝与卢方的往来关系以及商代的疆域，均具有非常重要的意义。

玉戈
山东济南大辛庄遗址出土

玉戈
山东济南大辛庄遗址出土

铜内玉援戈
河南安阳妇好墓出土

商王朝的玉戈还有一种特殊类型，即铜内玉援戈，内部为铜铸，而援部则为玉质。在铜内上还往往镶嵌有绿松石，这些绿松石小嵌片组成饕餮纹之类的图案。在考古发现中，有时也会发现绿松石小片业已脱落，只能在内部看到用来镶嵌的凹槽。此类铜玉复合器物显然是受到了夏代同类器物的影响所致。

玉戈
河南安阳妇好墓出土

6.戚

与夏代相比，这一时期玉戚数量大增，是非常重要的礼器，绝大多数均出土于墓葬，从晚商时，则出现一墓多例的情况。就形制而言，商代的玉戚，除了极个别器物，四段连弧刃的形态已不流行，凸弧刃及斜直刃均存在。器体两侧都饰有齿状扉棱，以六齿为多，但也出现了四齿的形态。比如安阳花园庄54号墓出土一件玉戚，总体近似“风”字形，凸弧刃，两侧各有一组六齿扉棱，为龙首相对的形态，顶部有两孔，并可见成组的阴刻线。此外，安阳殷墟铁三路89号墓出土了一件铜内玉戚，其装柄方式颇为独特，为玉戚长轴与铜内平行的纵向装柄法，这与我们此前认为的横向装柄差异较大。

就功用而言，商时期的戚，其主要功能依然是作为一种乐舞之器，用于祭祀之礼。从晚商开始出现一种通高小于5厘米的微型玉戚，其功能待考。

玉戚
河南安阳妇好墓出土

7.刀

这一时期的刀身窄长、多凹背弧刃，尖略上翘，刀柄与刀身分界明显，柄短且薄。这种特征与夏代的明显有别。有的刀背饰齿状扉棱或在刀面近背处雕琢出龙纹或几何形图纹。如妇好墓出土的龙纹刀，长达33.5厘米，刀身呈窄弧形，其上半部正反两面均采用双勾阴线雕琢龙纹，龙眼为“臣”字目。刀背处的扉棱规则有序，凹缺偏于一侧，略呈鱼钩状。其造型精巧别致，似非实用，当为一种仪仗用器。安阳花园庄54号墓出土的玉刀，通长25.2厘米，翘首长柄，背部镂空出扉棱，刃较锋利，刀身两侧装饰有并行排列的小鸟纹，极为精美。

玉刀
河南安阳花园庄54号墓出土

玉刀
河南安阳妇好墓出土

玉刀

河南安阳妇好墓出土

簋是流行于商代至战国时期的一种容器，但也属于象征身份地位的礼器。比如周代用“九鼎八簋”象征王权。玉簋是商王朝新出现的器类，也是我国玉器史上最早的玉容器。三代铜簋较为常见，而玉簋发现数量极少。妇好墓曾出土一件玉簋，直口方唇，腹部略鼓，圈足。腹部可见四组突起的扉棱，外壁可见典型的双勾阴线雕刻而成的云雷纹。

这一时期的簋类器物，常见大理岩材质，是一种非常有意思的现象。

玉簋
河南安阳妇好墓出土

（二）工具类

这一时期的工具类玉器，又可分为生产工具以及生活用具两大类。其中前者包括斧、凿、锛、锯、铲、刻刀、臼、杵等；后者则包括调色盘、觿、梳、耳勺、匕等。

1.刻刀

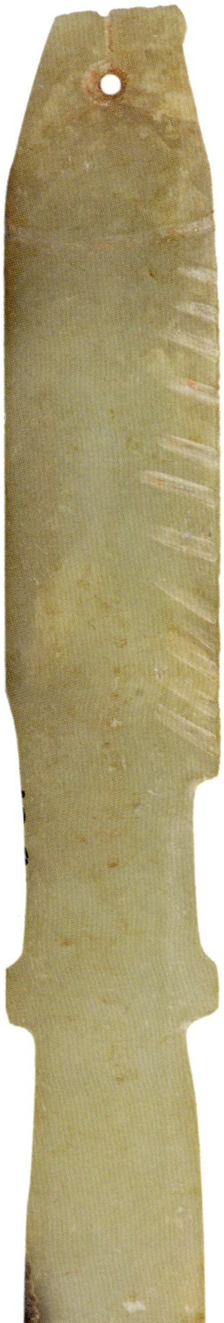

鱼形刻刀
河南安阳妇好墓出土

商王朝的刻刀非常有特点，柄端多作动物形态，常见鱼形、鸟形等动物造型，并且柄端也多有小孔，便于随身携带。其刃端也就是动物的尾部则多为斜直刃。仅妇好墓中就发现各类刻刀23件，其中一件为鱼形，总体为长条状，鱼嘴用一道阴刻线表示，鱼眼为一圆形小孔，背鳍为成排的阴刻线，鱼尾作斜刃状。其中一件作壁虎（蜥蜴）状（960号），甚为少见。其总体为爬行状，四肢微曲，两眼圆鼓，尾部逐渐变为宽扁形态，终端为斜刃状。其胸部有小孔可供佩戴。

关于此类器物用途，或认为是在甲骨上刻写文字所用，但也有学者指出，其刃部使用痕迹不明显，或有其他功用。

2.调色盘

在妇好墓发现一件，编号351，正面由于受沁变为灰白色，背面深绿色。盘身近似簸箕状，盘底满沾朱砂。盘柄部设计巧妙，为两只背向而立的鹦鹉，尾部内卷并相连，上有一孔。双鸟均为勾喙形态，“臣”字目，鸟首及颈部饰刻典型的商式扉棱。器身遍布双勾阴线雕琢而成的勾云纹。这是一件不可多得的具有实用功能的艺术品。

经过研究我们知道，商人在甲骨上契刻卜辞后，往往还用朱砂填充其间，抑或直接用朱砂书写在甲骨之上。如此来看，此调色盘应是盛放朱砂所用，或可理解为后世的砚台。

3.梳

商代梳出现于中商时期，至晚商时期又有所发展。妇好墓出土有2件玉梳，制作都比较精巧。其中一件编号为557，总体为上窄下宽的梯形，梳背及梳齿各约占二分之一，梳齿共有八齿，外端两齿略粗大，中间六齿较细小。梳背顶端中部有一长条状突钮，钮下端可见一小孔。梳背双面均雕琢有饕餮纹，为双勾阴线雕琢而成，“臣”字目，双目之间施以菱形纹，双角作勾云状，阔口巨鼻，充分凸显狞厉之美。

从目前出土品来看，玉梳最早见于史前的良渚文化时期，当时的梳为玉与象牙的复合体，梳背为玉质，梳齿为象牙质。据研究，当时梳子应是插在发髻之上作为装饰品所用。之后在黄河流域的陶寺文化中也有发现，陶寺文化的梳子通体为玉质，梳齿非常短小，其用法待定。进入三代之后，夏代未见玉梳出土，商代的玉梳也就显得尤为重要。商代玉梳总体形态更接近良渚文化玉梳的形态，因此其用途或与其相近。

4.韘

韘，俗称扳指。《说文解字》曰：“韘，射决也，所以拘弦。”由此可知，其是射箭时的勾弦器，是古人拉弓射箭时套于手指以免遭弓弦所伤的一种实用器。妇好墓出土一例，是目前所见最早的一件玉韘。整器总体为圆筒状，中间为通天穿，上端呈斜面形，与史前时期红山文化的箍形器较为近似。此器通高2.7～3.8厘米，径2.4厘米，恰好可套入成年人的拇指。正面雕琢一饕餮纹，兽口向下，细长眉，方形眼，双角如牛角，两耳后贴。双目下各有一孔可供穿绳缚于手腕，以免器物滑脱。背面下端有一道用以勾弦的凹槽。

此类器物的雏形或为史前时期大汶口文化习见的玉指环。其对后世也有重要影响，至西周时，其变成一面缓坡的形态，至东周则多了凸翼，且佩戴方式可能也发生了很大变化，多戴于食指。至两汉，此类器物演变为装饰品，即韘形佩，表明其已失去了实用功能。清代则多流行筒形的扳指，一度又有实用功能，但八旗子弟入关后，此类器物又逐渐演变为身份的象征物。

玉韘
河南安阳妇好墓出土

5.觿

《诗经·芄兰》记载："芄兰之支，童子佩觿。虽则佩觿，能不我知。"这说明至迟在春秋时期就有觿的称谓。东汉许慎的《说文解字》曰："觿，佩角，锐耑可以解结。"所谓觿，就是一种总体扁平、一端尖细一端粗阔、多呈弯弧形的器物。也有学者认为觿亦可称为"冲牙"。从考古发现来看，大多数学者认为玉觿最早出现在商代。大司空、花园庄54号墓中均发现过此类器物。比如花园庄54号墓所出一件，器体被中部宽0.9厘米的凹槽分作两部分。前锋部分素面。锋微上扬，呈三角形，较圆钝。柄部略具圆雕性质，以两棱为中心，对称分布纹饰，其中一棱浅浮雕雕刻饕餮器之口、鼻、前额。两侧面分别为齿、目、眉、角。饕餮咧嘴有齿，方目，云纹眉，角上卷。棱上角与眉之间有一凹槽。柄部另一棱被两凹槽分作三部分。两凹槽之间两侧面对称分布勾云纹，柄尾圆转略斜，亦饰勾云纹，纹饰均为双勾阴线雕琢而成。柄尾一侧有两面对钻小孔以穿绳索。

也有部分学者认为，史前的良渚时期已经出现了玉觿。至两汉时期，此类器物也逐渐演变为身份的象征物。汉代刘向《说苑》曰："能治烦决乱者佩觿。"汉代之后随着带钩的普及，觿逐步退出历史舞台。

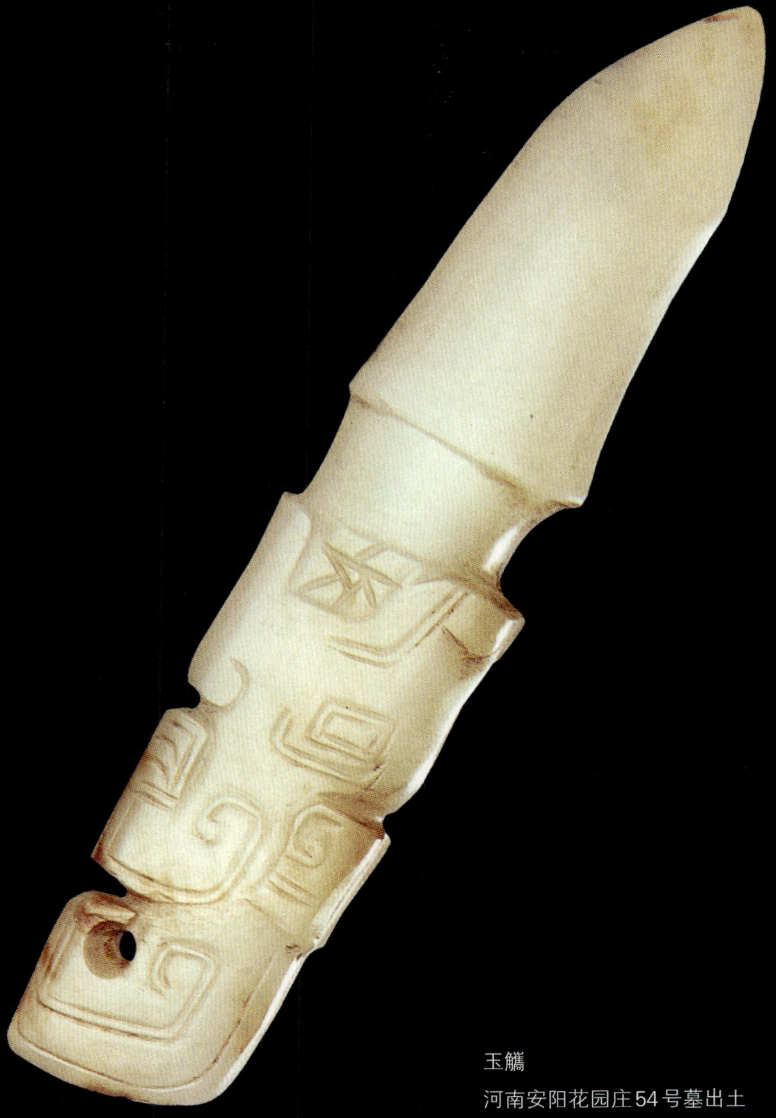

玉觿

河南安阳花园庄54号墓出土

玉匕
河南安阳妇好墓出土

鱼形耳勺
河南安阳妇好墓出土

（三）装饰品类

装饰品在这一时期玉器中所占数量最多，仅殷墟发掘出土的就超过1000件，并且装饰玉品类十分丰富，包括璜、玦、镯、笄（簪）、玉人、动物形玉饰等。商代玉器制作技术和装饰工艺集中地体现在各种装饰品中。

1.玉人

商王朝的玉雕人像分片状雕和圆雕两大类。此两种类型在妇好墓中都有集中发现。

片雕人形佩在商代较为多见。河南安阳黑河路出土一件，高4.38厘米，绿松石质，为侧面人形，作曲膝弯腿的蹲踞状，头戴高冠，“臣”字目，闭口，“C”形耳。侧面可见“V”形凹槽，或为嵌插使用。整器为双面雕工，身体及高冠上饰勾云纹，纹饰为减地阳刻技法雕琢而成，此种技法在商代雕工中较为少见。妇好墓中出土一件，编号373，此件玉人形态极为特殊，总体为站立状，头有角状双髻，双脚下端均有突起状榫头，应是嵌插所用。两面均有雕工，为双勾阴刻线雕琢出纹饰。奇怪的是，一面为男性形象，另一面为女性形象，或可称为“阴阳人”像。男性特征为椭圆形脸部，宽直眉，目微突，蒜头鼻，阔口微张，耸肩垂臂，双手放于大腿处。另一面的女性形象则双眉呈弯弧状，双手置于腹部。此种玉人目前仅见此一件，十分珍贵。

圆雕玉人形态也较为多样，但以蹲踞状者居多。比如妇好墓371号玉人较有代表性，其总体为蹲踞状，双膝跪地，臀部坐于足跟之上，双臂弯曲，双手放于双膝之上。双目为臣字目，目光炯炯平视前方，蒜头鼻，口微张。头梳长发辫并盘至头顶，头顶有冠，冠前端呈圆筒状。头顶有小孔可以穿绳佩戴。上身着交领华服，腰束宽带，腰间还插一柄形器。身体及柄形器上仍是商代习见的双勾阴线雕琢而成的勾云纹。此件器物研究者颇多，之前有学者认为，此人双膝跪地，乃是地位低下的奴隶，从而为商代仍处于奴隶社会提供了直接物证。但现在看来，双膝跪地的蹲踞形态是当时人的普遍坐姿，因当时尚未出现高凳，故席地而坐，与人的身份地位无关。如果仔细考证，此人头戴冠饰，腰插柄形器，不但不是奴隶，反而是地位较高的贵族形象，甚至有人直言或为妇好本人。总之，此件玉人为研究商人的服饰、冠式、发式、习俗等提供了非常珍贵的物证。

圆雕玉人

河南安阳妇好墓出土

圆雕玉人

河南安阳妇好墓出土

2.玉龙

商王朝龙形佩饰发现较多，玉龙总体形态与玉虎较为接近，一般将尾巴内卷者称为龙，而尾巴外翻者称为虎。仍以最具代表性的妇好墓为例，各类龙题材的玉器共30余件，包括龙形佩饰、龙形璜、龙形玦、龙鸟合雕佩饰等。按照雕刻技法来分，又可分为圆雕及片状雕两大类。比如编号469的玉龙，总体作蜷曲状，龙首靠近龙尾，首尾之间的凹缺作为玦口，应为龙形玦。龙口斜开，口内獠牙明显，似枫叶状，前额上翘，龙角后伏于颈部，脊背遍布商式扉棱，周身遍布双勾阴线雕琢而成的勾云纹，“臣”字目。中国社会科学院考古研究所的所徽就是依据此玉龙设计而成，凸显了其典型性以及重要价值。编号422的玉龙为一件圆雕作品，黑绿色，总体作蜷曲状，龙首靠近龙尾，龙口斜开，口内獠牙明显，似枫叶状，“臣”字眼，龙角如蘑菇状，龙尾内卷，腹部有两短足，背部有一个对钻的小孔，可供穿绳佩戴。身饰双勾阴线雕琢而成的菱形纹和三角形纹。

商王朝典型玉龙的特征可以归纳为：龙口多斜开，口内獠牙明显，似枫叶状；龙角后伏或直立，多作蘑菇状；背部多见商式扉棱；“臣”字目；身体多施刻双勾阴线雕琢而成的勾云纹、菱形纹或三角形纹。

有学者提出，商代的蜷体玉龙形象应与史前的红山文化有诸多相似之处，进而提出先商文化可能与红山文化有密切关系，可备一说。

龙形佩

河南安阳妇好墓出土

龙形玦

河南安阳妇好墓出土

龙形佩
河南安阳妇好墓出土

3. 玉鸟

《诗经·商颂·玄鸟》曰："天命玄鸟，降而生商。"一般认为商人是以鸟作为图腾的氏族。商代早期青铜器上可见鸟的形象，至商代晚期，玉鸟则非常盛行，具体形象包括玉鹦鹉、玉凤、玉鹰鸮、玉燕、玉鹤、玉鸬鹚等。从雕琢技法来看，也可分为圆雕和片状雕两种。

妇好墓所出的编号350的玉凤非常有代表性，其为片状雕，基质为青绿色，局部受沁变为鸡骨白。总体作舒展状，为侧视形态，圆眼弯喙，头上有镂空而成的齿状冠，翅内收，上可见减低阳刻的羽翎纹，背部及尾部可见镂空装饰，尾末端分为两叉。此凤姿态舒展优美，颇有神鸟之威仪，与我们当代人心目中的神鸟

玉凤
河南安阳妇好墓出土

形象极为契合。玉凤形象虽早在史前时期的红山文化、后石家河文化中存在，但史前时期的玉凤与我们当代人心目中的玉凤还颇有距离，而此件玉凤方是后世之正统。有学者曾将此件玉凤与后石家河文化所出玉凤做过对比研究，认为此件玉凤不排除是后石家河文化的遗玉。我们认为此说不可信，因为从工艺学角度来看，后石家河文化所出玉凤的镂空图案边缘凹凸不平，显然是使用所谓柔性“线切割”锼扩而成，而此件玉凤镂空图案边缘齐整利落，应是金属线切割所致，因此从工艺角度基本可以排除此件玉凤是史前遗玉的可能。但二者从形态上确有部分相似性，因此不排除商人在制作此件器物时确实参考了后石家河文化同类器物的形象。

编号993的玉鹦鹉也非常有代表性，可视为商代玉器中的标准器。此器基质为浅绿色，局部受沁变为鸡骨白。总体为片状雕侧视效果，鹦鹉作站立状，头上有龙形高冠，“臣”字眼，勾喙下弯，挺胸曲爪，胸部可见一组明显的商式扉棱。翅作伸展状，翅末端上翘，尾下垂内弯。其勾喙及翅末端钻有圆孔，并借此锼扩，以雕出轮廓。两面纹饰相同，均为双勾阴线雕琢而成的勾云纹。如果从鹦鹉头部为龙形高冠的角度而言，可将此器物视为合雕玉器。所谓合雕玉器，即将不同题材糅合在同一玉器之中。此类玉器最早见于史前时期的凌家滩文化之中，之后历经良渚文化、后石家河文化发扬光大，进入历史时期之后，夏代的绿松石龙或可归入此类（龙鼻为蝉造型），至商代又有所发展，到西周则成为非常流行的题材。

编号507为鹰鸮形象，此器为圆雕作品，总体为蹲踞的姿态，头顶商式扉棱状的双耳相连，中部可见一小孔。勾喙内弯明显，双目明显，双翅并拢贴于身体两侧，双足粗壮。背部也遍施商式扉棱，器身遍布双勾阴线雕琢而成的勾云纹。除了玉鹰鸮，商王朝也多见青铜鹰鸮形象，比如著名鸮尊。商人为何如此钟爱并不华美的鹰鸮呢？有学者认为，鹰鸮为猛禽，威猛有力，预示战争的胜利。众所周知，商代时期，商王朝与周边方国经常发生战争，比如妇好本人虽贵为王后，但也是一位叱咤疆场的巾帼将领，她经常率军在战场上取得胜利，这也是其深得商王武丁喜爱的一个重要原因。在此背景之下，威猛有力的鹰鸮颇受商人推崇也就不难理解了。

商王朝典型玉鸟的特征可以归纳为：多见勾喙高冠形态，也比较流行蹲踞的姿态。胸部及冠上多见商式扉棱；“臣”字目多见；身体多施刻双勾阴线雕琢而成的勾云纹，边缘可见由圆孔锼扩而成的镂空图案。

玉鹦鹉

河南安阳妇好墓出土

玉鸟
河南安阳妇好墓出土

玉鸟
河南安阳妇好墓出土

玉鸟

河南安阳妇好墓出土

玉鸟

河南安阳妇好墓出土

玉鸟
河南安阳妇好墓出土

玉鸟

河南安阳妇好墓出土

4. 玉象

玉象作品极为少见。妇好墓曾出土两件，形态极为类似，或为同一玉料雕成，为圆雕作品，呈站立状。总体较为圆润肥硕，鼻内卷呈孔状，可穿绳佩戴，口微张，两只大耳垂贴于身体两侧，四肢粗壮，憨态可掬。器身遍布双勾阴线雕琢而成的勾连云纹。先秦文献中，明确记载商人有驯养大象的习俗，甲骨文中也有关于捕猎大象的记录。此外，在殷墟多次发现象骨和象牙制品，在王陵区祭祀坑内还发现一只颈系铜铃的亚洲幼象，证实了商人驯象并非无稽之谈。

同时，殷墟一带发现的玉象及其他考古资料也证实，3000多年前的河南安阳一带气温明显高于现代，且降水充足，类似于现在亚热带气候条件，完全满足大象的生存条件。河南至今简仍称为“豫”字，也应与此地产象有直接关系。

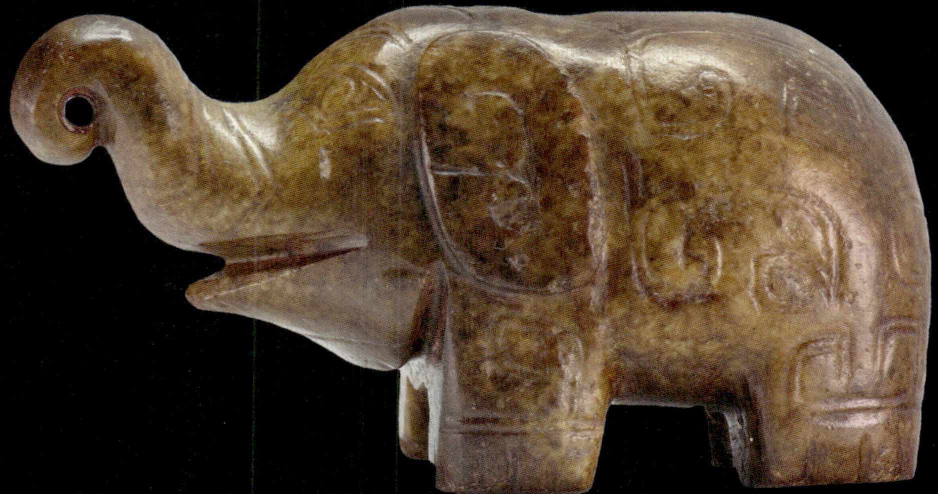

玉象
河南安阳妇好墓出土

5.玉羊首

妇好墓出土一件，为圆雕作品。双勾阴线雕琢而成的“臣”字目，双角向内蜷曲，头顶有小孔可穿绳佩戴。

羊首局部可见密集的毛孔。学者曾采用拉曼光谱仪分别对其白色与糖色区域进行检测，发现其强度没有明显变化，这说明糖色部分应为原石的皮色，而非后来埋藏过程中受沁所

玉羊首

河南安阳妇好墓出土

成。观察两个区域的透光度与反光度也未见明显区别，使用硬度仪检测两个区域的硬度也基本相同，这些都说明糖色部分应是原石的皮色。我们使用显微镜对其进行微痕观测，发现具有明显的毛孔，此种近似橘皮纹的毛孔表明了其籽料的身份。再结合其青白色基质、颗粒均匀细腻、微透光以及油脂光泽明显等特征，将其定为新疆籽料证据还是较为充分的。如果此说不误的话，此件玉器为研究新疆玉料何时进入中原地区提供了十分重要的实物资料。

玉虎
山东济南大辛庄遗址出土

玉鹦鹉

山东济南大辛庄遗址出土

玉龙
山东济南大辛庄遗址出土

二、商代其他区域玉器情况

前文已述，与商王朝同时，其周边地区也存在着非商人所创造的文化遗存。在周边的考古学文化之中，以吴城文化与三星堆文化所出玉器最有代表性。

（一）吴城文化

商代的江西，是吴城文化的中心分布区，其核心地域是赣江流域。其中发现玉器数量最多的当属著名的新干大洋洲商代大墓，共出土广义玉器1000余件，主要包括礼器及装饰品两大类。礼器中主要有玉琮、有领璧、玉戈、柄形器、玉璜等。装饰品主要有玉玦、玉镯、玉笄、玉羽人、项链等。

其中的有领璧亦为双面凸唇的形态，器身也往往可见成组的阴线雕琢而成的同心圆纹。这与商王朝的如出一辙。玉戈也为直内曲援形态，援部弯弧明显，援部中间有突起的棱脊。内部有小孔。这种戈也是商王朝的常见器形。柄形器中也可见与商王朝的相似的器形，但有一类柄形器较有地方特色，其在柄端雕琢成组的平行线，中部有神人形象，蒜头鼻，阔口獠牙，双耳佩玦，颇似同为长江中游一带的后石家河文化的神人特征，或可认为其受到了本土史前文化的深刻影响。这样的器物在中原商王朝玉器中尚未发现，凸显了地域风格。此外，其曾出土一件国宝级文物——玉羽人，玉羽人呈棕红色，为圆雕作品，总体作侧身蹲踞状。头顶鸟形高冠，“臣”字目，嘴呈弯喙状。头顶后部用掏雕法制出三个相连的活环，这应该是目前所知最早的掏雕活环玉器，对后世有深远影响。其双臂蜷曲放于胸前，身体上施刻变形勾云纹，抑或可称为羽纹。足背前各有三条阴刻短线，以示足趾。足背上有一斜洞，直斜穿至足后跟，足底板下有长方形短榫，可能是嵌插在类似汉代鸠杖之类上的杖首。这件玉器似人又似鸟，既与商王朝的玉器有共性，也有自己的地方风格。其蹲踞的形态、“臣”字目等明显有商王朝的风韵，但其勾云纹不是商王朝习见的双勾技法，掏雕活环技法在商王朝中更是从未发现过，均属于地方风格。

（二）三星堆文化

三星堆文化主要位于成都平原一带，据最新测年数据，其文化的主体年代为商代晚期。

三星堆遗址自发掘以来，出土了大量玉器，即使不算最新发掘的六个祭祀坑，仅最初发掘的一号坑与二号坑就出土了600多件玉器。其玉器种类丰富，造型丰富多样，制玉工艺呈现出空前繁荣发达的景象。玉器种类以几何形玉器为主，尤以长条状玉矛、玉凿等最有地方特色。其少见肖生类玉雕作品。有一些玉器是首次出土，如神树纹玉琮、祭山图玉璋、玉器座、龟背形玉器等。装饰上流行在璋、戈等器物阑部外凸起繁复的扉牙饰，在其顶端镂空做出动物图案。

比如一号祭祀坑曾出土一件牙璋，器身呈长条形，两侧作刃状，前端向中间斜收，顶端镂刻出一立鸟形图案。器身的两面均通过阴线的方式雕琢出一璋形图案。阑部两侧均有扉棱装饰，应是侧视的龙形。扉棱之间有成组的平行阴线，应是当时的样线。阑部正中有一圆孔。牙璋上文已详述，尤其是这种扉棱作龙形的形态，应与中原地区有密切关系，很可能是夏遗民进入到西南地区所致，也代表夏王朝的国家体制被这一区域所接受。此外，三星堆遗址二号坑出土过一件边璋，器身遍布阴刻图案，图案呈上下两部分对称布局。每套图案主要由五组构成。最上面的一组为平行站立的三个人像，头戴平顶冠，双手在胸前做抱拳状。第二组图案为两座山，两山之间有一船形符号的盘状物，上有飘动的条状物。第三组图案为两组横置的勾连云雷纹。第四组图案又出现了三个人像，穿着和手势与第一组图案相同。有所区别的地方在于这三个人像戴着穹隆型高帽。最后一组图案又是两座山，内部结构与之前的两山相同，不同的是右边的山头伸出一个钩状物横在两山之间，山外两侧各立有一牙璋。这就是著名的“祭山图”玉璋。这件器物为牙璋的使用方式提供了直接的证据，说明牙璋在商代很可能与祭祀山神有关。

此外，三星堆文化中发现玉戈、有领璧（环）等器物，与商王朝所出同类器基本一致。此外，人们发现了一些明显有别于商王朝的玉器，比如长条状玉器，为商王朝所不见。如二号祭祀坑出土过一件玉凿，总体呈长条状，器身中部略宽，顶端及刃端逐渐内收且显得略窄。横断面呈椭圆形。顶部平直，有一小圆孔，刃部为凸弧刃，打磨精细。我们曾通过显微镜仔细观察过此类器物，其刃端有时候可见明显的纵向使用痕迹，或说明这类器物为实用器。

成都平原地区继三星堆文化之后就是著名的金沙遗址，其也出土大量玉器，其玉器的器型、工艺等特征与三星堆文化一脉相承，或可认为两者是由同一族群所创造的文化。

牙璋

四川广汉三星堆遗址一号祭祀坑出土

边璋

四川广汉三星堆遗址二号祭祀坑出土

玉戈
四川广汉三星堆遗址二号祭祀坑出土

有领玉璧
四川广汉三星堆遗址二号祭祀坑出土

玉凿

商代　四川广汉三星堆遗址二号祭祀坑出土

牙璋
商代
四川广汉三星堆遗址一号祭祀坑出土
长23.2、射宽6.5、邸长4.2、宽3.5、厚0.7厘米

顶端两歧尖不对称，其间的凹缺呈深“V”形，内与援交界部位有一圆孔，阑部两侧均雕琢成六组扉牙的形态，显然是受到了中原文化的影响。

戚形玉器
商代
四川广汉三星堆遗址一号祭祀坑出土
长12.4、宽6.72、厚1.65厘米

顶端略呈三角形，上有一圆孔，下端为凸弧刃，器身两侧各有五组扉棱，而商王朝的往往以六组扉棱构成两龙相对的造型。整器从形状以及扉棱特征都凸显了成都平原一带的古代文化既与中原地区商王朝有密切关系，也具有自己的独特风格。

牙璋
商代晚期
四川广汉三星堆遗址二号祭祀坑出土
长28.2、射宽6.2、邸长5.9、宽4.5、厚0.7厘米

顶端两歧尖不对称，其间的凹缺呈“V”形，内与援交界部位有一圆孔，阑部通过镂空的方式雕琢出勾云纹图案，与中原地区商王朝的风格迥异。

此外，位于长江中游的盘龙城遗址也出土大量玉器，但学界一般认为其属于商王朝的一个地方类型，是商王朝经略南方的一个重要据点，或与商王朝获取铜矿有关。其主要为早商和中商遗存，所出玉器中也有不少器类与商王朝如出一辙，比如玉戈、柄形器等。值得一提的是，其所出玉戈比商王朝核心区所出更为硕大，长度接近1米，显然也是象征权威的礼器。但由于其已属于商王朝的南界，因此其玉器也有着地方特色，比如其发现一件玉刀，总体为梯形，两侧带有扉棱，为主孔加散孔的形态，与商王朝所出柄、身分界明显的玉刀差异巨大，反而与夏王朝的玉刀较为接近，个中联系值得深思。此外，其还发现有鹰形笄，或为本地区更早的后石家河文化的遗玉，充分说明了其虽然为商王朝所同化，但本土文化仍有很强的传承性。

另外，位于黄河下游的大辛庄遗址出土大量玉器，其地位与盘龙城相类似，应是商王朝经略东方的重要据点，或与商王朝获取海盐有关。大辛庄所出玉器大多与商王朝一致，比如玉戈、柄形器等。但其所出一件玉人非常有意思，其总体特征与长江中游的后石家河文化所出同类器极为相似，或可认为其就是后石家河文化的遗玉。但二者从空间上讲相隔千里，时间上也相距几百年。那这件玉人是通过何种途径来到了大辛庄遗址的呢？留待今后深入研究。

三、商代玉器特征

商代玉器在新石器时代晚期基础之上加以创新变化。早期的玉器出土较少，玉器种类仍然没有超出二里头文化的范畴，器型尚厚重，装饰尚素面；中晚期之后，属于商代的玉器风格逐渐形成，因此我们提及商代玉器风格，主要是指商代晚期的风格。如果与之前的夏代相比，我们可以明确观察到，商王朝与周边地区的玉器风格渐趋一致，比如大洋洲、三星堆等地所出的玉器虽然有自己的地方特色，但主要器型与工艺同商王朝的如出一辙。这充分表明，商王朝的控制力已远超夏王朝，各地的文化认同更加明显。

商代玉器的玉料丰富多样，包括软玉、玛瑙、蛇纹石、大理岩、绿松石、孔雀石等多个品种。为系统研究商代玉料情况，我们科研团队于2015年11月对著名的妇好墓所出的168件玉器进行了科技检测。检测仪器主要包括拉曼光谱仪和红外光谱仪。在检测中，我们对同一玉器通常选取3～5个微区进行检测，以使结论更为可靠。如果受沁明显的器物，在检测时会

玉人
山东济南大辛庄遗址出土

将基质部分和受沁区域分开进行。为了验证这两台仪器的准确性，我们还对其中59件器物进行了静水密度测试，80件器物进行了硬度检测。

在检测的168件器物中，软玉占绝大多数，为151件，比例近90%。其次为大理岩，为11件，比例约为6.5%。其他材质包括玛瑙、白云母、石英岩、孔雀石、蛇纹石，数量各为1件或2件，所占比例非常低。此外，在此前学者的检测分析中还发现有少量的萤石、叶腊石、天河石、绿松石等材质。总体而言，妇好墓玉器材质繁多，很好地诠释了石之美者为玉的古代广义玉器概念。器类与玉料种类之间未发现有明确的对应关系，但有一点可以明确指出，即礼器类玉器并不全部是采用软玉，大理岩也占有一定比例。比如戈、圭、簋等习见的礼器中都可看到这一迹象。对于大理岩石材的特别重视，是出于某种特殊信仰（比如颜色崇拜），还是仅仅因为此种石材的易获取性，有待于将来更进一步研究。对于大理岩的特殊重视，就笔者所知，商代以前唯有西北之齐家文化有此现象。至于晚商这种现象是否是受到齐家文化的影响，目前尚不敢断言。此外，石英岩玉料颜色青绿，颗粒致密，光泽明显，可能属于目前所称的密玉，当为河南本地所出。

关于其软玉材质，我们认为其产源可能较为多元，至少包括新疆料、岫岩料、甘肃料以及未知的地方料四大类。其中羊首应为较典型的新疆籽料，我们采用拉曼光谱仪分别对其白色与糖色区域检测，发现其强度没有明显变化，这说明糖色部分应为原石的皮色，而非后来埋藏过程中受沁所成。观察两个区域的透光度与反光度也未见明显区别，使用硬度仪检测两个区域的硬度也基本相同，这些也说明糖色部分应是原石的皮色。我们还使用显微镜对其进行微痕观测，发现具有明显的毛孔，此种近似橘皮纹的毛孔表明了其籽料的身份。再结合其青白色基质、颗粒均匀细腻、微透光以及油脂光泽明显等特征，将其定为新疆籽料证据还是较为充分的。此外，油脂光泽明显且带有明显糖色的怪鸟（M5:393），含椭石的龙纹璧（M5:1031）、器座（M5:492）、柄形器（M5:565）等也可能是新疆料。

关于岫岩料，据目前所知，应明晰岫岩料中其实包含透闪石及蛇纹石两大类。当今宝石学界俗称的岫玉仅指蛇纹石。但细玉沟一带亦出产透闪石质河磨料。此次检测的透闪石质玉器中也有部分玉器具有较为典型的岫岩料特征，其中如草芽萌发的黄绿色调最为醒目，具体器类则包括戚、璜、柄形器等。甘肃料是近些年提及的一种玉材，以马衔山和马鬃山为代表，主要特征包括布丁石结构、斑晶及节理发达、蚂蚁脚沁斑以及糖色发达等。此次检测的玉器中也有部分具有以上特征，包括环、刀、马、鸟等。除了上述三类，还有一类不似上面任何一类，推测可能为未知的地方料，比如玉芯、玉圭等。

在器形种类方面，肖生类玉器十分发达，比如龙、鸟、象等都颇具特色。同时簋类玉容器开始出现，这在我国玉器史上是最早的，对后世有重要影响。在玉礼器方面，对玉柄形器、玉戈、有领璧（环）三种器物，给予了高度重视，可看作是这一时期的核心礼器组合。其中玉戈援部更为弯弧，且出现了明显的中脊。有领璧为双面凸唇形态，器身多见成组同心圆纹饰。这些都非常具有时代风格。

从纹饰和制作工艺角度而言，片切割开料技术依然流行。圆雕作品十分常见，尤其是作蹲踞状的玉人与肖生类玉器非常有时代特征。双勾阴刻技法运用娴熟，为其重要特色，由其雕琢而成的勾云纹及“臣”字目让人印象深刻。此外，扉棱工艺非常发达，形成了独特的偏于一侧的鱼钩状凹缺风格。再者，这一时期出现了玉器史上最早的掏雕活环工艺，对后世产生重要影响。这一时期绿松石镶嵌工艺也非常发达，让人印象深刻。

总之，商代在继承史前及夏代玉器的基础上，又多有创新和发展，是我国用玉历史上的又一高峰，对我国玉器的发展起到了重要的承前启后作用，在玉器史上留下了浓墨重彩的一笔。

第七篇

礼乐规制独繁华——西周玉器

樂

西周是指公元前11世纪中叶武王克商，创建西周，建都于镐（今陕西西安西南），直至公元前771年周幽王被杀，周平王东迁，定都洛邑（今河南洛阳）为止的前后约275年的历史。西周王朝也是一个都城位于黄河流域的广域王权国家。据夏商周断代工程，武王克商年代为公元前1046年，是年为西周的开始，自武王克商到幽王，共历十一世十二王。为了方便学术研究，西周通常被分为西周早期、西周中期、西周晚期三期，分别为西周早期：武王、成王、康王、昭王，共69年；西周中期：穆王、共王、懿王、孝王、夷王，共98年；西周晚期：厉王、共和、宣王、幽王，共106年。

在政治制度方面，周公制礼作乐，创立了对后世影响深远的“礼乐制度”。西周开创性地实现分封制，周天子为“天下共主”，其将疆域内土地分给王族、功臣等，所谓“封建亲戚，以藩屏周”。受此影响，从玉器角度而言，西周与之前相比，周王朝统治区域与周边地区的玉器面貌已基本一致。此外，周王室也实行按照血缘远近区别亲疏的宗法制，其开创的嫡长子继承制也为后世王朝所承继。

《周礼》《诗经》等先秦史籍和文学作品，大量反映了周人的用玉观念。从西周开始，逐渐将人的精神世界、行为举止、道德修养等与玉联系在一起，发展出一整套用玉道德观。正如《礼记》所云：“昔者君子比德于玉焉，温润而泽，仁也。”《诗经》中也提及“言念君子，温其如玉”。周代人信奉“君子无故玉不去身”的理念，此种“玉德”观对后世影响深远。玉器在周文化中扮演着举足轻重的角色，从日常的生活用具、随身饰品，到殓葬死者、礼制象征，涉及社会生活的各个方面，可见玉在周代地位是极其显赫的。了解周人的用玉文化对于了解周文化、了解周人至关重要。

西周时代的玉器多有出于周王室及各诸侯国王室贵族墓葬之中。这些墓葬（地）出土的玉器，是我们研究西周时代玉器的重要资料。西周王朝的政治、经济、文化中心是从陕西宝鸡到潼关的关中地区，因此西周早期玉器也以这里出土最为集中，如宝鸡纸坊头、泾阳高家堡、扶风齐家、黄堆村、长安斗门镇等地的遗址和墓葬中都出土有数量可观的玉器。西周中晚期，玉器出土地域广、数量大，一个墓出土数百件玉器并不罕见。比如，陕西西安沣镐、张家坡、宝鸡茹家庄強国墓地、斗鸡台；河南洛阳庞家沟、浚县辛村卫国墓地，平顶山应国墓地，三门峡上村岭虢国墓地；北京琉璃河燕国墓地；山东济阳刘台子逄国墓地，曲阜鲁故城；山西天马—曲村晋侯墓地；甘肃灵台百草坡等。

西周的玉器种类十分丰富，也大抵可分为三大类——礼器类、工具类以及装饰品类。需要说明的一点是，这里的分类并不完全绝对，因为有的器物既可以是装饰品，也具有象征身份地位的礼器色彩。

一、礼器

西周的礼器类玉器较为发达，对此很多先秦文献中均有提及。《周礼·春官·大宗伯》载：“以玉作六器，以礼天地四方：以苍璧礼天，以黄琮礼地，以青圭礼东方，以赤璋礼南方，以白琥礼西方，以玄璜礼北方。”同书中也云：“以玉作六瑞，以等邦国：王执镇圭，公执桓圭，侯执信圭，伯执躬圭，子执谷璧，男执蒲璧。”这就是玉礼器中著名的“六器”和“六瑞”的最早出处。当然，西周时期的这些玉礼器是否确如文献记载的功用，颇值得商榷。

除了著名的“六器”和“六瑞”，《周礼·考工记·玉人》也载：“圭璧五寸，以祀日月星辰。”孙诒让《周礼正义》曰：“圭璧，于六寸璧上琢出一圭，长五寸。”目前考古出土品中最早的圭璧合体实例，是唐代长安城大明宫遗址所出。山西天马—曲村晋侯墓地所见的“戈环组合”，或可认为是其早期形式，只是其为分体，在使用上才组合在一起。同时考古发掘中也发现过璧琮合用的例子，比如陕西扶风案板遗址发现璧、琮相套合共出的情况。西周的玉琮发现不多，其总体形制与商代的类似，从形制与质地上来看，大多亦为史前遗玉，偶或在其上增刻西周习见的鸟纹。此外，玉琀、玉握至西周时期开始流行开来。不过，这一时期的玉琀、玉握形状均不固定，玉琀多用残玉，比如玉鱼等；玉握则用一般的玉管或玉片。玉琀、玉握至汉代方有定制，一般而言，玉琀多为蝉，玉握主要为猪。

1.圭

前文已提及，就考古发现来看，圭包括两种，一种是平首圭，另一种是“剡上为圭”的尖首圭。两种类型最早均出现于史前时期，夏商时期，圭类器物数量不多，且主要是平首圭，尖首圭极为少见。西周时期，圭类玉器发现依然不多，以尖首圭最为常见。比如虢国墓地M2011就曾出土一件尖首圭，安徽凤台也出土过此类玉圭。当然如果像有的学者指出的，周代的玉戈其实也是玉圭，是“异名而同实”，那样的话玉圭数量就很多了。我们这里还是将圭和戈区分为两种器物。据文献记载，西周流行一种著名的“命圭制度”，即周天子在分封功名、爵位或分派任务时，会赐予象征身份的“命圭”。因此圭类器物也成为当时贵族的身份等级象征。《周礼·考工记·玉人》曰：“镇圭尺有二寸，天子守之。命圭九寸，谓之桓圭，公守之。命圭七寸，谓之信圭，侯守之。命圭五寸，谓之躬圭，伯守之。”《诗经·大雅》也记载周王在派遣任务时需要赐圭，原文云：“赐尔介圭，以作尔宝。”同时，各地诸侯觐见周天子时，也需要执圭以作信物。在受封的诸侯去世后，玉圭还需要归还周天子。

2.玉覆面

覆面是用五官形式的玉片缝系在黑面红里的纺织物上，并覆盖于死者面部，因此得名。覆面应是文献中所记载的幎目。据《仪礼·士丧礼》记载：“幎目用缁，方尺二寸，䞓里，著组系。”郑玄注：“幎目，覆面者也。䞓，赤也。著充之以絮也，组系为可结也。”就目前考古资料来看，覆面最早出现于西周中期，至东周时出现了珠襦、玉甲类殓尸器物，到两汉时，则将这些殓尸类玉器连缀到一起，发展成了众所周知的玉衣。当然即使玉衣出现之后，覆面也没有马上退出历史舞台，至西汉晚期在某些地区仍然可见，东汉之后则退出了历史舞台。

覆面虽然是殓尸所用的丧葬用玉，但其也有明确的等级性。就西周的考古资料所见，覆面主要出于高等级大墓，小墓里面从未发现。至东周时，由于“礼崩乐坏”，一些小墓里也可以见到覆面的身影。组成覆面的玉片数量和形状并不固定，多者由70～80件小玉片构成，比如晋侯墓地M31（晋侯夫人墓）的覆面包括79件玉片，为目前发现最多者。少者仅仅包含4～5件小玉片，比如山西绛县横水墓地M2（国君墓）覆面仅包括4件玉片。就形状而言，即使代表同一部位，不同墓葬所用也有所不同。有的甚至是拿其他类型的成品玉器来作为面部的某一部位。

山西曲沃晋侯墓地62号墓（晋侯夫人墓）曾出土一组覆面，比较有代表性。整器由48件形制各异的小玉片组成。外围环绕一圈带齿棱的近似梯形玉片，其形状有点类似良渚文化习见的三叉形器，其下端均有小孔，可供穿缀，此类玉片共24件。梯形玉片围成的面部轮廓里面有额、眉、目、鼻、耳、脸颊、嘴等共24件，都雕琢有纹饰，并都有小孔。其中最大一件为鼻，高8.5厘米，上端似尖首圭，下端如曲角的羊首状。额角为两头趴卧的回首鹿。口部似为两件玉璜上下扣合而成。而陕西长安张家坡157号墓（国君墓）出土的覆面则非常简略，整器仅由6件玉片构成（或为4片，与其被盗扰有关），眉2件，眼睛1件，鼻1件，嘴1件，耳1件。其中玉眉如月牙状，玉片中间由成组的非常细密的阴刻线构成眉毛，这种细密的雕琢手法或为战汉时期流行的“游丝毛雕”之源。两端边缘有小孔，以供穿缀。

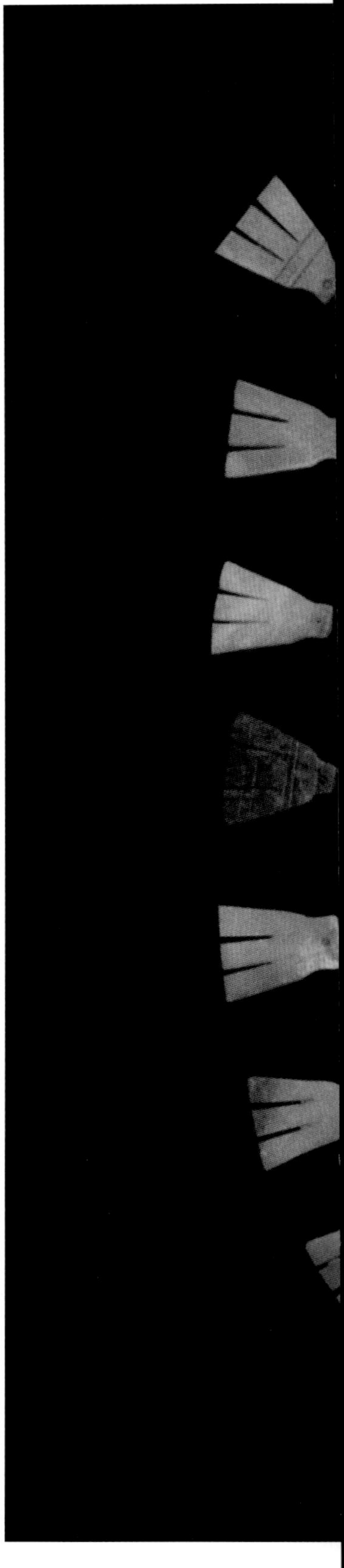

玉覆面

山西曲沃晋侯墓地62号墓出土

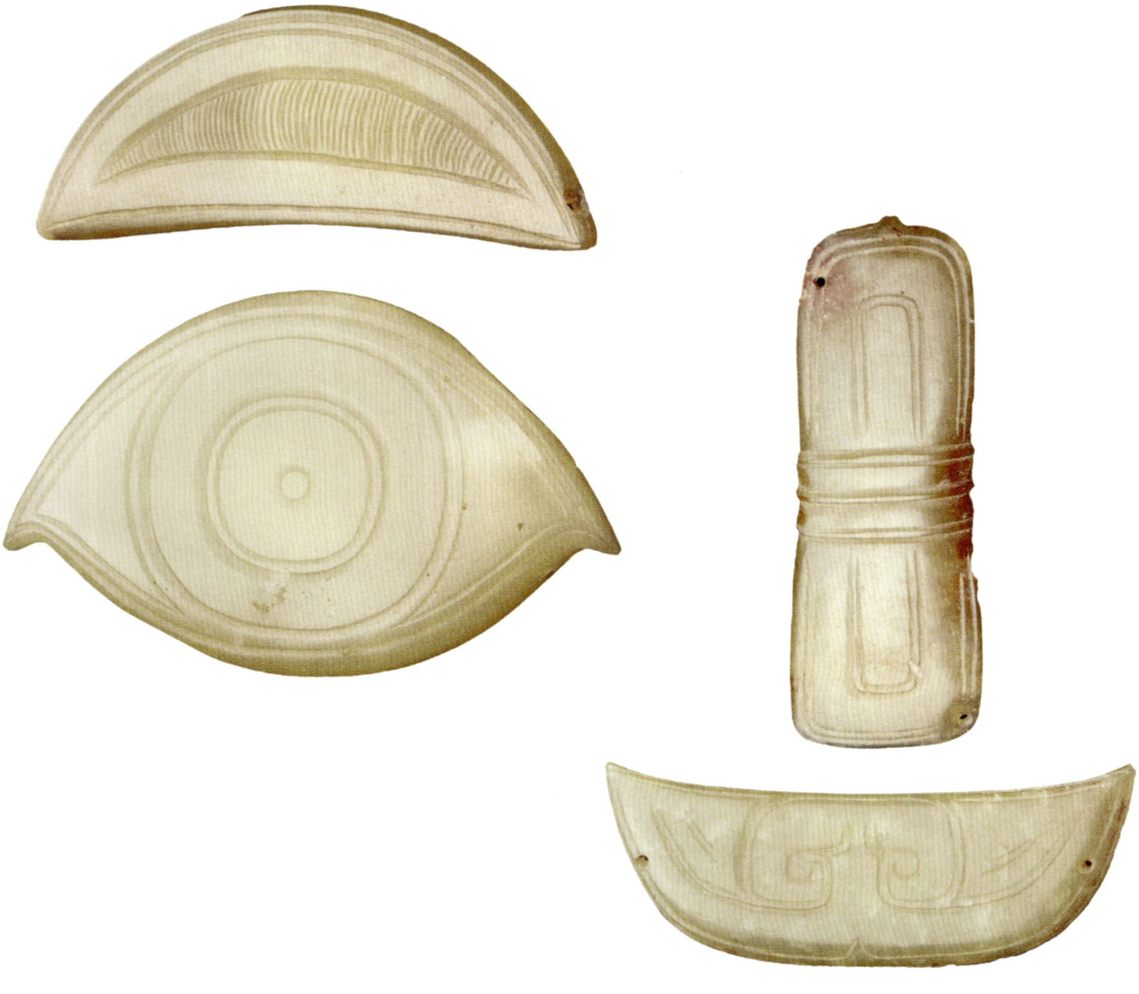

玉覆面

陕西长安张家坡157号墓出土

西汉玉覆面
山东长清双乳山汉墓出土

西汉玉覆面

江苏徐州后楼山汉墓出土

3. 柄形器

西周时期柄形器数量众多，是柄形器最为繁盛的一个时期。仅著名的张家坡墓地就出土159件。这一时期柄形器也大体包括片状雕与圆雕两类。其中非常有时代特点的是一种之前未曾见的近似玉牌形状的柄形器，大体为上宽下窄，其柄部与器身分界不明显，最下端的榫部较为明显。顶端及两侧多见典型的“周式”扉棱。所谓“周式”扉棱，即在凸起部位正中间雕琢出“V”形凹缺，明显有别于鱼钩状凹缺的“商式”扉棱。这类柄形器上还往往雕琢西周非常盛行的鸟纹。比如山西绛县横水西周墓地一号墓出土一件此类玉器，顶端与两侧均有典型的“周式”扉棱，器身上采用西周特有的“斜刀”技法雕琢出鸟纹，所谓“斜刀”技法，又称一面坡，是在采用双阴线雕琢纹饰时，往往使用外宽内窄的阴线手法，外面的宽阴线呈明显的斜坡状，因此得名。此种技法雕琢的纹饰极富立体感。其中鸟为勾喙圆眼，头有高冠，尾巴上卷至头顶，身下似一勾云纹。非常值得一提的

柄形器
山西曲沃晋侯墓地31号墓出土

是，除了单体柄形器，西周时期还比较流行复合柄形器，即柄形器主体下端又有各种小玉片组合成的附饰。前文已提及，此类形态最早见于晚商，至西周时期更为盛行。比如张家坡墓地、強国墓地等出土过此类复合柄形器。标本张家坡M302:15，柄形器主体为片状雕，柄端为近似梯形的盝顶状，柄段与器身分解明显，下有短榫。短榫被一组附饰所包围，可分两层，具体包括带扉棱的小玉片、椭圆形玉片等。

柄形器功用至今众说不一，没有一种被人普遍接受的说法。详见上文。不过相对而言，这一时期柄形器更可能的用途是作为祼玉使用，所谓祼玉，即指将柄形器之类玉器置于容器内，并以鬯酒灌之以祀神。柄形器与觚之类器物经常共存也为此种说法提供了佐证，比如洛阳北窑M155中即可见到这种组合。

复合柄形器
湖北随州叶家山遗址出土

鸟纹玉戈
陕西扶风强家一号墓出土

4.戈

西周时期，玉戈数量颇多。与夏商相比，西周时玉戈主要向两个方向演变：其一是仍作为戈，另一种变化是作为佩饰。戈作为佩饰器，最初出现在商代晚期，如妇好墓中的一件短小的双连体戈，长只几厘米，既非实用器也非仪仗器，肯定是佩饰。戈从西周以后援变得细长平直，内和援的分界越来越模糊，阑亦不明显，孔移向内近援或援近内处。玉戈在东周之后基本退出历史舞台。

这一时期，以凤鸟纹装饰玉戈的作品开始出现，比如陕西扶风强家一号墓出土的一件鸟纹玉戈，上下阑部均为凤鸟首形象，其作圆眼勾喙状，颈部修长，两翅折翘于鸟首之上，非常具有时代特征。此外，有的玉戈在内部或援的近阑部刻有文字，如著名的太保玉戈，长达67.4厘米，上刻2行27个字，内容记载的是召公奭（shì）奉成王之命沿汉水南巡之事。山西天马—曲村63号墓出土了12件玉戈，其中刻有文字的一件，长达56厘米。

双联戈

湖北随州叶家山遗址出土

二、装饰品

1.玉组佩

西周装饰品用玉数量很多，其中玉组佩的大量采用，是这一时期的一大特点。所谓玉组佩，是指以璜、珩为主要构件，并杂以各类管珠连缀而成的成组装饰品。或为文献中提及的“杂佩”。一般认为玉组佩是周人的首创。也有学者指出，史前时期良渚文化中可能已出现玉组佩，可备一说。此类器物对后世有重要影响，东周时期组佩仍较为流行，只是变为以龙形佩为主体，至辽金时期仍有发现，比如陈国公主墓中即出土有组佩，但构成组佩的饰件已变为生活化器具，明清两朝又一度兴盛，称之为禁步，比如明代的定陵及鲁荒王墓中都可见到，是规范人行为举止的重要器类。

《大戴礼记·保傅》记载：“下车以佩玉为度，上有双衡（珩），下有双璜，冲牙玭珠以纳其间，琚瑀以杂之。”这是对组佩非常好的解说。事实果真如文献所言的这样，组佩都有如此的定制吗？考古学家曾对周代的玉组佩做过研究。从考古发现的实物来看，周代的玉组佩实际上并不像文献中提及的这样有固定组合形式。西周的组佩大多都是以璜、珩作为主体，这是大抵不误的。长安张家坡58号墓所见一组佩，以3件玉璜为主体，其间联系多件珠、管。河南三门峡虢国墓地2001号墓出土一套组佩，为7件璜组佩。山西曲沃晋侯墓地63号墓出土的一套组佩则用了45件玉璜，其间杂以珠、管、牌和动物形玉器。并且这件组佩的饰件高达204件，长度为158厘米，非常震撼人心。此外，可见到一种以玉牌统领珠管类的组佩组合方式，只是发现数量较少。从考古发掘实例来看，我们还可以发现一种现象——玉组佩的使用与墓主人地位密切相关。墓主人的身份地位越高，所佩带的玉组佩玉件越多，结构也越复杂。从这个角度而言，组佩亦可理解为礼器。我们可以想象当时的贵族阶层，即使去世之后，仍面部覆盖玉覆面，颈部佩戴玉组佩，是何等的尊荣。

需要提及的是，在有的组佩中可见到一种“料珠”及红玛瑙饰件，非常值得研究。所谓料珠，学名釉砂，亦可称为琉璃，是一种来自境外的舶来品，即后来玻璃的先声。这显然是一种人工制品。就目前材料来看，西周时期应该是这种工艺最早传入我国的时期，一般认为其是用来替代绿松石的。之后战汉时期非常流行的“蜻蜓眼”亦属于此类制品。

七璜组佩
河南三门峡虢国墓地出土

玉组佩
山西曲沃晋侯墓地63号墓出土

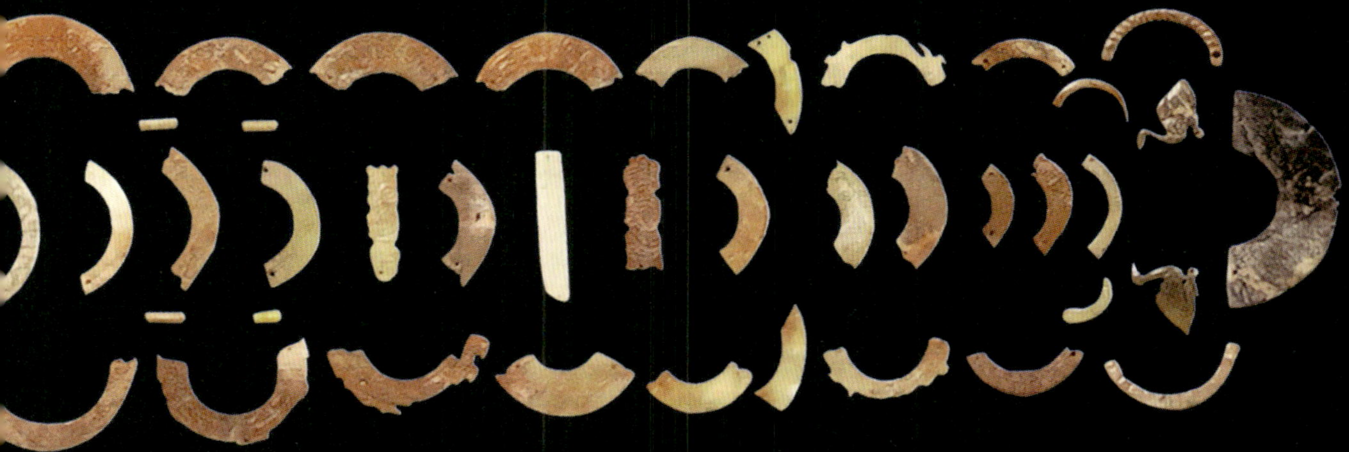

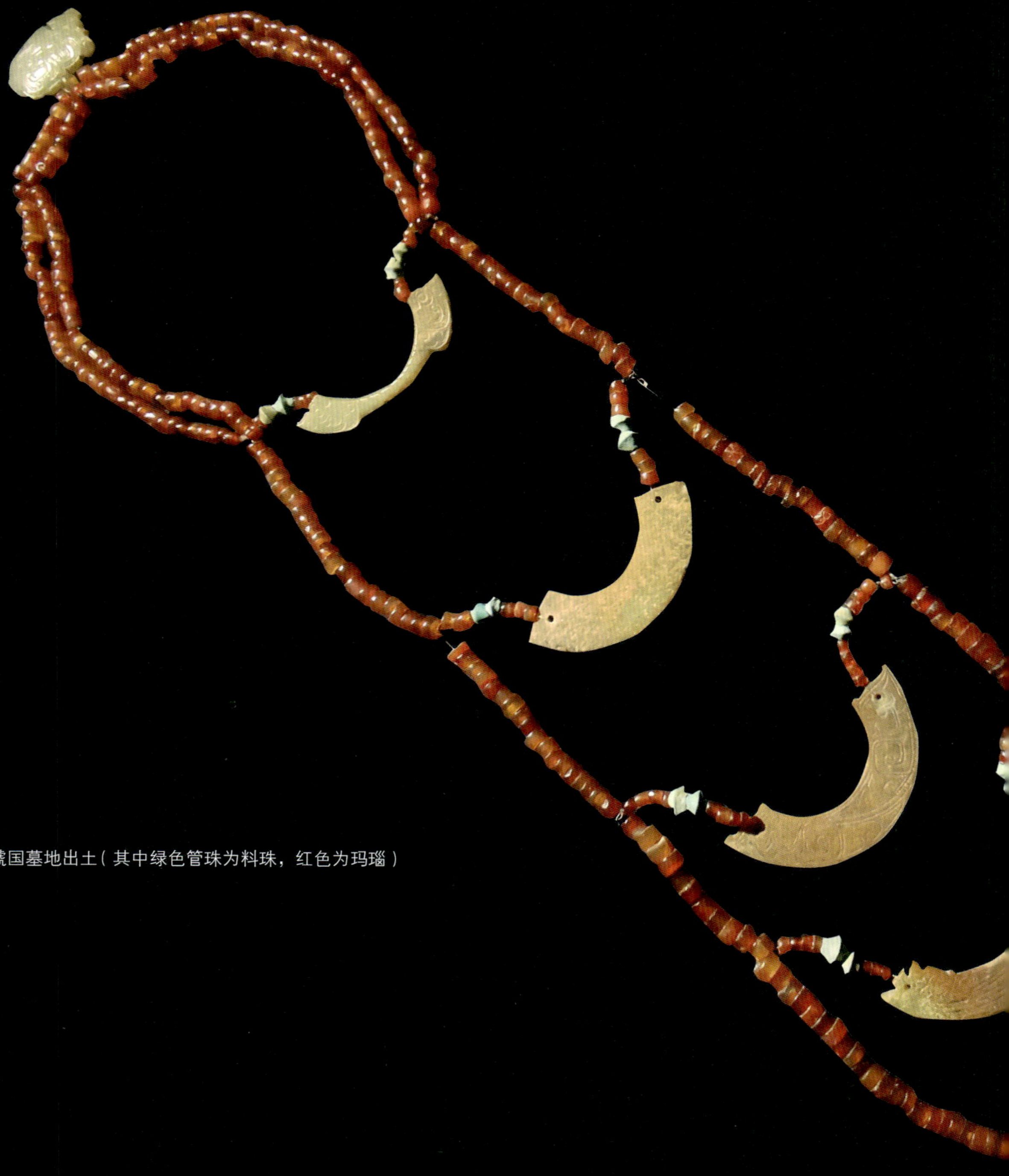

五璜组佩

河南三门峡虢国墓地出土（其中绿色管珠为料珠，红色为玛瑙）

另外，红玛瑙珠、管在西周组佩中也较为流行，此种玛瑙层纹不明显，颜色红艳，非常醒目，也有人将其称为“西红”，一是指其在西周非常盛行，二是说明其来自西方。其实目前来看此类红玛瑙可能早在龙山时代就已经传入我国。由料珠和红玛瑙珠管可以看出，西周时期，我国与境外的文化交流已比较频繁，境内外各文明部族“美美与共”。

2.玉人

西周玉人发现总数不多，多为装饰品，姿态各异，常见站姿。最为有特点的一类就是人龙合体形态。前文已述，合雕玉器最早见于史前时期。历经夏商，至西周非常流行，尤其是这类人龙合体玉器最有特色。

比如山西曲沃晋侯墓地63号墓就出土有5件此类玉器，造型大致相同，均为片状雕，两面均有纹饰，为典型的斜刀技法雕成。整体造型为一作蹲踞状的人形，圆眼硕鼻，头顶脑后部位为一龙，呈头下尾上的姿态，龙尾卷曲，上有小孔。龙眼为变形“臣”字目，有较明显的眼角线。胸部亦为一龙，变形“臣”字目，上颌上翘，龙嘴衔住内卷的尾端。人的臀部亦有一龙，龙首向上，与头部之龙遥相呼应。龙尾亦有一孔。此件为人龙合体造型，人圆眼大鼻，脑后附着一龙，龙头朝下，尾上卷形成穿孔。

此外，山西闻喜上郭墓地57号墓还发现3件立人，形体甚小，高度小于3厘米。雕琢朴实简练。此类玉人相对少见。

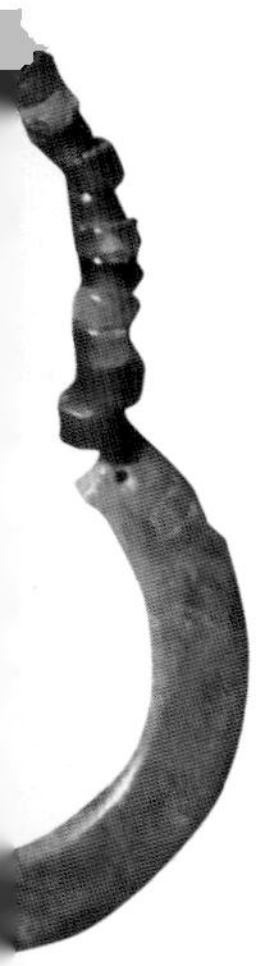

人形玉饰

山西曲沃晋侯墓地八号墓出土

3. 玉项链

西周的项链也较为常见，甚至一墓多组，尤其是高等级女性墓主更是如此。当然男性墓中也发现有项链，但一般为一组。就目前考古资料来看，西周玉项链的组成并无明显规律。大体可分为两大类，一类是以玉牌为主体，中间夹以管、珠，而玉牌则常见双首龙形、束帛形、盾形（马蹄形）三种。另一类没有玉牌，仅有管、珠，或配以蚕、鸟、鱼等构成。如山东济南长清仙人台M3:28就非常有代表性，其以六件白色束帛形玉牌为主体，中间夹以绿松石管、西红玛瑙珠等构件，色彩绚丽，构思巧妙。此外，山西曲沃晋侯墓地102号墓也出土一组项链，是以6件白色双首龙形及龙凤合体形玉牌为主体，中间夹以绿松石管、西红玛瑙珠等构件，其中双首龙形牌及龙凤合体牌形态类似，均呈“S”形，上面可见明显的斜刀技法雕琢而成的纹饰。尤其是其中的双首龙牌非常有时代指针性，为西周非常流行的构图。至战汉时期，同样是龙纹，则盛行双身龙纹了。

玉项链

山东长清仙人台三号墓出土

项链

山西曲沃晋侯墓地102号墓出土

项链

山东长清仙人台四号墓出土

4. 玉鱼

西周玉鱼发现数量众多，仅张家坡墓地即出土玉鱼303件。与商代弯弧形相比，西周的玉鱼整体以直条状更为多见，并且腹部的前鳍常见向下弯曲的形态，如爪状，非常具有辨识度。腹鳍及背鳍均以细密的阴刻斜线表达，身体上则光素无鳞。其尾部正中也多为“V”形，且往往成对伴出，应为雌雄之别。这说明这一时期阴阳观念已较为盛行。在玉鱼的脊背或口部往往有钻孔，便于佩戴或悬挂。比如张家坡墓地就出土过一件如上述的典型玉鱼。

玉鱼的造型也早在史前时期就已出现，比如红山文化、良渚文化之中均发现有玉鱼。夏代由于肖生类玉器贫乏，因此也不见明确的玉鱼，至商代开始增多，至西周则进入兴盛期。之后一直绵延不断，明清时依然是喜闻乐见的题材，并赋予了其美好的寓意。

关于西周玉鱼的用途，或有两类。一类是生者佩戴之物，为发饰或项饰。另一类则是墓葬之中的棺饰，悬挂在墙柳之上来使用。

玉鱼
湖北随州叶家山遗址出土

西周肖生类玉器也较为发达，比较有代表性的是玉鹿。鹿类玉器在史前时期就有发现，比如长江中游的后石家河文化中就有出土。之后商代亦有发现，至西周更为流行。西周的玉鹿多为奔跑状，肌肉发达，动感十足。鹿角也常见多叉状，如枝繁叶茂的树枝。前后肢常以“八字形”斜刀技法与躯干分开，腿部关节较锐利，呈尖角状。蹄部常见“V”形凹缺。有回首、前视等不同姿态。山西曲沃晋侯墓地63号墓出土一件，呈向前奔跑状，肌肉强健有力，有膘肥体壮之感。鹿角硕大分叉，部分枝节卷成圆孔。器身“八字形”斜刀技法明显，腿部关节较锐利。蹄部可见明显的“V”形凹缺。虢国墓地也曾出土一件，姿态与此非常近似，唯头部的鹿角直立向上如小树状，造型相对简单。

玉鹿
山西曲沃晋侯墓地63号墓出土

玉鹿
河南三门峡虢国墓地出土

6.工具类

西周时期工具类玉器较为少见，尤其是斧、镰等生产工具类玉器更是凤毛麟角。觿、耳勺类器物则较为常见。比如山西闻喜上郭墓地49号墓曾出土一件玉觿，整器呈半圆弧形，为龙状，龙首较宽，尾部逐渐变为尖细，器身用斜刀技法雕琢勾云纹。陕西扶风黄堆老堡子32号墓出土一件玉耳勺，前端呈浅勺状，勺柄逐渐向后变粗，柄部后端通过减地技法做成两级台阶状，或为防滑设计。末端则骤然变细呈尖榫状，或有其他用途。整器与现代耳勺已非常类似，令人真有穿越之感。玉耳勺在商代已有发现，西周时较为常见，至春秋时期非常盛行，战国渐少，秦汉以后基本绝迹，应被金属耳勺所取代。

玉觿
山西闻喜上郭墓地49号墓出土

玉耳勺
陕西扶风黄堆老堡子32号墓出土

三、西周玉器特征

纵观西周玉器发展历程，西周早期玉器很多仍有商代遗风，有的甚至直接就是商代遗玉。《逸周书·世俘解》云："凡武王俘商宝玉万四千，佩玉亿又八万。"由此可见武王灭商后获得大量商代旧玉。考古材料可与文献互相印证，比如山西曲沃晋侯墓地63号墓所出玉鹰鸮、玉人、玉牛和玉熊等，器型和纹饰与安阳殷墟妇好墓所出土的同类器如出一辙，无疑便是承自上代的"旧宝玉"。直到西周中期，玉器才逐渐形成自己的风格。因此我们所说的西周玉器特征，也主要指西周中晚期的特征。

玉鹰鸮
山西曲沃晋侯墓地63号墓出土

玉人

山西曲沃晋侯墓地63号墓出土

玉覆面构件
山西翼城大河口墓地出土（质地为云母玉）

从玉料上看，这一时期广义的玉料仍然较为丰富，除了软玉，还流行蛇纹石、绿松石、红玛瑙、云母玉等，甚至还有人工合成的料器。比如我们曾检测过山西翼城大河口西周墓所出玉器，我们采用拉曼光谱仪、硬度仪对其两座墓葬所出的100多件玉器材质进行无损材质检测，由检测结果可知，两座墓中玉器的主要材质包括白云母、釉砂、大理岩、绿松石、透闪石、方解石等种类。其中软玉仅有2件，所占比例极低。而云母玉所占比例近80%。大量使用云母玉是其一大特色。这应与墓主人生前身份不高有直接关系。研究者也曾对张家坡墓地所出100多件玉器进行过材质检测，发现西周重臣井叔墓葬中80%以上玉器都是软玉，这也与其身份较高密切相关。《周礼·考工记·玉人》中曾提及“天子用全，上公用龙，侯用瓒，伯用将”。上述研究成果印证了文献中提及的周代用玉质地与等级密切相关的记载。就目前考古资料来看，云母玉在史前时期已经被先民所利用，比如大汶口文化、良渚文化之中也曾发现此类玉料。关于此类玉料的产源问题将是今后学界研究的重点课题。

从玉器种类来看，玉组佩与玉覆面是这一时期非常有特色的种类。玉质容器工艺在前代基础上有所进步，只是数量并不多，说明仍然处于早期阶段。在复合材质的器类上，河南三门峡上村岭虢国墓地所出土的一件玉柄铁剑，是在商代玉铜复合技术基础上的新发展，开东周时代玉铁复合工艺之先声。

从纹饰角度而言，这一时期常见勾云纹、龙纹、凤鸟纹等，纹饰比商代更趋于图案化、抽象化。尤其是凤鸟纹比较流行，是这一时期的一大特色。动物和人物仍然多以“臣”字形表示双眼，但与商代相比，这一时期“臣”字眼发生了明显变化，可以称作变形“臣”字眼，特点是上眼帘弯曲，下眼帘短促，有明显的眼角线。另外，圆形目也占不小比例。此外，与商代“线随形转”的剪影式玉雕风格不同，西周时期的玉器纹饰往往独立成形。同时，纹饰与器型也开始出现比较固定的搭配，例如，玉玦和玉觿等经常以龙纹为装饰，而玉柄形器和玉牌等则常见凤鸟纹。

玉鸟
湖北随州叶家山遗址出土

玉鹿
湖北随州叶家山遗址出土

从工艺角度来看，这一时期片切割开料技术依然大行其道。雕琢纹饰往往采用“斜刀”技法（一面坡），至于所用工具，笔者比较倾向于这一时期已出现砣机，通过微痕可清晰看到，一面坡阴刻线边缘及底部非常平整顺滑，不应是手执锐器所雕琢。另一个变化便是纹饰的细化。细如蛛丝般的须发，可视作战国两汉玉器“游丝刻”的源头。“V”形凹缺居中的“周式”扉棱也颇具特色，并且，器物中间往往施以镂空，习见长逗号形态，这与商代玉器也有明显不同。此外，成型对剖技术在这一时期也比较流行，此种技法承自史前的黄河流域，比如石峁文化中即可见到利用这种技术加工的圭、铲类玉器。

曲内戈
湖北随州叶家山遗址出土

玉虎

湖北随州叶家山遗址出土

第八篇

百花齐放各风流——东周玉器

公元前770年，周平王将都城东迁至洛邑（洛阳），是为东周历史的开始。这一时期我国经历了剧烈而深刻的变革，列国兼并战争频繁，诸侯并起，礼崩乐坏，周天子"唯王独尊"的权威遭到破坏，周公确立的礼仪规制日益衰微。此前庄重肃穆的玉质礼器渐渐失去了它的尊严和神圣的地位。

尤其是到战国时期，各国变法运动风起云涌，对社会发展起到了极其深远的影响。玉器的制作，突破了早期文化意义大于审美意义的社会功能，从此开始了对美的有意识的追求。因而这一时期装饰性玉器相当发达，无论造型技巧、纹饰工艺，还是时代风格都为之一新，出现了一大批工艺精细、玲珑剔透、形式别致、繁缛华丽的玉雕艺术品。

一、春秋时期玉器

关于这一时期有很多重要考古发现，出土了大量玉器，包括春秋早期的河南宝相寺黄君孟夫妇墓，春秋早中期的山西闻喜上郭墓地，春秋中期的山东沂水刘家店子，春秋中晚期的河南淅川下寺楚国墓地，春秋晚期的山西太原金胜村251号大墓、江苏吴县严山玉器窖藏、真山大墓、陕西凤翔南指挥村秦公一号墓、安徽寿县城关西门蔡侯墓等。

黄君孟夫妇墓共出土玉器180多件，其中黄君孟墓出土玉器54件，黄夫人墓出土玉器130余件，多为装饰玉。下寺楚国墓地共出土3550余件玉器，以玉石珠为多。其中虎形玉佩、兽面纹玉饰等非常有特色。山西太原金胜村251号大墓出土玉器300多件，除了常见的装饰玉，还发现龙形佩、玉剑饰等。真山大墓共出土玉器10000多件（粒），其中包括玉覆面、玉玦、珠襦等。

这一时期器物种类多样，包括玉佩、玉剑具、玉韘、玉笄、玉梳、带钩、玉璧、玉圭、玉璋、玉覆面、珠襦、玉甲、玉人等器类。如归纳为大类，主要包括装饰品、工具类和礼玉三大类。

（一）装饰玉

1.玉管

俗称为“勒子”。此类器物可以说从史前至明清都有发现，属于非常多见的器类。但春秋时期的玉管比较有时代特点。就用途而言，或作为墓主人手中的玉握，或作为组佩中的构件。山西太原金胜村赵卿墓出土2件，其中一件的横剖面为三角形，中间有一贯通上下的通天穿，两端有射，可分为四节，或可称之为琮式管。器身遍饰谷纹。所谓谷纹，指纹饰如谷芽萌出的形态，因此得名。也有人称作蝌蚪纹、卧蚕纹等。目前来看，谷纹最早发现于春秋晚期，其或与西周时期的长逗号纹饰有关。另一件则大体呈圆状，中间为通天穿，一面孔内嵌一个蓝色琉璃珠，器表被凸弦纹分为上下两区，均雕琢谷纹。

玉管
山西太原金胜村赵卿墓出土

2.玉组佩

春秋早中期，主人等级较高的墓葬所出的玉组佩仍然盛行以玉璜为主体的形式，间或也有玉牌统领管、珠的类型。比如山东沂水刘家店子一号墓曾出土一件玉牌组玉佩。其共由25个单体梯形牌组成，其中一件较大，其余24件大体近似。上饰抽象龙首纹，采用春秋中期盛行的双宽阴线雕琢而成。其上可见小孔。其具体组合方式有待深入研究。

从春秋晚期开始出现一种“龙形佩”，其逐渐取代了玉璜的位置，成为组佩的主要构件，其往往与环、珩配合使用。与西周相比，这一时期玉组佩在佩戴方式上也发生了变化，不再佩戴在颈部，而是系挂在腰间的革带上。其佩戴方式的改变，应与当时服饰制度的变革有直接关系，或与深衣、革带的装扮密不可分。与这一佩戴方式相适应，这一时期玉组佩长度相对较短，组合方式相对更为自由活泼。甚至偶见仅由玉环与管、珠组合的形式，比如山东淄博郎家庄大墓就曾出土一件此类组佩，其上端

梯形牌组佩

山东沂水刘家店子一号墓出土

为一大水晶环统领，下面分成四股，每股首尾也为水晶环，中间杂以水晶和玛瑙管、珠。整器色彩绚丽，玲珑剔透，让人赏心悦目。这种尚水晶、玛瑙的风格也为“齐式”玉的一大特征。

其中的龙形佩蜿蜒蜷曲，体态优雅，多为“S”形，总体多呈侧视回首状，往往在龙腹弯弧处有一小孔，以便与其上的管珠类构件连缀。龙口多闭合，眼睛部位表现形式包括以孔代目、椭圆形、重环形、圆形，基本没有眼角线。纹饰以勾云纹为主，后逐渐演化为谷纹、蟠虺纹。雕琢技法主要包括单阴线雕琢以及春秋晚期习见的浅浮雕技法。龙形佩为春秋首创，对战汉时期有重要影响。

龙形佩

山西太原金胜村赵卿墓出土

玉组佩

山东淄博郎家庄大墓出土

玉牌饰
河南桐柏月河墓出土

3.玉牌饰

春秋玉牌饰发现较多，除了上文提及的作为组佩构件的梯形牌，还常见一种近似长方形或长条状的玉牌，这类玉牌的具体使用方式还有待深入研究。比如山西太原金胜村大墓也出土一件，整器略呈长方形，四角各有一小孔，侧边上均可见扉棱装饰，器表通过两道凹槽将整器分成三区，凹槽内施刻人字纹，三区表面采用浅浮雕技法满琢蟠虺纹，这是春秋晚期的典型风格。所谓蟠虺，即蟠曲的小蛇，这类纹饰目前也最早见于春秋晚期，其或可认为与龙纹饰有关，可能是龙首纹的局部简化形式。河南桐柏月河墓、淅川下寺楚墓等地也发现过雕琢浅浮雕蟠虺纹的玉牌。

玉牌饰
河南淅川下寺楚墓出土

玉虎
河南淅川下寺楚墓出土

4.玉虎（琥）

虎类题材的玉器早在史前时期就已出现，比如凌家滩文化及后石家河文化中都发现过虎头璜。夏代由于肖生类玉器不流行，未见明确玉虎，而商代和西周均比较常见，其形态总体比较类似于龙，只是尾巴一般作上卷状。至春秋时期，玉虎也比较盛行。比如河南光山宝相寺黄君孟夫妇墓曾出土一件，总体作侧视的蜷腿趴窝姿态，口斜开，口内侧为一圆孔。尾上卷成圆孔状。双爪下端作玦口分开状，周身为浅细双阴线雕琢而成的虎纹，为春秋早期的典

玉虎
河南桐柏月河墓出土

型风格。河南淅川下寺楚墓一号墓也曾出土两件，此两件器物大小、纹饰及材质基本一致，或为成型对剖而成。这两件玉虎的总体形态与黄君孟夫妇墓所出类似，也为侧视的蜷腿趴窝姿态，口斜开，口内侧为一圆孔。尾上卷成圆孔状。一面光素无纹，另一面采用隐起浅浮雕技法雕琢虎纹。所谓隐起浅浮雕技法，是指主体纹样较为突起，但各纹样之间并未完全减地，与减地明显的标准浅浮雕有别。此种技法也主要流行于春秋晚期。

玉虎在文献中虽为“六器”之一，但在春秋时，应主要是作为佩饰使用。

玉虎
陕西宝鸡益门村二号墓出土

5.璜、珩

此两类器物容易混淆，即使在专业的考古简报和报告中，有时也出现混用的现象。造成这一情况的主要原因是先秦文献中未明确说明二者之区别。就目前研究情况来看，璜一般为两端穿孔，使用时往往是凹弧的一面朝上。珩则在器身中部的弯弧处雕琢出一孔，使用时往往是凸弧的一面朝上，类似于磬悬挂的形态。有时除了中部有穿孔，两端也会有穿孔，目的是两端再垂挂其他构件。因此我们可以做一个简单判断：弯弧状的玉器，只要弯弧中部有小孔，一般来说即可命名为珩。从目前出土的考古资料来看，这两类器物在两周时期一般很少单独使用，而往往是作为组佩的构件出现。

玉璜
山东沂水刘家店子一号墓出土

春秋时期的这类器物有的非常有特点，所以我们需要单独拿出来介绍一下。比如山东沂水刘家店子一号墓出土一件，整器呈弯弧形态，两端为简化龙首状，一端有三个小孔，另一端则为两个，应称之为璜。一面平素无纹，一面雕琢双宽阴线勾云纹，为春秋中期的典型纹饰。山西太原金胜村大墓也出土一件，两端和中部各有一孔，应称之为珩。整器也呈弯弧形态，两端边缘为扉棱状，两端头为简化龙首状，龙口微开，玉璜表面采用两道凹槽将器身分成三区，凹槽内施刻细密的绹索纹，三区表面采用浅

玉珩
山西太原金胜村大墓出土

浮雕技法满琢蟠虺纹。这是春秋晚期的典型风格。陕西凤翔南指挥村秦公一号大墓出土一件，整器呈弯弧形态，两端各有一孔，应称之为璜。周缘稍高，并以一圈浅细的阴刻线围出轮廓。轮廓内遍饰典型的“秦式龙首纹”，其特点为单条阴刻线雕琢，并且转折处均为方折。这与其他地区的龙首纹形象迥异，非常有地方特色。当然具有此种风格的器物不仅为璜、珩之类，还包括灯笼形佩、束帛形佩、三角形佩等辨识度非常高的器类。

玉璜
陕西凤翔南指挥村秦公一号大墓出土

6.玉具剑

所谓玉具剑，即指镶嵌在剑或剑鞘上的玉质饰件。其名称在汉代已有之，比如《史记·田叔列传》载："将军取舍人中富给者，令具鞍马绛衣玉具剑，欲入奏之。"从考古实物来看，最早的玉具剑始见于春秋晚期，盛行于战汉，至魏晋时逐渐走向衰落，但其遗韵其实绵延至今，现在健身爱好者所使用的剑，也常可见到玉具剑的身影。具体而言，玉具剑又包括剑首、剑格、剑璏（俗称昭文带）、剑珌四部分。这四部分同时共出则是到了战国时期。从用途来讲，玉具剑除了美化佩剑，也是权贵阶层显示身份的一种礼器。

具体而言，剑柄端所嵌玉饰称为玉剑首；剑茎（柄）与剑身之间分界处所镶嵌的玉饰称为玉剑格；镶嵌在剑鞘上，以使剑得以悬挂于革带之上的玉饰称为剑璏；镶嵌于剑鞘顶端的玉饰称为剑珌。总体来讲，剑首与剑格是镶嵌于剑本身上的，剑璏与剑珌则是镶嵌于剑鞘上的。

山西太原金胜村大墓就曾发现剑璏与剑珌，剑璏俯视呈长方形，器面一端向内卷曲微收，若屋檐状。近中部有一圆角长方形的大孔，用以穿挂。器表雕琢浅浮雕谷纹。剑珌略呈扁长方形，上端有凹窝可供剑鞘嵌插，两角还各有一孔，孔内残存金丝，起到绑缚作用，可使剑鞘与剑珌的结合更为牢固，器身雕琢浅浮雕谷纹。

除了玉具剑，春秋时期还比较流行其他镶嵌用玉。镶嵌用玉的盛行也是春秋玉器的一大特色。

玉剑珌
山西太原金胜村大墓出土

玉剑珌

河南桐柏月河墓出土

（二）实用玉

春秋时期的实用玉包括玉韘、玉笄、玉梳、玉带钩、玉耳勺、玉觽等，其中比较有特色的当属玉带钩与玉韘。

1. 玉带钩

“带钩”一词较早见于《史记·齐太公世家》，其中记载了一个与带钩直接相关的经典故事：春秋时期，管仲为保公子纠为君，一箭射中公子小白的带钩，小白装死躲过了这场灾难，后成为齐国的国君，即著名的齐桓公。这说明至迟在春秋时期已经出现了带钩。后世文献中也称为“鲜卑”“犀比”。就考古资料来看，玉带钩最早见于史前的良渚文化中，但其形制与历史时期之带钩相差较大，其使用方式也应与后世不同。后至夏商时期也未见到带钩身影。西周晚期开始出现铜带钩，而玉质带钩目前最早见于春秋晚期。之后至战汉时期，带钩大为盛行，魏晋之后逐渐式微，明清时期又有所复苏，只是其很多已脱离了实用功能，成为玩赏之器。

春秋时期的玉带钩形体宽而短，钩头较薄，故有人认为可能属于襟钩，而不是腰带上的正式带钩。河南固始侯古堆一号墓曾出土一件，个体非常小，长度约为2厘米，宽约1.7厘米，整器形体宽短，正面若鸭首，器身近梯形，两侧雕琢有扉棱，器表施刻浅浮雕蟠虺纹，背面有一小突钮。

2. 韘

前文已述，韘最早见于商代晚期，但商代为斜筒状，至西周其变成一面缓坡的形态。至春秋时期，此类器物依然有所发现。这一时期的玉韘大体形态与西周的相近，但在外侧的一角开始出现柄状凸翼，并且佩戴方式可能也由原来的拇指转为食指。河南桐柏月河墓曾出土一件，俯视略呈盾形，一面如缓坡状，另一侧平齐。在外侧一角可见一柄状凸翼。器身主体纹饰为蟠虺纹。山西太原金胜村大墓出土一件，一面如缓坡状，另一侧则略呈三角状，尖部明显。在外侧一角可见一柄状凸翼。器身平素无纹。

玉韘
河南桐柏月河墓出土

玉耳勺

河南桐柏月河墓出土

（三）礼玉

这一时期，传统意义上的圭、璋、璧、琮等玉礼器已逐渐式微，甚至出现了较多的石质替代品。玉琮主要为素面单节，射部较矮甚至消失，亦不排除是史前遗玉的可能。玉戈偶有发现。盟誓用玉大量出现，盟书用朱色或墨色写在玉片或石片上，玉石片多呈圭形、璋形等，比如著名的侯马盟书。玉覆面也偶有发现，但已不如西周制作精良，并且在等级较低的墓葬也有出土，说明其已不再像西周那样是标准的身份象征物了，由此也可印证文献中描述这一时期“礼崩乐坏”不是空穴来风。这一时期也出现了一些新的器类，比如春秋晚期真山吴国大墓中发现了珠襦、玉甲等新器物，这是在覆面基础上的新发展，为汉代玉衣的发展奠定了重要的基础。璧环则相对较为常见。

璧（环）

前文已述，璧与环很难截然分开，所以我们依然将其作为一类进行介绍。这一时期这类器物的用途可能逐渐从传统的礼器向其他功用转换，比如组佩中的构件和棺饰，这从其出土位置上也可得到佐证。我们姑且按照传统的分类法，依然将其放到礼玉类介绍。

这一时期玉璧环种类发现较少，尺寸一般偏小，直径大多在10厘米之下，上面多见纹饰，包括龙首纹、蟠虺纹等。黄君孟夫妇墓曾出土一件，中孔较大，一面光素无纹，另一面遍饰龙首纹，纹饰明显分为内外两圈，均以双阴线雕琢纹饰，这种双阴线比商代的双勾阴线更浅细，是春秋早期非常有代表性的技法。其纹饰雕琢遵照一定规制，比如外圈的龙首头像完全一致，均为椭圆形眼，长舌伸出口外，作弧曲上卷状，非常有特点。山西太原金胜村大墓也出土一件，中孔较大，内外缘稍突起，器身遍饰蟠虺纹，为浅浮雕雕琢而成。这是典型的春秋晚期风格。

玉璧环

河南光山宝相寺黄君孟夫妇墓出土

玉璧环
河南桐柏月河墓出土

玉人

河南桐柏月河墓出土

玉觿

河南桐柏月河墓出土

玉觿

河南桐柏月河墓出土

龙形佩
河南桐柏月河墓出土

玉戈
河南桐柏月河墓出土

二、战国时期玉器

出土此时期玉器的遗址包括湖北随县曾侯乙墓、山东曲阜鲁故城、河北平山中山王墓、河南信阳楚墓、河南辉县固围村魏国墓、安徽长丰杨公乡墓等。

这一时期器物种类多样，包括玉组佩、龙形佩、鸟形佩、玉璜（珩）、玉带钩、多节佩、玉人、玉具剑、玉印、博具等器型。如归纳为大类，主要包括装饰玉、工具类和礼玉三大类。

（一）装饰玉

1.龙形佩

上文已述，龙形佩首创于春秋晚期，是组佩的重要构件。至战国时，此类器物非常盛行，甚至出现了双龙首佩、龙凤形佩的变体。这一时期的龙形佩基本造型为“几”字形，比春秋时期的“S”形更为卷曲修长，在造型时大量运用镂空技法。眼睛多带眼角线。并且这一时期的龙形佩大多已张口。战国早中期口部微张，上颌明显长于下颌，且多作上卷状，下颌平齐或内卷；至晚期时，口部大张，獠牙明显，上下颌近似斧钺状，且比较流行龙首凤尾的造型。如果从纹饰角度来看，战国早期多见云（虺）谷相杂纹，且浅浮雕的纹饰顶部有磨平之感；中期则流行谷纹；晚期变为勾连谷纹。有意思的是，河北平山中山王墓曾出土5件龙形佩，但其上用墨书自名为“珩”，这为此类器物的定名带来了新的线索，看来我们后人根据形态定名的龙形佩，在战国时期或许也属于玉珩之列。

比如河北平山中山王墓曾出土一件战国中期的龙形佩，大体为“几”字形，器身多处部位采用镂空技法雕琢，眼睛略呈梭形，内外均有明显的眼角线，口斜开，上颌明显长于下颌，且作上卷状，下颌平齐。角较为明显，作竖立状，通体施浅浮雕谷纹。在器身中部的弯弧处有一孔，便于穿缀。山东淄博商王村一号墓出土一件战国晚期龙凤形佩，龙凤背向而立，整器主要采用镂空技法造型，龙首与凤首均为张口露齿的形态，且獠牙明显，上下颌略呈斧钺形。龙首有较长的角，作后伏状，凤首头上有冠。龙凤的眼睛都呈梭形，内侧都有明显的眼角线。安徽长丰杨公大墓出土一件战国晚期双龙首形佩，或亦可称之为珩。整器略呈

龙凤形玉佩
山东临淄商王村一号墓出土

"几"字形，为左右中轴对称状，两端为回首龙形，口部大张，獠牙明显，上下颌近似斧钺状。双龙眼睛呈梭形，内外侧都有明显的眼角线，器身遍饰勾连谷纹，中部弯弧部位上下都有镂空图案，似凤鸟形。整器制作繁缛细腻，富丽堂皇，为典型的"楚式玉"。

2. 鸟形佩

战国鸟形佩饰非常盛行，凤鸟佩饰也大量运用镂空技法，总体造型动感十足，极富张力。比如河北平山中山王墓出土一件战国中期的鸟形佩，主要采用镂空技法雕琢而成。总体造型为四只凤鸟站立于一件玉珩之上，中部两鸟呈展翅欲飞的姿态，四鸟均为圆眼勾喙的形态。整器造型颇富创新理念，动感十足。江苏无锡鸿山镇越国贵族墓曾出土一件战国早期的鸟形佩，鸟为侧视振翅飞翔状，翅与尾部通过镂空分开，双腿蜷曲，圆眼勾喙，头顶有一柱状冠，两面均有纹饰，为阴线雕琢而成的具象羽翎纹。器身中部有孔，可供佩戴。这种具象羽翎纹的凤鸟可视为较典型的吴越风格。

3.玉人

玉人题材始见于史前时期，比如凌家滩文化、红山文化、后石家河文化中均出土过玉人形象。进入历史时期之后，夏代未见此类题材，商代玉人开始比较流行，常见蹲踞状姿态。西周时期，玉人仍然是常见题材，尤其流行人龙合体的形象。春秋时期，玉人相对少见。

战国时期玉人出土也不多，但非常有特点。从大类上来讲，主要包括两类：一类是带有宗教色彩的小型立人，另一类是著名的玉舞人。前者见于河北平山中山王墓，共发现4件，高度都小于4厘米，都为正面立人形象，双手交叉放于胸前，均着长衫，或为深衣，衣服上采用单阴线雕琢方格纹。有两件腰部施刻有平行斜线纹，或为腰带。其中三件头顶作牛角状，代表发髻或者冠饰。有学者认为，或与当地习见的“蚩尤戏”有关。其中有的玉人底端作榫卯状，或嵌插在其他器物上使用。

战国玉舞人则一般为女性，其姿态较为一致，一般都是长袖束腰状，其中一长袖甩过头顶，衣袖尾部呈上翘状，另一袖置于身侧，呈舞蹈状。舞人的五官清晰，多作瓜子脸、杏核眼、小口。额头的头发往往向后梳，发丝刻画比较精细，往往采用细密的阴刻线雕琢而成，双耳两侧常见成绺的发丝。战国舞人对两汉影响明显，至汉代舞人的舞蹈姿态更为明显，流行所谓“翘袖折腰”之舞。汉代时玉舞人一般是作为组佩之中的构件，并往往成对使用。由此推测，战国时期的舞人也或是如此使用。美国弗利尔博物馆藏一件双联玉舞人，非常精美。据言，应是出自河南洛阳金村周天子墓。整器为两个女性舞人并排而立，双臂相连。两人均是各有一袖甩过头顶而又相连为三角尖状，另一袖置于反向身侧。额头部位的头发向后梳，双耳两侧可见成绺的发丝。头发采用细密的阴刻线雕琢，极其精细。杏核眼，小口。整器造型新奇，工艺精湛，可为这一时期的代表。此外，江西南昌贤士湖14号墓曾出土一件，一手置于头顶，另一手放于反方向身侧，束腰，腰系玉佩。五官及发饰清晰，均为阴性刻。江西南昌海昏侯墓中也曾出土一件玉舞人，根据其特征，应该是战国时期的遗玉。

玉舞人
江西南昌贤士湖14号墓出土

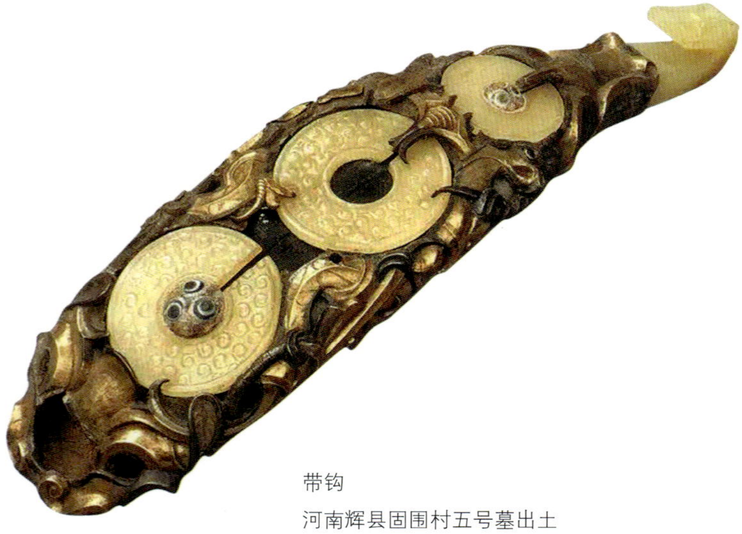

带钩
河南辉县固围村五号墓出土

4. 玉版

战国时期的玉版多呈长方形。比较有代表性的是河北平山中山王墓出土的三件战国中期玉版。一件为中心对称布局，即将一角内的纹饰旋转180度后与对角的纹饰完全相同。这种构图技法在东周时期比较流行。其中一组对角纹饰为饕餮纹，圆眼凸鼓，双角如钩状竖立，阔口有须，状甚威猛，须和角上均由细密的阴线构成，似绹索纹。另一组对角纹饰为侧视夔龙纹，夔龙作回首趴窝状，口斜开，梭形目，角竖立于脑后。身体施方格纹。两组主体纹饰主要为浅浮雕配以阴线刻雕琢而成，底纹主要为单阴线纵横交叉而成的细密方格纹。这种细密的阴线纹，细如毫毛，若隐若现，犹如绘画之游丝白描，玉器界惯称为“游丝毛雕”。这种技法在战国乃至汉代都非常流行，成为战国至汉代玉器的一大特征。其实，这种技法在史前的良渚文化中已露端倪，西周时期也有类似技法，集大成而盛行则是到了战国甚至汉代。另一件为镂空而成，纹饰也分为四个区域，不过其为中轴对称布局，即沿中线对折，左右图案完全相同。其上半部为中轴对称的两侧视夔龙，其夔龙具体形态与第一件基本一致。下半部为对称的两正视螭龙图案，身体蜿蜒若“S”形，尾分成两叉，可见双目，近似菱形。这或是我国玉器史上最早的螭龙形象，此类图像对汉代影响甚巨，两汉玉器中螭龙纹广为流行。

（二）工具类

战国时期工具类玉器发达，除了仍发现玉梳、带钩、容器等器物，又出现了一批新器类，对后世产生了重要影响，包括玉印玺、玉册、博具、玉灯等。

1.玉带钩

这一时期玉带钩的数量比春秋时期大为增加，是非常盛行的一种器类。总体而言，与春秋时期相比，这一时期带钩尺寸明显加长，基本长度都超过5厘米，甚至有的超过20厘米。总体多作琵琶形，背部常见方钮或圆钮。这一时期还出现了玉与铜、金、银等复合而成的带钩，可见时人对于带钩的重视。

比如河南辉县固围村五号墓曾出土一件包金嵌玉银带钩，长近19厘米，整器略呈琵琶形，钩首如鸭首形，器身正中镶嵌三件白玉玦，上施浅浮雕谷纹，具有典型的战国中期风格。外侧两玦中孔内各镶嵌有一枚蜻蜓眼琉璃珠。此器做工复杂，构思巧妙，堪称时代精品。山东曲阜鲁故城乙组58号墓也曾发现一件战国中期的鎏金嵌玉铜带钩，整器长约11厘米，整器略呈琵琶形，钩首为兽头形，器身中部镶嵌一鸟形玉片及一枚绿松石圆饼，背有圆钮便于系挂腰带，此器做工也颇为精湛。

2.玉印

一般认为，这一时期出现了我国最早的印玺。而后至汉代，玉印玺则非常发达，之后历朝印玺文化均高度发达，直至今日，玉石印章仍广为流行。战国时期的印玺，一般为方形，器体较小，顶端常雕刻有虎、螭等神兽鼻钮。比如湖南长沙窑岭九号墓曾出土一件，印面为正方形，款识为阴文“阳缓”二字，二字外有阴线边框。

目前也有学者认为商代晚期已出现玉印，即妇好墓所出的龙纽石器盖，器盖背面略凹，中间刻“十”字形阴线，长径上下侧各雕夔纹一对；此外，陕西澄城九沟西周墓地也发现过与此非常类似的一件。关于印玺到底是否起源于商周，有待将来进一步验证。

3.玉册

我国古代帝王在祭祀天地、册立王妃或诸大臣时，要将诰文镌刻于简册上，如“简册”是玉质，则称为玉册。考古发现最早的玉册出自河南辉县固围村一号战国墓中，出土时50枚简相次成卷，均呈扁薄长条状，但上面未发现文字。之后至唐宋时期，玉册十分盛行，又可分为封禅册、哀册等不同类别。比如南唐李昪钦陵中的玉哀册以及宋真宗禅地玉册等均较为知名。

4.博具

博是古代一种争胜负、赌输赢的游戏，亦称博戏。又因在博戏时常使用六根博箸，也常称之为六博。博具即博戏中所用的工具。《史记·殷本纪》记载："帝武乙无道，为偶人，谓之天神，与之博。"如此说不误，至迟在商代已出现博类活动。至东周时，博戏已较为流行，比如《战国策·齐策》中记载："临淄甚富而实，其民无不吹竽鼓瑟……六博蹹踘者。"由此可以想见当时的热闹场面。至两汉，博戏更为盛行，无论达官贵族抑或贩夫走卒，都乐在其中，考古出土品中习见的六博棋盘、博局纹铜镜等可佐证之。遗憾的是，其中的六博棋玩法在汉之后即已失传，至今为止学者们仍莫衷一是。

山东曲阜鲁国故城乙组52号墓曾出土一组战国早期的玉博具，共计6枚。器形完全一致，均为立方六面体，边长约2厘米。器表平素无纹，边缘钝滑。这组玉博具与象牙博具、筷形象牙筹、筷形银筹等同出一墓之中，应是墓主人生前所喜爱的博具。

（三）礼玉

前文已述，整个东周时期，礼崩乐坏，故传统礼器类玉器均已式微，其中较发达的当属璧环类玉器。此外，玉覆面、玉琀、玉握等也时有发现。玉覆面的构件偶见合而为一者，为两汉玉衣的出现又向前迈进一步。玉琀多为动物形态，且流行口内多琀的风俗。

璧环

这一时期璧环的尺寸开始增大，直径大多在10厘米之上，最大者超过30厘米。带有纹饰的璧环开始增多，平素无纹者退居次要地位。部分璧环之上出现反光度很高的所谓"玻璃光"。玻璃光是指玉器表面存在的一种硬朗、光亮如镜的光泽感。玻璃光具体如何形成，目前学界仍见仁见智，有人认为是采用特殊抛光工艺所形成，也有人认为是特定的埋藏微环境所致。玻璃光特征也为之后的两汉玉器所继承。这一时期璧环的质地多见青绿色调，或为文献中所称的"水苍玉"。楚地还流行琉璃制作的玉璧。除了普通的璧环，开始出现器身分区的璧环，或两区或三区，各区之间采用绹索纹分隔开来。如是两区，则外区为双身龙纹，内区则为谷纹或蒲纹。如是三区，则内外区均为双身龙纹，中区为谷纹或蒲纹。

玉璧
山东曲阜鲁国故城乙组52号墓出土

所谓蒲纹，是战国晚期新出现的纹饰，状如编织而成的蒲席，因此得名。其实蒲纹就是由三种不同方向的平行阴线交叉而成的六边形格子，状如蜂巢。关于蒲纹的性质目前也有不同意见，一般认为其是一种主题纹样，但也有学者认为其是为了雕琢谷纹等纹饰而提前刻画的样线，目的是保证谷纹的整齐排列。我们还是将其看作真正的纹饰。此外，这一时期开始出现一种出廓璧，即在璧环外缘通过镂空等技法再雕琢出其他附饰。战国的出廓璧一般为左右两侧出廓，与汉代流行的上下出廓略有不同。总之，战国时期璧环类玉器种类多样，制作颇精，其对后来的两汉璧环产生了重要影响，以至于学者们在鉴定古玉时，经常将战国及两汉所出玉璧合称为战汉玉璧，不再进一步划分，也从侧面说明战国及汉代的玉璧确实有很多共性。但是不是两者确实完全没法分开呢？答案当然是否定的。细究器类，两个时代的玉璧环可从以下两方面进行分辨：首先，战国璧环内外缘较窄，常见三角缘形态，即突起的缘部朝向器身的方面为斜坡状，而朝向外侧及中孔的方面为垂直状，如此其横剖面则近似三角形。而汉代内外缘则较宽，横剖面呈长方形；再者，二者纹饰制作技法也有些许差异，比如同是浅浮雕谷纹，战国减地较深峻，触之有所谓“扎手”感，而汉代减地较浅，纹饰顶面相对平滑。

比如山东曲阜鲁国故城乙组52号墓曾出土一件战国最大玉璧，直径达到了惊人的32.8厘米。玉质青绿色，器表分为三区，各区之间采用绹索纹分隔开来。内外区均为双身龙纹，其特点是两龙身共用一首。内区共为三组龙纹，外区为五组龙纹。外区龙纹为梭形长目，蒜头鼻，双角内卷成近环形，两须外撇，为成组的细密阴刻线雕琢而成。额头处可见近似半圆状标志，内为细密阴刻线雕琢而成的小方格纹，为典型的“游丝毛雕”技法。内区龙纹总体形态大体与外区相近，唯有龙尾处施刻有一不规则菱形图案，内为细密阴刻线雕琢而成的小方格纹。内外区龙纹之间也均为绹索纹分割。中区为浅浮雕谷纹，基底玻璃光明显，隐约可见六边形蒲纹。其器型硕大，制作工艺精美，可称国宝级文物。山东博物馆大厅穹顶即仿造此玉璧制作而成。河南洛阳西工区出土一件出廓璧，中为玉璧，中孔较大，内外缘作突起状，器表遍施浅浮雕云（虺）谷相杂纹。璧两侧通过镂空技法雕琢出中轴对称的龙凤图案，其造型均为龙首之上立一凤鸟的形态，龙舌外伸，卷曲为环状，下颌上卷为环状，尾及两爪也均卷曲为环状。凤鸟为圆眼勾喙，勾喙与龙舌相接，振翅垂尾，颇具动感。

出廓璧

河南洛阳西工区出土

三、东周玉器特征

东周时期玉料种类丰富，如从广义来看，包括软玉、水晶、玛瑙、绿松石、滑石、釉砂、琉璃等。其中的软玉制品常见一种青绿色调的材质，其斑晶及节理发达，可能与河西走廊一带的甘肃玉料有关。有学者也指出，这一时期玉料中有相当部分可能为昆山之玉（新疆和田玉），大月氏人在西玉东传至黄河流域过程中发挥了重要作用，可备一说。当然就整个玉器发展史而言，更多学者还是主张，和田玉大规模进入中原地区应该是汉武帝派张骞“凿空西域”之后。这一时期齐地非常流行水晶和玛瑙类材质的玉器，成为一时之新。

我们曾对河南桐柏月河一号墓所出春秋晚期的68件标本进行过科技检测，采用的设备包括拉曼光谱仪、红外光谱仪以及X射线荧光光谱仪器。经检测，68件样品均为透闪石，也就是俗称的真玉。这是一个很有意思的结果，一方面反映出当时人对于玉材的认知能力已达到非常高的水准，仅凭经验即可判断玉材的种类；另一方面则与墓葬本身的等级有关。据发掘简报分析，一号墓应为春秋晚期养国国君墓，由于其身份为国君，因此其身后随葬玉器可以全部为真玉。这与《周礼·考工记·玉人》中所记载的“天子用全，上公用龙（尨），侯用瓒，伯用将（埒）”相吻合。由此也表明，彼时虽礼崩乐坏，但在葬礼中尚保留有西周的礼制遗风。

从玉器种类来看，东周时期圭、璋、琮、戈、钺、戚等传统玉礼器大为衰落，而玉璧、玉璜等仍较为流行。这一时期还新出现很多器类，对后世产生了重要影响，包括龙形佩、玉具剑、玉舞人、玉印玺、玉带钩、玉册、博具等。

这一时期纹饰总体而言更为抽象化，且布局较满，周边也往往施以阴刻线填充，并经常有分区现象。多流行勾云纹、龙首纹、蟠虺纹、谷纹、蒲纹等，后四者均为这一时期首创。在雕琢技法方面，流行阴线刻、浅浮雕、透雕、镶嵌等。具体而言，春秋早期流行浅细双阴线龙首纹，中期流行双宽阴线纹饰，晚期则流行浅浮雕蟠虺纹；战国早期流行浅浮雕云（虺）谷相杂纹，中期主要为谷纹，至晚期开始逐渐流行勾连谷纹。再者，战国时期出现的游丝毛雕、玻璃光、错金（包金）嵌玉等风格均非常有时代特点。简单说来，我们可做如下归纳：春秋玉器的纹饰繁缛细密，如用一个字形容，即“满”，纹饰密密麻麻，几不留白。战国则精巧雅致，如用一个字可简化为“雅”。

综上，我们能看出，整个东周时期，玉器总体风格虽然较为接近，但有些仍然保留了很明显的区域风格。比如秦国，其长期居于关中一带，发展出了一种与东方诸国风格迥异的本土文化。在玉器领域，大家习惯将秦国独具特征的玉器称为“秦式玉”，其特征上文已提及，包括单阴线方折的龙首纹，造型别具一格的灯笼形器、束帛形器等。而居于黄河下游一带的齐地，则盛行水晶、玛瑙类玉器，或可称为“齐式玉”。与黄河流域形成鲜明对比的是居于长江流域的诸文化，比如富有盛名的“楚式玉”以繁缛精巧、富丽堂皇而著称，吴越玉器则以拱形器类、具象鸟羽等形成特色。这种和而不同、美美与共的时代潮流正折射出东周时期玉器各自风流的一面。

参考文献

中国社会科学院考古研究所编著:《殷墟妇好墓》，文物出版社，1980年。

山东省文物考古研究所等编:《曲阜鲁国故城》，齐鲁书社，1982年。

邓聪主编:《东亚玉器》，香港中文大学中国考古艺术研究中心，1998年。

中国社会科学院考古研究所编著:《偃师二里头——1959年—1978年考古发掘报告》，中国大百科全书出版社，1999年。

北京大学考古学系商周组等编著:《天马—曲村(1980—1989)》，科学出版社，2000年。

古方主编:《中国出土玉器全集》，科学出版社，2005年。

张明华著:《古代玉器》，文物出版社，2006年。

中国社会科学院考古研究所编:《张家坡西周玉器》，文物出版社，2007年。

孙庆伟著:《周代用玉制度研究》，上海古籍出版社，2008年。

常素霞著:《中国玉器发展史》，科学出版社，2009年。

邓淑苹著:《古玉新诠》，台北故宫博物院，2012年。

吴棠海著:《中国古代玉器》，科学出版社，2012年。

杨伯达著:《中国史前玉文化》，浙江文艺出版社，2014年。

陆建芳主编:《中国玉器通史》，海天出版社，2014年。

山东博物馆等编:《玉润东方：大汶口—龙山·良渚玉器文化展》，文物出版社，2014年。

中国社会科学院考古研究所编著:《二里头：1999—2006》，文物出版社，2014年。

杜金鹏主编:《玉华流映：殷墟妇好墓出土玉器》，中国书店，2017年。

杜金鹏主编:《桐柏月河春秋墓出土玉器研究》，科学出版社，2018年。

后　记

《黄河大系·文物卷》包括“陶器”“玉器”“青铜器”三个分卷，是团队集体工作的结晶。各分卷的编撰工作由不同作者完成，在此加以说明。

“陶器”由王芬、陆青玉合作编著，在资料收集和整理过程中得到山东大学研究生郑晨雨、杨菊贤、孙华铭、郎靖真、赵怡然、高研的帮助。“玉器”由王强著，在资料收集和整理过程中得到山东大学研究生刘舒羽、徐晶、曹雪娇的帮助。“青铜器”由方辉主编，各部分由不同作者分别撰写，其中第一篇由彭富仁撰写，第二篇由齐营营撰写，第三篇由于俊辉撰写，第四篇由王钦玄撰写，第五篇由刘晨熙撰写，第六篇由李世豪撰写，最后由方辉修订并统稿。

在成书过程中，山东博物馆、山东省文物考古研究院、山东大学博物馆、山西博物院等单位，以及河南大学张友来，陕西省文物局孙周勇、孙战伟，中国社会科学院考古研究所彭小军、郭志委、赵海涛，山东省文物考古研究院朱超、张强、赵益超，山西大学考古系王小娟，山东大学邓聪、路国权，日照两城镇黑陶作坊经理刘加东等，给予了指导并提供了部分图片资料。编辑出版过程中，齐鲁书社的王路社长、张丽副总编辑、刘强主任、马安钰等倾注了大量心血。在此一并致谢！

方　辉

出版说明

山东是黄河流域唯一的沿海省份、黄河流域最便捷的出海口，因此被赋予“发挥山东半岛城市群龙头作用，推动沿黄地区中心城市及城市群高质量发展”的国之重任。由此也可见山东在新时代黄河流域生态保护和高质量发展战略中举足轻重的地位。

为认真贯彻落实好习近平总书记关于中华优秀传统文化“两创”的重要指示精神和对山东“三个走在前”的重要指示要求，充分发挥出版界的内容资源、作者资源、品牌资源优势，以精品力作书写新时代黄河精神，使读者能够从历史和专题的角度，生动立体地来认识黄河、了解黄河、感知黄河，更好地传承弘扬黄河文化、提升发展质量，进而为中华民族的伟大复兴提供精神动力和智力支持，按照山东省委、省政府部署，山东省委宣传部策划、山东出版集团组织实施了《黄河大系》的编纂出版。

《黄河大系》为山东省习近平新时代中国特色社会主义思想研究中心重大项目，同时列入山东省社科规划重大委托项目。山东省委常委、宣传部部长白玉刚对项目高度重视，提出明确要求。山东省委宣传部分管日常工作的副部长袭艳春，山东省委宣传部副部长、一级巡视员魏长民对项目编写作出具体指导。《黄河大系》共十二卷二十册，由山东出版集团所属的七家出版社共同承担出版任务。分别是：

《图录卷》精选存世的汉代至1911年关于黄河的历史图画，提纲挈领地体现黄河文化的整体感和黄河文明的立体性，画龙点睛，展示黄河文化的博大精深与兴衰起伏。（齐鲁书社，1册）

《文物卷》分为陶器、玉器、青铜器三册，以历史时期的黄河流域为时空依据，以物说文，精彩阐释黄河作为中华民族母亲河的文化象征意义和厚重典雅的文明积淀。（齐鲁书社，3册）

《古城卷》选择黄河现在流经的主要古城，解说以这些古城为代表的中华优秀传统文化和重要历史遗产，为触摸黄河文明提供实体参照和文化坐标。（山东画报出版社，1册）

《诗词卷》收录中华人民共和国成立前吟咏黄河及其相关重要人文遗迹、重大事件、历史人物、风物民俗的诗词，以古典诗体作品为主。（山东文艺出版社，3册）

《书法卷》以时间为坐标，以书法艺术为参照，梳理展示黄河文化的深厚源流和传承脉络，从文体风格到作品内容实现高度融合。（山东美术出版社，2册）

《绘画卷》古代卷体现黄河文脉孕育的数千年文化精神成果，现当代卷体现黄河精神的发扬创新和时代风貌，用丹青成果再现黄河文化的灿烂辉煌。（山东美术出版社，2册）

《戏曲卷》梳理沿黄河九省（区）戏曲脉络，详述代表性剧种的源流变迁、著名演员、代表剧目及本省（区）戏曲界重大事件等。（山东人民出版社，2册）

《民乐卷》主要展示黄河流域的民间歌咏、器乐、曲艺，精选二十七个国家级“非遗”品类，阐述其文化根源、艺术特点和历史沿革。（山东友谊出版社，1册）

《民艺卷》主要收录黄河流域国家级“非遗”项目中的传统美术类、传统技艺类代表性项目，挖掘、展示黄河文化孕育的传统手工艺的文化内涵与美学价值。（山东友谊出版社，1册）

《民俗卷》重点展现沿黄河九省（区）国家级“非遗”项目中的民俗类代表性项目，阐发黄河流域民俗诞生、发展与黄河的血脉之情。（山东友谊出版社，1册）

《水利卷》详细介绍自古以来黄河水利发展历史，系统展示中华民族探索黄河、认识黄河、开发利用黄河水利的历史，以及黄河流域生态保护和发展的思想史。（齐鲁书社，2册）

《生态卷》重点介绍黄河流域生态特点、生态治理与可持续发展等内容，并对流域生态治理与高质量发展提出建议与对策。（山东科学技术出版社，1册）

这十二卷图书内容各有侧重、自成体系、交相辉映、相辅相成，力求展示黄河文化多元立体的生动厚重形象。

尽管我们怀着美好的初衷，做了不少努力，但是不足之处在所难免，诚恳希望读者和各界朋友批评指正。

山东出版集团

2024年3月

黄河大系

文物卷

青铜器

方辉 总主编

方辉 主编

The Yellow River Series

齊魯書社

·济南·

河

乔建业《大河依旧东流去》（局部）

图书在版编目（CIP）数据

黄河大系. 文物卷. 青铜器 / 方辉总主编 ; 方辉主编. -- 济南: 齐鲁书社, 2024.3
ISBN 978-7-5333-4825-0

Ⅰ. ①黄… Ⅱ. ①方… Ⅲ. ①黄河流域－青铜器（考古）－图集 Ⅳ. ①K928.42 ②K876.412

中国国家版本馆CIP数据核字（2024）第050564号

统　　筹：王　路　张　丽
责任编辑：马安钰
装帧设计：蔡立国　张　宜　刘羽珂

黄河大系·文物卷　青铜器
HUANGHE DAXI · WENWU JUAN　QINGTONGQI
方　辉　总主编　方　辉　主编

主管单位　山东出版传媒股份有限公司
出版发行　齊魯書社
出 版 人　王　路
社　　址　济南市市中区舜耕路517号
邮　　编　250003
电　　话　总 编 室（0531）82098512
　　　　　发行中心（0531）82098521　82098519　82098517
网　　址　www.qlss.com.cn　E-mail:qilupress@126.com
印　　装　北京雅昌艺术印刷有限公司
经　　销　新华书店

规　　格　16开（210mm×285mm）
印　　张　20
插　　页　4
字　　数　360千字
版　　次　2024年3月第1版
印　　次　2024年3月第1次
ISBN 978-7-5333-4825-0
定　　价　1010.00元（共三册）

《黄河大系》编纂指导委员会

主　　任　林　武　周乃翔　葛慧君　杨东奇

常务副主任　白玉刚

副 主 任　邓云锋

成　　员　袭艳春　程守田　刘金祥　白　皓　赵国卿　李世华
何思清　刘为民　李　明　孙海生　李　峰　赵晓晖
侯翠荣　黄红光　王　磊　马立新　袁红英　国承彦
张志华　赵银亮

《黄河大系》学术顾问委员会

总 顾 问　葛剑雄

主　　任（按姓氏笔画排序）

王仁卿　方　辉　刘曦林　孙晓云　李令福

副 主 任（按姓氏笔画排序）

王　芬　王加华　刘方政　张　宜　陈孟继　孟鸿声

成　　员（按姓氏笔画排序）

王　砚　王　谦　王　强　王　蕙　王芸芸　王秀环
仝晰纲　曲　刚　李振聚　何涵妃　陆青玉　陈培站
郑立娟　郑培明　孟宪平　耿建华　高亚平　韩兰魁

《黄河大系》编辑出版委员会

总 序

“三万里河东入海，五千仞岳上摩天。”百万年如斯，奔腾不息的黄河之水滋润了中华大地，哺育了中华民族，孕育了中华文明。故《汉书》总结道：“中国川原以百数……而河为宗。”

2019年9月18日，习近平总书记在河南郑州的黄河流域生态保护和高质量发展座谈会上提出，“黄河是中华民族的母亲河”“保护黄河是事关中华民族伟大复兴的千秋大计”，要“保护传承弘扬黄河文化，让黄河成为造福人民的幸福河”。这不仅道出了黄河及黄河文化对中华民族生存发展的重大历史意义和现实意义，也表明党中央和习近平总书记对黄河及黄河文化的亲切关怀和高度重视。

水脉牵系着血脉、延续着文脉。黄河文化源远流长、一气呵成。从甘肃一带的大地湾文化，到中游的仰韶文化，再到下游的大汶口文化，黄河文化多元一体，正如波澜壮阔、绵延不绝的黄河之水，生动活泼，兼容并蓄，既丰富了黄土文明，又成就了中原文明、海岱文明，成为中华文明的主要表征和重要载体。从青海源头，到黄土高原，再到中原大地、华北平原，黄河文化跳跃跌宕，穿越时空，向光而生，气势如虹，“忽如一夜春风来，千树万树梨花开”，绽放出笃厚神圣、繁荣璀璨的文明之花。汉风唐韵，丝路华章，中华文明从这里出发，走向四面八方。

黄河文化催生的思想观念、道德情操、审美品格和科学智慧，蕴含着中华民族深沉的行为准则，对中国传统社会的政治范式、经济格局、文化理念、科技思维等方面有着深远影响。在不同族群和文化交流的灿烂星河中，黄河文化形成生生不息、开放包容的特质，反映在不同时期的典籍史料、艺术作品以及科技成果

中，无不以物质形式或精神形式展现出来，并深深影响着人们的社会生活和精神建构。

黄河文化的形成、发展、传承，在不同流域、不同时代、不同族群形成了鲜明的特色，又反映了中华民族千百年来顺应自然、认识自然、改造自然、保护自然的共性过程和结晶，成为中华文明的组成部分和现代中华生态文明的源泉。

正因为黄河的赐予，我们才拥有了世世代代赖以生存的物质宝藏和精神家园；正因为黄河千回百转、勇往直前，我们的文化基因中才有了更加坚忍的品格、更加超凡的智慧、更加鲜明的特性；也正因为文化基因的坚忍、超凡、鲜明，中华民族才形成了熠熠生辉、博大精深的中华文明。

“黄河落天走东海，万里写入胸怀间。”党的十八大以来，习近平总书记立足“两个大局”，就文化建设提出了一系列新思想新观点新论断，形成了习近平文化思想。习近平总书记强调：“中国文化源远流长，中华文明博大精深。只有全面深入了解中华文明的历史，才能更有效地推动中华优秀传统文化创造性转化、创新性发展，更有力地推进中国特色社会主义文化建设，建设中华民族现代文明。”

习近平总书记考察调研足迹遍及黄河上中下游九省（区），他将保护黄河作为事关中华民族伟大复兴的千秋大计，亲自擘画、亲自部署、亲自推动黄河流域生态保护和高质量发展，发出了为黄河永远造福中华民族而不懈奋斗的号召。沿黄河九省（区）牢记习近平总书记嘱托，全面加强生态保护治理，着力促进全流域高质量发展，大力保护传承弘扬黄河文化，努力“让黄河成为造福人民的幸福河”。习近平总书记在黄河流域生态保护和高质量发展座谈会上明确指出：“黄河文化是中华文明的重要组成部分，是中华民族的根和魂。”在总书记心中，黄河早已同中华民族的苦难辉煌融合在了一起，锻炼出中华儿女的韧性、力量和精神，也为中华民族赓续发展注入不竭动力。

2022年10月28日，习近平总书记考察安阳殷墟遗址，遍览青铜器、玉器、甲骨文等出土文物，细察车马坑展厅商代畜力车实物标本和道路遗迹……总书记感慨道：“我们的文化自信就是从真正能证明我们的久远历史中来……”

为深入研究阐释习近平文化思想的科学内涵，推进中华优秀传统文化“两创”工作，以黄钟大吕式作品书写新时代黄河精神，助力黄河文化保护传承弘扬，铸牢中华民族的根和魂，增强文化自信自立自强，建设中华民族现代文明，为中华民族伟大复兴提供强大精神动力，用黄河故事讲好中国故事，传播好中国声音，以高质量出版工程服务读者，奉献社会，山东省策划推出《黄河大系》，在中华文化保护传承弘扬的重要承载区建设方面走在前面并提供山东样板素材，同时，力争以黄河文明为抓手和突破口，在建设中华民族现代文明方面做一些探索。

《黄河大系》从沿黄河九省（区）所共有的文化特色着手，既有对黄河历史、文化、艺术的梳理，也有对民艺民俗及水利、生态等的呈现，既回望传统，又观照当下，多角度、广层次、图文并茂地展现黄河文化的内涵和魅力。

《黄河大系》包括《图录卷》《文物卷》《古城卷》《诗词卷》《书法卷》《绘画卷》《戏曲卷》《民乐卷》《民艺卷》《民俗卷》《水利卷》《生态卷》共十二卷，每卷或为一册，或分为两册、三册不等，整体规模为二十册，三百六十余万字，四千三百余幅图。这十二卷图书内容相辅相成，生动全面地展示出黄河作为中华文明摇篮的丰富多彩、万千气象。这十二卷图书内容不仅关注人类文明的既有辉煌，而且着眼人类文明新形态的创造：从《文物卷》探寻中华文明的源头；从《古城卷》《民乐卷》《民艺卷》探索人类文明成果的创造性转化和创新性发展，为文明的演进生发提供启迪；诗词、书法、绘画这些黄河文明固有的艺术成果形式，也终将如黄河之水内化为中华文明生生不息的天然动力，为推进人类文明新形态建设提供智慧源泉；《水利卷》和《生态卷》则重在探索共生文明，助力生态文明和人类命运共同体的构建……

“周虽旧邦，其命维新”。和合共生，自强不息。黄河，从中华民族厚重深远的精神河床流淌而来，正向着中华民族伟大复兴的波澜壮阔奔腾而去！

“江河之所以能冲开绝壁夺隘而出，是因其积聚了千里奔涌、万壑归流的洪荒伟力……现在，中国人民和中华民族在历史进程中积累的强大能量已经充分爆发出来了，为实现中华民族伟大复兴提供了势不可挡的磅礴力量。”

《黄河大系》的编纂出版是一项基础工程，是一个继往开来、努力探索的过程。我们将以出版《黄河大系》为契机，深入贯彻落实习近平文化思想，落实好习近平总书记在黄河流域生态保护和高质量发展座谈会上的重要讲话精神，立足黄河文明的深厚资源，发扬中华文明的自信自觉优势，为黄河流域生态保护和高质量发展蓄势赋能，为实现中华民族伟大复兴作出贡献。

序

黄河，是中华民族的母亲河。作为一条自然河流，黄河之所以享有这样的美誉，是因为无论是从自然地理而言，还是从文化地理来说，这样的称誉都是当之无愧的。

从自然地理上来说，黄河发源于青海省巴颜喀拉山脉，自西向东依次穿越青藏高原、黄土高原、内蒙古高原、华北平原，流经青海、四川、甘肃、宁夏、内蒙古、陕西、山西、河南、山东9个省（区），最后于山东省东营市垦利区注入渤海，干流全长5464千米，流域总面积79.5万平方千米。

从历史地理角度而言，黄河横贯东西，将中游黄土高原的大量泥沙携带到下游，大约在距今10万年至1万年间的晚更新世，形成了华北平原和黄淮海平原，为华夏文明的形成与发展奠定了基础。因此，黄河流域是中华民族与中华文明的主要发源地，中华民族被称为“黄土的儿女”。

世界五大文明古国无一例外都是大河文明，无一不是在农业经济基础上进入文明社会的。地质学研究和考古发现表明，大约在距今1万年，人类迎来了全新世大暖期，人类的生活方式也由狩猎采集过渡到以定居农业为基础的食物生产。考古学文化也由旧石器时代过渡到新石器时代，其主要特征是石器制作由打制发展为磨制，出现了直接用于生产的斧、铲、镰刀和用于食物加工的石磨盘、石磨棒等新器类，出现了用于炊煮食物的陶器如釜、罐、支座等。考古发现证明，这种转变是全球范围内普遍适用的规律，黄河流域史前考古的证据尤为明显。而且，农业、畜牧业经济的发展和剩余产品的积累，社会内部的分工日益明晰，使社会出现分化并导致社会阶层和阶级的出现。社会外部，部落间的战争不可避免地发生，而且其频率和规模越来越难以控制。为了使社会内部和外部的集团不至于在日益加剧的冲突中消耗殆尽，就需要有凌驾于社会之上的力量，体现身份等级的礼仪制度和

国家组织应运而生。这一历史过程在文献中有所体现，如先秦文献和司马迁《史记·五帝本纪》所记载的炎黄蚩尤大战及尧舜禹“禅让”传说，都是发生在各部族集团之间的互相战争与妥协的故事。因此，本来是用于满足人们日常生活之需的石器、陶器，逐渐发展为体现社会等级差异的玉礼器、陶礼器，文献所记载的“六瑞”即玉璧、玉琮、玉圭、玉琥、玉璋、玉璜，到龙山时代均已具备，还有体现军事礼仪的玉钺、玉戚等仪仗用品，共同构成了黄河流域史前社会的礼器组合，而作为饮食器具的陶鼎、陶鬶、陶豆、陶壶等，制作技术愈加规整，形制愈加美观，在彩陶之外更出现了白陶、黑陶等陶质礼器。随着青铜铸造技术的出现，史前先民在铸造兵器、工具的基础上，于夏王朝建立前后更是发明了“块范法”，制造出具有我国青铜文化特色的青铜鼎、爵、斝、盉、铃等礼乐器组合，由此开启了夏商周三代青铜礼乐文明的发展之路。商周王朝则进一步将青铜铸造技术发展到极致，器物形体越来越硕大，纹饰越来越繁缛，组合越来越齐全，并且因其在祭祀、丧葬等行为方面体现着的礼仪性，被誉为具有“纪念碑性”独特价值的器物。与此同时，我国北方处于游牧阶段的少数族群则根据自己的需要，制造出具有北方草原民族风格的青铜器具，其器类以兵器、车马器和装饰品为主，也有出于对中央王朝礼乐制度的仰慕而生产的青铜礼器。

《黄河大系·文物卷》选择了陶器、玉器和青铜器这三类文物，分别从不同侧面呈现黄河流域史前文化和夏商周三代历史的精华和特征。相信读者在阅读这篇序言和各分卷前言的基础上，结合编者精心选择的一幅幅文物图片加以细心体会，定会有不少收获。如果能进一步“行万里路”，顺着黄河沿线来一个文化寻根之旅，亲眼目睹收藏在博物馆中的一件件文物，亲身感受分散在田野中的一处处遗址，一定会受益良多！

方　辉

目　录

第一篇

冶石为器　金声初鸣

在人类历史上，铜是最早被大规模开发利用的金属，冶铜术的发生是具有重大意义的事件，是人类文明的里程碑。考古发现表明，我国古代冶铜技术的发展经历了三个阶段，即自然金属—矿石冶炼—金属铸造。第一阶段，利用自然铜，包括对天然金属的开采和加工，通过热锻将自然铜加工成小饰物或小工具等。第二阶段，通过冶炼共生矿或混合矿获得铜合金。这一阶段初期，古人直接冶炼矿石后进行简单的加工获得小件器物，制造出砷铜、黄铜和锡青铜制品；后期则发展为矿石冶炼获取铜合金，再经熔融铸造成器物。第三阶段，单质金属（锡、铅）的提取及锡青铜铸造工艺的发展。有学者认为，第二阶段还不能被视为青铜时代的肇始，只有进入第三阶段，先民掌握了冶炼铜、锡、铅等单质金属，并按一定配比将它们浇铸成青铜器的技术之后，青铜时代才正式『粉墨登场』。

在全球范围内，冶铜技术的发生有三个必要条件，即对矿石的认识、创造还原性气氛和掌握高温技术。在我国，早在旧石器时代晚期，山顶洞人就从相当远的地方采回赤铁矿，粉碎后作为颜料，将其涂在装饰品表面，或者有意识地洒在人骨旁。新石器时代中期，黄

河流域的彩陶文化走向繁荣，这些灵动多彩的颜料几乎都是由矿物制成，其中就包括一些金属矿物。

冶铜就是将铜金属从其氧化物矿石中还原出来，实现这一过程需要还原性气氛和高温条件。『铜器是从陶器中产生的，在陶器的制作中，孕育着铜器的铸作。』中国古代高度发达的制陶技术，已经做好了还原性气氛与高温控制的技术储备。在900℃以上的高温环境中，黏土中的铁元素会在还原氛围下呈现灰色或黑色。而在新石器时代晚期，灰陶和黑陶在陶器中所占比重显著增加。铜的熔点为1083℃，而黄河流域的马家窑文化、仰韶文化与大汶口文化的陶器烧成温度上限均超过了1000℃。泰安大汶口遗址中出土的白陶，其烧成温度甚至达到了1200℃。可以想见，冶铜术的发生，或许就源自一次『意外』。

从发现数量和密集程度来看，中国早期铜器与冶铜遗存主要分布于黄河流域诸省（区）。因此，立足于黄河流域来探讨中国冶铜术的起源问题理所当然。

在我国古代，青铜器常被称为『金』，青铜礼器则被称作『吉金』。器以藏礼，物以载道。青铜器是早期中华文明的重要象征。在青铜器诞生之前，中华先民很早就发现并尝试开发利用铜矿石。有学者认为，中国古代神话中女娲补天的传说就与冶金活动有联系，补天所用的五色石就是铜矿及其伴生的脉石，一些被古代人视为『玉』。早期文献中关于采铜用铜的记载，大致始于传说中的五帝时期。据《史记·孝武本纪》记载：『黄帝采首山铜，铸鼎于荆山下。』《世本·作篇》也有关于蚩尤以金作兵，兵有五，一弓二殳三矛四戈五戟的记载。黄帝、蚩尤代表的应该是五帝时代的早期阶段。一般认为，五帝时代的上限不早于仰韶时代后期，下限是龙山时代。

冶石为器：

仰韶时代

公元前5千纪，欧亚大陆多地分别出现了已知最早的人工冶炼青铜、黄铜和砷铜。约公元前4650年，塞尔维亚出现了冶炼锡青铜。公元前5千纪晚期，伊朗和高加索地区出现了冶炼砷铜。随后，砷铜率先在欧亚大陆流行开来，之后被锡青铜取代。

我国最早的铜器制品出现于仰韶时代，主要见于仰韶文化和马家窑文化。

考古学家在陕西临潼姜寨遗址发现了仰韶文化早期的黄铜片和黄铜管，这是目前所见东亚地区最早的铜制品。

1973年姜寨遗址第四次考古发掘中，在房址F29中出土了一件黄铜片。该铜片已残成半圆形，直径4.8厘米，厚0.1厘米。经检验，平均含铜66.54%、锌25.56%、锡0.87%、铅5.92%、硫0.8%、铁1.11%，系铸造而成，为含有少量铅、铁、硫的黄铜。F29出土的一件木炭样本的碳十四测年数据，经树轮校正，为公元前4790—前4530年。

1974年姜寨遗址第六次考古发掘中，在文化层中出土了一件黄铜管状物，但已被压扁，残长5厘米，直径0.4厘米。经扫描电子显微镜X射线能谱仪半定量分析，该黄铜管含铜69%、锌32%、硫0.5%～0.6%。

仰韶时代另一例铜器出土于陕西渭南北刘遗址。该遗址1982—1983年的考古发掘中，在属于庙底沟类型的地层中出土了一件完整的黄铜笄，笄身呈细长

姜寨遗址出土黄铜片

圆锥形，一端圆尖。经鉴定，该笄的锌含量为23%，具有锻造组织。仰韶文化庙底沟类型的测年数据为公元前3700—前3100年。

1977年，在属于马家窑文化的甘肃东乡林家遗址房址F20北壁下，出土了一件铜刀。该铜刀系合范浇铸而成，长12.5厘米。刀身厚薄均匀，表面平整，有较厚的深灰绿色锈。短柄长刃，刀尖圆钝，微上翘，弧背，刃部前端因使用磨损而内凹。柄端略呈梯形，残留有明显的镶嵌木把的痕迹。经鉴定，该铜刀的主要成分是铜、锡，锡含量为6%～10%。该遗址灰坑H54中出土有“铜碎渣”，其中小块“碎铜渣”由孔雀石组成，较大块“铜碎渣”主要物相组成为孔雀石30%、褐铁矿40%、石英10%、赤铁矿5%、金属铜5%，并有少量碎橄榄石。这表明“铜碎渣”是人工冶炼的产品，是一块铜铁共生矿冶炼不完全的冶金遗物，并经过了长期锈蚀。与房址F20在层位关系上属同时期的遗迹中取得的炭化稷粒样本，其碳十四年代测定结果经树轮校正后约为公元前2740年。

黄河下游地区，在山东泰安大汶口遗址大汶口文化晚期墓葬中出土的骨凿上发现铜绿，经鉴定含铜量为0.099%，但详细情况不得而知。有学者指出，由于骨器在接触铜矿石（如孔雀石等）的情况下也会产生绿锈的痕迹，所以这一信息并不能作为已出现金属器的证据。但鉴于同时期的黄河上中游地区仰韶文化铜器已有若干发现，这一信息无疑值得我们注意。

林家遗址出土青铜刀

姜寨遗址与北刘遗址出土的黄铜器，是现知东亚大陆最早的铜制品。这几件早期铜器的诞生具有极大偶然性且不能量产，在各地皆昙花一现，与后来青铜冶铸之间有较长时段的冶金史空白。由于早期黄铜制品都含有较多杂质，其元素组成、成形技术存在较大差别，它们更像是还原铜锌混合矿或共生矿制成的产物，与矿源的关系更大，而不是有意识的技术传承。

甘肃东乡林家遗址出土的青铜刀，是迄今所知东亚大陆最早的青铜器。虽然目前关于这件青铜器的时代与来源仍存在争议，但是严文明先生认为它可能是利用当地矿石无意识冶炼出的青铜合金。

这一时期，我们并没有发现专门的青铜冶炼作坊和相关的采矿遗址，铜器的产生更多是巧合。相反，陶器和玉石器的加工专业化程度颇高。所以我们可以认为冶铜术萌生于仰韶文化早期，时断时续出现于仰韶文化中晚期，其间有许多缺环或存在旋生旋灭现象。到新石器时代晚期的龙山文化时期，青铜冶炼才渐具延续性，得到持续发展，逐渐趋于成形。

金声初鸣：
龙山时代

公元前5000—前4000年的龙山时代是我国早期国家文明的形成时期，此时，青铜冶铸工艺率先在黄河中游地区成熟起来，其重要标志就是复合范铸工艺和青铜礼乐器具的出现，青铜铸造技术的本土化过程亦由此开启。青铜礼乐器在沟通“天神”与人界、强化祖先认同，进而维护社会秩序方面起到了重要作用，以鼎、爵、斝等礼器和钟、铃等乐器为代表的青铜礼乐器成为各地古国统治者追求的对象，但青铜铸造技术的复杂性及高劳动含量又为精英阶层垄断化生产提供了可能。因此，礼乐器成为我国青铜时代最具代表性的器物组合，这在全球范围内的青铜时代文明中是独一无二的。

黄土高原

中国最早的铜乐器是1983年山西襄汾陶寺遗址M3296中出土的铜铃。该铜铃出土于墓主股骨与趾骨之间，素面，截面呈合瓦形，埋葬时可能以织物包裹，口宽63毫米，通高27.5毫米，壁厚2.8毫米，顶有钻孔。经测定，其成分为铜97.86%、铅1.54%、锌0.16%，年代约为公元前2085年。

陶寺遗址地理区位较特殊，它位于黄土高原的东南部，也属于广义的中原地区。陶寺晚期铜铃的发现，说明这一地区在龙山时代末叶已掌握复合范铸造工艺，为青铜礼器群的问世准备了技术条件，在中国青铜文化起源史上占有重

陶寺遗址出土铜铃

要地位；从音乐史角度看，它是迄今所见中国历史上第一件金属乐器，标志着构成中国三代音乐文明重要内涵“金石之声”时代的来临，可以说具有划时代意义。

陶寺宫殿区主殿夯土之中还出土一件口沿残片，尖唇，沿面略向上折，口沿残宽3.5厘米，弧长3.7厘米，推测其直径在35厘米左右。此器含砷2.06%，为砷铜，属铜砷共生矿冶炼所得的产物。陶寺遗址出土的铜器残片和铜铃，开启了东亚大陆利用陶质复合范铸造空腔器物和容器的文化传统之先河。

陶寺遗址陶寺文化晚期遗存中还出土有砷铜齿轮形器、红铜环和蛙形饰，前二者与据传出自神木石峁遗址的铜齿轮形器、西北地区的铜环类似。另在曲沃东白冢遗址采集到坩埚片，或属陶寺文化。此外，陶寺文化的铜器、青铜器为该地区的独特产品。比如铜铃是将陶铃铜器化的产品，所以齿轮形铜器也可能是模仿玉环制作而成。由于中原地区并没有砷铜矿，石峁、陶寺遗址中出土的砷铜器，表明了其与欧亚草原地带之间的联系。

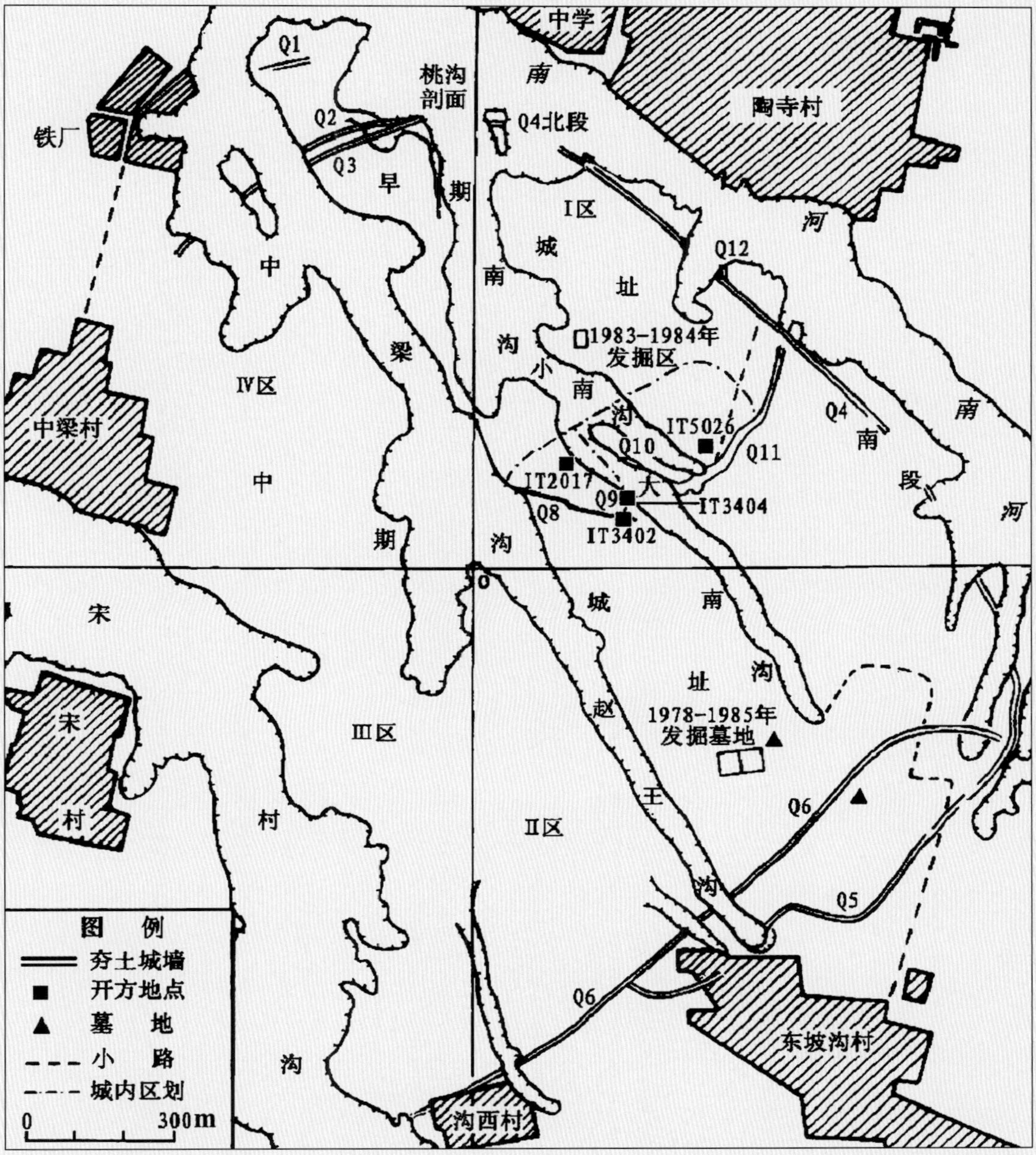
北
中学
陶寺村
Q1
桃沟
剖面
Q2
Q3
铁厂
Q4北段
早
期
Ⅰ区
河
Q12
中
城
南
址
沟
1983-1984年
发掘区
梁
小
南
ⅣⅤ区
中梁村
沟
Q4
南
南
IT5026
Q10
Q11
IT2017
大
段
中
Q9
IT3404
河
Q8
IT3402
期
沟
宋
城
南
址
沟
宋
赵
1978-1985年
发掘墓地
Ⅲ区
村
王
Q6
村
Ⅱ区
沟
Q5
图例
夯土城墙
开方地点
墓地
小路
城内区划
0
300m
Q6
东坡沟村
沟
沟西村

陶寺遗址平面图

陶寺遗址出土铜齿轮形器及玉璧

山西绛县周家庄遗址中也出土了属于陶寺文化早中期的锻造黄铜片。铜片形状近长方形，长4.64厘米，均宽1.81厘米，平均厚度0.09厘米，中间略厚，边缘稍薄。窄端的两角略同向起翘，总重5.2克，保存基本完整。灰坑中与铜片同出的1件陶片，经北京大学年代学实验室进行光释光测年，测定其年代为距今4400±220年。鉴于光释光测年有一定的误差，结合其考古学年代，该铜片的年代约相当于陶寺文化早中期（约公元前2500—前2100年）。除铜、锌、镍合金元素外，该黄铜片还含有锡、铅、硫、砷、铁等杂质元素，表明其具有早期铜器的特征，可能仍处在利用共生矿炼铜技术阶段，冶炼方法较原始。综上，周家庄遗址出土的铜片属原始黄铜。

黄土高原北部，石峁城址巍然耸立于黄河西岸。这座中国已知规模最大的龙山时代晚期城址，被誉为“石破天惊”的重要考古发现。

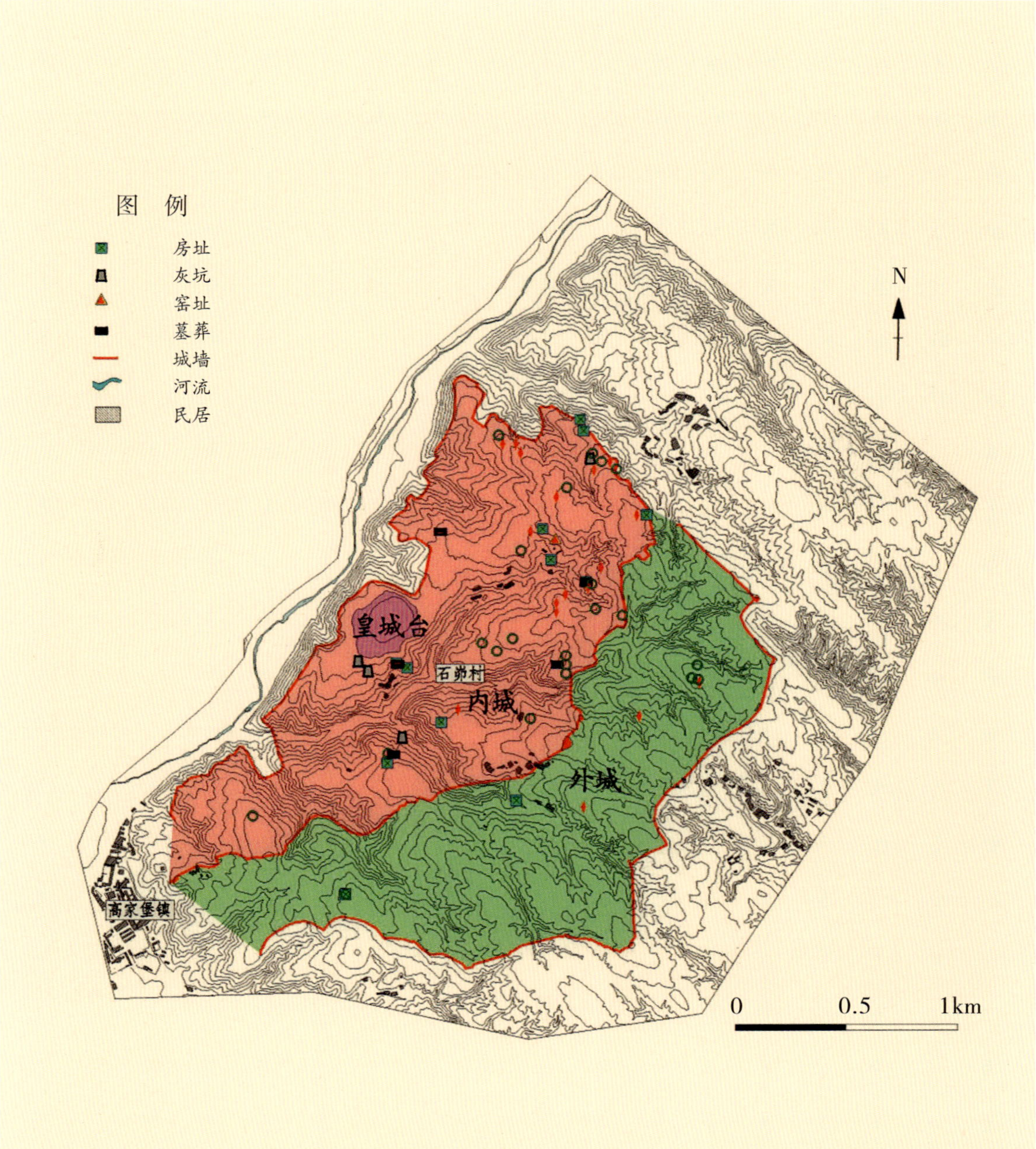

石峁城址结构示意图

2011—2018年，考古人员对石峁遗址进行了多次调查和发掘，在皇城台门址、东护墙北段、后阳湾等地点发现或采集铜器数十件，可辨器型多为刀、镞、锥、环等小件工具和装饰类器物，未见铜容器。另外，神木和榆林等地博物馆还收藏有铜环、铜镯等器物十余件，据称也出自石峁遗址。

石峁遗址皇城台区域

据传出土于石峁遗址的铜环和玉环

石峁皇城台出土石范

石峁皇城台出土铜环首刀

目前共发现石峁文化晚期铜器12件，其中红铜和锡青铜各5件，另有砷铜和铅锑铜各1件。可辨器型有2件铜刀与1件铜环，材质均为红铜。石峁文化晚期铜器的矿料来源情况较为复杂，其铅同位素比值与河西走廊早期铜器及冶炼遗物更为接近。石峁文化晚期的铜器可能来自西北地区，以成品的形式输入。

陶寺和石峁都发现有一种骨质口簧。《诗经·小雅·鹿鸣》载："我有嘉宾，鼓瑟吹笙。吹笙鼓簧，承筐是将。"四千年前的黄土高原上，演奏者口含口簧，通过口腔与乐器的结合发出的"呷呷""嗡嗡"声，空灵飘逸，极易营造肃穆和庄严的氛围。这种无严格固定格式的即兴演奏，随演奏者气息、口型的变化及簧舌震动的节奏，模仿动物的音律或其他复杂奇特的具有仪式感的神秘旋律，在节奏快慢、力度强弱变化处理下产生的催化效应，成为巫觋实现交于"神明"、祭祀祖先、驱鬼禳神的重要手段。

鼓簧咿唔，铜铃叮叮，共同在黄土高原上演奏出"文明先声"。

石峁遗址出土铜器

中原地区

中原地区早期青铜礼器主要出土于伊洛河流域，只有少量见于豫东地区。

河南登封王城岗龙山文化第四期出土的一件青铜容器残片（H617:14），宽约65毫米，高约57毫米，厚约2毫米。残片表面平整，左端残留有一段铸造披缝。据分析，这一铜片可能是铜鬶的腹部和足上部残片，材质为铅锡青铜，与残片同出的木炭的碳十四年代测定结果约为公元前1900年（经树轮校正）。登封王城岗出土的铜盉片，大面积的厚度不足0.2厘米，腹和腿的弯折处厚度也不足0.3厘米，这样均匀而薄的铸件的出现，反映出此时铸造技术的先进。铜盉是器型复杂的铸件，上有弯曲的流口，下有三足鼎立，中有腹腔和三个袋足空腔。这些特点给早期铸造带来了许多技术挑战，尤其是盉范芯的制作、外范铸面的变化，两者准确配合，使铜液在不足0.2厘米的范腔中流动并充满。从另一个角度看，它所处的时代不是原始阶段，而是较为进步的阶段。

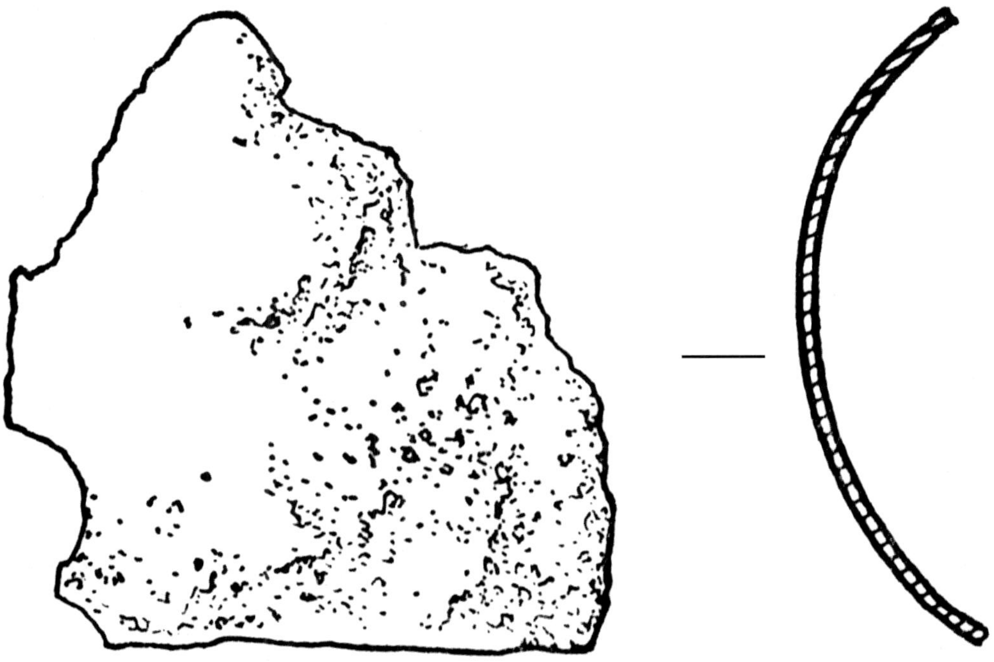

王城岗遗址出土青铜容器残片

在临汝煤山两个龙山文化灰坑中发现坩埚残片，内壁附着有六层凝固的铜液，每层厚0.1厘米。经化验，铜的近似值为95%，属于红铜。

新砦遗址发现有相当于中原龙山文化和二里头文化之间的“新砦类遗存”，同样出土了铜容器残片。例如标本2000T3⑤B:1，红铜，可能为鬶或盉的流部，流中间部位有一小豁口，残长8.4厘米。该遗址的“新砦类遗存”中还出土了含砷的红铜刀、砷铜片和錾等。例如标本1999T1H40:1，红铜刀，尖部残，直背弧刃，残长4.5厘米。

豫东地区在龙山时代分布着造律台文化。1987年鹿邑栾台遗址出土一枚铜块；1990年杞县鹿台岗遗址出土一件疑似铜刀，一侧稍厚，另一侧稍薄，残长2厘米，宽0.4～1厘米，厚0.2厘米。另外，在平粮台遗址发现了铜渣，应与冶铸青铜有关。

新砦遗址出土铜容器残片

海岱地区

海岱地区早期青铜器主要见于胶东半岛。

1974年，胶县（今胶州）三里河遗址龙山文化地层中出土两件铜锥，编号分别为T21②:1、T110②:11。分析表明，这两件铜锥可能属同一器物，其成分除了铜，还包含锌、锡、铅、硫，其中锌含量较大，应为铸造而成的原始黄铜器。

1981年，栖霞杨家圈遗址出土一段残铜锥，并在许多探方的龙山文化地层中发现铜炼渣和炼铜原料，主要是孔雀石，时代约相当于龙山文化早期晚段。

海岱地区龙山文化时期的其他发现还有：1978年诸城呈子遗址出土一块铜片；1982年在长岛店子遗址发现半圆形黄铜片，直径26.4毫米，厚0.8～0.9毫米。临沂大范庄遗址、日照尧王城遗址亦有铜渣发现。

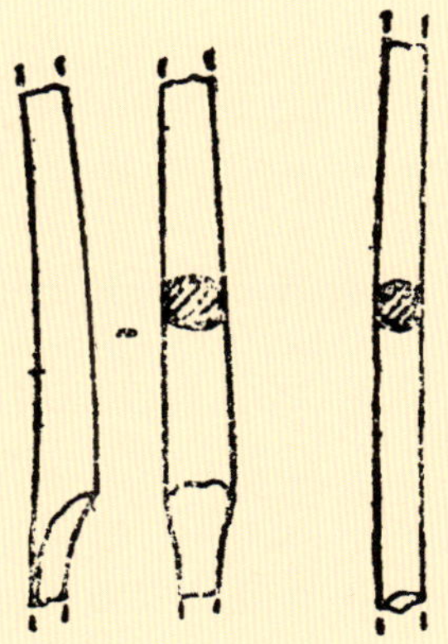

三里河遗址出土铜锥

三里河遗址出土铜锥照片

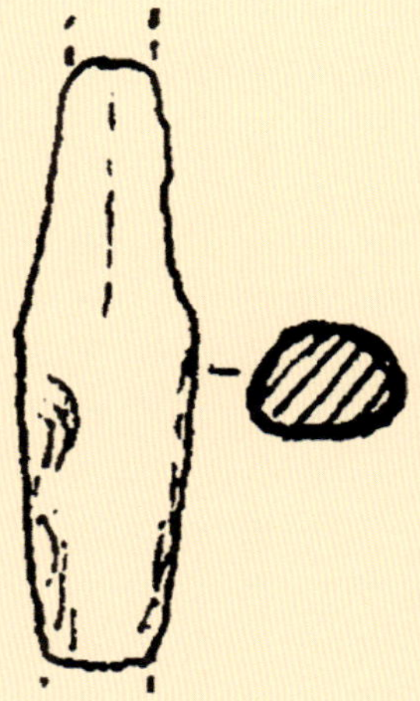

杨家圈遗址出土铜锥

海岱地区龙山时代出土铜器或冶铜遗存的地点虽较多，但大都零散。除了三里河遗址出土的铜锥可明确为黄铜，其余多未经科学分析，合金成分并不清楚。

值得注意的是，在黄河下游的海岱地区不仅发现了早期铜器及冶铜遗存，也发现了中国最早的小麦。胶州赵家庄遗址发现的小麦粒出土于龙山时代灰坑，碳十四校正年代为公元前2500—前2270年。此外，海岱地区的两城镇、校场铺和禹会村三处遗址均出土了龙山时代的炭化小麦遗存。在关于公元前2000年前后东亚大陆参与“史前全球化”过程的讨论中，学者们常常提及冶金术与农作物（如大麦和小麦）和家畜（如山羊、绵羊、马等）等组成了所谓“技术包裹”的概念。由此说明，早期东西方文化交流的通道不止西北的河西走廊一条，西起欧洲东部、东达大兴安岭地区的欧亚草原通道同样扮演了重要的媒介作用。

河西走廊

公元前3千纪末期，铜冶金生产已在河西走廊地带实现本土化。西城驿文化时期，出土的矿石、坩埚/炉壁残片、鼓风嘴、炉渣、石范以及金属器物，贯穿选矿、冶炼、制器等冶金“产业链”中的关键步骤。

甘肃酒泉照壁滩、高苜蓿地遗址分别出土了红铜锥（锻造）和红铜块（铸造）。陇东地区永登蒋家坪出土的残青铜刀，经激光微区光谱分析是含锡的青铜，应为双合范铸造而成。这些铜器的年代约为公元前2200—前2000年。

这一时期，河西地区的冶炼活动规模空前，在张掖西城驿、金塔缸缸洼、火石梁、二道梁、一个地窝南二号、敦煌西土沟等遗址都有大量冶金遗物发现。对以上遗址的铅同位素对比研究显示，其铜矿来源最有可能是本地的北山铜矿床，这一地区至今仍是我国尤其是西北地区重要的成矿带。

此外，对河西地区古代遗址沉积物的分析结果也显示，在相当于西城驿文化、齐家文化时期的地层中，铜元素的含量有显著增高。在此过程中，来自中亚和欧亚草原地带的技术影响应发挥了重要作用，但当地人群的技术选择、生业经济背景和自然资源条件亦是关键因素。至西城驿文化时期，河西走廊地带已成为重要的早期冶金生产中心，对冶金技术的进一步发展和传播产生了重要影响。

西城驿遗址冶金作坊发掘现场

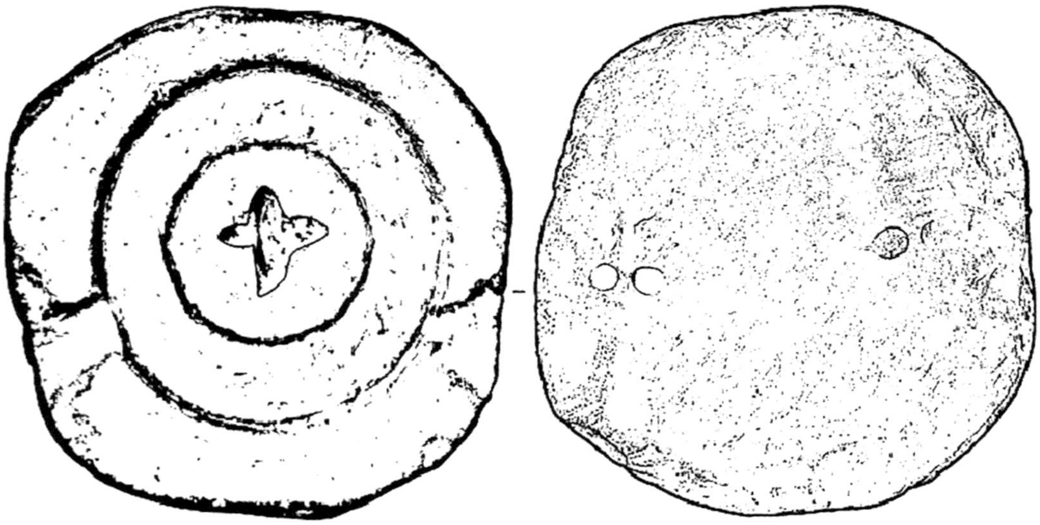

西城驿遗址出土镜范

公元前2000—前1700年左右，在河西走廊地区，西城驿文化的分布最西达到敦煌一带，有证据表明这一文化人群可独立冶炼红铜和含砷、铅等合金。在新疆哈密天山北路遗址发现了西城驿文化风格的铜器，可能是该文化西向影响所致。河西走廊偏东区域，西城驿文化与齐家文化共存，二者冶金遗存的面貌难以区分，形成“西城驿—齐家冶金共同体”。在甘肃武威皇娘娘台、武威海藏寺、临夏秦魏家和张掖西城驿等遗址中，都发现了相当数量的铜器，器类仍以工具（如斧、刀、锥、凿、钻等）和装饰品（如环、泡等）为主，红铜、砷铜、青铜兼有，锻造与铸造工艺并存。在西城驿遗址发现了铸造铜镜的石范，这也是东亚大陆迄今所知最早的石质镜范。同时还发现有鼓风管、矿石、炉渣、炉壁等与冶金活动有关的遗存。该遗址从这一时期开始，可能是河西地区的一处冶金中心。青海大通长宁、互助总寨、同德宗日遗址齐家文化早期用铜遗存中也有类似发现。

有学者指出，正是西城驿文化形成的冶炼中心对齐家文化产生了强大的吸引力，才促使其大规模西进。无论如何，齐家文化冶金技术（铜器）的出现确实是这支文化到达河西走廊以后的事。西城驿文化人群较先掌握了冶炼技术并从事冶炼活动，齐家文化的冶金技术应直接来源于西城驿文化。

可以看到，我国青铜时代早期，大多青铜器的祖型来自新石器时代的玉石器组合，其中有作为生产工具或兵器的刀、锥，也有玉礼器组合中的璧、环，但各地的社会精英阶层已经在尝试模仿陶质礼乐器具如鼎、鬶、盉、斝、铃等，使用“块范法”铸造青铜礼乐器。陶寺文化的铜铃以及各地出土的青铜容器残片，无不昭示着以青铜礼乐器为代表、具有我国文明特质的青铜时代的到来。

第二篇

协于上下　以承天休

『协于上下，以承天休』这句话出自《左传·宣公三年》，全文如下：

『在德不在鼎。昔夏之方有德也，远方图物，贡金九牧，铸鼎象物，百物而为之备，使民知神、奸。故民入川泽、山林，不逢不若。螭魅罔两，莫能逢之。用能协于上下，以承天休。桀有昏德，鼎迁于商，载祀六百。商纣暴虐，鼎迁于周。德之休明，虽小，重也。其奸回昏乱，虽大，轻也。天祚明德，有所厎止。成王定鼎于郏鄏，卜世三十，卜年七百，天所命也。周德虽衰，天命未改。鼎之轻重，未可问也。』

这段话为王孙满所讲。起因是周定王派使节王孙满前去慰劳攻打陆浑之戎的楚庄王。而作为春秋五霸之一的楚庄王，却陈兵周王辖区疆界，踌躇满志，看到王孙满张口便问鼎之大小及轻重，成语『问鼎中原』便由此而来。王孙满泰然处之，答道：夏桀昏乱，鼎迁到了商朝。商纣暴虐，鼎又迁到了周朝。鼎的轻重、大小在于德而不在于鼎本身。周朝的德行虽然逐渐衰微，但天命并没有改变。因此，鼎的轻重、大小是不能问的。

在此语境下，九鼎已然成为政治权力本身的象征，九鼎的迁徙也成为历史进程的同义词，甚至九鼎以及九鼎的变迁在很大程度上也不再是历史事件的结果，而被看成是这些事件的先决条件，即九鼎所在，便是天命所在。

禹铸九鼎　以象九州

根据《史记》中《五帝本纪》《夏本纪》《封禅书》以及其他史料，我们可以知道，舜帝时，禹受命平治九州水土，安定九州。禹勤勉笃行，历时十三年，开通了九条山脉的道路，疏导了九条大河的水源，为四海朝觐和九州贡赋提供了便利的交通网络。禹受舜之位后，收集九州牧守的铜，铸造了九鼎，以象征九州。然而，九鼎真的是大禹铸造的吗？

考古学家在早期文献中所记载的"夏墟""禹都"附近的洛水之阳发现了二里头遗址，为我们认识夏王朝提供了许多重要的实物信息。据最近的统计，二里头遗址出土铜制品总数超过250件，其中已经发表的近170件，另有冶铸遗物70余件，包括容器、乐器、武器、工具和其他礼仪用器五类。二里头遗址出土的青铜礼器为我们研究《左传》所言夏禹"铸鼎象物"提供了实物凭证。

二里头遗址的主体为夏代中晚期的夏文化，而目前遗址内出土的唯一一件青铜鼎属于二里头文化晚期，绝对年代在公元前1600年前后，大约相当于夏王朝的最末时期，甚至不排除已进入商代纪年范畴。对二里头遗址出土青铜器的综合研究表明，夏王朝时期已经出现了"块范铸造法"，也就是内模与外范相结合生产青铜礼器的方法，为此后高度发达的商周青铜文明奠定了基础。我们可以看到，尽管当时的青铜礼器如鼎、爵、斝等的器型还不是很大，纹饰也比较简单，表明其铸造技术仍带有一定的原始性，但这些此前只能在史前陶器中看到的复杂器型出现在青铜器中，仍然是一项伟大创举。至于文献中关于夏代

早期的大禹已能铸造九鼎的言论，目前也只能说是传说而已，因为到目前为止，考古学家还没有找到夏王朝早期——也就是公元前2000年左右的中原龙山文化晚期——的完整的青铜容器，更遑论“铸鼎象物，百物而为之备”的九鼎。因此，根据目前的考古发现，我们只能说夏代时期已经具备了铸造青铜礼器的能力，但九鼎的概念可能尚未出现。

不过，两周时期墓葬中的用鼎制度表明，九鼎确有其物。考古实物也证明了周代礼制中关于“天子九鼎八簋，诸侯七鼎六簋，大夫五鼎四簋，士三鼎二簋”的规定。作为夏人后裔的周人将九鼎说成是夏禹所铸，是为证明周人得九鼎乃为天命所归。因此，“铸鼎象物”的传说应是周人政治意识形态话语权重塑的结果。

二里头遗址公园和遗址博物馆鸟瞰

二里头遗址发掘现场

二里头遗址出土网格纹铜鼎

酒以成礼　器以藏礼

礼的繁体字作“禮”，从示从豊，“示”为祖先牌位，“豊”则为会意字，上部为玉在器具之中，下部则为鼓。因此，礼字本义是以礼乐器具致敬祖先。古代“礼以酒成”，因此“醴（酒）”字也离不开礼乐器具。

古人很早就发现了酒饮料的独特作用，它不仅可以给人带来精神慰藉，还能起到医疗的作用，而酒精的致幻效果也使得酒饮料被认为是可以与神灵及祖先进行沟通的媒介。在很多地区，宴饮活动也往往被赋予公共礼仪方面的内涵。因此，肇始于仰韶时代、兴盛于龙山时代和夏商周三代的礼制，被学者们概括为“酒礼”，即有酒则以成礼。

有酒则必有酒器。二里头文化中，酒的生产和消费已经出现了专门化的趋势，宴饮过程也更加精细化、礼仪化。酿酒和贮酒用大口尊，温酒和备酒用鬶、盉和爵，饮酒用觚。这些陶质酒器大多是墓葬中的随葬品，有些甚至被制作成精美的白陶和黑陶，应该是用于神圣的祭祀仪式之中。二里头文化确立了以酒器为核心的礼器组合，从此开启了夏、商、西周时期一以贯之的以酒礼器为核心的礼器制度。所以，当中原地区的人们掌握了复杂的青铜铸造技术之后，酒器因其在礼制中的崇高地位，被首先用青铜材料制作而成。

“或献或酢，洗爵奠斝。”（《诗经·大雅·行苇》）最先制作的仿陶青铜酒器是爵，主要用来温酒和饮酒。

因为二里头时期仍处在我国青铜文明发展的早期阶段，所以青铜礼器的使用并不普遍。礼器的组合往往是青铜器与陶器、漆器相配伍，青铜器单独

二里头遗址出土青铜斝

配置成套的情况并不多见。当时主要的礼器组合是铜爵与陶盉、漆觚的组合，或者是铜爵与陶爵、陶盉的组合。由此可以看出铜爵在青铜酒礼器群中的核心地位。

二里头遗址出土的青铜爵已达10余件，皆属于二里头文化晚期，且造型优美。以这件乳钉纹青铜爵为例，可以发现它保存完好，通体光亮，上方有长长的流和尾，中间腰部收拢，底部是细长且有曲线的高足。这件器物造型舒展飘逸，被不少专家比喻成一位身材婀娜的美人，因此也被称为“美人爵”。

铜爵作为青铜酒礼器群的核心，以及等级、身份的象征，一直沿用至西周初期。受其影响，虽然自西周中期以来，作为酒器的爵逐渐消失在周人的青铜礼器传统之中，但在始于周代的爵位中，“公爵”“伯爵”等称呼都用了“爵”字以示身份与地位的等次，表明从“酒之爵”到“人之爵”的发展中，爵作为身份、地位象征的意义从未改变。

《诗经·大雅·行苇》载：“或献或酢，洗爵奠斝。”《礼记·礼器》中也有“尊者献以爵，卑者献以散（斝）”的记载，说明斝同爵一样是酒礼器，只是在礼器中的地位列于铜爵之后。考古发现表明，最早以成套酒器随葬来表现墓主人身份的习俗出现在山东地区。有学者根据考古发现，论述了二里头文化的陶斝主要是由大汶口文化和海岱龙山文化中的陶鬶经过层层演变而来。由此看来，夏代以酒器为中心的青铜礼器系统与大汶口—海岱龙山文化的关系非常密切。因此我们可以得知，在夏王朝祭祀礼仪形成和整合过程中，应该吸收了不同地域和文化背景的礼仪因素，这些因素最终在王朝都会熔铸一炉，成就了夏代新的礼仪与礼器系统。

二里头遗址出土乳钉纹青铜爵

二里头遗址出土青铜盉

国之大事　在祀与戎

《左传·成公十三年》载："敬在养神，笃在守业。国之大事，在祀与戎。"礼器是用于"养神"的"祀"，兵器则是用于"守业"的"戎"，二者分别从信仰和军事装备两个方面构成了国家稳定的重要基础。

二里头文化出土的青铜兵器有戈、钺、戚、镞等，都是随葬品。结合铜钺的材质分析结果以及其刃部较钝等特征，判断具有相似特征的这些兵器应该不止具有实用性，有些还属于礼仪性用器。

下图中的这件青铜钺是二里头遗址出土的第一件青铜钺，也是迄今所发现的我国最早的青铜钺。这件铜钺与二里头文化晚期贵族墓中所出的玉钺的形制颇为相似，学者推测这件铜钺的年代也应当属于二里头文化晚期。其平面为长方斧形，器体较为薄平，刃部较钝且两角外侈，纹饰古朴，器身残长约13厘米，宽6～7厘米。这种形制的玉石质钺类器最早见于长江下游太湖地区的史前文化，后来逐渐成为东亚大陆东方地区新石器时代玉石器的一种重要器型。因此可以看出，二里头遗址出土的玉石钺和青铜钺带有明显的东方和东南方的文化特征。这类器物最初是手工业工具或农具，一般用于砍伐树木、木材加工及房屋建造等生产活动，后来随着社会的发展，其中一些精制的玉石斧钺则成为礼器和仪仗用器。

据研究，汉字中的"王"字就来源于斧钺，以象征王权。金文的"王"字像横置的钺，最初应该是指秉持斧钺的具有军事统帅权的首领，随着早期国家的出现，逐渐成为掌握最高权力的统治者的称号。同时，钺也是一种"大辟之刑"的

二里头遗址出土青铜钺

金文中的【王】	时期	字例
	商	 乍册豊鼎  戍嗣子鼎  乍母乙卣  宰甫卣
	西周早期	 成王方鼎  王乍康季鼎  中方鼎  圉卣  中觯  遣尊

金文中的“王”字

刑具，刑具用来做仪仗用器，代表着持有者具有生杀予夺的权力。这种传统反映了对传承已久的某种制度的继承。二里头都城遗址中出土的玉石钺和迄今所知中国最早的青铜钺，都应是已出现的“王权”的一个重要象征。

《孙子兵法·谋攻》中讲道：“不战而屈人之兵，善之善者也。”不战而胜，是中国古代军事用兵之道的理想追求和最高境界，它反映了中国古代以强大的军事实力为后盾，通过伐谋、伐交斗争，用全胜计谋争胜于天下的思想。所以，九州朝觐之时，在祭祀礼仪活动中使用礼兵器，是王权和军事力量的展现，为的是达到不战而胜、稳定四海的目的。

龙旗阳阳　和铃央央

2002年，在二里头遗址宫殿区院内最接近中轴线的一座贵族墓中出土了丰富的随葬品，包括铜器、玉器、绿松石器、白陶器、漆器和海贝等，总数达上百件，由此可以看出该墓葬规格之高。其中最引人瞩目的是，在这座贵族墓中出土了一件大型绿松石器，其形似龙，故称为绿松石龙形器。这件绿松石龙形器被斜放于墓主人右臂之上，呈拥揽状，并有一件铜铃置于“龙身”之上。从位置来看，它们应该是放在墓主人的手边或者系于其腕上。

绿松石龙形器与青铜铃的出土场景，与《诗经·周颂·载见》所记载的周王于宗庙中“龙旗阳阳，和铃央央”的祭祀场景颇为契合。龙旗永远是朝向阳光的，而和谐的铃声意味着长久的平静和安宁。

“礼”规范人的行为，“乐”感染人的内心。二里头遗址不仅出土了酒器、兵器等礼器，还出土了以铜铃为代表的乐器。这件带翼铜铃内有石舌，摇而作乐，属于二里头文化早期（第二期），是迄今可以确认的二里头文化最早的礼仪性铜器。除铜铃外，二里头遗址还出土了石磬、陶埙、漆鼓等乐器，从此拉开了中国古代青铜礼乐文明的序幕。

根据现有的考古资料可知，与铜铃并出的绿松石龙形器属于二里头文化的早期阶段，与铜铃并出的绿松石铜牌饰则属于二里头文化晚期。这种铜铃与动物母题绿松石镶嵌器组合的随葬模式是相对固定的，且绿松石龙形器和铜牌饰在墓葬中都被置于墓主人的上半身。种种现象表明，绿松石龙形器和铜牌饰大致属同类器，图案大部分应当是龙，后者应该是前者的简化和抽象表现。

二里头遗址绿松石龙形器与青铜铃出土时情形

铜铃与动物母题绿松石镶嵌器是二里头文化高等级墓葬随葬品中较为固定的组合，以这一组合随葬的墓主人或许都有特定的身份。随葬绿松石龙形器的高级贵族，可能是宗庙的管理人员，而“龙牌”应是祭祀场合使用的仪仗器具，具有引领亡灵升天的宗教意义。

二里头遗址出土带翼铜铃

二里头遗址出土铜牌饰

二里头遗址出土铜牌饰

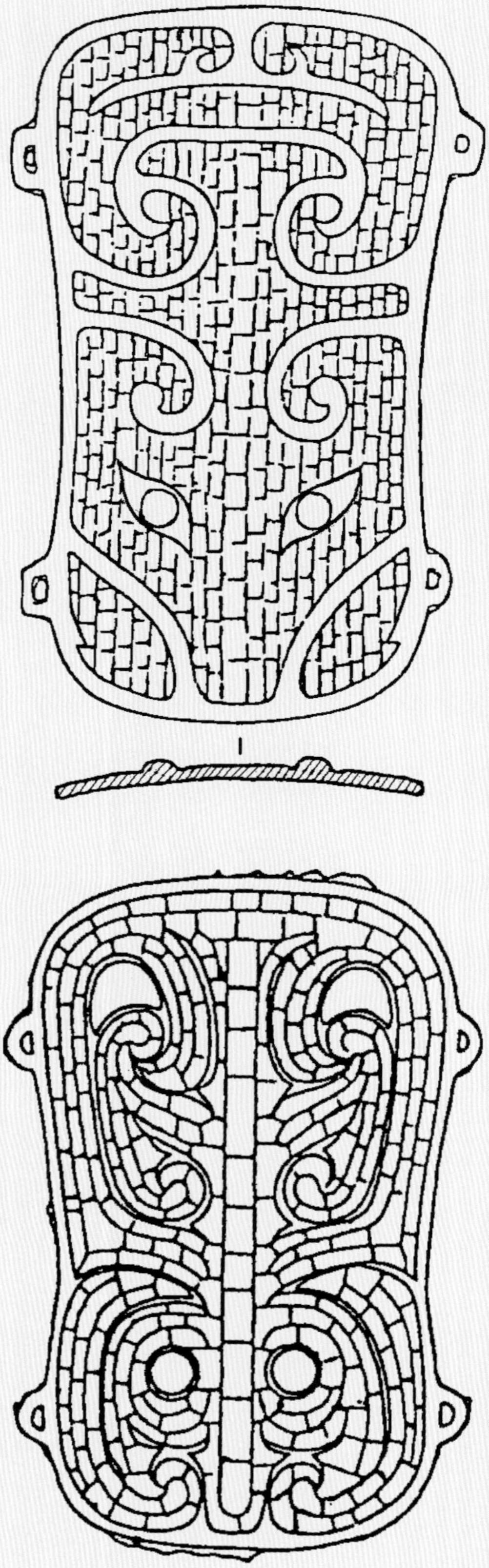

二里头遗址出土铜牌饰纹饰图

技术创新　资源垄断

目前学界大多认为，东亚地区的青铜制造技术是通过欧亚大陆的文化交流自西向东传播而来。中原以外的其他地区，如甘青和海岱地区，青铜时代的器物多采用锻造和石范来铸造。这两种方式的局限性较大，只能制作一些简单的工具、兵器和装饰品等。像铜爵、铜斝、铜铃等造型复杂的青铜礼器，对技术的要求更高，需要精确地组合起多块内外范才能铸出整器。考古发现在二里头遗址的铸铜作坊中，石范这种模具开始淡出，而可塑性强、技术含量高的泥（陶）质复合范被创造出来。这种新工艺的出现，在很大程度上是为了迎合和满足上层社会对某些专门礼仪用具的需求。

复合范铸造工艺的出现，说明东亚大陆的用铜遗存并非完全被动地全盘接受外来文化因素，而是主动加以改造和利用，并逐渐形成了自身的特色。复杂的技术与工序，造就了中国青铜器制作过程高超的控制和管理水平，使二里头文化一跃而跻身世界金属冶铸业的前列，为商周青铜文明的鼎盛和辉煌奠定了基础。

鉴于青铜器在政治和社会中的重要地位，其从一开始便成为社会精英着意控制的战略物资，构成了一种简单但有效的权力来源。在我国古代政教合一的环境下，青铜礼器是集社会等级、财富、权力于一身的象征物，是获取和维持政治权力的主要工具。社会精英阶层对制作青铜器的原料和技术进行垄断，是为了达到对通天权力的独占目的。

尹家城遗址出土铜环

尹家城遗址出土铜刀

二里头时代开启了东亚大陆从新石器时代突入青铜时代，从多元邦国到初步一体化的广域王权国家的进程。广域王权国家与中国青铜礼器群同步化出现，这一现象耐人寻味。在对文明起源的探索中，金属冶炼之所以被视为文明要素之一，主要是因为从采矿、运输到冶炼成器都需要投入大量的人力和财力，这需要在社会权力的统一指挥下集合人力、资源与技术才能实现。考古发现二里头遗址的铜器作坊被圈以围墙，也表明了作为高层贵族身份标志的精美青铜器的生产直接受控于王室。青铜礼器所代表的独占性手工业经济及其承载的信仰体系，既是二里头社会权力的来源，某种程度上也是中国传统社会权力来源的主要表现。

二里头遗址发现了最早的青铜礼器铸造作坊，出土了最早的青铜礼器群。二里头文化青铜礼器的出现，改变了以往以玉器和特殊陶器为主要礼器的局面，开始形成以青铜器为中心的礼器群，开创了东亚地区青铜礼器制造中心的独占时代。青铜礼器的功能是“协于上下，以承天休”。以酒器为主，兵器、乐器、绿松石铜牌饰等器物为代表的二里头青铜礼器组合，拉开了中国青铜礼乐文明的序幕。二里头文化与之后的商周文明一道，确立了以礼乐文化为根本的华夏文明的基本特质。

二里头遗址发掘现场

4进院落
3进院落
2进院落
1进院落
3号基址
排水沟
通道
通道
址

第三篇

殷人尊神　率民事神

《礼记·表记》记载：『殷人尊神，率民以事神，先鬼而后礼。』这说明，殷商王朝与夏人一样，非常重视鬼神祭祀，甚至有过之而无不及。作为祭器和礼器的青铜器具，受到了前所未有的重视。考古发现表明，商代青铜器生产极为发达，是我国青铜时代的发展期和成熟期。

商王朝对青铜铸造技术实行垄断性经营，从早商到晚商，都城内形成了大规模的青铜时代『重工业区』。正是专业化的生产组织与技术革新两方面的共同作用，造就了商代青铜器器类丰富且富有设计感、纹饰逐渐精美繁缛的『礼器化』特征。基于对青铜资源与铸造技术两方面的『垄断』，商代统治阶层将青铜礼器当作一种『政治资源』；而他们对神鬼祭祀的需求，也助推了作为祭祀用具与宗庙重器的青铜礼器的发展。

饕餮夔龙，立虎鸱鸮，后人观之，常惊叹于殷商青铜器的艺术水准，但也会产生一个困惑——为什么商王朝控制了铸铜技术之后，并没有铸造大量的生产工具用于农耕，而是将大量社会资源耗费在看似不具实用性的青铜礼器铸造上呢？这不能只用统治阶层对奢侈生活的追求来简单地加以解释。实际上，青铜器在商代社会上层被赋予了政治意义，它不仅是家族或宗族地位的象征，也是神圣的祭祀用器，在某种程度上，青铜器也是统治阶层在政治舞台上所用的道具。青铜器既体现着中国青铜时代的高度发达的技术与生产力，又隐含着殷商时期器用制度、殷人世界观等社会文化的密码。

从公元前17世纪成汤灭夏建立商王朝，到公元前1046年武王灭商，商王朝大约存在了600年的时间，在考古学上一般被分为早商、中商和晚商三个阶段。下面就按照这三个时代顺序，来一场商代青铜器巡礼吧。

器载王道　以事天帝

早商时期，黄河流域的青铜器基本出自郑州商城，属于考古学上的二里冈文化，又可细分为二里冈下层、二里冈上层两个阶段。根据考古发现和碳十四测年数据，郑州商城是早商的一处王都，它的始建年代范围是公元前16世纪下半叶至公元前15世纪初。郑州商城祭祀坑中的青铜重器，承载过商王率民事神的“王道”，也积淀着商邑肃穆庄重的“王气”。关于早商的出土与传世文献资料数量有限，真伪杂糅，但从中都可见商代统治阶层对天帝或上帝的敬畏与祭祀时的虔诚。

《吕氏春秋·顺民》中有商汤祷雨于桑林，自以为牺牲，祈福于上帝的记载；《论语·尧曰》中也有商汤之言：“予小子履，敢用玄牡，敢昭告于皇皇后帝：有罪不敢赦。”黄河奔流，商人在这片沃土上修筑城垣、宫殿、宗庙，持盛满珍馐清酒的青铜器恭敬地祭祀天地鬼神，虔诚地贞问“帝令雨足年”，祈求风调雨顺，五谷丰登，六畜兴旺。不同宗族也在共同的祭祀仪式中凝聚。

最能体现王者气象的早商青铜器，均出自郑州商城的所谓“窖藏坑”，主要有三处，即杜岭张砦南街、向阳回族食品厂与南顺城街。其中南顺城街窖藏坑有朽木炭灰与朱砂层，推测埋入时有木质盛器，并有扬撒朱砂的仪式行为。三处遗存由于坑壁经过人工修整，器物摆放规律，可能是商王室举行重大祭祀后专门埋于城墙附近的，因此，称作“祭祀坑”或许更为贴切。

杜岭方鼎共有一大一小两件，1974年出土于郑州张砦南街窖藏。其中，二号方鼎通高87厘米，一号方鼎通高100厘米，形体硕大，器身四面饰有单线兽面纹与乳钉纹，体现了早商王权的威仪。除象征王权的巨大方鼎外，小型圆鼎与铜鬲可能是早商统治阶层日常庖厨所用的主要炊具。《史记》中记载伊尹弃夏归商，以“厨师”的身份接近商汤，“负鼎俎，以滋味说汤，致于王道”。试想在商族的一次宴会上，庖人伊尹将烹饪好食物的小鼎或鬲端到商汤面前，以烹饪为喻进献讨灭夏桀的计谋，食物的香味与心情的紧张交织，器与道也在此融为一体。早商铜器采用块范法铸造，用陶土所制的内模与外范来铸造复杂的青铜礼器，执简驭繁，这也是中国青铜文明的特质之一。在器型上，早商铜鼎采用的是一耳与一足在同一条线上的铸造设计方案，被考古学家称为“耳足四点配列式”，如郑州向阳回族食品厂窖藏坑大圆鼎；除鼎以外，包括鬲、斝、爵等早商三足铜器，多采用三块壁范中分三足而无三角形底范的工艺，被称为“壁范过足包底铸法”。同时，圆鼎多为空柱足或空锥足，这一特征是为了使器壁厚薄相对均匀，因为铸造需要经历金属液态收缩与凝固收缩两个过程，金属液凝固后，整体体积变小，薄且早凝固的部分会吸引厚且未熔化的部分，产生铸缺，设计成空足有助于整体厚薄一致，提升铸造成功率。

向阳回族食品厂窖藏坑出土兽面纹大圆鼎

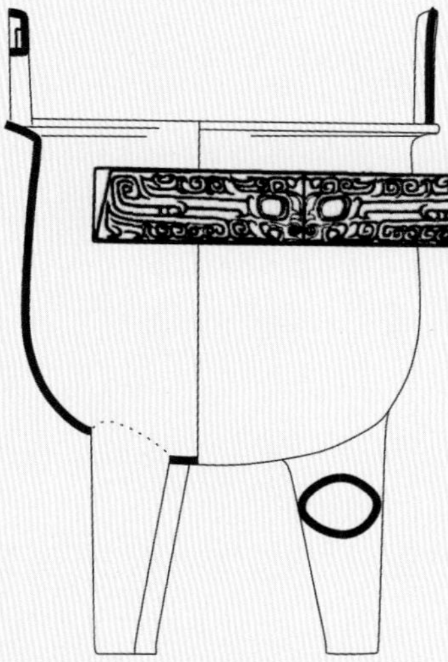

郑州向阳回族食品厂窖藏坑出土大圆鼎
（四点配列）

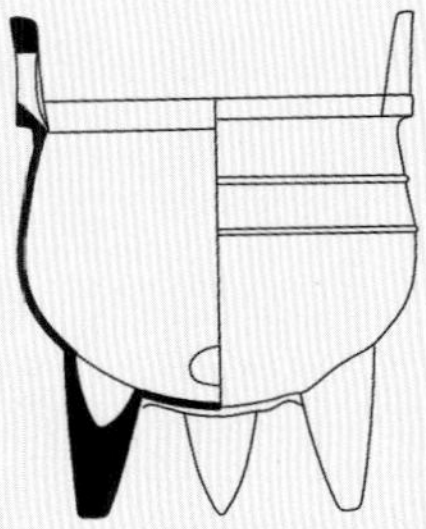

安阳董王度出土铜器（五点配列）

城固五郎庙村圆鼎及其体现的
“壁范过足包底铸法”

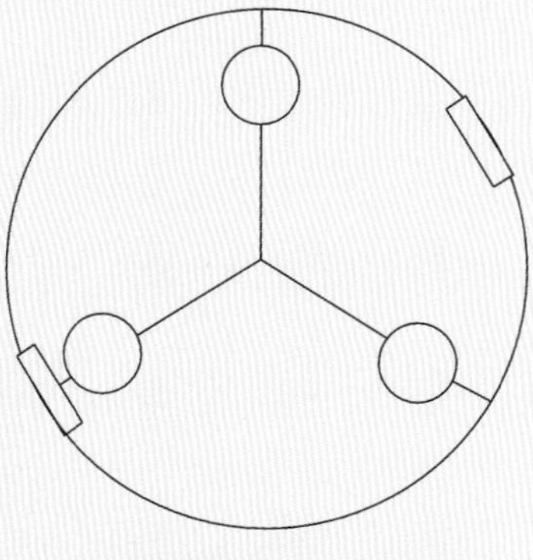

四点配列式铜鼎底视图示意

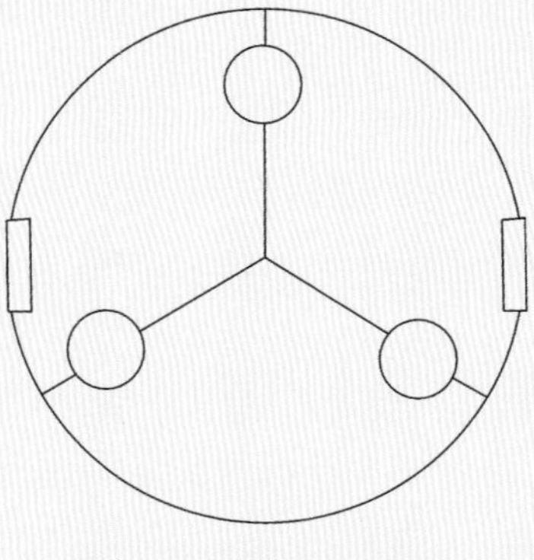

五点配列式铜鼎底视图示意

鼎耳足关系的“四点配列式”与“五点配列式”

向阳回族食品厂窖藏坑出土的牛首青铜尊，肩部饰有三个眼目凸起且立体感强烈的牛首，肩上饰有带状夔纹与圆珠纹，腹部饰有三组饕餮纹，上下也有圆珠纹。整体纹饰较复杂，与众不同。这件尊和同出于郑州窖藏坑的涡纹中柱盂、提梁卣，以及白家庄出土的兽面纹铜罍都具有一个共同特点——它们的圈足上都有3～4个或圆形，或方形，或十字形的大镂孔。我们可以从铸造工艺角度来思考这一问题：早商青铜器的铸造采取倒铸方法，这就需要解决底范如何克服重力而悬空的问题。早商工匠采取的解决办法是在底范与壁范对应的地方设置等距的榫卯结构，这样既解决了铸造的问题，又兼顾了器型的美观。因此，这些圈足上奇怪的“镂孔”，实际上是铸造合范时榫卯结构的技术特色使然。

郑州商城出土青铜器的墓地分布零散且多为土坑竖穴的小型墓，中型墓不仅数量少，面积也较小，早商都城内王陵的线索如同东山逐狐，不知迹处。偃师商城位于洛阳偃师县城（今偃师区）西南郊，北依邙山，南临洛河，临近偃师二里头遗址，可能是商人灭夏后为镇服夏人而建的一座重镇或陪都，或是王都。然而，与郑州商城相比，偃师商城的青铜器多出于墓葬之中，整体数量偏少。

相比于二里头文化时期的铜器，二里冈期青铜容器组合的器型品种与数量都在不断增多；不同于二里头文化铜器质朴的风格，二里冈期青铜器具有复杂繁缛的纹饰并呈现出礼器化特征，不禁令人联想到孔子对三代之风的评价——“虞、夏之质，殷、周之文，至矣”（《礼记・表记》）。二里冈下层阶段青铜器的整体特征为发现数量少，器壁较薄，体量较小；二里冈上层阶段青铜器组合的种类增多，形体硕大。整体而言，早商青铜器中酒器所占比重大，爵、觚、斝已经成为固定组合，体现了重酒之风。

由素面转变为简单花纹，再转变为纹饰种类复杂多样，是早商时期铜器纹饰的演进轨迹。这一阶段常见的纹饰有呈条带状布局的饕餮纹、夔纹，以及云雷纹、涡纹（或称旋涡纹、火焰纹等）、圆珠纹、乳钉纹、弦纹、曲折纹（或称三角纹或人字纹）、斜方格纹（或称菱形纹）等，铭文几乎不见。二里冈下层阶段青铜器的纹饰线条多为简单的窄粗线纹，到二里冈上层阶段则演变为线条富于粗细变化的纹饰单元。这种演变可能与制作陶范工艺的进步有关：二里冈早期工匠制范时，可能直接在外范壁面上雕刻出窄凹线纹样，这样铸造的铜器纹饰是窄凸线纹；二里冈晚期工匠可能先在泥模上雕刻出宽线条的复杂凸线纹样，再以之为内模翻出外范。

从南关外和紫荆山北两处铸铜遗址的发掘中可知，两处遗址使用的陶范为“硬范”，陶土经历了火的焙烧而质地坚硬，保证了铸造时纹饰的精密。通过对两处铸铜作坊遗址出土各类陶范模的占比统计，发现铸造镬、斧、刀等生产工具的陶范模较多，而青铜容器模较少。由此可知，早商时期对青铜资源的利用虽然已经有明显的礼器化特色，但实用类工具在当时社会需求中也占据着一定比重。

率民事神、重视祭祀是商王国的为政之道，因此，作为礼器与祭器的青铜器便承载了“王道”，殷商青铜器的礼器化现象也是商代政治环境的物化表现。

二里冈文化呈现出较强的扩张态势，体现了广域国家的特点。二里冈下层一期，商人主要经略伊洛郑州一线的“有夏之居”；二里冈下层二期，其势力西至晋南，北至河北磁县，南至湖北武汉的盘龙城，东到河南周口的鹿邑栾台；二里冈上层一期，西进至关中铜川一带，向东到整个豫东地区，东南到巢湖以东的安徽含山大城墩一带，向北势力则扩张到河北石家庄的藁城台西周边。

有学者认为，二里冈文化扩张的动因是对铜、盐等资源控制的需求。核心中原区控制并垄断着铜礼器的陶范铸造技术与青铜原料作为政治资源，在边缘区的东下冯、垣曲、吴城只发现了制作简单工具与武器的石范。早商王朝的统治者的技术垄断是政治经济的高度集中，也是对铜礼器与“率民事神”权力的垄断。结合二里冈文化广阔的影响范围，可以发现二里冈文化时期接近于“广域国家”。青铜技术与产品的垄断，以及对铜矿矿料与盐等资源的需求，形成了早商时期中心与边缘互动的贡纳体系。通过贡纳，郑州商城等中心获得了铜矿原料与盐业等资源以及政治效忠，而地方也获得了自身无法铸造的精美青铜器与中原王朝的政治支持。

考古工作者曾在山西绛县西吴壁遗址清理了一批二里冈下层时期墓葬，墓中多随葬成组礼器。该墓地存在毁器现象，如M8出土铜爵缺一柱，而对陶器的毁坏尤为明显。早商统治阶层对西吴壁的重视，与该遗址自二里头文化时期便是一处铸铜“工业作坊”有关。

二里冈文化时期，商文化扩张到山东地区。大辛庄遗址位于济南东郊王舍人街道的大辛庄村东南，年代从二里冈上层延续到西周初年。出土青铜器数量较多且精美的M139，年代可早到二里冈上层阶段。其中，大圆鼎形制与郑州商城向阳回族食品厂窖藏大圆鼎相似，但大鼎耳、足的对应关系为五点配列式，形制更为进步。铜提梁卣盖鼎隆起，上有桥形纽，肩部

西吴壁M16发掘现场

有提梁，以套环链与盖上桥形纽相连。提梁两端有立体感强烈的浮雕兽首，腹部饰有大菱形纹、云雷纹。但也有学者认为大辛庄M139中出土的青铜器具有年代滞后的特征，是商文化体系内大辛庄聚落本地独立生产的青铜器。

二里冈商文化的居民，通过太行山东麓诸多陉道、黄河、渭水等通道，对黄土高原东南两翼不断渗透，影响至少推进到晋中和关中东部地区。其器物则传播到河套地区的朱开沟文化和陇东湟水流域的卡约文化分布区，如属于朱开沟文化的内蒙古伊金霍洛旗朱开沟墓葬出土的虎纹青铜直内戈与赤峰市翁牛特旗敖包山前窖藏出土的弦纹圆鼎，属于卡约文化的西宁鲍家寨人字纹铜鬲，都见证了二里冈文化扩张期的广域影响。

大辛庄M139发掘现场（由东至西）

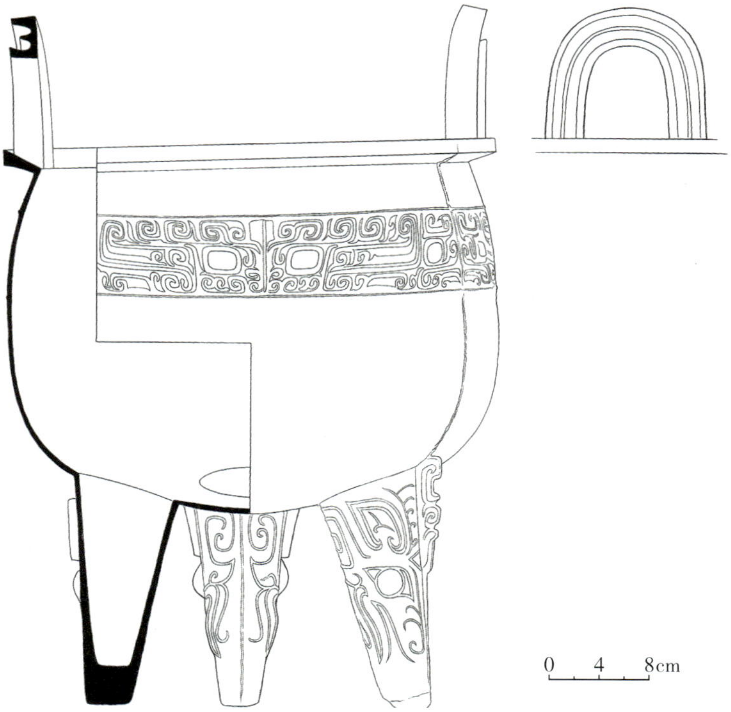

大辛庄M139出土铜鼎

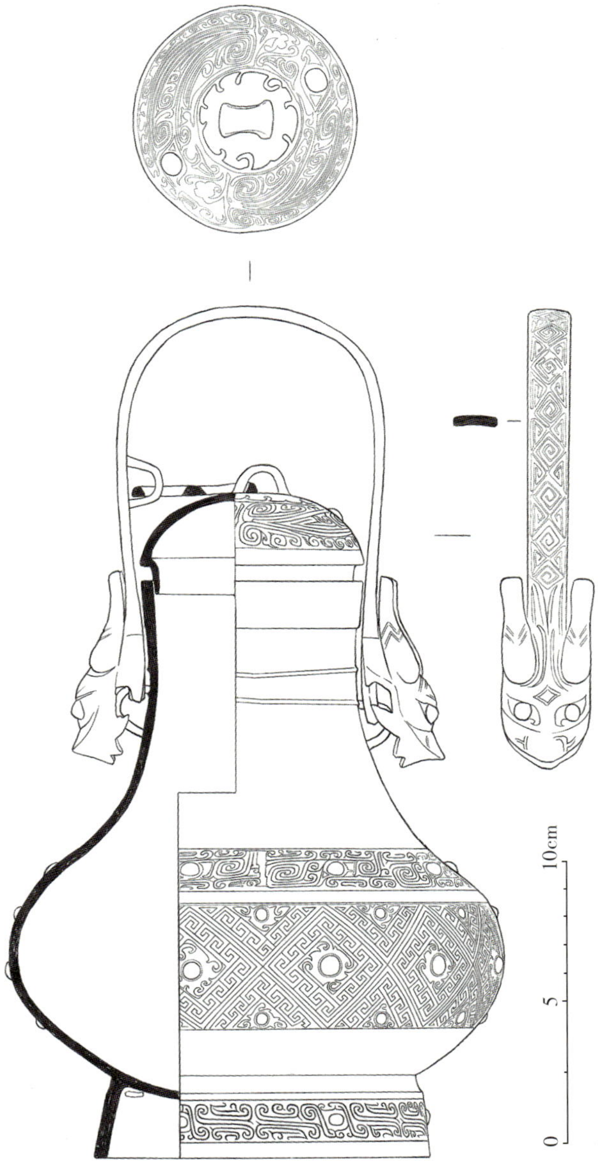

大辛庄M139出土铜卣

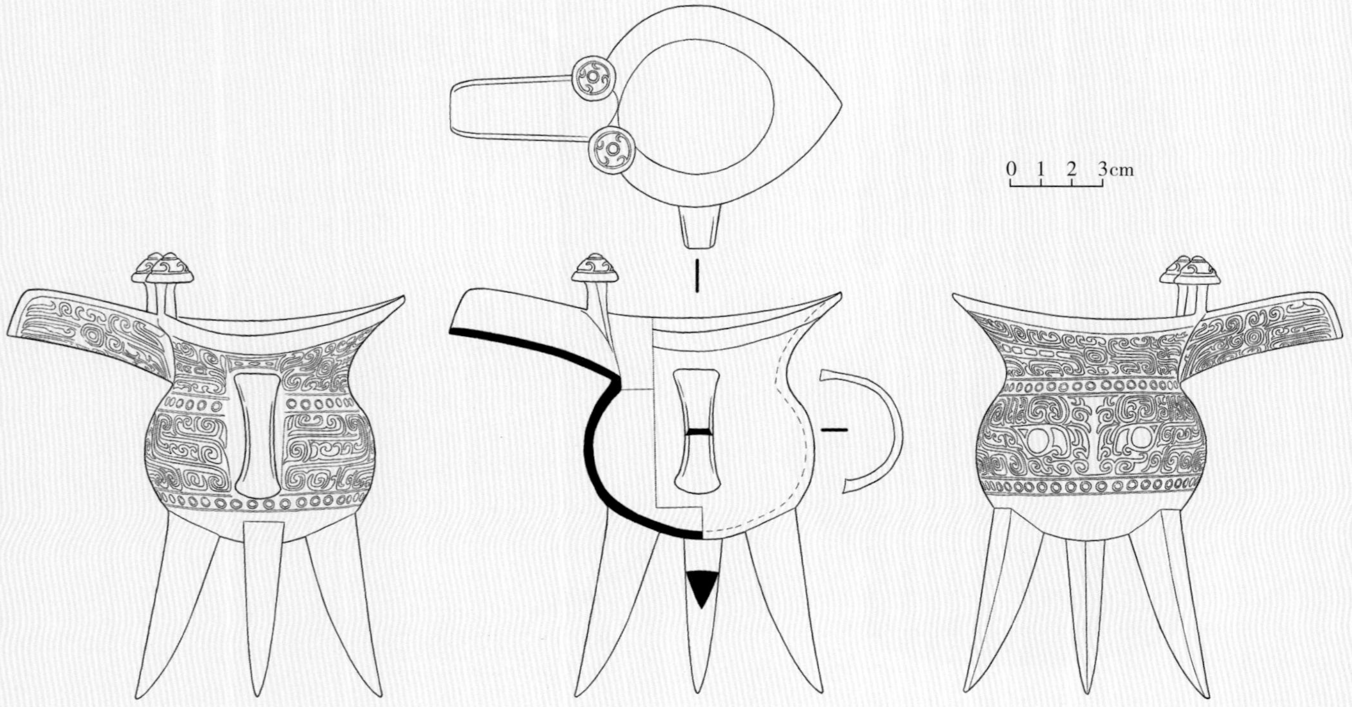

大辛庄M139出土铜爵线图

大辛庄M139出土铜爵

大辛庄M139出土铜罍

朱开沟墓出土虎纹青铜直内戈

鲍家寨出土人字纹铜鬲

承前启后　乱中新生

据文献记载，商代中期，商王朝经历了政局不稳的“九世之乱”。从中丁到外壬、河亶甲、祖乙、祖辛、沃甲、祖丁、南庚，直至阳甲，九世之间“弟子或争相代立”。由于政局动荡，都邑屡迁，“不常厥土”，以致地方诸侯不来朝拜。考古学家在编排文化序列时也发现，二里冈文化与殷墟文化之间存在缺环，并提出“中商文化”阶段来对应这一缺环，以期与文献中语焉不详的“中商时期”相对应。与之相应，这一时期出现了多个青铜器铸造中心，因此区域色彩明显，体现出承前启后、乱中新生的特点。

中商时期，黄河流域聚落分布呈现出多中心的特征，铜器发现于各个地方核心聚落，这可能伴随着铸铜技术的外流，与商王朝中心对青铜器这一“政治资源”的垄断难以为继有关。中原地区二里冈、偃师、东下冯、垣曲等都邑聚落衰落的同时，洹北、小双桥相继崛起，东方的济南大辛庄、北方的藁城台西、关中的老牛坡，乃至长江中游地区的盘龙城、吴城也都发展起来，出现了中心频迁、地方势力并起争雄的政治景观，以至于有学者将中商时期“去中心化”的国家形态概括为“分立国家”。与早商及殷墟时期青铜器集中发现于都城附近不同，中商时期青铜器的出土地点具有分散分布的特征，重要遗址有洹北、陶家营、小双桥、大辛庄、台西等，陕西南部的汉中城固也发现有中商青铜器。商代中期的铜器，与二里冈早商青铜器和殷墟晚商青铜器之间有明显的承前启后的特征。

大辛庄遗址2010年发掘现场

郑州书院街M2是一座中商早期的贵族墓葬，该墓出有金贝形覆面，以及镶嵌绿松石“臣”字眼铜戈等精美仪式性高级礼器，引人注目。此外，整个墓地外围发现了兆沟，这也是目前国内发现的年代最早、结构最清晰、功能最明确的高等级贵族墓地兆域。

郑州西北郊的小双桥遗址主体年代为中商时期，遗址内出土有两件相似的铜建筑构件，整体近方形，平面为凹字形。其中1件两侧面各有1个长方形孔，孔四周有龙虎搏斗图案，正面为饕餮纹。该建筑构件年代稍早，为中商最早阶段的白家庄期。

小双桥遗址出土铜建筑构件

小双桥遗址Ⅴ区发掘全景

小双桥遗址Ⅴ区HJ6柱洞平面

安阳洹北商城内较重要的青铜器出土点有三家庄、董王度与韩王度东手工业作坊区。1964年，安阳三家庄村民在翻地时发现一个青铜器窖藏，共出土8件叠放整齐的青铜器，其中4件圆鼎中有2件圆鼎的三足分列于两耳间，已经演变为五点配列式。1979年夏，安阳董王度村村民董秀玲在村北生猪收购站东墙外一土坑起土时，发现一组青铜器，有鼎、镞等，同村村民董友民将它们送交博物馆。董王度铜鼎也具有三足分列于两耳间的特征，这种五点配列式的特征相较于早商时期的四点配列式，克服了一鼎耳与一鼎足对立而造成的不平衡感。因此，有考古学家认为，三家庄与董王度青铜器在风格上晚于二里冈期，早于殷墟期，应是早商与晚商之间的过渡阶段。洹北商城周边，以位于安阳市北关区柏庄镇的陶家营遗址具有代表性，该遗址是一处具有大面积夯土台基的双环壕聚落，年代为洹北商城时期，即中商时期。

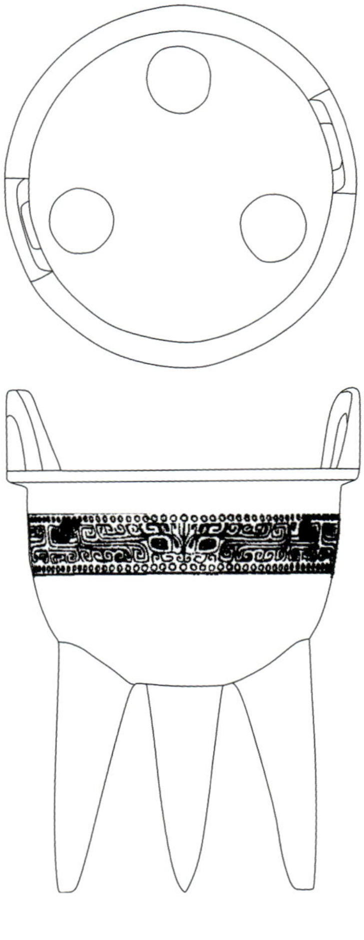

三家庄窖藏出土兽面纹锥足鼎（改进后的“四点配列式”）

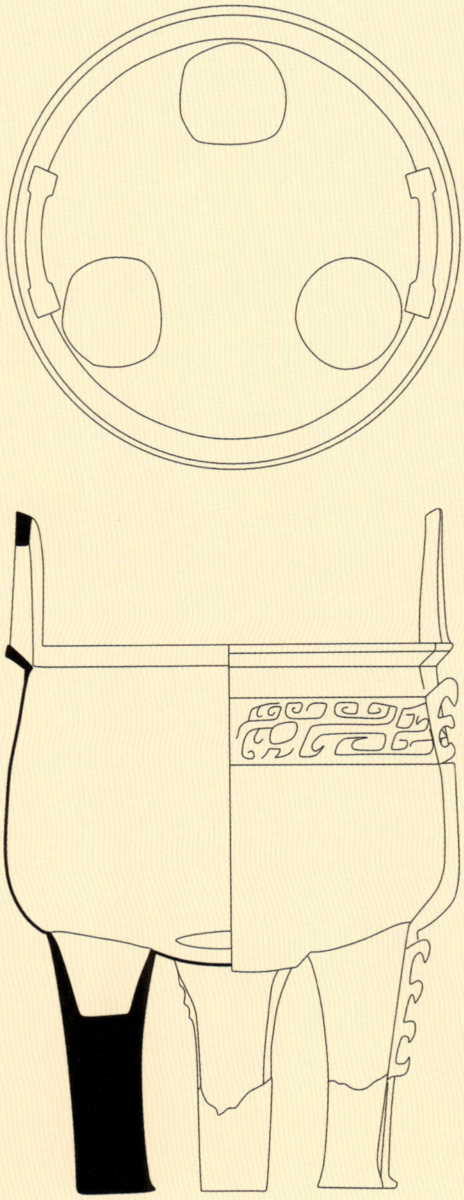

三家庄窖藏出土兽面纹铜鼎（“五点配列式”）

洹北商城手工业作坊遗址M89中出土的铜斝，发掘者认为在随葬前，其口沿、腹部被刻意砸破、击穿，而且这座墓葬中也出土了爵鋬、爵足、铜片、鼎耳等铜器碎片，同时这处墓地中出土的陶器、玉器也多有“毁器”现象。随葬时毁坏铜器的现象，在侯家庄、大司空、刘家庄北地、花园庄东地、戚家庄东等墓地中也有发现。商周时期也多有“毁兵”，即在埋葬时将兵器砸弯、折断的葬俗。毁器葬俗体现了古人对生者与死者身份差异的认识，值得重视。

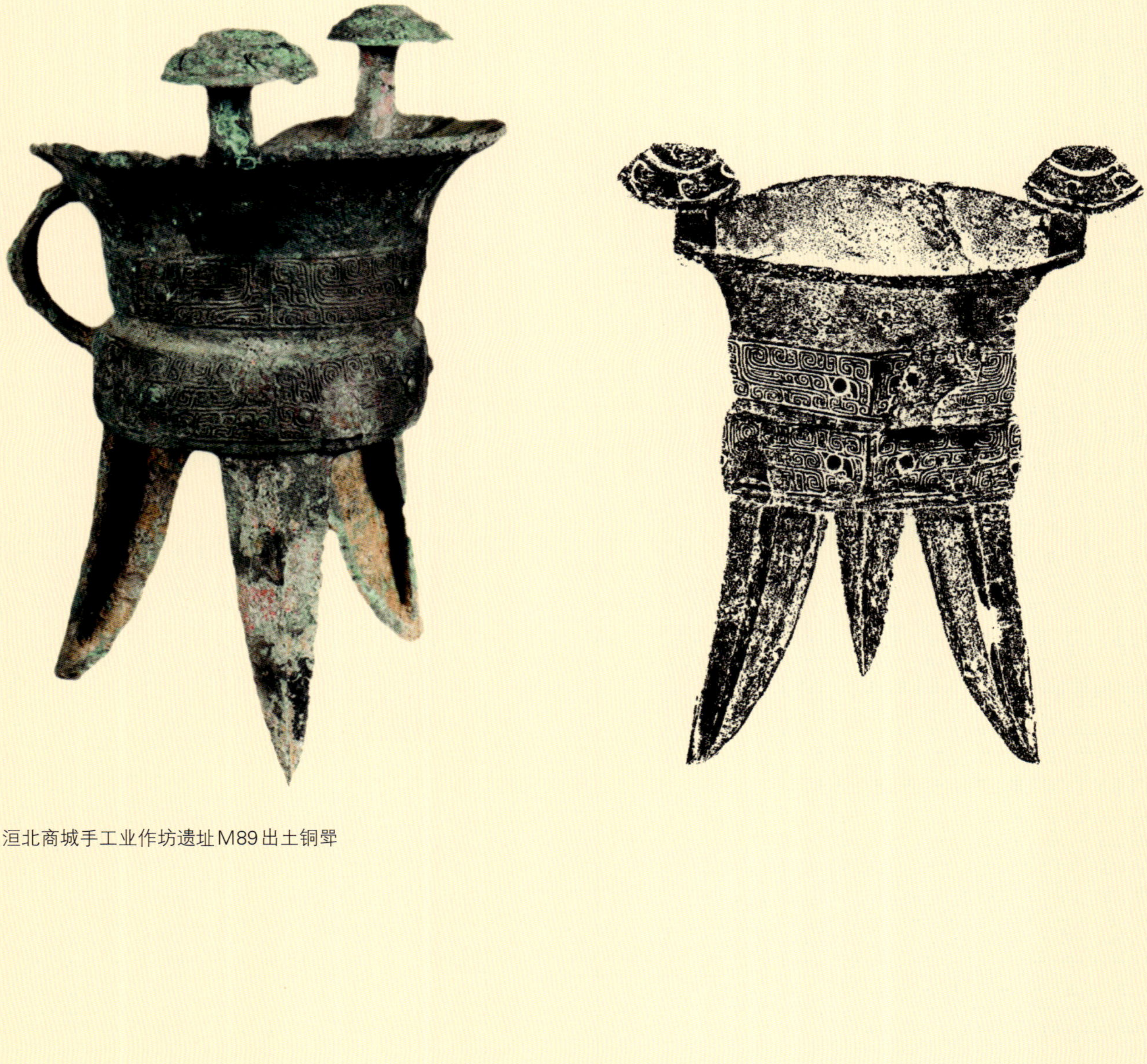

洹北商城手工业作坊遗址M89出土铜斝

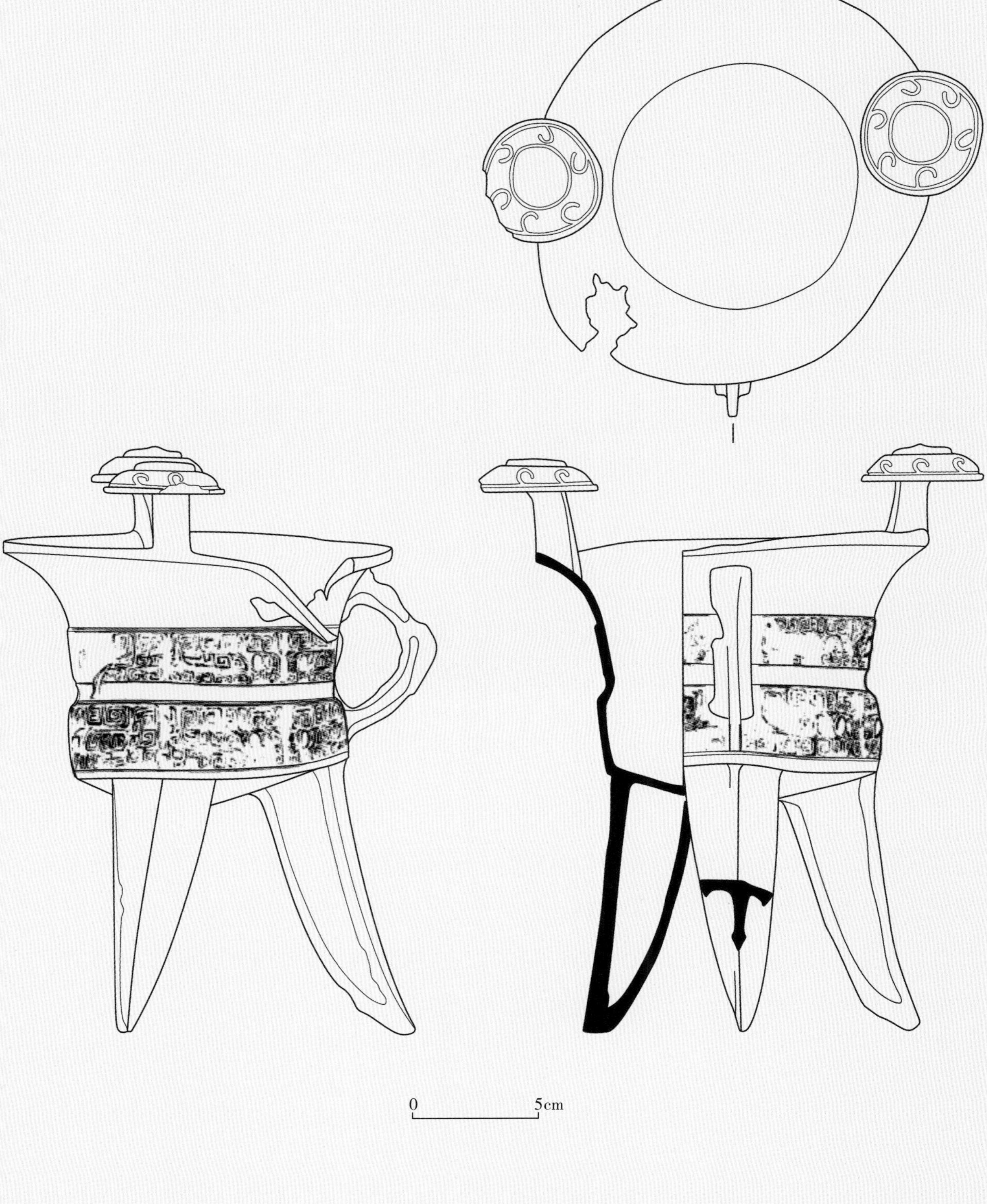
0
5cm

洹北商城遗址发掘现场

正如商王盘庚迁殷时所言“若颠木之由蘖”，变动期往往伴随着新生——中商青铜器在器型、器物组合方面都有变化，体现着铸铜工匠的探索与创新。商代中期青铜器中容器占比增加，铸铜技术在中商时期也出现了创新——洹北商城M10与三家庄M3所出圆鼎的鼎足关系为五点配列式，足内有范土，体现了设计者对封闭腹足所做的技术改进。

正域四方　胙土为氏

精美的青铜器是拥有者政治身份的象征，也是称颂祖先、纪念家族荣耀的“纪念碑”。人殉、人牲的血液在祭祀仪式中如朱砂般殷红，宝尊彝金光烨烨，这是殷人对逝去祖先所献的祭享。刮去黄土，那些模糊面目不再模糊，累累白骨与斑斑铜绿，记录下了逝者有血有肉的无字“行状”。殷墟青铜器铸造、分配、流动、埋藏的历史，隐藏着王都内外族氏的兴衰史，以及族氏间合作、冲突的政治史。

青铜“纪念碑”：武丁至祖庚、祖甲时代

相对于早商至中商时期，殷墟时期的新器型有方彝、高颈椭扁体壶、敞口束颈椭扁体觯、觥等。将容器设计为或写实或合体的动物形象，如鸮尊、牛尊等，是这一阶段的特征之一。

与早商的杜岭大方鼎相比，晚商的方鼎在形制上有很大的变化：容器部分由近方形的深斗型演变为长方槽型；鼎足由上粗下细演变为上下基本等粗的柱足。后母戊鼎是殷商王朝宗庙之中，具有“纪念碑性”的重器。

后母戊鼎又称“司母戊鼎”，重量为832.84千克，是年代久远、纹饰繁缛的国之重器，在学界享有“中国第一大鼎”等美称。后母戊鼎具有狞厉肃穆、层次分明、疏密有致的动物纹与几何纹。动物纹有以虎、牛、龙、羊等，或浮雕式双重，或阴线单层的合成纹饰；装饰纹样有雷纹、云纹以及突出于足外侧或成角侧面的扉棱。据传1939年，河南安阳侯家庄武官村村民吴希增探出此

安阳侯家庄武官村王陵区出土后母戊鼎

鼎后，和吴培文、吴玉瑶及多位亲近村民一同掘出。全面抗战期间，后母戊鼎被村民埋于地下，1946年再次被挖出，由国家收藏。自被掘出以来，后母戊鼎的身世便几经坎坷，历经劫难而后生，曾为古董商、侵华日军所觊觎，并有一耳丢失。当年参与挖掘的老农指认后母戊鼎出自侯家庄武官村王陵区M260，20世纪80年代考古工作者对这座墓葬进行科学发掘，但遗憾的是并没有找到与大鼎相关的线索。后母戊鼎从被掘出到1946年再次出土这段岁月间的经历，有村民亲历者的回忆与口述，有媒体报道故事化的改写，显得扑朔迷离，相关信息与报道时间愈晚，反而细节越丰富，情节越“真实”，正如古史辨派所提出的“层累现象”。关于后母戊鼎的铸造年代，尚存殷墟二期与殷墟三期之争。考古学家将晚商殷墟文化分为四期，这里提到的殷墟二期至殷墟三期，大致对应武丁至武乙、文丁时代，有学者认为“后母戊”的身份有武丁配偶妇姘、祖甲或武乙配偶三种可能。

后母戊鼎这类大鼎，在商王室举行各种祭典时作为祭器，举足轻重。我们可以从《尚书》与《史记》“高宗肜日”的故事中看到鼎作为礼器的一些线索。这里的“高宗”是商王武丁的庙号。在武丁主持的一次祭祀大典中，一只野鸡飞到了大鼎的立耳上鸣叫不止。这在祭祀典礼中被视为不祥的征兆，参与祭祀的大臣们多感惴惴不安。这时，祖己向武丁进言：“您要端正德行，恭敬地对待子民，在进行祭祀时宗庙中的祭品不能过于丰盛。”武丁欣然接受，亲民修德，用行动引领商朝国力增强并向西北扩张，击败了土方、鬼方等敌对势力。

武丁时代也是殷墟大邑商的繁荣期，殷墟妇好墓便是这一时代商王族荣光与兴盛的见证。妇好墓共出土铜器468件（未计小铜泡），其中有200多件铜礼器。

妇好青铜三联甗一套共四件，是一组巨型炊器，最高0.68米，总重量138.2千克，由长方形器身和三件大甑组成。长方形器身形似禁，案面上饰有夔龙纹与兽面纹；甑上饰有大夔纹。由于案面有丝织品残片，腹、足有烟炱痕，所以可能是实用器。妇好墓中还出有分体甗、连体甗。甗可以理解为古人蒸制食物的“蒸锅”，在甲骨文中便有“甗”字，写作“”，是上甑下鬲的象形。铜甗的器型源自新石器时代的陶甗，后者目前发现的最早案例是新石器时代中期（距今约6500—6000年）的长江下游环太湖流域，后传播到黄河中下游地区。铜甗在早商时期发现极少，但在晚商数量迅速增多。商周时期，铜甗不仅是用作炊煮的实用器，也是向祖先与鬼神献祭的祭器，但献祭过程是血腥与残酷的。当我们把目光从妇好墓移开，投

殷墟妇好墓发掘现场

向殷墟遗址的其他考古发现时，会注意到1984年考古工作者在殷墟西北冈祭祀坑中发掘出一件青铜甗，其中盛放着人头骨，当时学者们基于孤例不证的原则，并没有排除人头骨在埋藏过程中滚落到甗中的可能。然而，1999年，考古学家在殷墟刘家庄北地发掘一座帝辛时代贵族墓葬的时候，却无意间揭露了那段残酷的事实。刘家庄北M1046中共有6个殉人，其中1个殉人无头，位于棺椁之间，其头部位置放置了1件铜甗，内置人头，面向上而置。人头骨钙质流失严重，意味着经过烹煮。经过体质人类学及牙齿的锶同位素分析，她本是一位来自安徽六安一带的贵族少女。

“好”汽柱甑形器也被学者称为“中柱盂”，被认为是水器的一种。形制方面，“好”汽柱甑形器与二里冈期的郑州商城窖藏坑出土涡纹中柱盂具有相似性，可能是同一类器物。有学者认为这类器物在傣族陶器中有相似器，后者的用途是注水以中柱承食器以防虫。也有观点认为不同形制、大小、材质的“中柱盂”，功能不尽相同，有防虫、表吉祥、蒸锅等多种可能，并支持妇好墓汽柱甑形器用于蒸煮功能的判断。

妇好墓出土青铜三联甗铭文

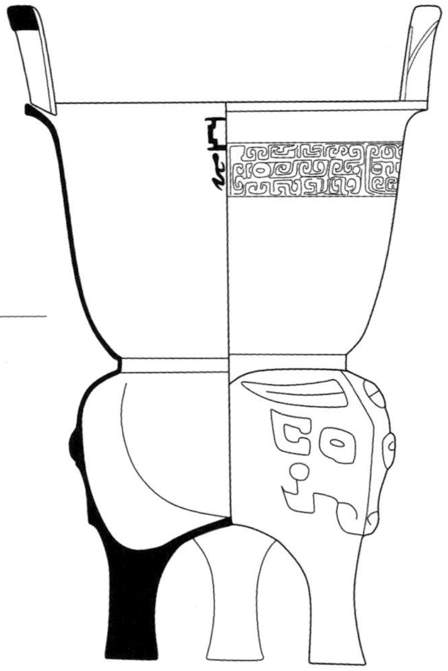

安阳刘家庄北1046号墓（殷墟晚期）平面图及墓中盛放人头骨的铜甗线图

爵、觚、斝是晚商早段酒器的标准组合。妇好墓中出土了爵、方斝、鸮尊、后母辛四足觥、觯等精美酒器，体现了女性贵族的宴飨生活与祭祀活动。其中妇好鸮尊出土有成对两件，整体造型为鸱鸮即猫头鹰的拟态，昂首圆目视天，两羽冠上也有一对眼睛；器身饰有兽头、夔纹、蝉纹、鸱鸮、蛇纹等，给观者一种光怪陆离、神秘莫测而孔武有力的观感。鸱鸮，也就是猫头鹰，在晚商青铜艺术中是一类流行题材。妇好墓中的鸮尊英气勃发，石楼二郎坡鸮卣则被戏称为“愤怒的小鸟”。然而，猫头鹰在很长一段时间内却被看作不祥之鸟，为什么商人对鸱鸮如此喜爱呢？这可能与鸱鸮是威猛勇敢、善战无畏的象征有关，同时也反映了商人的尚武之风。

妇好墓出土“好”汽柱甑形器

郑州商城窖藏坑出土涡纹中柱盂

妇好墓出土铜方斝及其铭文

妇好墓出土鸮尊及其铭文

妇好墓出土后母辛四足觥及其铭文

石楼二郎坡村出土鸮卣

妇好墓也出土了大量青铜兵器，这与卜辞中妇好作为军事将领的形象实现了对应。在这些钺、刀、矛、戈等兵器中，有不少可能兼具实用器与仪仗器的功能。其中，钺便是权力的象征，王权之“王”字来源于斧钺之形——遥想商汤“自把钺以伐昆吾，遂伐桀”之时，以及武王在牧野与商军决战，左杖黄钺，右秉白旄，在战车上作慷慨激昂的战前动员之时，都何其威武！但钺这一兵刑合一的礼仪性武器在商代并非商王独享，一些作为商王权力代理人的大贵族也能够执钺征伐，如妇好墓、郑州人民公园墓、亚长墓、苏埠屯一号

妇好墓中的北方文化因素平底盉与中原文化因素三足盉

墓中均出土有纹饰神秘的重钺。因此，这种大铜钺可能是一种王室授予贵族开疆拓土或镇守一方权力的象征。

“妇好”来自何方呢？有学者根据妇好“嘬口罐”形似20世纪80年代忻州文物工作者在匽村遗址采集到的陶“嘬口罐”，认为这件原本被定名为“平底盉”的嘬口罐，其实是来自妇好娘家的“媵器”。妇好的母家“子方”被商王朝安置在白燕商代遗存分布的晋中及其以北一带，即卜辞中的“并”地，并以此为据点进一步征伐西方。

妇好三足盉

妇好三足盉铭文拓片

亚长墓（花园庄54号墓）出土铜钺

如果说鹰扬的鸮尊是女将军妇好巾帼不让须眉的象征，那么“亚长”牛尊则是男性将领忠诚刚毅的表现。这件尊整体呈牛形，表现的是商代的圣水牛。牛在商人祭祀中具有宗庙之牲的重要地位，以牛为器型的表现形式充满着尊神事鬼的神秘肃穆之感。这件器物2001年冬出土于安阳市花园庄54号墓，墓中还出有钺、刀、矛等兵器。“亚长”是什么意思呢？这是牛尊之上的族徽，是墓主人身份的标志，“亚”代表着武官身份，“长”说明其来自“长”族。考古学家结合卜辞、墓主人牙齿锶同位素与骨骼中氧同位素、墓葬中出土的花椒以及“长”族的考古研究，认为“亚长”来自一个南方方国。从“亚长”人骨上的多处砍痕与锐器伤痕，可以想象出3000多年前的激烈的战斗场景——壮年将领“亚长”手持重钺，勇猛地率领部众与敌人胶着地近身肉搏，他的眼睛因为长时期的砍杀而布满血丝，一把铜戈在他背后飞速地刺入股骨，导致他动脉破裂，血流不止，侧倒而下。敌人一拥而上，刀、矛劈刺，亚长最终战死疆场。

亚长墓（花园庄54号墓，由东向西）发掘现场

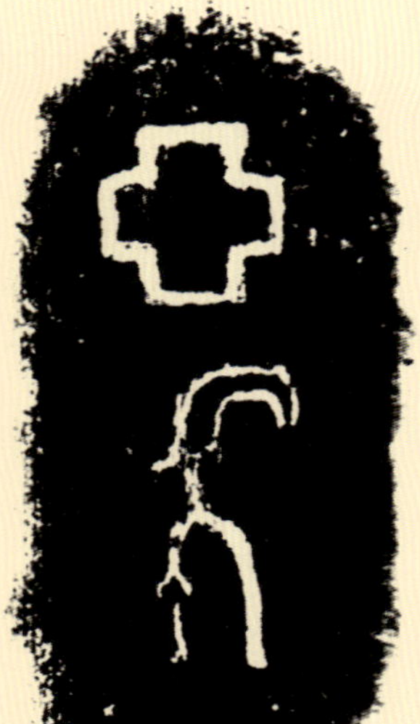

盖铭文

器身铭文

亚长墓（花园庄54号墓）出土牛尊及其铭文

王道潜隳：廪辛、康丁至帝乙、帝辛时代

至晚商晚段，由于铭文的发展，研究者可根据青铜器铭文确定“标准器”，即能够作为判断其他器物年代时进行比较的标尺类器物，如下面将要提到的二祀𢦏卯其卣、戍嗣子鼎便都是帝辛时期的“标准器”。

二祀𢦏卯其卣据传20世纪40年代出土于安阳，外底铸有铭文三十八字。铭文大意是，商王二年的正月丙辰日，商王命令𢦏卯其在祭祀典礼中执觋赐之事，祭祀地点在夆地，又在澫地田猎，事后商王赏赐𢦏卯其五朋贝。当时正值商王举行对祖先大乙（即商汤）的配偶妣丙的肜祭，在这场仪式中，商王还对天帝举行了祼祭之礼。

传安阳出土二祀𢦏卯其卣及其铭文

后冈南坡圆形祭祀坑出土戍嗣子鼎及其铭文

戍嗣子鼎出土于安阳后冈南坡圆形祭祀坑中，出土时器底部有烟炱痕，表明这是一件实用器；口沿部分的铜锈上有纺织品痕迹，鼎腹内壁有铭文三行三十字。铭文大意是：某年九月丙午这天，商王在一座大殿内赏赐给戍嗣子二十朋贝。为了纪念这份荣耀，戍嗣子铸造了这件鼎来祭祀父亲。由此可见戍嗣子是一位商王近臣，发掘者也因此推测后冈墓地为一处王室成员的族墓地，后冈祭祀坑中埋葬的是用于祭祀的人牲。这件纪念家族荣耀的大鼎的出土位置，却让研究者疑窦丛生：这座祭祀坑中堆叠了三层人骨架，有男有女，既有成年人，也有儿童甚至婴儿，不遗寿幼，十分残忍，这些死者是谁？三层堆积可能代表了祭祀仪式中的三轮杀人仪式，祭祀坑是“第一案发现场”。关于死者身份，有奴隶说、士兵长与下级士兵说，以及牧野之战中死于战乱的商王室官员与其家属、仆从说等。

帝辛，也就是商纣王，由于“慢于鬼神”使得社会自上而下对鬼神与祭祀日益不敬，“王道”潜隳也在这一时期墓葬中得以表现：随葬品中劣质的铜明器、铅器、仿铜陶器增多。但这一阶段在仪式用器的铸造上，工艺精湛，纪念意义的铭文增多，突出个人，体现了一定的世俗色彩。

综观殷墟时期的青铜器铸造，生产规模大是其重要特征之一。大邑商中铸铜作坊目前发现有白家坟、孝民屯、苗圃北地、辛店、任家庄、小屯东北地、大司空东南地、薛家庄东南地八处之多，并与其他制陶、制骨、制玉作坊一起形成了“工业区”，铸造礼器的陶范也有大量发现，由此可推知殷墟上层社会对祭祀礼器的庞大需求。大邑商庞大的铸铜规模，表明晚商时期中原王朝对青铜这一政治资源的再次垄断与控制。铸造工艺上，殷墟最早阶段还部分保留着商早中期的壁范过足包底铸法，但武丁至帝辛时期三足器铸造已普遍采用三角形顶范，克服了制作复杂、包底一段外范易断的设计缺陷，同时技术改进也推动了锥状足向柱状足的演变。

孝民屯遗址出土陶范

孝民屯遗址出土陶范

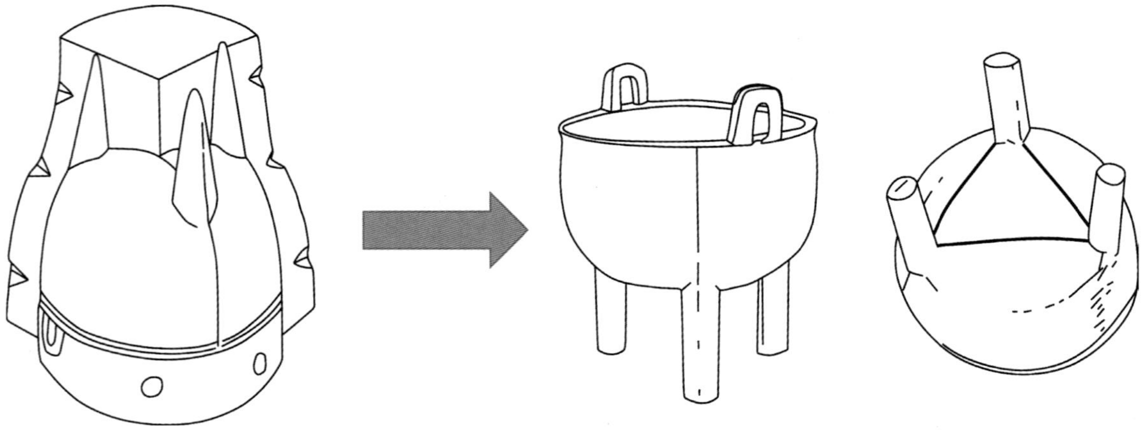

早中商至晚商铸法的改进：由“壁范过足包底铸法”到“三角形底范扣悬底范铸法”

殷墟青铜器纹饰神秘而生动，在美术风格上被称为“古典期”。最突出的特征是“三重花”以及纹样中动物纹饰种类繁多。三重花，即地纹、平面纹饰与类似于浮雕般凸出的纹饰，使得器物整体具有繁缛而贵重的观感。涡旋状的地纹不仅仅是简单的“填充纹样”，可能还象征着“气”，将神秘诡谲的动物与神兽烘托在渺渺云气的超现实空间之中。商代各种动物形象的兽面纹种类繁多，有学者认为这些纹饰是商代的至上神——“帝”，也有学者认为这是沟通天地之“蹻”。饕餮纹承自早商，在殷墟时期极盛，是“古典期”的代表性纹饰。其形“有首无身，食人未咽，害及其身，以言报更也”(《吕氏春秋·先识览》)，与两城镇玉圭、良渚玉琮、石家河文化玉饰等史前玉器上的獠牙兽面纹颇为相似。商人所敬之神，不一定如后世的“佛祖”或“上帝”等神明为人的形象。《山海经·西山经》载“西王母其状如人，豹尾虎齿而善啸”，伏羲、女娲人首蛇身，这些神话形象均为人与动物的合体。由此可推知，殷商青铜器中的饕餮兽面以及各类动物在商人的认识中可能都具有神性，是崇拜敬畏的对象，也是帮助商人沟通天人的桥梁。

小双桥铜构件兽面

殷墟妇好墓方鼎兽面

良渚反山玉琮兽面

两城镇玉圭兽面

谭家岭M9:7神人头像

曲沃晋侯墓出土石家河文化遗玉

殷商青铜器兽面纹与史前玉器兽面纹对比

大辛庄M225发掘现场（由东南向西北）

胙土为氏：族徽与“四土”青铜器

“邑”是殷墟时期居民聚居地的普遍形式，是商代的基本社会单位。根据大小、居民身份的不同，“邑”可以分成不同的形式。殷墟之内，若干族邑簇拥王邑而“大杂居，小聚居”，同时殷墟外围以及商文化分布区内的地方中小型聚落也同样具有聚族而葬、聚族而居的特点。商王国可能是政治联盟的首领，与处于边远战略要地的“方国”形成一条共同应对敌对势力的“统一战线”。方国的“邑”中生活着与商王室异姓的大贵族，他们也拥有精美青铜器，许多可能产自殷墟。无论是“族邑”还是“方国”，与聚落对应的墓地中，所出青铜器上往往带有“族徽”。族徽又被称为族氏铭文，是地方管理者族氏身份的象征。在宗族组织上，殷墟时期已形成大小宗之别与嫡庶之分，“分节的宗族制度”较完备，与周代类似。鲁隐公向大臣询问谥与族时，大夫众仲回答：“天子建德，因生以赐姓，胙之土而命之氏。诸侯以字为谥，因以为族，官有世功，则有官族，邑亦如之。”（《左传·隐公八年》）这段话可以帮助我们了解族氏的来历。周代多为分封土地而赐氏，也有以祖先的谥号、累世的官职或封邑为氏的例子，殷墟时期的族徽来历可能也与此类似。因此，我们可以通过青铜器的族徽来考察大邑商四方的族邑与方国，同时也可窥见殷商贵胄对宗族祖先的认同，以及商王朝对四方之土的经略。

首先是东方边邑和方国的青铜器。在安阳的东方，出土晚商青铜器的重要遗址有济南地区的大辛庄、刘家庄和长清小屯，鲁北中部偏东弥河流域的苏埠屯，以及薛河流域的滕州前掌大，这三处区域也是商人征伐东夷的战略枢纽或军事据点。

大辛庄遗址晚商铜器墓发现较多，其中M225所出铜斝饰有层次分明的凤鸟纹、夔纹、云雷纹等，器内底有一铭文“子”。墓葬出土的族徽有M78、M86的“”（䝭），M275的“▼”和“”，M225的“索”与“子”等。

刘家庄M121、M122为殷墟三期铜器墓，共发现了14组族徽铭文：以“卷”（或释为“役”）字占主导，有8组；“戈”字1组；“”字1组；“”字4组。表明“卷”族是晚商时期管理刘家庄一带的族群。两座墓葬中不仅随葬有成组的铜礼器，还随葬有大量的青铜兵器，因此两位墓主人可能是“卷”族的军事将领。M121中出土1件铜壶，有“戈”族徽，反映了卷族与戈族可能存在密切关联。

大鼎
带铭文铜爵

大辛庄M224出土铜器

小鼎

觯

刘家庄M121出土铜壶及其铭文

家庄M121发掘现场（由东向西）

1957年，兴复河北岸的小屯村一带出土了一批铜器，上有族徽“䇂”和“戈”等，祖辛方鼎便是其中之一。有学者认为“䇂”族是晚商居于西北的异姓国族，其族徽在小屯的出现是迁居至此的“䇂”族人与土著部族进行联合的结果。

苏埠屯墓地的族徽有“亚醜”和“册融”。亚醜钺与兽面纹铜钺皆出土于苏埠屯一号大墓。该墓葬有四条墓道，发掘者认为墓主身份为商王的方伯一类的人物。在M7中也发现了带有亚醜族徽的铜器，比如M7:7铜爵鋬手内有亚醜铭文。册融方鼎出土于苏埠屯M8，“册融”应为“作册融”的省称，这表明虽然苏埠屯对应的聚落的军事领导者是“醜”族，但同时也存在着“融”族，负责记录、参与宗教礼仪等活动，两个族群的族长相互牵制监督，以实现商王朝对该战略要地更好的控制。苏埠屯遗址的性质，有薄姑氏遗存说、与商王抗衡的东夷首领说等，但由于材料所限，难下定论。

其次是晋陕高原与北方草原的商式青铜器。晋南地区与关中东部是商王朝控制的边缘区，是商王国的“西土”，在这周边生活着许多敌对方国，商王朝多有征伐，文献中有

长清小屯村出土祖辛方鼎

“九三，高宗伐鬼方，三年克之”（《周易·既济》）与“震用伐鬼方，三年有赏于大国”（《周易·未济》）等记载。其中，鬼方是商王国西方的敌对方国之一。晋南地区自南向北的闻喜酒务头、浮山桥北、灵石旌介等遗址，关中地区的西安老牛坡、耀县（今耀州区）北村遗址，可能都是应对西部敌对势力的军事“桥头堡”，这些遗址虽然在文化面貌上属于殷商王朝的地方类型，在政治上与商合作，但在族属上具有独立性，可能为当地土著。

青州苏埠屯出土亚醜钺

青州苏埠屯出土兽面纹铜钺

青州苏埠屯M7:7铜爵及其铭文

青州苏埠屯出土册融方鼎

闻喜酒务头墓地位于运城盆地东北部边角，靠近中条山。由于被盗掘严重，2017—2018年考古工作者抢救性发掘该墓地。有学者根据铜器族徽，认为这是“天黽獻”氏（或其分支“匿”）上层贵族的墓地，年代为殷墟晚期，可能是商王室授权该氏族驻守于此，作为商王国西部边域的屏藩。子匿圆鼎出土于酒务头M1，该墓葬年代为殷墟晚期。有研究者认为该墓地处于“西伯戡黎”的关键位置，因此酒务头M1对于理解商周更替的历史进程意义重大。

在晋南地区的西周早期墓葬中也有少量的商代青铜器出土，可能是参与翦灭商人的周人所获得的战利品，比如在天马—曲村晋国邦墓地M6081中出土的寝孳方鼎，便是一件典型的商器，铸有长铭，记录着商王康丁对其亲属寝孳的赏赐。

浮山桥北墓地位于晋南临汾盆地，其中M1、M18随葬有较多车马器，纹饰多有饕餮纹、夔龙纹、蝉纹等，饕餮纹多有牛角或弯角。将桥北墓地的车马器与小屯第四十墓相比，会发现后者车厢上有更多的铜饰件，仪仗与礼制色彩更加强烈。马拉战车是殷周时期战争中的“装甲车”，与步兵配合，装备锋利的青铜兵器，形成了规模庞大的战争机器，这也是商王“正域四方”的物质基础。

闻喜酒务头M1发掘现场

闻喜酒务头出土子匽圆鼎及其铭文

曲村M6081出土寝孪方鼎

小屯第四十墓古车复原图

安阳大司空村车马

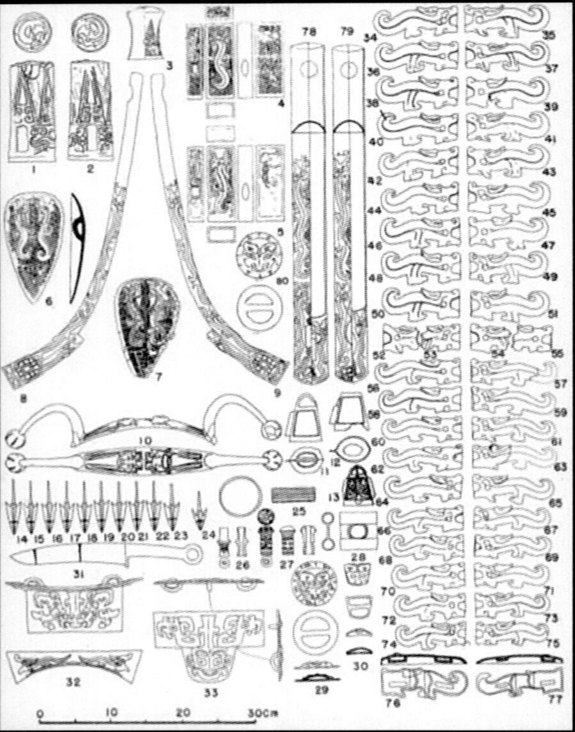

小屯第四十墓所出车马器为主的青铜器

浮山桥北马拉战车

殷墟与桥北马拉战车对比图

灵石旌介墓地位于晋中盆地南端汾河东岸，隔吕梁山与李家崖文化的石楼—绥德核心区对峙。墓葬有腰坑、殉人，为殷商王朝西土的贵族墓葬。M3所出饕餮纹爵与兽形觥极为精美，兼具实用性与艺术性，体现着该墓地贵族的等级。旌介墓地铜器族徽以“丙”为主，此外还有“卷”等，有学者认为旌介可能是该地区商王朝诸友好方国中分布最靠北的一个方国。绛县东吴村M1也出土一件“丙”族徽的铜戈，该墓葬发掘者认为其年代为殷墟一期。

灵石旌介墓地M3出土饕餮纹爵

灵石旌介墓地M3出土兽形觥

山西西部与陕西北部，即吕梁山以西的黄土丘陵地区，自20世纪50年代以来，在70多个分散的地点出土了数百件晚商青铜器，这些象征身份地位的铜器与当地如今贫乏的自然环境对比鲜明；这些铜器年代集中在晚商，西周时期则不见；出土零散，未找到集中的墓地。以上这些问题一直困扰着考古学家。石楼桃花者龙纹觥造型独特，是这类铜器中的代表，系模范法浇筑而成，并经过了多次补铸。以往学者多认为这件器物是当地铸造，但也有学者根据其纹饰风格，认为这件器物模仿了象牙器，实际上来自安阳或洹北的作坊。

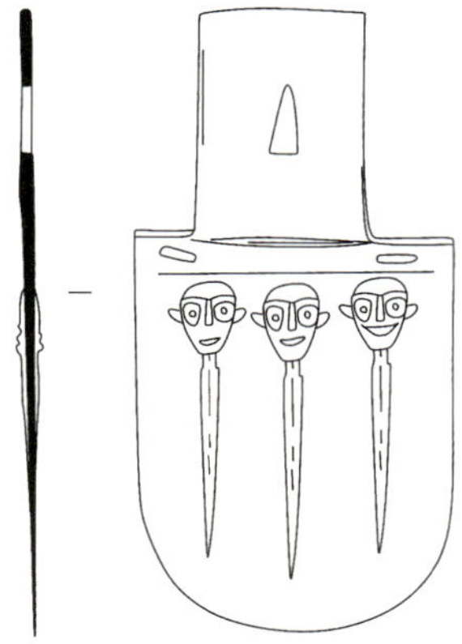

86老牛坡M41:3铜钺

86老牛坡M41:51人面形饰

城固肖家村人形面具

岐山贺家村M1面具

城固苏村人形面具

老牛坡墓地与城洋青铜器群的人面铜器

关中地区的老牛坡遗址位于西安市东灞河北岸，是一处晚商时期的方国都邑。墓葬中出土的一件饰有人头纹的铜钺以及铜人面具，给观者一种如见傩神厉鬼般神秘可怖的感受，与汉中地区城固—洋县青铜器群中的人面具有着较强的相似性，体现了区域之间的互动。人与

绥德墕头村窖藏马头刀

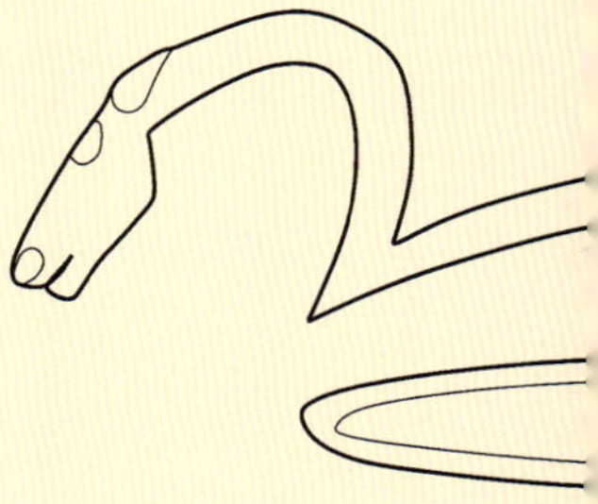
淳化黑豆嘴马首弓形器

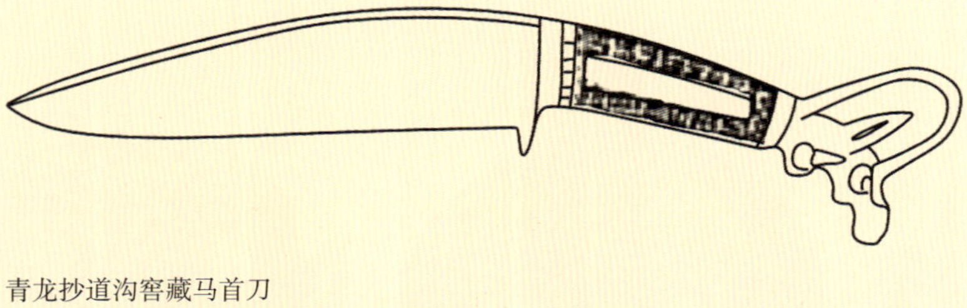
青龙抄道沟窖藏马首刀

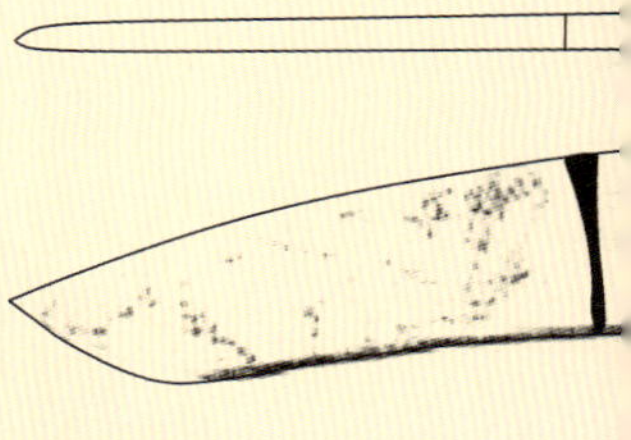
殷墟小屯M20车马坑马首刀

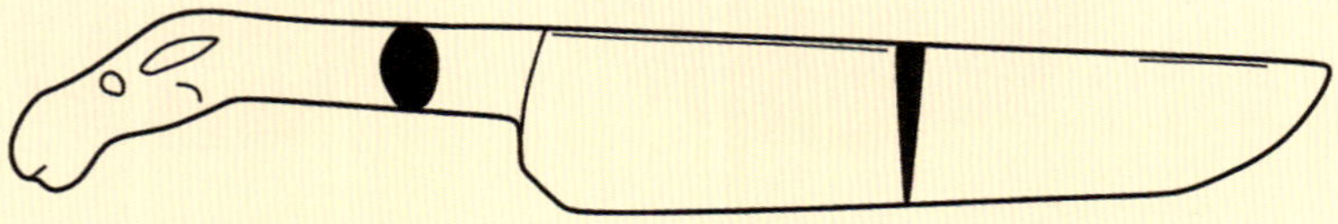
殷墟西区M1713马头刀

西北岗M1537马头刀

晚商青铜器上的马形象

神兽一样，也是晚商青铜器纹饰的常见母题——虎食人卣、人面鼎、人面具可能与良渚玉琮上的神人兽面纹一样，都是祭祀中巫师役用灵蹻的写照。

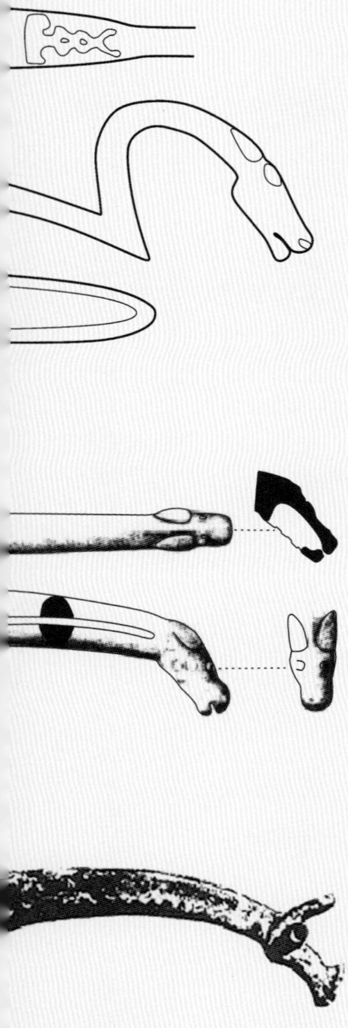

灵石旌介商墓M1:35铜簋

北方欧亚草原民族的游牧文化，不仅从鄂尔多斯地区南下影响了晋陕高原以及晋南地区，也直接或间接地对殷墟产生了影响。灵石旌介商墓M1:35铜簋器底有立马图像；陕西甘泉下寺湾闫家沟村出土的一对实心圆雕铜马，形态上也与亚洲野马类似，其用途可能与祭祀有关，马背上的椭圆形背垫，可能为马鞍的原始形态；绥德墕头村窖藏出土的马头刀、淳化黑豆嘴出土的马首弓形器、青龙抄道沟窖藏出土的马首刀等也备受大邑商贵族的喜爱，小屯墓地、殷墟西区墓地、西北岗墓地中都有它们的身影。以上种种马的形象在青铜器上的表现，都反映了北方游牧文化对殷墟的影响。最初，马首刀等兽首风格器物被认为来自鄂尔多斯地区，近年来有学者指出它们有的可能来自更加遥远的蒙古中北部地区。

影响是相互的，中原系统的青铜器也流传到了北方地区。内蒙古自治区赤峰市克什克腾旗土城子镇天宝同乡河套村出土的弦纹甗，是典型的商文化礼器，可能由中原地区直接输入。

还有安阳以南区域出土的商代青铜器，重要发现地有太行山东南麓的新乡辉县、焦作温县小南张一带，以及大别山北麓的信阳罗山蟒张一带。《诗经·商颂·殷武》记载了商王武丁对叛乱荆楚的讨伐："挞彼殷武，奋伐荆楚。罙入其阻，裒荆之旅。有截其所，汤孙之绪。"位于晚商王国势力南部边缘的蟒张遗址以及南阳一带的十里铺遗址可能是商王征讨南方敌对势力"荆楚"的战略前哨站与战时后方补给站。

太行山脉东南段与古黄河之间的狭长地段，包括今天的河南焦作与新乡，既是连接南北的交通要道，也是向西进入晋东南的关口，"太行八陉"中的太行陉、白陉均在此处。子龙鼎据传于20世纪20年代出自河南辉县。当时政局动荡，社会混乱，此鼎被文物贩子倒卖到日本，之后便杳无音信。2004年，在大阪的一个私人收藏品展览会中，此鼎露面，被收购回国，这件商末重器流失近百年后回到了家园。"子龙"是鼎的铭文，其中"子某"，对于商王室而言，是王子；对于非王贵族而言则为族长之子，足见铸造这件器物的主人身份之显赫。

河南罗山蟒张天湖墓地位于信阳地区，墓葬年代从晚商延续到西周。M28所出息父辛鼎，器身满花，云纹衬地，夔纹对首，扉棱凸起，鼎腹内铸有"息父辛"三字铭文。根据出土铜器族徽占比统计，该遗址可能为"息"族所在地。青铜兵器在墓地中占比高，表现了较强的军事色彩，因此发掘者认为息族是屏藩商王朝南土的一个异姓方国，卜辞中有"妇息"，可见息族与商王室存在政治联姻关系。

灵石旌介M1:35铜簋

甘泉下寺湾闫家沟铜马与亚洲野马

传辉县出土子龙鼎及其铭文

罗山蟒张出土息父辛鼎

殷墟四方出土的高等级青铜器，拥有者大都为类似于商王权力“代理人”或“合伙人”的大贵族，他们经略着战略地位重要的方国或边邑，与我们今天所说的“同盟国”首脑或“封疆大吏”有或多或少的相似之处。虽然晚商精美青铜器的发现不像早商那般集中，但从来源上看都是国家权力的体现，同时也是商代政治文明的物质遗存。

总之，青铜器尤其是青铜礼器，象征着商王朝的政治权力，是尊神事鬼的商王与其他各级贵族“率民事神”的道具，因此是重要的“政治资源”。早商至晚商，商王对青铜资源控制的强弱变化，以及铜礼器的生产规模与技术、社会需求与器物流布变化，都反映着商王国的“王道”与国势兴衰。商代注重鬼神祭祀，商王不仅是政治领袖，还是“群巫之长”，政教合一，祭祀在商人社会生活中具有重要地位，因此，青铜器在造型与纹饰上也处处体现着神秘色彩。在这个天命玄鸟而生的神秘时代，天人合一的宇宙观之下，青铜器更是统治阶层用以沟通天地神人、维护政权合法性的工具。由商代重祭祀鬼神向周代重宗法礼制的转变，是由殷礼向周礼的礼制内部革命，祭祀重心由多样的鬼神转向逝去的先祖，不变的是青铜器的礼器价值与对宗族祖先的敬畏之情，这也是中华文明连续性特征的重要形成因素。

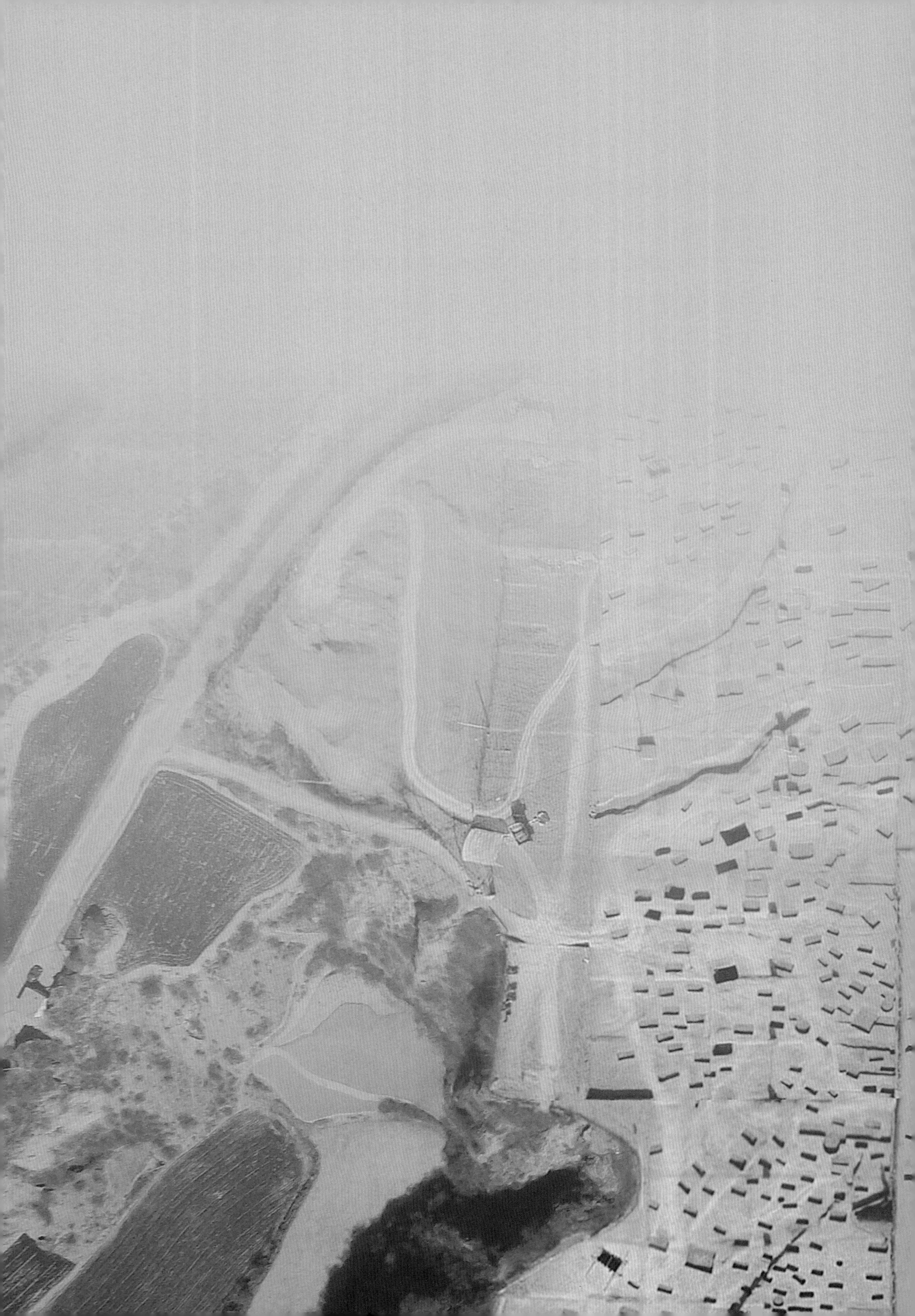

第四篇

怀德维宁　宗子维城

西周王朝（公元前1046—前771年），自周武王灭商至幽王亡国，共传十一世十二王。西周王朝继承夏、商，孕育出灿烂辉煌的文明，深刻影响着两千多年来的政治和社会发展方方面面，也形塑着古代中国与东亚文化圈的礼仪、伦理和道德规范，为后世留下了宝贵的遗产，成为中国古代文明的基石。孔夫子在两千多年前就曾感叹：『周监于二代，郁郁乎文哉！吾从周。』（《论语·八佾》）

《诗经·大雅·板》载：『大邦维屏，大宗维翰，怀德维宁，宗子维城。』意思是，诸侯是国家的屏障，大宗是国家的主干，怀德是国家平安的保证，同姓族群是国家的城垒。周王朝是在宗法制、分封制基础上建立起来的广域王朝，礼乐制度在其中起到了无可替代的作用，因而西周时期的青铜礼乐器异常发达。

周邦肇作：

周王朝的兴起

“绵绵瓜瓞，民之初生。”（《诗经·大雅·绵》）周人历史悠久，最初居住在我国西北部的泾、渭和北洛水流域，也就是现在陕西中部和甘肃东部的黄土高原地区。自古公亶父迁岐（今宝鸡周原遗址）、文王受命作邑于丰（今陕西西安）以来，周人逐渐强大，终于在公元前1046年，周武王会合各方诸侯部族，东征灭亡殷商王朝，定都于镐（今陕西西安），史称西周，我国历史从此进入周王朝统治时期。

及武王殁，周公辅成王政，平定“三监之乱”、广伐东国、营建成周、分封诸侯，进一步巩固了西周王朝的统治。此后周人积极向四翼扩展，将周礼、周制和周文化延及四方，建立了自西周至东周近八百年的国祚，最终形成了“溥天之下，莫非王土。率土之滨，莫非王臣”的文明王朝。青铜器作为文明、礼制与权力的象征，在造型、纹饰、铭文和技术等方面不断创新，使用地域和规模不断扩大，将中国青铜文明推向又一个巅峰，青铜器本身也成了西周王朝最为熠熠生辉的文化符号。

下面三件西周初年的青铜重器，向我们展示了西周王朝初立的景象。

利簋，西周成王初期的典型器物，内底铸铭文4行32字，记“武王征商”之事。铭文所载武王伐纣在甲子日晨，并逢岁星当空，与《尚书·牧誓》中“时甲子日昧爽，王朝至于商郊牧野”的记载相合，是有关武王伐纣史实的珍贵文物遗存，也是中国夏商周年代准确断定的重要实物见证。

天亡簋，又名大丰簋，是西周初年武王时期的标准器，器内底铸铭文8行78字，记录了周武王在伐纣灭商后，会同三方诸侯，在天室山举行对文王的盛大祭祀的重大史事。

何尊，西周成王时器，内底铸铭文12行122字，记载了西周初期（成王五年），在周公东征胜利之后，周成王秉承武王遗志，迁宅成周洛阳而祭天，并于京室训诰宗小子的事。其中“中国”一词最早的文字记载，指的是以今洛阳一带为核心的天下之中。“宅兹中国，自之乂民”，定都天下之中以统治万民，这是西周王朝革故鼎新、接受天命的宣言。

西安临潼零口街道出土利簋及其铭文

传陕西岐山出土天亡簋及其铭文

宝鸡陈仓区贾村镇出土何尊及其铭文

邦畿千里：

王畿地区的青铜器

经历武王灭商、周公东征之后，西周王朝为统治广袤的疆域，建立了以“分封制”和“宗法制”互为表里的国家管理体系。分封制的核心是宗法制，而维系宗法制的基础是嫡长子继承制。通过分封，周天子把自己的子弟、同姓和戚属封为诸侯或公卿大夫，划定他们的封国、采邑，以藩屏周，扩大王朝的影响。在地方封国，国君也遵循同样的原则，嫡长子承袭国君之位，其他儿子则被分封为卿大夫。父子以血缘相系，用血缘关系维持政治地缘关系是分封制的实质，加以不同姓族之间的婚姻系联，即通过分封、宗法、婚姻使具有血脉联系的自己人分布各地，代天子守疆土。

周人兴起于西方，在灭商之前属于商王朝统领下的西方小邦，随着周人灭商和周公东征，周王朝的版图不断向东方扩张。面对新的政治形势和广袤的东方地域，周人对所拥有的疆土采取了两种管理模式，即位于西部的王畿和东部的分封诸侯。两者不但拥有各自的空间，而且实行不同的管理方式，王畿是西周国家的政治中心，由周王室直接管理，封国则在周天子作为天下共主的名义下实行独立管理。

周王畿位于关中、洛阳及其毗邻地区，以周原、丰镐和成周为中心，畿内还有大大小小、分属不同家族和势力的采邑。《汉书·地理志》载：“初雒邑与宗周通封畿，东西长而南北短，短长相覆为千里。”王畿地区作为西周王朝政治、经济和文化中心，出土了大量精美的青铜器，其中不少还带有长篇铭文，为我们认识西周青铜器、西周历史和社会变迁提供了丰富资料。

周原：周原膴膴　堇荼如饴

周原，地处今陕西宝鸡市岐山县和扶风县交界地带，在金文中称“周”，先秦文献中称“岐周”或“岐邑”。自先周时期古公亶父迁岐，周人开始在此处定居生息、营建宫室。及文王、武王迁都丰、镐以后，终西周一世，这里仍然作为周人祖庙之所，也是西周王朝诸多贵族的重要聚居地。有考古学家认为，在灭商之后，周人将大量的掌握青铜冶铸等技术的殷商遗民迁至周原，促进了当地的发展。直至西周末年西戎入侵，周原毁于兵火，沦为废墟。

周原地区出土青铜器很早就见于史书记载，最早可追溯到西汉宣帝神爵四年（公元前58年）“美阳得鼎”。据《汉书·郊祀志》记载，汉宣帝神爵四年，美阳（今周原一带）出土了一件青铜鼎，当时认为青铜器的出土是一种祥瑞征兆，于是许多公卿大臣认为要将此鼎供奉于宗庙内，并更改年号，而当时“好古文字”的学者张敞在辨识鼎铭之后，认为这件鼎是“周之所以褒赐大臣，大臣子孙刻铭其先功”的，并非周天子所有的重器，不宜荐于宗庙。宣帝刘洵认为张敞所言有理，最终没有将其纳入宗庙，也没有更改年号。

两千多年来，周原一带出土的青铜器数以千计，被誉为“青铜器之乡”，号称“晚清四大国宝”的大盂鼎、毛公鼎、虢季子白盘、散氏盘都出土于宝鸡地区，其中具有长篇铭文的大盂鼎和毛公鼎则是周原所出。

周原地区的青铜器主要出自窖藏与墓葬，其中又以窖藏青铜器数量最多、最为精美，这也是周原地区青铜器较具特色的出土背景。据统计，周原遗址发现的青铜器窖藏已有一百二十余次，具有数量多、分布密集、器物精美和多具长铭的特点，其中较为重要的发现可举如下几例：

除早年在任家、康家发现的克器、梁其器、函皇父器等外，1960年在扶风齐家发现几父壶、柞钟等39件，1960年在扶风召陈发现散伯车父器21件，1974年在扶风强家出土即簋等8件，1975年在岐山董家村发现裘卫诸器37件，1976年在扶风云塘发现伯公父、伯多父器9件，1976年在扶风庄白发现微史家族铜器103件，1981年在黄堆下务子村发现师同鼎等2件，

扶风庄白一号窖藏清理现场

1982年、1984年在齐家村出土琱我父簋盖等12件，1991年、1996年和1998年分别在齐家、庄白和召陈村出土师汤父鼎、盆、簋、甬钟等6件，2003年在眉县杨家村窖藏发现青铜器27件，2006年在扶风五郡西村发现琱生铜器26件（组）等。

其中2003年眉县杨家庄窖藏的发现颇具传奇色彩。2003年1月19日下午一点半左右，村民王勤宁、王明锁、王宁贤、王拉乾、张勤辉五人在村北取土时，偶然发现了这一坑满满的青铜器，这五人都是淳朴善良的庄稼汉，出于保护文物的朴素意识，在发现这批“宝物”之后，当机立断，随即用土块将洞口封堵，并一致认为“听候上面来人处理最好”，于是安排王宁贤回家打电话向市文物部门报告，其他四人在现场等候。当天下午五点多，市文物部门抵达现场，对该窖藏进行了抢救性发掘。杨家村窖藏出土青铜器27件，计有鼎12件、鬲9件、壶2件、盘1件、匜1件、盉1件、盂1件，这批青铜器为西周单氏家族所有，件件有铭

眉县杨家村窖藏青铜器出土情况

文，计有4048字。其中逨盘铸铭文372字，是新中国成立以来发现的西周青铜器铭文中最长的一件，记载了周代十二位王与单氏家族八代的对应关系。这是西周人记录的比较完整的西周王室世系，其世系顺序与《史记·周本纪》全然一致，这是新世纪初的空前发现。这次震惊全国的考古大发现，王勤宁等五人的功劳是不可磨灭的，他们的行为和精神被国人称赞为"国宝精神"，并共同当选全国"2003年度杰出文化人物"。

周原地区铜器窖藏的埋藏地点一般都靠近当时居址，说明窖藏铜器与其附近的房舍建筑可能有相同的归属。窖藏的埋藏环境大致可分为两类：第一类是精心挖设的专门埋藏铜器的窖藏，第二类是利用原有灰坑作为铜器窖藏。两种不同的埋藏方式或许是不同埋藏原因的反映。从埋藏背景看，大多数铜器窖藏的埋藏年代为西周晚期，且集中分布，一般认为与突发性的社会变动有关，如西周厉王时期的"国人暴动"和西周末年的"犬戎入侵"，迫使周原地区的西周贵族仓促出逃而将青铜重器瘗埋于居址附近的地下。从铜器铭文看，这些窖藏的铜器多为一家或一族所有，涉及重要人物如周王、周公、虢季、微史、裘卫、矩伯、邢叔、毛公、南宫、膳夫克、梁其、函皇父、散伯车父、伯公父等。这些姬姓和非姬姓世家大族铜器的密集出土，反映了当时周原地区公卿麇聚、权贵扈从的局面。

此外，在周原遗址范围内还发现了大量墓地，密集地分布于齐家、云塘、庄白、贺家、礼村、黄堆等数十处地点，以中小型墓葬为主，也有少数贵族墓葬出土精美青铜器，并陪葬车马坑、马坑等，是周原地区人群稠密、族群复杂、聚族而葬的真实写照。

周原地区窖藏出土大盂鼎

周原地区窖藏出土五祀卫鼎

周原地区窖藏出土大克鼎

周原地区窖藏出土㝬簋

周原地区窖藏出土伯公父簠

周原地区窖藏出土商卣

周原地区窖藏出土单五父壶

周原地区窖藏出土卫盉

周原地区窖藏出土折方彝

周原地区窖藏出土折觥

周原地区窖藏出土墙盘

周原地区窖藏出土盠驹尊

丰镐：文王作丰　武王宅镐

丰镐是丰邑与镐京的合称，位于今西安市西南斗门、马王街道一带，二者隔沣河相望，丰邑在西，镐京居东。《诗经·大雅·文王有声》：“文王受命，有此武功。既伐于崇，作邑于丰……考卜维王，宅是镐京。维龟正之，武王成之。”记载了周文王伐崇侯，将都城自岐（周原）迁至丰邑，武王即位后又将都城由丰邑迁到镐京。以镐为都后，丰邑仍然使用，且一直保存着周王室宗庙，西周诸王亦常居丰邑处理国政，因而史家向来将丰、镐并称。公元前771年，西戎入侵，周幽王被杀，都城为兵火所毁，渐沦为废墟。至汉武帝时修建昆明池，对该遗址又有破坏。20世纪30年代开始，考古工作者对该区域展开工作，并基本确定了丰镐遗址的范围。

丰镐遗址的青铜器主要出自墓葬与窖藏。丰镐遗址的铜器窖藏虽不如周原丰富，但也极其重要，包括不少有铭青铜重器。目前已知的青铜器窖藏有10处，其中沣东目前已知铜器窖藏2处，分布于泉西村、斗门中学西南，出土铜器20余件；沣西目前已知铜器窖藏8处，分布于张家坡、新旺村、马王村等地，共出土铜器95件，其中以1961年张家坡窖藏所出的53件青铜器最为著名，有铭者多达32件。丰镐地区的青铜器窖藏形制多样，内部铜器摆放多较散乱，其埋藏时间以西周末年为主，还有学者指出张家坡窖藏铜器“既非作于一时，亦非作于一家”。鉴于此，学界多认为其瘗埋原因与西周末年犬戎入侵的突发性事件有关。

丰镐遗址内分布有大量的西周墓葬，并出土了大量青铜器。据学者研究，沣西地区的西周墓葬可以分为六区，其中又以张家坡墓地最具代表性。张家坡墓地是包括井叔家族墓在内的一处大型公共墓地，井叔家族墓包括“中”字形双墓道大墓一座、“甲”字形单墓道大墓3座，以及若干较大的竖穴土坑墓和陪葬车马坑、马坑，这些墓葬大多出土井叔自作的青铜礼器，对于研究西周时期丰镐地区青铜器特征流变、家族分布及分化、社会结构等具有重要意义。在沣东地区，墓葬主要分布于斗门街道、花园村和普渡村一带，出土青铜器的重要墓葬有普渡村长由墓、花园村贵族墓等。

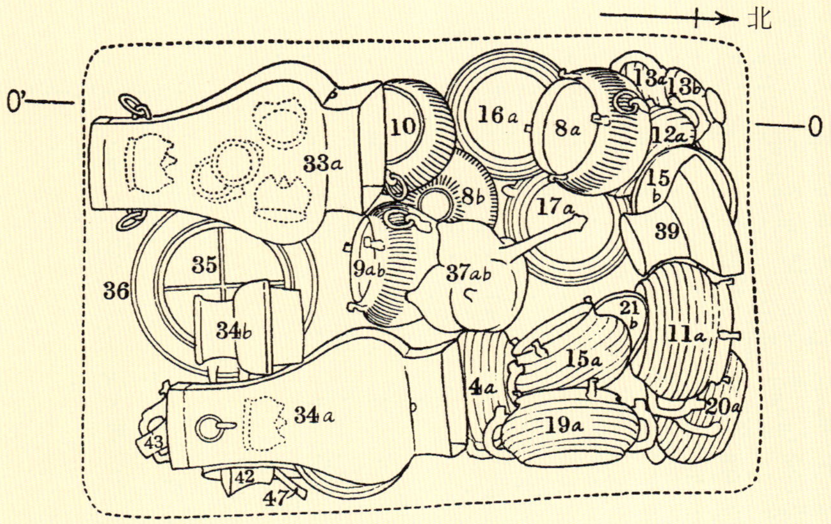

张家坡青铜器窖藏平面图

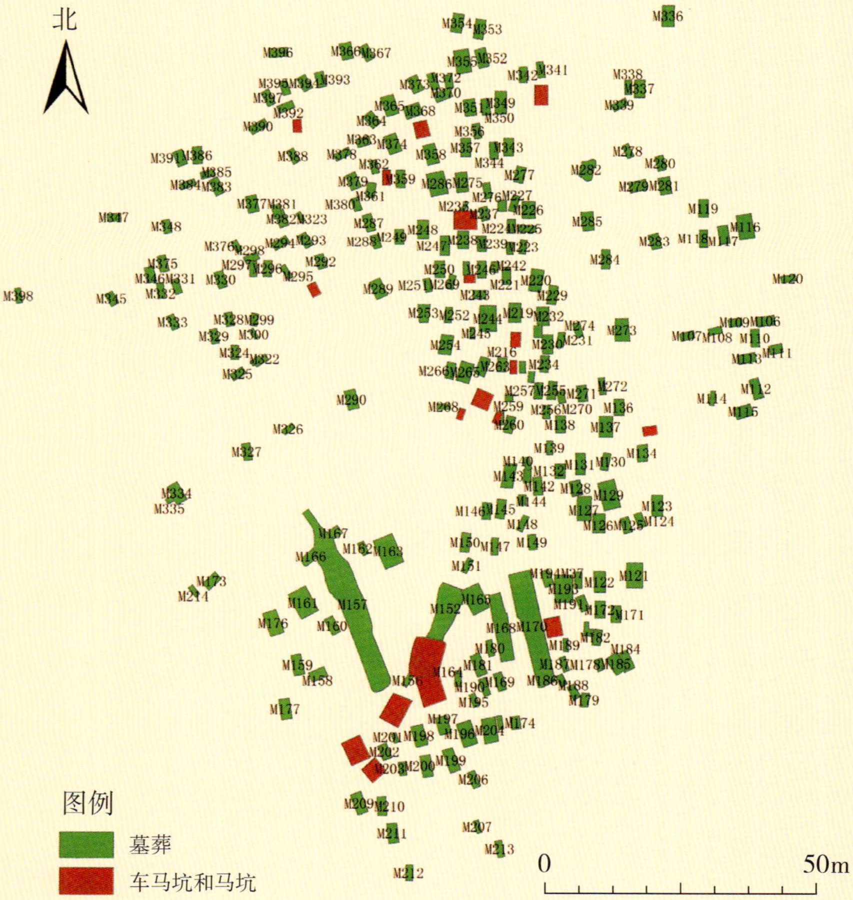

张家坡墓地墓葬分布图

洛阳北窑西周墓出土兽面纹铜方座簋

洛邑：居中而治　自邑告命

洛邑是西周王朝的东都，又称成周、新邑、新大邑等，位于今洛阳市老城南关以北的瀍河两岸。据《史记·周本纪》，以及《尚书》中《康诰》《召诰》《洛诰》等文献的记载，成周洛邑初营于武王时期，至成王时期由周公主持完成。

成周在西周王朝的政治、军事、经济等方面具有非常重要的作用。由于西周王朝兴起于关中，在王朝建立后为统治广大东方地区，周原与丰、镐作为都城便显得偏安一隅、鞭长莫及，“天下之中，四方入贡道里均”，洛邑成周位居天下之中、辐辏四方的重要地理区位，成为西周王朝协调东土、北土、南土诸侯及四夷关系的核心，并汇集天下资源，推动周文化的传播。而且，这里还驻扎着被称为“成周八师”的强大军队，给广大被征服的东方地区以震慑，担当着守护王朝安危的重任。

洛邑成周地区的青铜器主要出土于墓葬中。贵族墓地发现于邙山南麓北窑村一带，共发掘墓葬370余座，个别墓葬为“中”字形双墓道大型墓，并随葬丰富的青铜器。在随葬的有铭青铜器中，可见王妊、太保、叔造、康伯、毛伯、丰伯、虢公等高级贵族。周人平民墓地发现于贵族墓地西南的含嘉仓一带，多随葬陶器，少见青铜器。在塔湾一带发现大量的“殷遗民”墓葬，大部分随葬有铜礼器或铅礼器及仿铜陶礼器，铜器以觚、爵、觯为组合，有些还带有商人常见的族徽铭文。

陕西千阳出土成周邦父壶盖及其铭文

世家亲贵　畿内采邑

王畿之内，除却周原、丰镐和成周三个中心都市，其他区域还密集地分布着大小不一的采邑，王畿地区为周天子直接管理，而畿内土地又可划分为公邑和私邑两部分，前者即周天子封给公卿大夫的采邑，邑内的税赋收入归采邑之主，作为官员的俸禄。拥有采邑的世家大族与周王室关系密切，是周王室统治天下尤其是王畿地区最为倚重的力量之一。拥有雄厚实力并为周天子所倚仗的贵族们，常常铸造大量精美的青铜器以彰显祖先与自己的功勋荣耀，这些珍贵铜器的发现使我们能够一窥西周青铜文明的辉煌。

弜伯墓地位于今陕西省宝鸡市的纸坊头、竹园沟和茹家沟三处，分布于渭河两岸。20世纪70年代曾在上述地点发掘墓葬27座，出土了大量西周早期至中期的青铜器。根据铜器铭文可知，这里是以弜伯为首的族墓地。

茹家庄M1为一座西周中期的带有斜坡墓道的“甲”字形大墓，在墓内出土的五百余件随葬品中，包括了大量精美的青铜器，以五鼎四簋组合为中心，还随葬鬲、甗、豆等食器，尊、卣、爵、觶等酒器和以盘、壶为组合的水器，乐器为一套三件的编钟和一件铜铃，其中多件器物有“弜伯”铭文。居于M1东侧的M2，形制与M1相似，随葬的青铜礼器包括五鼎四簋的食器组合，盘、鑵的水器组合，缺少酒器、乐器和兵器，据铭文可知墓主为弜伯夫人井姬。

相比于关中王畿地区的典型器物，周人弜伯墓地出土的青铜器可分为两类：第一类与周王畿所出青铜器基本一致，以青铜礼器为主，如鼎、簋、盘、壶、尊、编钟等；第二类则与周人有别，体现出一定的自身特色以及与外部文化的交流，如尖底罐、平底罐、双联罐，以及装饰鸟纹、鱼纹的三角援戈等，体现了其与西部甘肃、青海地区的寺洼文化和西南的早期巴蜀文化之间的交流融合。

高家堡戈国墓地位于陕西泾阳县，年代为西周早期，其中M1～M4出土有成组青铜礼器。根据铜器上多铸有“戈”铭，表明这里应属戈族的族墓地。因其位于王畿之内，距丰镐遗址较近，可能是周初分封的戈族采邑。

宝鸡石鼓山墓地位于宝鸡市东南的石鼓镇，二十世纪八九十年代就曾在这里发现西周早期青铜器，2012—2013年在这里又发掘了四座墓葬，出土了大量精美的青铜器，年代为西周早期。该墓地的族属，一般认为属于非姬姓贵族的姜戎的一支。

宝鸡石鼓山西周墓地三号墓发掘现场

和墓地，出土淳化大鼎的史家塬、出土永盂的洩湖镇也都可能是畿内贵族的采邑。根据传世文献和出土青铜器铭文，王畿之内的贵族采邑达上百处之多，但要寻找这些采邑的所在，还有待于考古工作的继续开展和有铭青铜器的重大发现。

分邦建国：

诸侯封国的青铜器

随着武王灭商、周公东征，西周王朝经历着版图不断扩展与空间屡次增大的过程，于是通过分封亲戚、功臣、盟友及先圣之后建立诸侯封国以统治广袤的疆域，这就是所谓的“选建明德，以藩屏周”。

据《左传·僖公二十四年》记载，西周初期分封了26个姬姓诸侯，他们分别为文王、武王及周公、召公之子。而《左传·昭公二十八年》则提到共有40个姬姓诸侯。此外，《荀子》记载周公摄政期间，共分封71个诸侯，其中姬姓多达53个。究竟西周时期存在过多少诸侯国以及它们的位置在何处，现在仍然难以一一厘清，但各地区的考古发现和具铭青铜器的面世，为我们认识西周的诸侯世界提供了不可替代的资料。

山西地区：晋国　倗国　霸国

晋国是西周时期最重要的姬姓诸侯国之一，位于今天的晋南盆地。据《史记·晋世家》记载，晋国始封于周成王时期，始封君为周成王的弟弟唐叔虞。近几十年来，考古工作者在今天的山西省曲沃与翼城之间的天马—曲村一带，发现了西周时期的晋国都城和大量墓葬。其中，在位于北赵的晋侯墓地清理了晋侯及其夫人的墓葬9组19座，身份不明的墓葬1组2座，以及附属的陪葬墓、祭祀坑、车马坑等，出土了大量的珍贵青铜器。据统计，在9组19座晋侯及其

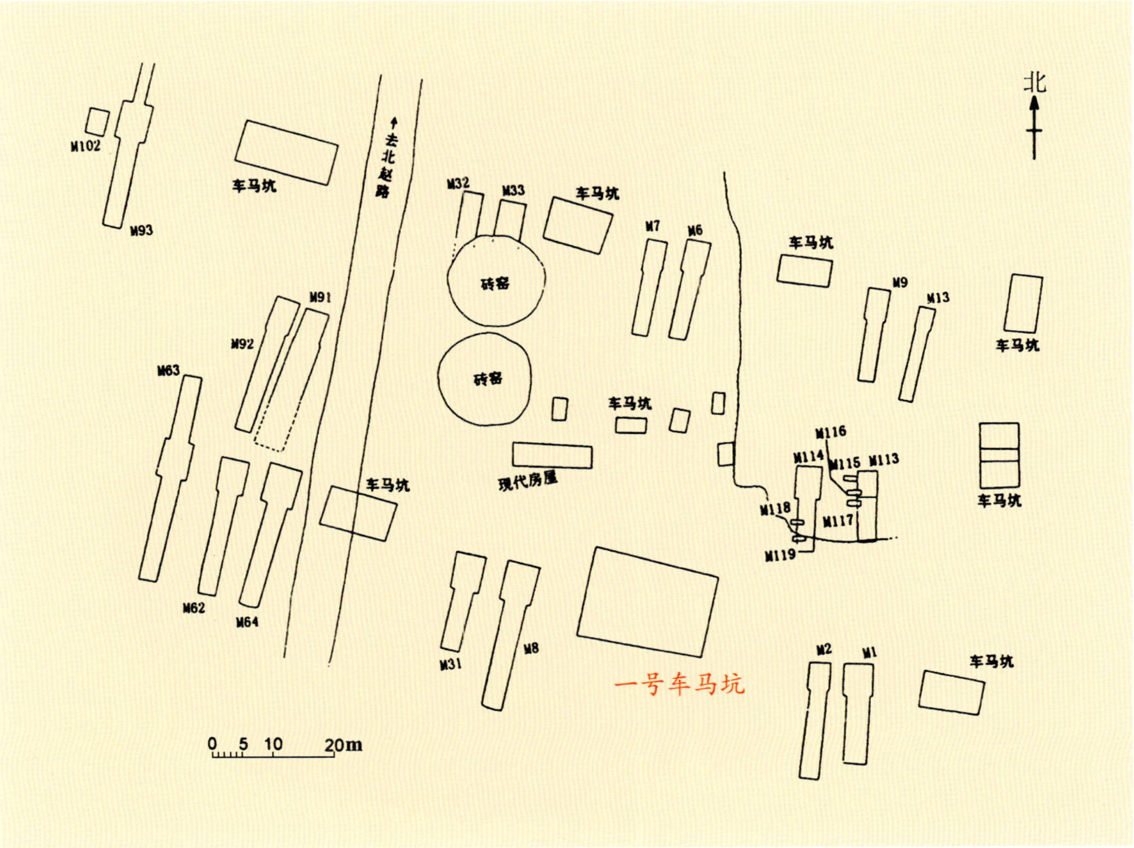

晋侯墓地平面示意图

夫人的墓葬中，共随葬青铜礼乐器470余件。根据墓葬出土青铜器的铭文，基本可以推定9组墓主为西周早期至两周之际九代晋侯及其夫人，即晋侯燮父、武侯、成侯、厉侯、靖侯、釐侯、献侯、穆侯、文侯（或殇叔）。

晋侯墓地M8是一座晋侯墓，其中出土了一批极具价值的青铜器。该墓所出的兔尊是一件颇有趣味的青铜器，以兔作为尊的器形，在青铜器中尚属首见，晋侯墓地的晋献侯夫妇、晋穆侯夫妇墓中均有数个铜兔尊陪葬，且大小不一、形制有别，是为奇观，可能反映了晋侯对这类题材的偏爱。这座墓葬中还出土了一组16枚的青铜编钟，根据其铭文又称晋侯苏钟，编钟分两组，三种式样，每组8枚，大小相次，排编成两列，音阶与音律彼此相和。其上有铭文355字，首尾相连刻凿在16枚钟上，记述了周厉王三十三年，厉王亲征东国、南国的史事。这场战争在传世的历史典籍中无从查考，对研究西周历史和晋国历史极为重要。

晋侯墓地出土兔尊

晋侯墓地出土晋侯苏钟

晋侯墓地出土晋侯温鼎

晋侯墓地出土休簋

晋侯墓地出土晋侯鸟尊

晋侯墓地出土晋侯断簋

晋侯墓地出土鸟盖人足盉

晋侯墓地出土猪尊

近年来，在山西境内，靠近晋国的东部地带又发现了两处西周时期的大型墓地，即位于绛县的横水墓地和位于翼城县的大河口墓地。两处墓地中出土了一批精美且具有重要铭文的青铜礼乐器、兵器、车马器等，为研究西周时期山西地区国族势力、地缘政治等提供了重要材料。

绛县横水墓地位于山西绛县横水镇北部，共发掘墓葬近1300座，时代从西周早期延续至春秋初年，出土铜器铭文中有倗伯、倗公、倗孟、倗叔、倗姬等，可知这是一处西周时期倗国的族墓地。

翼城大河口墓地位于陕西翼城县东部，迄今发掘西周墓葬2200余座，时代从西周早期延续至春秋早期，其中的大型墓葬随葬青铜器较多，且有使用日名的习俗。根据器物铭文多见霸伯、霸仲、霸姬等可知，该墓地是西周时期霸国的族墓地，当时霸国与燕国、晋国等姬姓诸侯国联姻，且与芮公、井叔等周王朝重臣有密切的政治往来。

绛县横水墓地西周墓总平面航拍图

翼城大河口墓地西周墓总平面航拍图

绛县横水墓地出土铜方座簋

绛县横水墓地出土倗伯簋

绛县横水墓地出土貘尊

绛县横水墓地出土肃卣

翼城大河口墓地出土圆角方鼎

翼城大河口墓地出土霸伯簋

翼城大河口墓地出土霸伯方簋

翼城大河口墓地出土霸伯尚盂

西北地区

除了广大的东方地区，西北地区也是西周王朝的重点经营区域，这一地区不但与王畿所在的关中平原直接接壤，而且分布着猃狁、羌等西戎人群，他们时常侵扰周人，因此西周王朝在今甘肃东部、宁夏固原一带设立了侯伯封国，以拱卫王畿，白草坡墓地、姚河塬遗址就是其中代表。

白草坡墓地位于甘肃灵台县西北，先后发掘9座墓葬及1座车马坑，出土了较多青铜礼器、兵器、车马器和铜工具等，年代集中于西周早期。根据铜器铭文，可知墓主为㴱伯、隧伯。有学者认为墓主属于姬姓密须国的贵族。另外，该墓地出土的人头形銎内戟、啄锤、铃首刀等带有明显的北方文化色彩。该墓地及其青铜器的发现，为研究西周早期西周王朝经略西北、王畿与北方民族的交流提供了重要线索。

白草坡墓地出土父辛铜斝

白草坡墓地出土㸒伯尊

白草坡墓地出土父丁铜角

白草坡墓地出土人头形銎青铜戟

姚河塬遗址位于宁夏回族自治区固原市彭阳县，是一处有居址、墓地和作坊区的大型综合性聚落，时代集中在西周早、中期。青铜器主要出土于墓葬中，不过由于墓葬被盗严重，目前尚未发现较完整的青铜礼器。但重要的是该遗址发现的铸铜作坊区，表明其具有独立铸造青铜器的能力。根据其出土的甲骨文，推测该遗址是西周获国所在。该遗址地处六盘山东侧，扼守关中与北方地区的交通要道，应该是西周王朝经略西北地区的前哨基地。同属固原市的中河乡孙家庄遗址，距姚河塬遗址约三十公里，曾出土了一批西周早期的青铜礼器。孙家庄遗址与姚河塬遗址性质相似，同样是西周王朝越过陇山对西北地区经略的见证。

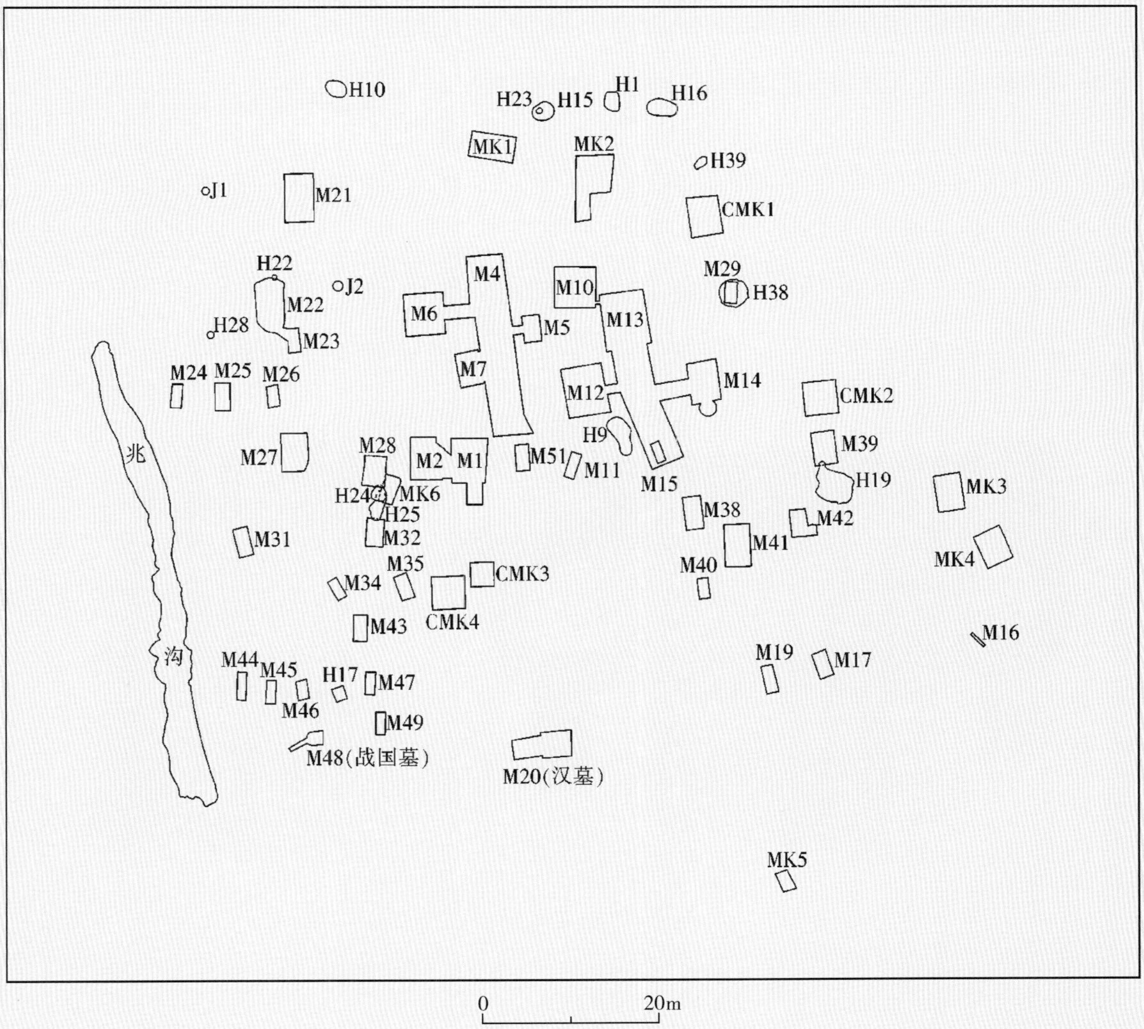

姚河塬遗址墓地分布图

河南地区：卫国　长子口　应国

文献记载，卫国是周武王同母少弟康叔的封国，其地理位置距殷商都城安阳殷墟很近，担负着管理已征服地区殷商遗民的重任。浚县辛村遗址发现于20世纪30年代，此后经历多次考古发掘。该遗址位于文献所载的“河、淇间”的卫国地域内，且出土有“卫”“侯”铭文的青铜器，以及考古发现的带有墓道的大型墓葬、车马坑等，表明此处就是包括卫侯在内的卫国公室墓地。

卫国始封君为康侯，与其有关的传世有铭青铜器有康侯簋、康侯丰方鼎、康侯斧、作册疐鼎等。其中康侯簋铭文“王来伐商邑，诞令康侯鄙于卫”与《清华简·系年》记载内容基本一致，表明康叔在西周初年就已经被称为“康侯”。当时初克商，周人在东方的势力尚不稳固，封康叔于此是以武力防范殷商旧都附近的殷遗民。

传河南出土康侯簋及其铭文

长子口墓位于河南鹿邑太清宫镇，是一座带有南北斜坡墓道的“中”字形大墓，年代为西周初年，墓主是60岁左右的男性，殉人15具，墓底还有一个长方形腰坑。墓内随葬有大量的青铜礼器，其中食器有鼎、簋、鬲、甗4种29件，酒器有觚、爵、觯、尊、卣、角、罍、斝、觥、壶、斗11种48件。长子口墓葬内的大量殉人、腰坑，以及随葬较多酒器和青铜器的风格，都具有鲜明的殷商遗风。随葬的54件具铭青铜器中，有35件铭为“长子口”，3件铭为“子口”，亦可见单独的“子”字，由此可知墓主为“长子口”。还有学者认为“长”应释为“微”，并根据墓葬规模和地理位置，认为这座墓葬很可能是宋国开国之君微子启或其后人之墓。

应国是西周时期的重要姬姓诸侯国，其始封君一说为武王之子，一说为武王之弟。应国墓地位于河南平顶山市，二十世纪七八十年代以来此地就出土多件西周青铜器，自1986年以来的多次考古发掘，又陆续清理西周墓葬四十余座，发现大量珍贵青铜器，部分青铜器有“应公”“应侯”铭文，结合其墓葬规模、等级，可知这是一处包括应国国君在内的应国贵族墓地。

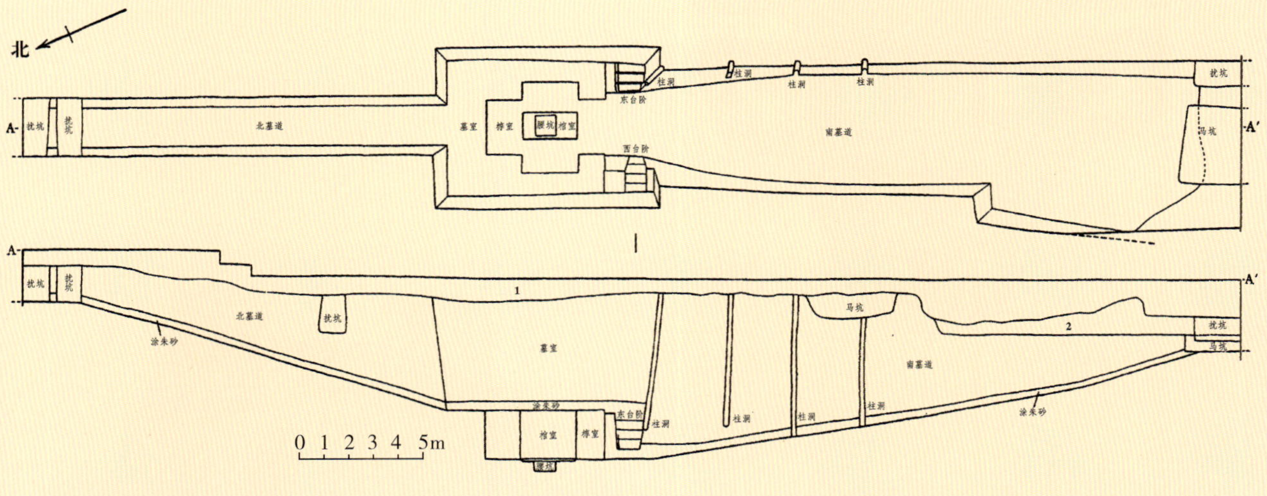

鹿邑太清宫长子口墓平、剖面图

应国墓地出土柞伯簋

应国墓地出土匍雁铜盉

应国墓地出土青铜面饰

应国墓地出土应侯再盨

山东地区：鲁国　齐国　夆国　滕国

鲁国是西周最重要的诸侯国之一，是文王之子、武王之弟周公旦的封国。周公本人没有前往就封，而是以其元子伯禽就封，建都于今山东曲阜，位于山东南部，是周王室设立在东方“以藩屏周”的重要侯国。

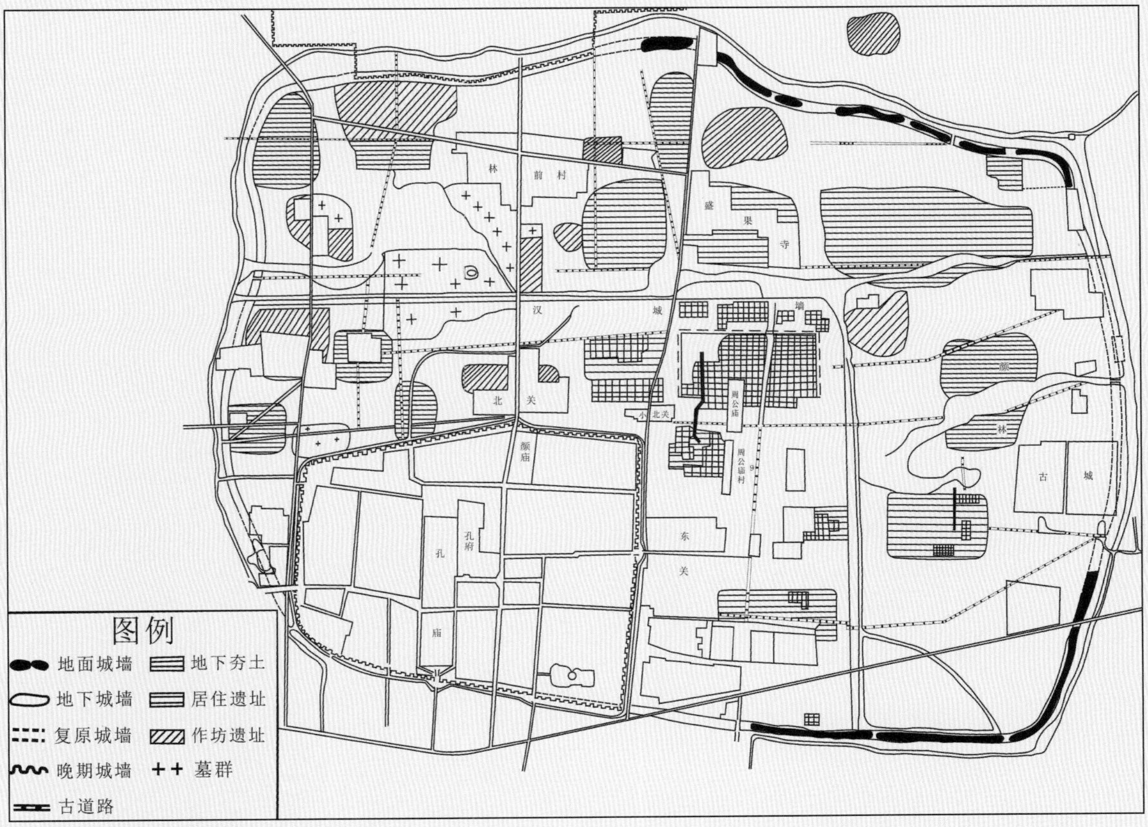

曲阜鲁国故城西周遗存分布图

曲阜鲁国故城考古发掘现场

目前已见年代为西周初期的鲁侯鼎，表明鲁国始封君伯禽就已称“鲁侯”了。旧藏清宫、现藏上海博物馆的鲁侯尊（又称明公簋），是记录西周早期鲁国史事的重要青铜器。该器通体光素，造型特殊，两侧鋬首下部的鸟尾形饰相当罕见。其铭文记载了周天子命令明公派遣三族征伐东国，驻军后赏赐鲁侯的事迹。

山西绛县横水墓地出土鲁矦鬲鼎及其铭文

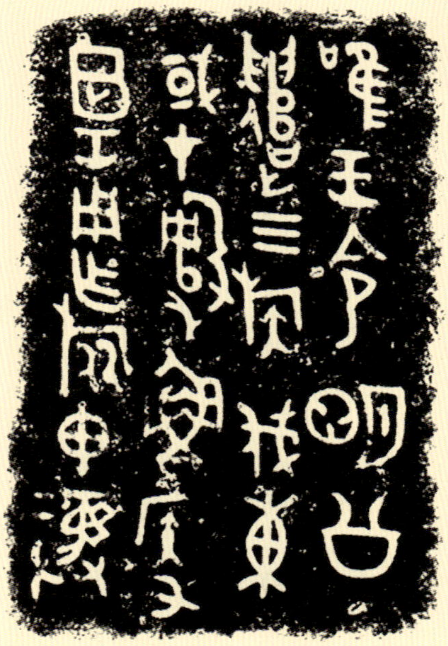

传世鲁侯尊及其铭文

据《史记》《左传》等文献记载，西周初年太公姜尚受封于齐，都营丘。五世哀公因遭邻国纪侯谗言而被周王烹杀，六世胡公为避纪国锋芒被迫迁都薄姑，七世献公率领营丘人袭弑其兄胡公而自立，由薄姑徙都临淄，时在西周晚期的夷王时期。齐国在诸侯中地位崇高，周成王曾在三监之乱后，使召康公命姜太公曰：“东至海，西至河，南至穆陵，北至无棣，五侯九伯，实得征之。”齐国由此得到征伐之权，成为大国。

高青陈庄遗址位于山东省高青县，地处齐都临淄以西。考古工作者在这里发现了西周时期的城址、祭坛和高等级墓葬。已发现并清理的14座西周墓包括带一条墓道的甲字形大墓2座、中小型墓9座、瓮棺葬3座。铜器墓M18随葬有铜鼎、簋、爵、觯、觥等青铜礼器9件，其中7件皆有铭文，内容包括“丰启作厥祖甲齐公宝尊彝”“丰启作文祖齐公宝尊彝”“丰启作厥祖公尊彝”“丰启作祖甲宝尊彝”等，年代为西周早期。铜器墓M17也出土了类似的铭文。学者认为，陈庄遗址一处隶属齐国的封邑，“丰启”的“丰”是地名，也就是周公东征时伐灭的“丰伯”所在。

高青陈庄M18:4丰卣及其铭文（左列首二字为“齐公”）

高青陈庄M18:3青铜觥

滕国，据《左传》等文献记载，是周文王之子错叔绣的封国，至战国时期为宋国所灭。滕国故城位于现在山东省滕州市西南，在城址附近的庄里西曾发现并清理了一批西周时期墓葬，墓内出土青铜器较为丰富，其中有铭的青铜器常见“滕”“滕侯”“滕公”铭文，可知此处应该是西周滕国国君与贵族墓地。

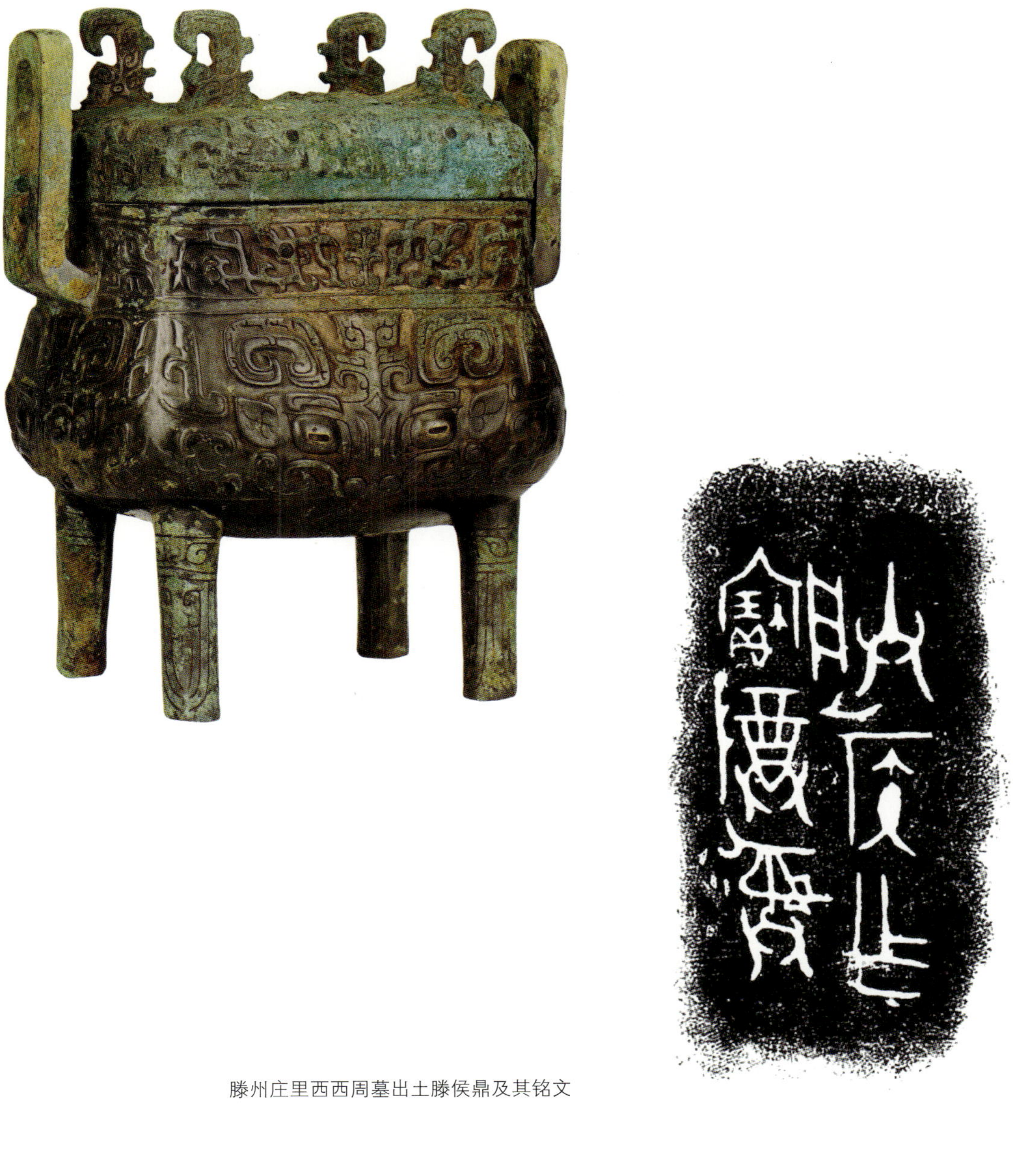

滕州庄里西西周墓出土滕侯鼎及其铭文

滕州庄里西西周墓出土滕侯簋及其铭文

夆国是东夷古国，据《左传》等文献记载，夆国国君原为殷商诸侯，姜姓。刘台子墓地位于山东济阳，二十世纪七八十年代在此发掘了数座西周时期的墓葬，墓内出土了大量青铜器，其中铜器铭文数见“夆”字，发掘者认为此地为西周时期的夆国所在。据文献记载，商代的夆国应在临淄一带，至商代末年或西周初期，因政治格局的变化而迁居至今济阳一带。铭文还显示，夆国与西周王室通过联姻保持着密切的关系。

铜方鼎

铜方鼎腹部纹饰

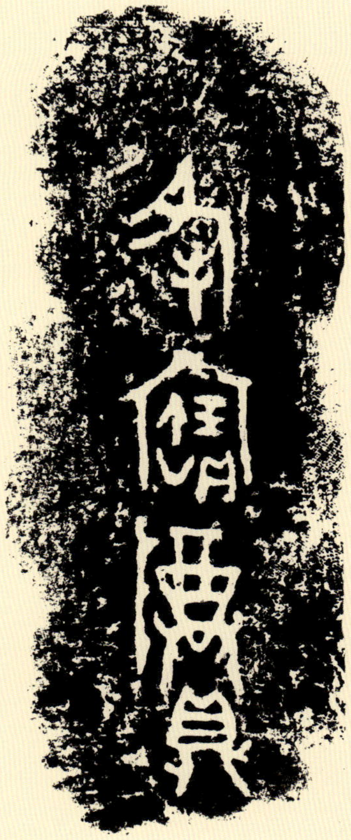

铜方鼎铭文

刘台子M6:19铜方鼎

刘台子M6:22夆方鼎

刘台子M6:11夆觯

吉金脉脉：

西周青铜器的发展演变

西周时期的青铜器，大体上可分为早、中、晚三个阶段，分别对应武王至昭王、穆王至夷王、厉王至幽王时期。

西周早期

西周早期又可以分为武王至成王前期的西周初期和西周早期晚段。西周初年的青铜器，不论是器型还是纹饰，皆明显地继承了晚商殷墟铜器遗风，同时相对于商代铜器铭文仅以“族徽”或短铭为主的情况做出了较大发展，开始出现如利簋、天亡簋等记载详细事件的长铭，并逐渐形成了一定的行文格式。这一时期的铭文有着丰富的政治内容，这固然是朝代更易的体现，却也反映了周人注重文字铭刻的特点。西周初期的青铜器往往与殷商晚期的器物难以区别，有些学者将之称作“商末周初”或“殷周式”器物，一是器物的形制与纹饰承袭商代器物，在渐变的过程中难以遽然断限，二是在同一个墓葬中的随葬器物，存在西周与商代器物共存的现象，而且后者的“族徽”有时达数种之多，表明这些商代器物具有不同的来源。造成这种情况的原因主要有以下几种：一是器物的发展演变本就是渐进式的，王朝更迭作为军事和政治上的突然变化，难以直接体现于青铜器本身；二是周人灭商后接收了商王朝先进的铸铜工业组织，包括技术、铸造作坊和技术人员，他们在西周初年所生产的器物难免带有商代特征；三是周克商过程中的“分器”，包括殷商贵族所拥有的精美铜器，被胜利的周天子作为战利品赏赐给周人贵族与其同盟，以及在征服战争中的掠夺所得。

西周早期的青铜器几乎没有出现新的器型，但同类器物的演化中也发生了值得注意的变化。就器类而言，食器有鼎、簋、鬲、甗、豆、盂，酒器有尊、卣、爵、觚、觯、觥、斝、方彝、壶、罍、角，水器有盘、盉、壶、盂、罍。其中的盘、盉、壶兼具酒器与水器功用。乐器中，商代常见的铙基本消失，甬钟出现。兵器有戈、矛、镞、戟和短剑。

就墓中随葬的青铜器来看，注重食器，常见以鼎、簋组合为主，而身份较高的贵族还常以食器与酒器组合并举。食器组合中，鼎、簋为其核心，且鼎、簋数目的多寡与身份高低相关。除此之外，鬲、甗也作为重要的食器组合参与其中。酒器组合虽较商代逐渐减少，但仍颇为常见，常见尊、卣组合或爵、觚组合，其中觚的数量逐渐减少，而代之以觯，以爵、觯作为酒器组合是西周新的创造。总体而言，周人限制了酒器的生产与使用，而着重于食器，这可能与周人鉴于商代酗酒亡国的教训有关，康王时重器大盂鼎铭文“隹殷边侯田（甸），与殷正百辟，率肄于酒，故丧师巳（矣）”，和传为周公旦所作的《尚书·酒诰》“天降威，我民用大乱丧德，亦罔非酒惟行；越小大邦用丧，亦罔非酒惟辜”，都提到这一点。

青铜器纹饰的种类与晚商时期近似，主要有兽面纹、乳钉纹、龙纹、凤鸟纹和涡纹，其次有直棱纹、连珠纹、蝉纹、象纹等。其装饰技法主要采用了平雕和浮雕技法，以地纹衬托主体，形成主次感。还有一类采用类似高浮雕的表现手法，如何尊，将兽首的耳、角等突出于器体之外，极具立体感。

西周早期铭文尚具有晚商遗风，如存在“族徽”铭文与祖先日名的铭文，但也逐渐发展出了记录战争、政治、赏赐等重要史事的长篇铭文。西周初期部分铭文的布局不够规整、竖成列而横不成排、字体大小不均、象形性强、笔画奔放粗犷等，逐渐转向规整、拘谨。

西周中期

西周中期的青铜器，不论器类、组合，还是造型、纹饰、铭文等，都发生了显著的变化，相比于西周早期仍具有的浓厚殷商遗风，这一阶段青铜器的艺术风格显得质朴、清新。有学者认为这是西周中期“礼制改革”或“礼制革命”的映射，也有学者指出这是缘于青铜器具有的渐变性特点，在发展中逐渐转向新统治集团倡导的文化系统的“中期质变”。

在器类方面，最明显的变化是酒器的迅速衰落，尊、卣、爵、觚、觯、方彝等常见于殷商并使用至西周早期的器物，相继消失。与此同时，具有写实风格的鸟兽尊大量出现，如牛尊、盠驹尊为其中的佼佼者。常见的礼乐器包括前一阶段的鼎、簋、鬲、甗、壶、罍、盘、盉、盂、豆、钟、镈等，新出现的器类有作为食器的盨、簠，和作为水器的匜。此外，编钟的规模开始扩大，发展到六件或八件为一组。

西周中期的随葬青铜器组合有了固定的形式，以食器组合为核心，酒器组合随着酒器这一门类的衰落而罕见。低级贵族以鼎、簋为主，其他器类少见，随着等级的提高，鼎、簋的套数也逐渐增加，形成五鼎四簋、七鼎六簋等不同等级的组合形式，而且随葬铜甗、铜鬲等食器和盘、盉、壶等水器的比例上升，个别高等级墓葬还随葬编钟。

青铜器造型与装饰方面，由此前的繁缛夸张转向质朴简洁，通体满花的现象较少。表现手法以平雕为主，浮雕减少。表现夸张或想象的动物形或变体动物形纹饰也逐渐减少，如虎、牛、龟、蝉等，特别是流行了数百年的兽面纹在此阶段迅速衰落，开始被简化、解体而不再具有“狞厉”之色，取而代之的是一种被称作“窃曲纹”的反复屈曲勾连的类似几何纹样的、抽象化的新纹饰。

西周中期的青铜器铭文更加规范，以册命铭文为代表，书写行款、内容并渐成套路，铭文末尾“子子孙孙永宝用”之类的文辞开始流行，只有极少数铭文后有“族徽”。字体的象形性已经很弱，笔画更加整饬，粗细一致，向线条化发展。

西周晚期

西周晚期青铜器种类和型式减少，造型和纹饰更趋于简朴实用，而且逐渐定型化、程式化。器类与中期后段大体相同，礼乐器主要有鼎、簋、鬲、甗、盨、簠、壶、罍、盘、盉、匜、盂、豆、钟、镈等，其中鼎、簋、鬲、甗的型式几乎千篇一律。

青铜器的纹饰经过西周中期的巨变，至西周晚期种类减少，构图质朴浑厚，简洁舒朗，刻画粗壮有力。这一时期，雷纹、凤鸟纹、立体动物附饰等装饰都已经衰落，而以波曲纹、重环纹、垂鳞纹、窃曲纹、蟠螭纹等占优势，与西周早、中期相比，虽然褪去了神秘、繁缛的色彩，但又因程式化而显得单调呆板，因此艺术价值略逊于前。

西周晚期有较多的长篇铭文，内容多为格式化、程序化的廷礼册命，有关战争、土地诉

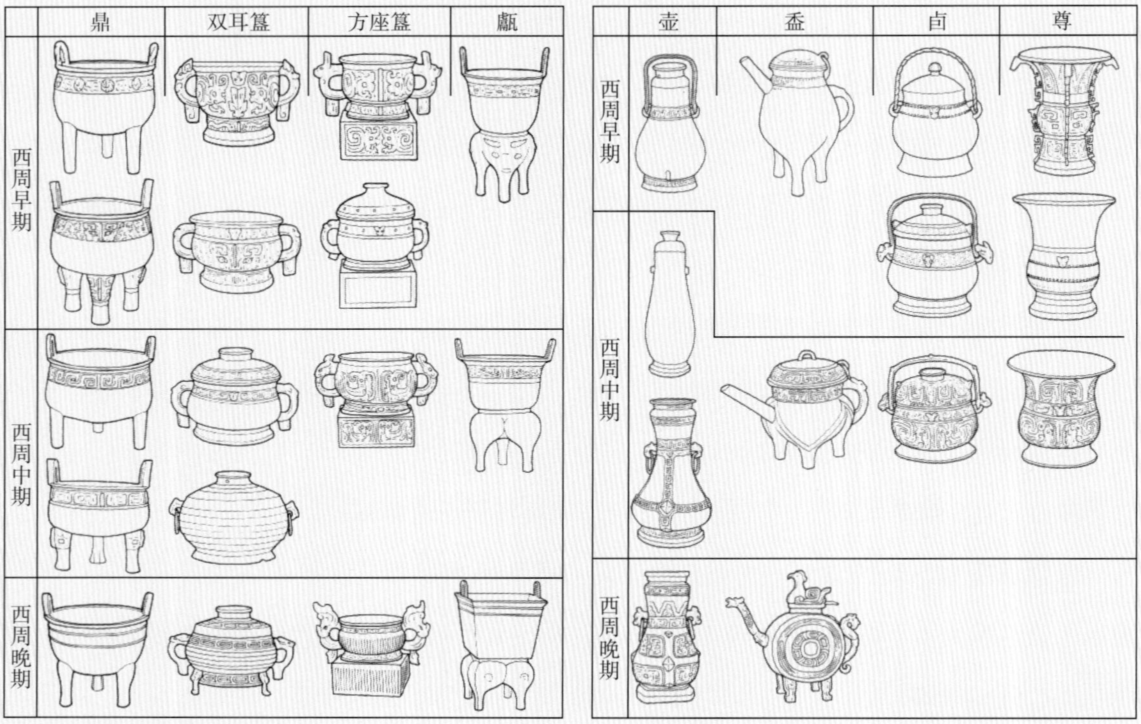

西周青铜器主要器型演变图

讼等方面的内容也较多见。这一时期铭文末尾开始盛行嘏辞，如“万年无疆”“眉寿万年”之类，而且许多铭文属于韵文，读来朗朗上口，文学性增强。铭文布局工整规范，字形多典雅秀丽，大小匀称，排列整齐，结构和谐，是西周书体最规范成熟的形态，应当就是后世所称的“籀文”。春秋时期以秦公钟文、秦公簋文、石鼓文为代表的秦文字等，都与之有着直接的渊源。

为国以礼：

作为礼制载体的西周青铜器

西周是礼乐文明高度发展的社会，孔子说“为国以礼”(《论语·先进》)。《左传·隐公十一年》载：“礼，经国家，定社稷，序民人，利后嗣者也。”礼乐制度是规范国家的准则，是社会运行的纲要，也是人民生活的约束。《礼记·乐记》中说：“乐者，天地之和也；礼者，天地之序也。和故百物皆化，序故群物皆别……王者功成作乐，治定制礼。其功大者其乐备，其治辩者其礼具。”礼是天之经、地之义，是天地间最重要的秩序和仪则；乐是天地间的美妙声音，是道德的彰显。

礼序乾坤，乐和天地。《周礼》《礼记》《仪礼》等古代礼书和《左传》《国语》等史书，都对西周时期的礼乐制度有所记录，但由于古书的成书年代偏晚，有不少是战国和汉代学者的追记，还有一些记载杂糅了不同时代的内容，因此还不能真实地反映西周的礼乐景象。好在地不爱宝，自北宋以来金石学的蓬勃发展，至清代蔚为大观，到近百年来的考古学的科学发掘与研究，已发现数量庞大的各类青铜器，通过其器物形制、组合、铭文等更为生动直接地反映着西周近三百年间的礼乐盛况。

北宋金石学家吕大临的《考古图》有言：“非敢以器（注：青铜器）为玩也，观其器，诵其言，形容仿佛，以追三代之遗风，如见其人矣。以意逆志，或探其制作之原，以补经传之阙亡，正诸儒之谬误。”吕大临正是希冀通过对青铜古器的探究，进而追慕夏商周三代的礼乐风范。与商人好酒的传统有所不同，周人更看重食器。晚商时期最为核心的酒礼器，如觚、爵、斝、角、觯、尊、卣、方彝等，特别是铜觚、铜爵，是商代晚期墓葬中最常见的铜礼器，一般被称为“重酒组合”。进入西周时期，酒器开始减少，有些器类如觚、角，在西周早期便很少见于墓葬，铜爵大约延续到西周中期，其他各类酒器也在西周中期以后逐渐退出了青铜礼器的舞台，取而代之的是以鼎、簋为核心，及鬲、簠、盨、敦等组成的食器，称之为“重食组合”。

“器以藏礼”。鼎、簋作为西周青铜器组合的绝对核心，也是体现西周礼制最生动的载体。《春秋公羊传·桓公二年》何休注云：“礼祭：天子九鼎，诸侯七，卿大夫五，元士三也。”俞伟超、高明在《周代用鼎制度研究》一文中对鼎、簋相配制度进行了梳理和总结：总括起来，对正鼎而言，九鼎配八簋、七鼎配六簋、五鼎配四簋、三鼎配二簋、一鼎无簋，是

鼎簋制度“常制”示意图

周代常制。虽有学者对此还持有异见，也存在各地区和各国族具有自身特色的器用制度，以及鼎簋制度自身的发展演变和“礼崩乐坏”的制度僭越等种种与“常制”不同的情况，但从考古发掘来看，鼎、簋作为奇、偶配套，并以鼎、簋数量来判断墓主的身份等级是切实可行的。鼎簋制度的形成是一个过程，并非一蹴而就，“大小相次、成套配对”的列鼎列簋制度，大约在西周中晚期完善，并在春秋早中期最为流行。

礼制并非一成不变，而是在历史进程中不断地发展演进。西周礼制最初是“因于殷礼”，也就是继承殷商的礼制传统。随着平三监、东征和大规模分封，西周国家走向稳定，于是在周公的主导之下，完成了西周国家的第一次礼制变革，这就是文献中所说的“周公制礼作乐”。

在西周初期，许多重要场合仍然使用殷礼，这在《尚书·洛诰》《逸周书·克殷解》《逸周书·度邑解》等相关篇章中都有记载。在青铜器形制上，周初与殷末的器物往往难以分辨，而且器物铭文还沿用商人传统的“日名”。但到了成王早期以后，这一情况有了显著变化，西周国家开始推崇立国前“西土”风格和“西土”因素的铜器，菱格乳钉纹盆形簋开始流行，新的食器铜盨出现，大小相次的列鼎和列簋制度雏形形成，食器组合开始取代酒器组合并成为周礼的选择。以鼎、簋为核心的食器组合，取代晚商以觚、爵为核心的酒器组合。鼎、簋核心地位突出，由此形成的列鼎列簋制度是西周国家的一项重要礼制变革。这一变革重点体现在商、周礼制之变，并确定了周礼的基本组成、基本形式和发展方向。

到西周中期的恭王、懿王时期，西周礼制又发生了一次显著的变化。这一次礼制变革在历史文献上几乎不见记载，学者主要根据青铜礼器上呈现出的显著变化提出的这一观点。总体而言，学界认为，恭王之后上层社会文化的变化是整体性和结构性的，且这样的变化伴生了一整套礼法系统的形成。器类方面，酒器基本消失，尚有的仅以明器形式存在于大墓的明器类组合之中。水器开始取代酒器的地位，西周前期还是酒器的壶、盉等都变为水器。新出现瑚、匜等器型，盨大范围流行起来。铜器整体器型一改商代以来圈足器流行的传统，三足器成为主流，簋、盨、瑚、匜等圈足下也开始加三足。纹饰方面，打破了此前饕餮纹、夔龙纹长期占主导的局面，窃曲纹、波曲纹、横鳞纹、瓦纹等纹饰及其相互组合成为铜器纹饰的绝对大宗。器类组合方面，食器开始占主导，鼎、簋的核心地位更加突出，同时列器流行起来——铜鼎以奇数、大小相次排列，铜簋、鬲、盨、瑚以偶数、大小相同排列，形成周文化系统的列器制度。乐器形成了镈3件、甬钟7件或8件为一套的组合。金文字形书体方面，以整齐排列的玉箸体占主导，金文册命制度确立。经过恭懿之际的改革，周礼得以规范，并最终形成了一整套的礼乐、礼法制度，并作为西周国家的最重要“文化遗产”影响了之后的历代王朝。

西周国家在周公第一次礼制变革的基础上，于恭懿之际进行了第二次的礼制规范，这样的礼制规范从上至下带动了整个国家的结构性变动，西周的国家模式和礼制得以建立，周文化的统治秩序得以确立，最终形成了“溥天之下，莫非王土。率土之滨，莫非王臣”的以王权为中心的集权化政体。

择金铸器：

西周青铜器的铸造工艺

西周时代，周王朝中心统治区及各诸侯国内王室与贵族均有自己的青铜冶铸业，其铜、锡矿料来源主要包括直接开采、贡纳、交换和掠夺等多种途径。西周金文中常见赐金、俘金等内容，就是关于冶铸原料的记载。著名的利簋铭文中就有“赐右史利金”的记载，指出由于作为周王朝右史的利在武王征商战争中的功劳，天子赐给利“金”，也就是用以铸造青铜器的原材料——铜。庄白一号窖藏出土的折觥铭文中也有“易（赏）金”的记载。现藏于旅顺博物馆的过伯簋，铭文记载“过伯从王伐反荆，俘金”，指出过伯跟随周天子征伐荆楚地区反叛的诸侯，从而俘获了铜料，是通过战争掠夺获取铜料的实录。

西周的青铜器铸造采用的是块范法，也称为模范法、陶范法。其方法可以简述如下：以铸造容器为例，先制成欲铸器物的模型，模型在铸造工艺上亦称作模或母范；再用泥土敷在模型外面，脱出用来形成铸件外廓的铸型组成部分，这在铸造工艺上称为外范，外范要分割成数块，以便于从模上脱下；然后用泥土制作一个体积与容器内腔相当的范，通称为芯，亦称心型或内范；再使外范与芯套合，中间的空隙即型腔，其间隔为欲铸器物的厚度；最后将熔化的铜液注入此空隙内，待铜液冷却后，除去外范与芯即可得到欲铸器物。

过伯簋及其铭文

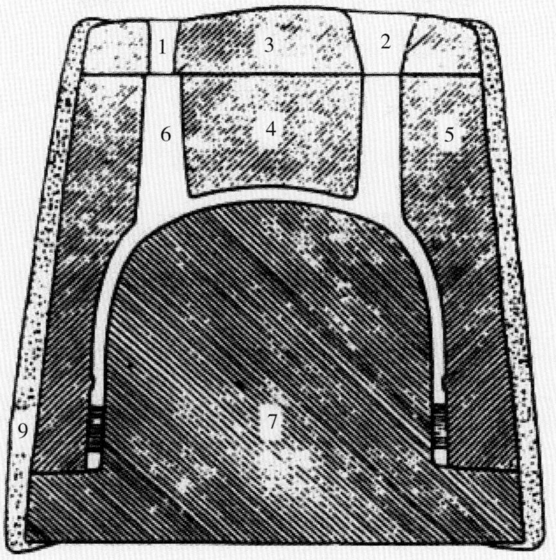

A

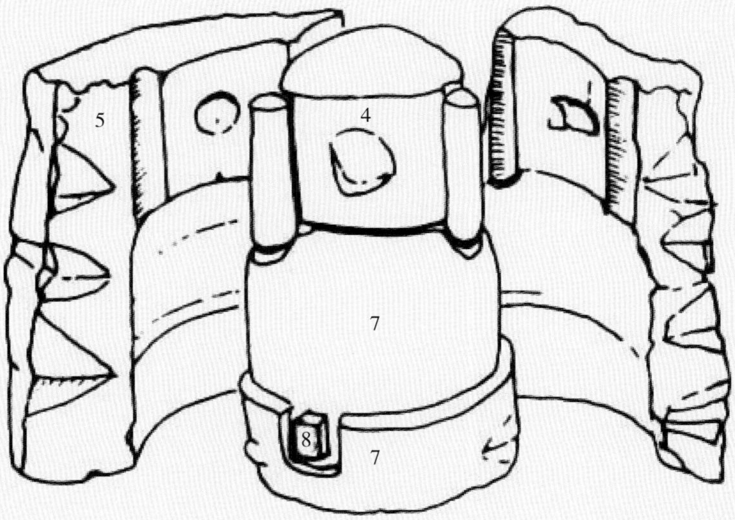

B

1.气孔　2.浇口　3.浇口范　4.顶范　5.腹范　6.鼎
7.鼎腹泥芯和底范　8.鼎耳泥芯　9.草拌泥

圆鼎铸造示意图

由此可知，西周青铜器的铸造需经过泥料选取与加工、制作外范并用外范翻制内范（包括器体范、铭文范、纹饰范等）、铸型组合、熔化铜锭、合金配比、浇注以及成器修整等过程。这些过程的每一关都蕴涵着许多尖端技术。每一道工序都不能有丝毫的差错，显示出中国古代青铜铸造的高超技术。其中，一整套既成熟规范又科学的陶范制作技术，是这一时期出现高度发达青铜文明的技术基础。古陶范强度高，刚性好，复印性、可塑性和可雕性优良，耐火度和化学稳定性足够，发气量低，具有较低的湿态收缩率，焙烧和冷却时变形量小，脱模性良好。虽透气性差，却具有良好的充型性能。具备如此众多优良性能的古陶范是陶范铸造的关键技术之一，是获得形状复杂、纹饰精致、表面良好、形状准确、器壁匀薄青铜器的技术保证。

如此一整套既成熟规范又科学的铸造技术，加上先秦工匠独特的审美设计和娴熟精湛的雕塑技术，亦即具备了荀子所称“刑范正、金锡美、工冶巧、火齐得”四项获得优质青铜器的要素，故能创造出灿烂辉煌的青铜文化。

斯铭是鉴：

西周金文与社会

在继承商人在铜器上铸造铭文族徽、祖先日名等短铭的基础上，周人的青铜器铭文又有了长足的发展。自西周早期，周人就普遍形成了在青铜器上铸铭记事的风气，而且出现了叙事体裁的长篇铭文。至西周中晚期，屡屡可见百字以上甚至近五百字的长铭铜器，这无疑体现了周人在文化上的进步。相对于商人对鬼神、祖先的狂热崇拜而将青铜器作为单纯的祭器或礼器，周人则更加注重实际，虽然也将青铜器作为贡于庙堂以传后世的宝器，但更突出的是将它们作为铸铭的载体以铭记、宣扬先祖的功绩和美德，从而提高自己及家族的荣誉、地位。从这个角度来看，西周时期青铜器铭文的价值甚至超过了器物本身。

西周时期青铜器上的长篇铭文极多，内容十分广泛，涉及当时社会生活的各个方面，包括统治者的政治谋划、军事征战、祭祀诰命、册封宴飨，以及贵族之间的土地转让、刑事诉讼和婚嫁礼俗等。其丰富的内容，生动的文体，以及风格各异的书法艺术，对研究西周社会历史、文学辞章和书法艺术等都有重要意义。下面我们就通过几例青铜器铭文一窥西周社会之面貌。

西周早期的大盂鼎铭文，记载了周康王二十三年在宗周对盂的一次册命。康王命盂掌管军事、负责刑罚，协助他治理国家，并给盂“授民授疆土”，赏赐其香酒、礼服、车马、仪仗，以及供其驱使的“人鬲自驭至于庶人”等奴隶、庶人上千人，证明了传世文献中关于西周早期大规模封邦建国、以藩屏周的历史事实。

大盂鼎铭文

1975年岐山董家村出土的裘卫四器，为研究西周中期的社会经济状况提供了重要资料。卫盉铭文记载裘卫用玉器和礼服，换取矩伯的“十三田”土地，裘卫将此事报告给伯邑父等几位大臣，这几位大臣便派遣三有司会同双方勘察田界，最终办理完成交付手续。此外还有诸如倗生簋、九年卫鼎铭文也记录了土地交易的类似事例，说明西周中后期的土地占有形态已经逐渐发生变化。虽然王畿的土地名义上仍归周天子所有，其转让交易也要经过执政大臣、三有司的首肯，但可以肯定的是，土地实际上已经私有了。

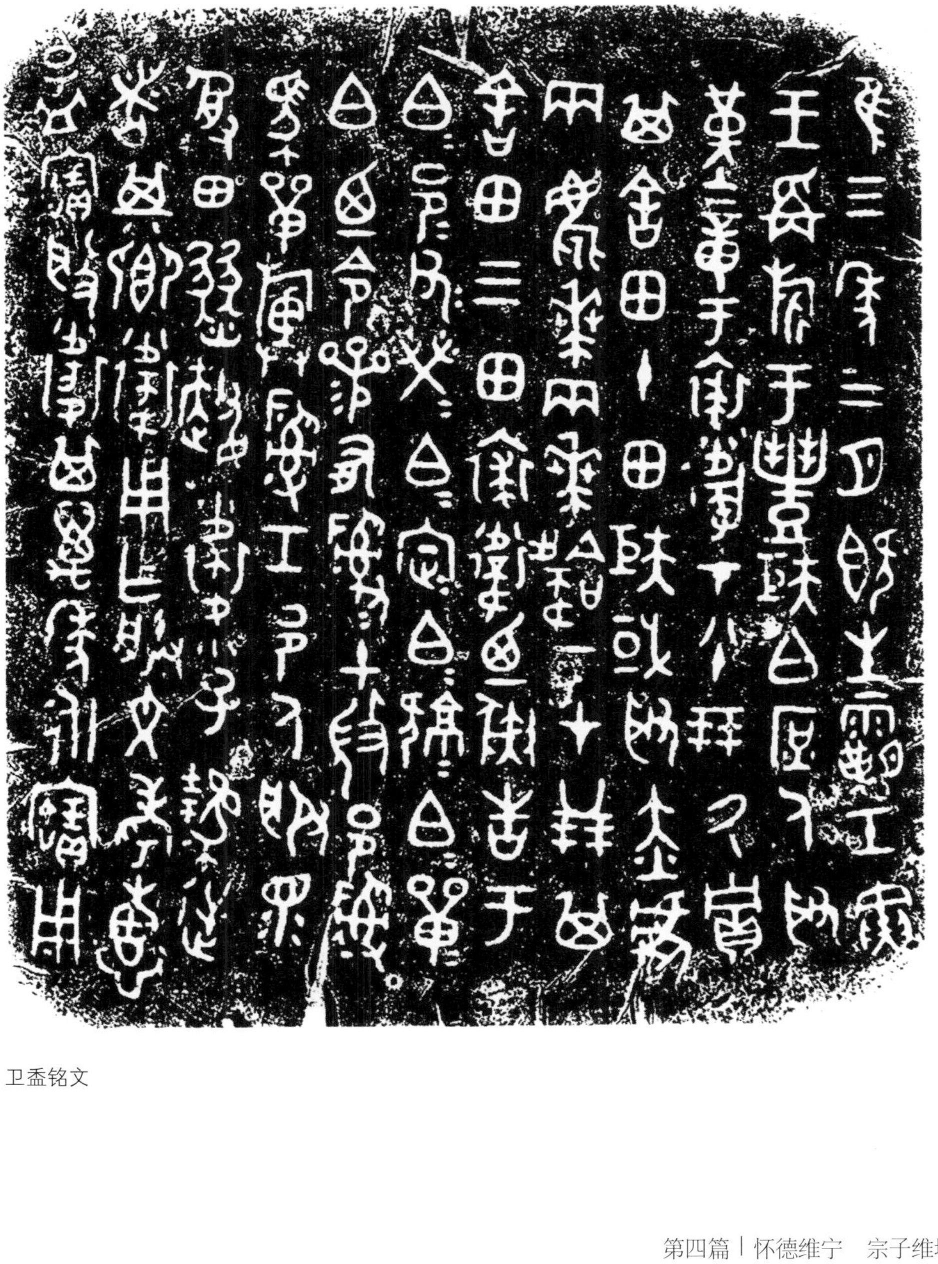

卫盉铭文

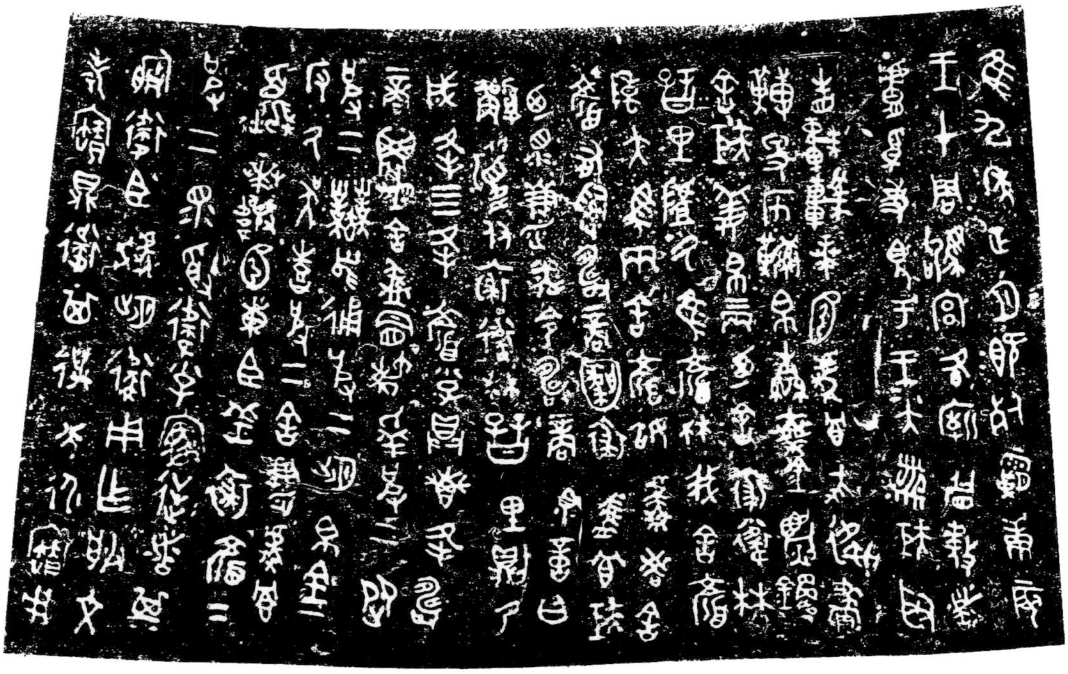

九年卫鼎铭文

西周时期对四方的军事行动也常见于青铜器铭文。如成王时期的𪒠方鼎，又称周公东征方鼎，记录了周公东征的重大军事行动。康王时期的小盂鼎记载了征伐鬼方的战役，最终攻克鬼方国都、生擒其酋长，俘虏、杀敌无数，大获全胜。穆王时期的班簋，记载了毛伯班的父亲受命征伐东国，经过三年征战终于平定。西周晚期的多友鼎，记载了来自北方的猃狁进犯京师，情况危急，武公派遣多友率兵征战，并最终取得胜利的事情。禹鼎记载了鄂侯驭方率南淮夷、东夷侵伐周王朝的南部与东部疆域，周天子命武公率领西六师、殷八师伐鄂，最终武公的部将禹率领武公私属徒御攻下鄂国国都，俘虏鄂侯驭方的重大史事。这些铭文对于研究西周时期的军事组织、战争规模、政治地理形势、周王朝与周边方国之间的关系等具有重要价值。

𡹈方鼎（周公东征方鼎）铭文

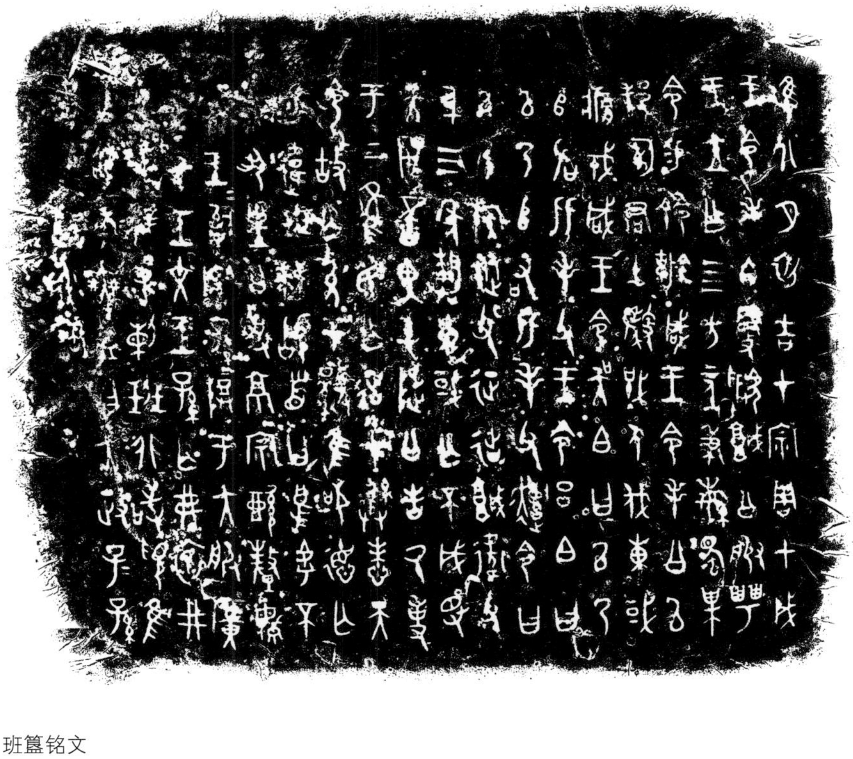

班簋铭文

多友鼎铭文

还有些铭文记录了西周时期的法律、诉讼、审判和刑罚制度。𠑇匜铭文是一篇著名的“法律判决书”，记载了西周时期一起民告官的诉讼纠纷。曶鼎铭文记载了两起案件，一起是曶与限为买卖五个奴隶而发生争执的民事纠纷，另一起是匡季众臣盗割曶的禾稻案。山西翼城大河口西周墓地出土的气盘，又称霸姬盘，记载了穆公命气将其仆属、臣、妾全部转归霸姬，但气没有执行此项命令，霸姬因此将气讼至穆公，穆公命气发誓要听从命令，如果有违誓言就要被处以鞭刑和罚金，并逐出宗族。誓词中的“鞭”“罚”“出弃”等对于研究西周前期法制和刑罚制度具有重要价值。

扶风庄白窖藏出土的墙盘，作器者出身殷商微史家族，有较高的史学和文学造诣，盘铭是一篇以四字韵文为主的颂辞，语言精炼又不失华美，前半部分叙述西周文、武、成、康、昭、穆六位先王和当朝天子恭王的功勋业绩，既讲述史事又给予恰当的评价，后半部分为作器者对家族历史的记载，概括了微史家族数代供职于周王朝、掌管王室典籍图册的事情，反映出周王朝广纳异族人才、兼收并蓄的人才政策和文化自信。

儹匜铭文

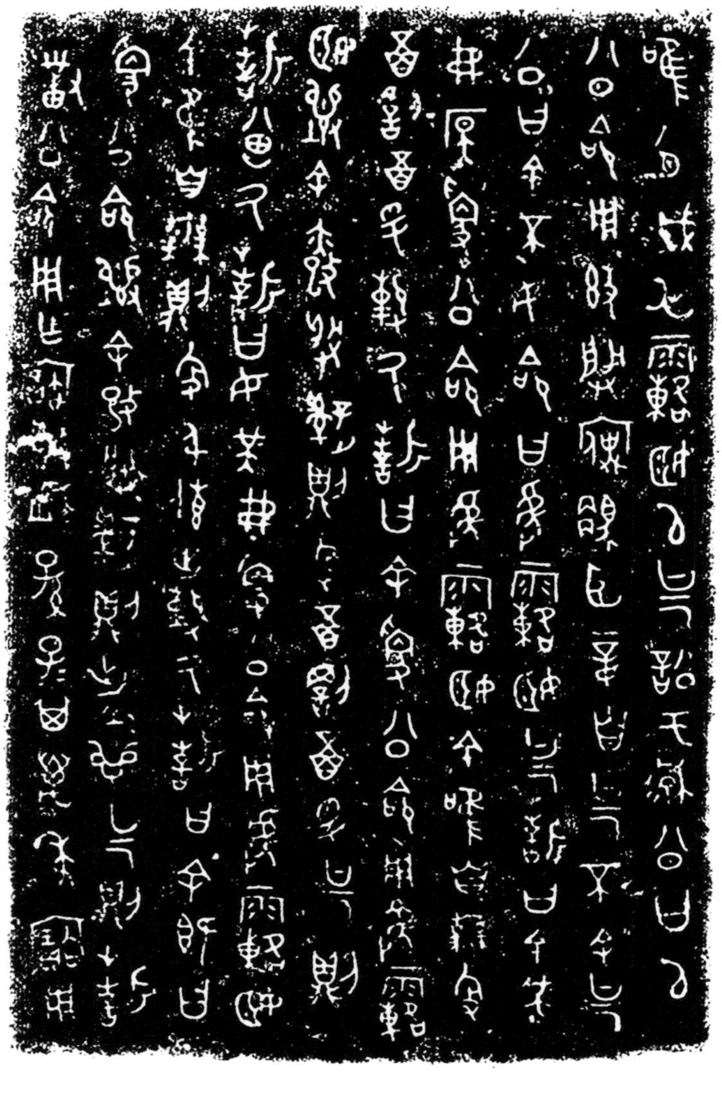

气盘铭文

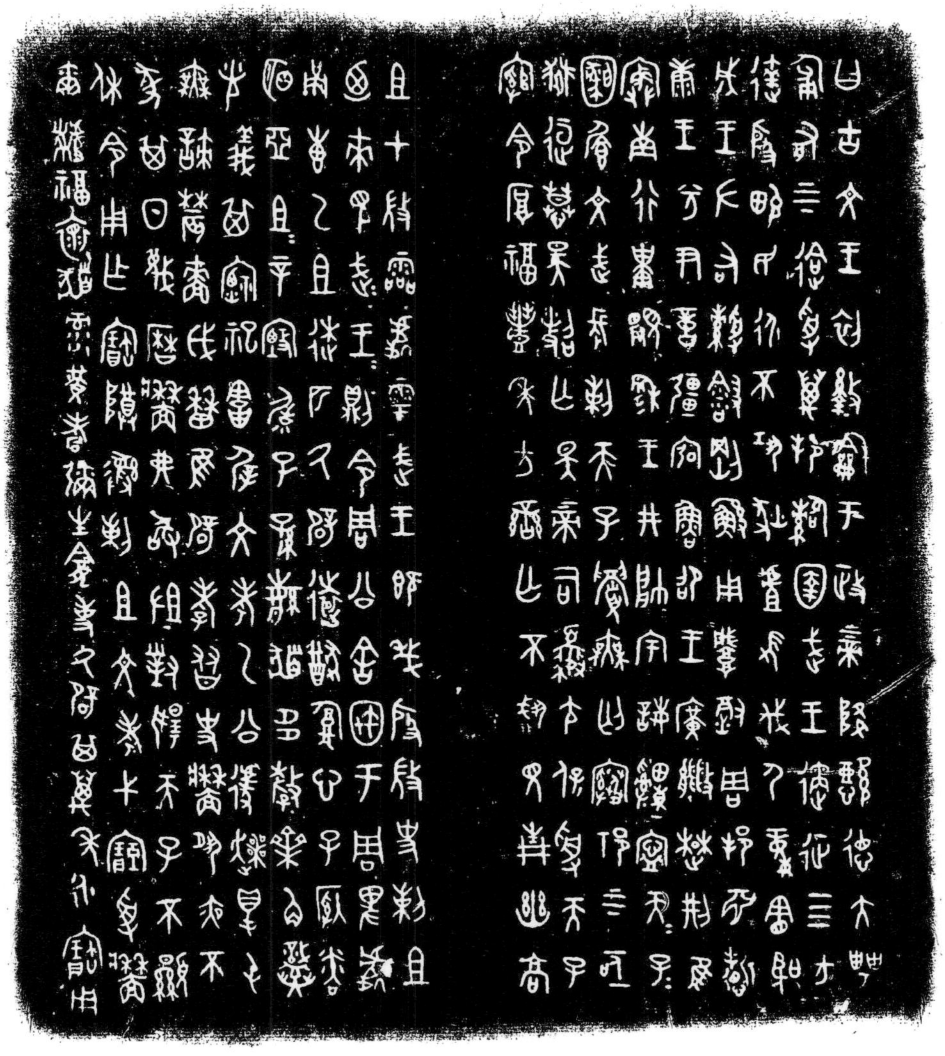

墙盘铭文

第五篇

逐鹿争鸣　礼乐华夏

东周开始于公元前770年周平王东迁洛邑，结束于公元前221年秦统一六国（一说为公元前256年秦灭周，周赧王崩）。这风云变幻的五百多年是中国历史上的大动荡时期，也是民族大融合时期。王室衰微，列国争强，『戎逼诸夏』，百家争鸣，以中原正统自居的华夏族群与周边的诸族群在政治、经济、文化上频繁互动，逐渐融合。

青铜器作为礼乐文化的载体，在其中扮演着重要角色。一方面，传统中原文化青铜器在时代动荡与民族大融合中积极变革，郑、晋、齐等华夏诸国开启了新的青铜文化风尚，奏响东周新时代的高歌。另一方面，秦、楚、吴、越、东夷、戎狄等族群接受与吸收了华夏先进的礼乐文化，青铜制造业得到了迅速发展，各种风格独特的区域性青铜文化异彩纷呈。它们在保持自身区域特色的同时，渐趋融于『多元一体』的华夏青铜文化之中。

逐鹿争鸣　问鼎中原

东周可以分为春秋和战国两大历史时期。春秋早期，周王室初迁，依靠着晋、郑两国的夹辅而立国，周天子对诸侯尚有较强的控制力。自两周之际到春秋初期，中原地区的青铜器依旧承袭着西周的风格。然而，时至周桓王即位，在公元前707年周、郑繻葛之战中，“一箭射下周天子”，开启了礼崩乐坏的春秋争霸赛。郑国对周王室的挑衅奠定了其“小霸”地位。然而，郑国实力毕竟弱小，直接挑战传统秩序的行为使其很快受到打压，最终退出争霸的舞台。接着，提出尊王攘夷的齐桓公“九合诸侯，一匡天下”，俨然取代了周天子的地位。但桓公身死后，齐国内乱，一蹶不振，晋国继而起之，连续吞并虞、虢、焦等同姓八国，霸业之强盛一直持续到春秋晚期。被视为“蛮夷”的秦穆公、楚庄王、吴王夫差、越王勾践等也相继称霸。征伐自诸侯出的失序行为使得战争连绵不断，最终在春秋晚期形成了北晋南楚的两霸对峙格局。

国力衰微使周王室在实施礼乐制度方面难以为继，诸侯们出现了僭越的现象，纷纷“超标”享用与自己身份不适宜的青铜礼乐器，甚至楚庄王公然向周王室询问代表王权的九鼎的轻重。周王室和王臣的青铜器明显减少，诸侯国的青铜器则开始占据主要地位。这一时期出现了新的器型，如盆、鉶、敦等，有些传统的青铜器如盨等至春秋中期已不再多见。纹饰方面，繁缛细密的动物纹饰流行，红铜镶错纹饰技术为青铜器纹饰构图提供了更多生动、自然的艺术选择。

时代先声：郑国青铜器

作为周平王的重要倚仗，郑国地处东周列国频繁的交往、会盟、征战、商贸等的中心，文化、经济均十分发达。春秋一世，郑国文化在礼乐上挑战传统，开辟了东周列国文化的崭新局面。

春秋早期的郑国青铜文化主体是周文化，但其中夹杂着不少当地文化的影子。春秋中期以后，郑国国力下降，处于兵家必争之地的郑国"常首鼠两大国之间"，"朝晋暮楚"，这也使其青铜器形成了异于周、晋的中原地区特有的华丽风格。

郑韩故城坐落于双洎河与黄水河交汇处，是郑国东周时期的国都。1923年在西城内李家楼发现的郑公大墓曾出青铜器104件，这批青铜器被称为"新郑彝器"。

郑韩故城北城门遗址航拍图

郑韩故城北城墙瓮城夯土墙基（左南右北）

其中出土的莲鹤方壶是郑器这一时期独特风格的展现。作为郑国重宝，莲鹤方壶以其高超的分铸技术、舒扬升腾的美感，充分展现了东周艺术风格的转变。壶整体呈椭方体，修颈斜肩，垂腹圈足。壶身四面繁缛细密的蟠龙纹相互缠绕，与主体的龙纹营造了一种浪漫绮丽的动态美感。一只展翅欲飞的仙鹤屹立在双层镂雕莲瓣盖之上引吭高歌，颂唱着“春秋时代”的到来。值得一提的是，当时的中原上层贵族对于鹤的喜爱几近狂热，《左传·闵公二年》就记载了卫懿公好鹤亡国的故事。

郑公大墓出土莲鹤方壶

除了在青铜容器上的艺术创作，郑国在音乐上也开创了春秋新风。郑国的歌舞极为发达，有“郑音”一说。《礼记·乐记》载魏文侯听郑卫之音，不知疲倦。考古上的发现似乎也证实了这一观点。1993年至1997年，在郑韩故城东城西南面的中行祭祀遗址，发现青铜礼乐器坑18座，其中4座虽曾被盗，但仍出土了青铜礼器142件、编钟206件，其礼乐器数量之多，实属罕见。礼器组合全部使用九鼎，多数配以八簋。同出的编钟也较多，其中有三组都是三架钟为一组群，每一架有镈钟一套4件、纽钟两套20件。三架钟共72件，可见“轩悬”之制。

上图为新郑青铜乐器坎T606K4
下图为新郑祭祀遗址发掘现场

此外，从编钟的实验测试中看出，郑钟多是一钟双音，音列结构规范，调色准确，有较多的半声音阶，可旋宫转调。郑声不再停留于西周的四声音阶，而是完善商音乐的五声音阶并向前发展，形成了完整的七声音阶。由此可见，曾被孔子斥责的郑音对旧有礼乐制度的“雅声”形成了强烈冲击，昭示着一个新时代的到来。

青铜加工厂：晋国青铜器

西周时期的晋国原国都为唐（今山西翼城），晋献公“并国十七，服国三十八”后，迁都绛（今山西翼城东南），别都为曲沃（今山西闻喜东）。经历过曲沃代翼事件后，晋国执行打击公族、任用军功的国策，国力日益强大，雄踞中原。庞大完备的青铜工业是晋国霸业的最好指征。

国力的强盛和丰富的矿产资源推动了晋国青铜产业的快速繁荣。《韩非子·说林下》记有一则故事，说的是晋国为仇由国铸造了一件特别大的钟，需要使用大车才能载得动，仇由国君修建道路，接受了大钟，结果被随后而至的晋国大军灭国；《国语·晋语七》也记载了晋景公为魏颗铸造铭记功劳的景钟的事情。这些文献记载都说明了晋国是以生产青铜器而闻名的诸侯国。

晋系青铜器的发现可以追溯到汉武帝得鼎于汾水，汉武帝为此改年号为元鼎。一个多世纪以来，晋地考古出土的周代青铜器数量众多，重要的墓地有山西芮城东周墓、天马—曲村晋侯墓地、侯马晋国遗址、上郭村墓地等。尤为重要的是，自20世纪50年代以来，在山西侯马发现的震惊全国的晋国铸造遗址，即侯马铸铜作坊遗址，经过多次考古发掘可知，面积近5万平方米，是迄今所知规模最大、保存最好的东周诸侯国铸铜作坊遗址。

铸铜作坊遗址内发现了房址、水井、灰坑、窖穴、陶窑、烘范窑，以及熔铜炉、鼓风管、坩埚、陶范、铜锭、铅锭等遗存。其中，陶范、陶模出土数量惊人，陶范的数量达5万余块，完整或能配套的近千件。从陶范来看，分铸法、模块印制、金属错嵌等青铜器铸造工艺已经相当完备。从所出的铸造遗物来看，该遗址是以铸造青铜工具、货币、日用类商品为核心的青铜加工厂。研究人员推测侯马的青铜产品具有产量大、技艺精、产品良的优势，因而可以“推销”到其他诸侯国。

63年侯马铸铜遗址22号地点发掘现场

1985年侯马铸铜遗址出土陶范整理现场

侯马铸铜遗址出土饕餮衔虺钟鼓模

侯马铸铜遗址出土雷纹陶模

侯马铸铜遗址出土兽纹陶模

传山西出土晋公盘

技术的先进和区域间的交流，使得晋国青铜器群中出现了大量新颖别致的器型，晋公盘就是其中的代表。盘本来是常用的水器，但这件晋公盘底铸造了5类共19只可旋转的圆雕动物附件，其中鸟喙能启闭，乌龟头上半部能伸缩。当倒水入盘时，流水会使盘中的动物旋转起来，活灵活现，别具一格。

除此之外，写实的鸟兽形青铜器也是晋国青铜器的特色。各种写实动物的形象出现于青铜器之上，生活色彩浓厚，一扫商周以来青铜器神秘诡谲之感。有学者认为，动物之间相互撕咬搏杀的造型在传统的中原诸侯国罕见，可能是受到了北方草原民族青铜文化的影响。此外，多体式饕餮吞噬其他动物的造型仅见于晋国青铜器之上。

周风虢韵：虢国青铜器

与晋国比邻而居的虢国也是青铜文化发达之地。虢国是西周早期建立的姬姓诸侯国，其开国君主是周文王的弟弟虢仲和虢叔。据史书记载，虢仲封于西虢，即今陕西宝鸡一带；虢叔封于东虢，即今河南荥阳一带。公元前767年，东虢为郑国所灭。后来由于西北少数民族犬戎的频繁侵扰，地震、干旱等自然灾害的接连发生，位于周原一带的诸侯国纷纷谋求东迁，西虢国也就在此时东迁到今河南三门峡境内，定都上阳（今三门峡李家窑村一带）。

虢国M2009发掘现场

虢国的考古发现主要集中在三门峡一带，共有两次重大的发现：1956—1957年，黄河水库考古队发掘了234座墓，最高等级为虢太子墓；1990—1992年，发掘墓葬7座、车马坑多座，出土青铜器700余件。其中，2001号墓出土“虢季”铭铜器，2009号墓出土“虢仲”铭铜器。所出铜器的组合均为九鼎八簋，身份应为虢国国君。国之大事，在祀与戎。虢国青铜器展现了极高的崇礼性，虢国墓地中的器物组合与列鼎制度相吻合，鼎、簋成列，鬲成对，壶也是成对出现。

虢国墓地出土国子硕父铜鬲

虢国墓地出土虢硕父簠

唇齿相依：虞国青铜器

提到虢国，就不得不提与它唇齿相依的虞国，以及假虞伐虢的故事。虞国都城在今山西省平陆县张店镇附近。山西博物院所藏虞侯政壶口内铸铭文“惟王二月初吉壬戌，虞侯政作宝壶，其万年子子孙孙永宝用”，其中提到了作器者虞侯政。虞国青铜器存世极少，虞侯政是迄今所知唯一的一位虞君。公元前655年，晋献公向虞国借路攻打虢国，宫之奇劝阻虞公说：“虢国是虞国的屏障，虢国灭亡，虞国一定跟着亡国。俗话所说的‘辅车相依，唇亡齿寒’，那就是说的虞、虢两国的关系。”但虞公不听，竟答应了晋国使者。这年冬天，晋国军队自虢返回，住在虞国馆舍，乘其不备发起进攻，一举灭掉虞国，虞国国君也被活捉。

虞侯政壶（征集）

夷夏融合　东方风华

周王室分封齐、鲁两国到山东一带，是为了加强对东方的统治，震慑东夷部族。“东夷”是中原王朝对东方人群的称呼，其涵盖的族群甚多，本来并没有蔑称之意，《尔雅・释地》和《后汉书・东夷列传》中更有“九夷”之说，“九夷”是一种概称，是指东方非华夏族的广泛族群。但到了强调“夷夏之辨”的周代，这一称谓便有了贬义。东夷与华夏从上古传说时代就相互交往，开启了从夷夏东西到夷夏融合的进程。

到了春秋时期，夷与夏的差别逐渐消失，东夷的社会与文化水平已经接近于中原，使用青铜礼乐器以及配套制度作为社会地位的象征，但保留了东夷的礼俗。文化的互动是双向的，齐国、鲁国也受到了东夷文化的影响。据记载，太公吕尚封齐以后，便主动采取了开明的“因其俗，简其礼”的文化政策。考古发现也表明，齐国较鲁国夷化更深。齐墓的带墓道、腰坑、殉狗、二层台等特点是东夷传统文化的反映。此外在齐国青铜器的形制和使用上也有明显体现，如鼎、簋的组合较少，敦、豆、鈉占比较大。可以说，齐文化、鲁文化与诸多东夷文化互相影响、互相融合，形成了黄河下游地区独特的海岱文明，最终汇入华夏文明之中。

在山东地区，除去齐、鲁两个国家的考古发现，按照都城、大型墓葬、有铭青铜器分析，目前能基本确认的古国有莱、纪、逄、邿、莒、郿、郯、小邾、邾、滕、薛等。随着田野考古的持续推进，更是有滕州薛国故城、邹城邾国故城、长清仙人台邿国贵族墓地、沂水刘家店子春秋大墓、枣庄东江小邾国贵族墓地、新泰周家庄东周墓地、滕州大韩东周贵族墓地等重大考古发现。

纪王崮春秋大墓

公簋

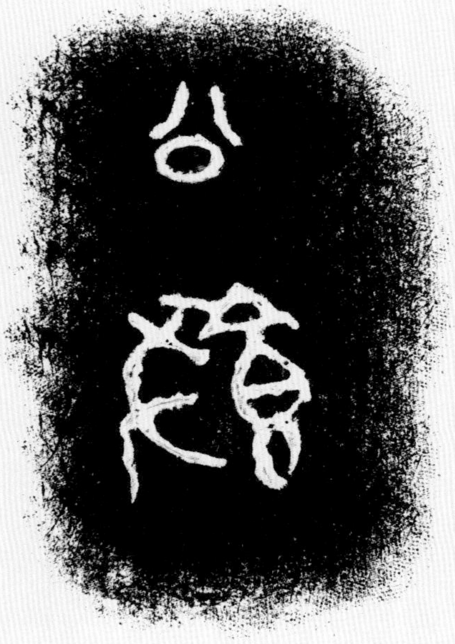

盘底铭文

盖顶纹饰

沂水刘家店子M1出土公簋及其铭文

沂水刘家店子M1出土黄太子伯克盆及其铭文

临朐出土公孙灶壶

尊王攘夷：齐国青铜器

公元前686年，齐襄公被杀，齐国政局动荡，直至齐桓公即位才终结动乱。齐桓公即位后励精图治，延续“庄僖小霸”的遗风，继续走壮大齐国国力、争当中原诸侯霸主之路。不同于西周时期制定的“因其俗”的战略，齐桓公和管仲高举“尊王攘夷”的旗帜，即尊崇周王的权力，同时整合华夏力量，力求共同对抗夷狄势力的入侵。这一改革措施直接推动了夷夏文化在齐地的融合，形成了具有全新面貌的齐文化。

从青铜器来看，春秋早期的齐国青铜礼器组合形式与中原地区十分接近，组合中有鼎、鬲、簠、盘、匜等，但缺少中原地区常见的簋、壶等。而春秋晚期的青铜礼器组合更加不似中原完整，如1977年在淄博淄川磁村春秋墓葬中出土的器物组合，缺少中原地区的盘、匜。在总体上，敦、鉌所占数量和比例都较大，这与东夷喜好有关。尤其是铜鉌的两侧多有二环耳，在稍鼓的盖上铸有四环纽，具有地方特色。

齐器在壶的造型上除高柄壶、杯形壶、蒜头壶等特色壶外，春秋中晚期还出现了一种提梁链式壶，公孙灶壶便是其中代表。公孙灶壶，为细颈、圆盖、矮圈足、下腹部有鼻纽的提梁链式壶。值得一提的是齐器中的铭文特色，如公孙灶壶铭文中的“立事岁”是齐国铭文中常见的纪年格式。铭文纪年常常以“某某立事乘岁某月”格式出现，所用的月名有“咸月”“饭者月”“冰月”等，是齐语中特有的词汇。

除了特色鲜明的青铜器，齐国在铸铜业领域也独占鳌头。以齐国都城临淄为例，考古人员发现了诸多冶铁、冶铜、制骨、铸钱等手工业作坊遗址。

此外，从两件器物中可一窥齐国“制造业”的实力。齐侯盂是1957年修建洛阳中州渠时，在孟津平乐境内的邙山坡上发现的，重达75千克，是目前洛阳地区发现的最重的青铜器，整体造型庄严肃穆，威风凛凛。如此大规格的青铜礼器，对应铭文“齐侯作朕子仲姜宝盂”，可知其有可能是齐侯的女儿嫁于周王的媵器，《左传》中也记载了周王曾两次娶齐侯之女为妻的史实。这充分反映了当时齐国的政治地位，由此可见《左传》所言“齐大非偶”并非虚语。

1976年齐故城五号墓殉马坑发掘现场

齐故城大城3号排水涵道

2019年齐故城大城南墙发掘现场

晏婴冢

洛阳中州渠出土齐侯盂及其铭文

叔夷镈、钟于1153年出土于临淄齐国故城。镈1件，编钟13件，铭文与镈略同，分两组联缀成篇。铭文记载了叔夷伐莱有功，得到了300个县邑的封地以及莱仆350家、造铁徒4000名等赏赐。铭文中“造铁徒四千”一句指明齐灵公一次性赏给叔夷4000人的采铁冶炼队伍，这表明当时齐国的冶铁业十分兴盛，为“齐国是春秋时期最早使用铁器的国家”提供了文物实据。正是由于具有这样完备的产业基础，齐国的青铜文化才十分发达。

孔孟大成：鲁国青铜器

与蒸蒸日上的齐国不同，进入春秋以后，鲁国逐渐衰落。国力上的衰弱，在青铜器上表现为鲁国境内出土青铜器数量不多，且工艺普遍粗疏不精，许多都沿袭了西周以来的传统风格，但器物类型完备，组合规整，器物的花纹、铭文与时俱进。鲁国青铜器也有自己的特点，比如鲁国故城甲组墓葬中单出鉌的组合形式，在中原地区未见。1932年曲阜林前村出土的鲁大司徒厚氏元铺，浅腹式，高圈足，有盖，盖顶以莲瓣为饰，其形状似豆，却在铭文中称为，为东周鲁国特有铜器。

此外值得一提的是，其他地方出土的鲁人嫁女的媵器有很多。春秋时期，中原地区青铜媵器一般为盘、匜、盂等水器，鲁国媵器则多为鼎、簠、鬲等食器。有学者考证，鲁大父分别给三位女儿作陪嫁品，鲁伯厚父簋是媵长女姜的陪嫁品，鲁伯厚父盘是为次女俞陪嫁所作的器物，1970年济南历城北草沟出土的鲁伯大父簋是鲁伯大父媵三女儿季姬嬉的陪嫁器。此外，在邹城七家峪发现的铜器是鲁伯驷父为伦所作的媵器。鲁伯愈父鬲则嫁女于邾，反映了鲁国与邾国的联姻关系。

曲阜林前村出土鲁大司徒厚氏元铺

台北故宫博物馆藏鲁伯大夫簋

东夷古风：薛国青铜器

文献记载薛国是姒姓夏人的后裔，是一个存世长达1500余年的东方古国。薛国的国都薛国故城位于今山东省滕州市城南，东北距官桥镇约2公里。1978年，济宁调查队对薛国故城进行勘探和发掘，出土了一批珍贵的青铜器。春秋早期的薛国青铜器有着浓厚的东夷文化特点和夏夷交融的痕迹。

薛国故城三号墓出土的薛侯行壶是这一时期的代表之作。薛侯行壶，鼓腹，平底，兽首耳。其盖顶立一振翅欲飞的小鸟。薛国人在青铜器上十分钟爱凤鸟形象，这也是东夷人鲜明的文化特征。盖两侧为兽首衔环，链状提梁穿于环中。腹下部有一兽环形纽，颈部饰蟠螭纹。这种提梁链式壶具有地方特色。腹部的铭文“薛侯行壶”，反映此物当为国君薛侯所喜爱之物。

除此之外，薛国故城一号墓出土的一件铜簠中排满了一盒三角形食物，出土时已经炭化，专家推测为水饺。如推测不误，则是迄今所知我国最早的饺子实物。

薛国故城三号墓出土薛侯行壶

薛国故城壕沟内的下水管道

薛国故城东城墙解剖图（从南向北）

金声阵阵：郳国青铜器

郳国也是东夷古国之一。郳国自周宣王以后，陆续分立为郳国、小郳国和滥国三个小国。根据文献记载和考古发现，西周晚期从郳国分离出来的小郳（倪）国，已为2002年枣庄东江墓地的考古资料所证实。其中，郳公子害簠和郳友父鬲是小郳国青铜器的精品之作。

枣庄小郳国贵族墓地M1出土郳友父鬲

枣庄小郳国贵族墓地M3出土郳公子害簠

国故城西城墙夯土版筑场景（由东北向西南）

公元前614年，邾文公于今邹城峄山之南另立新都。邾国都城也就是20世纪60年代以来发现的邾国故城。约公元前643年，叔术来滥立国，国都在今滕州市东南30公里羊庄镇土城村。考古发现枣庄徐楼东周墓中出土了滥国有铭青铜器。

春秋以来，邾国逐渐成为鲁国的附庸。鲁人卑视邾国，称其为“夷”。由于地处同一区域，加之文化方面存在差异，两国之间时有争战，攻伐不已。然而，邾国在青铜乐器的制作和音乐造诣上独树一帜。邾国和小邾国的有铭乐钟有7件之多，如邾公牼钟、邾公华钟、邾公釛钟、邾叔之伯钟、邾公孙班镈、邾大宰钟等，都是铸有长篇铭文的乐钟，从而使邾国成为山东古国中发现有铭乐钟最多的诸侯国。其有铭乐钟的年代多集中在春秋晚期，且文字华美。司马迁在《史记·太史公自序》中说“观孔子之遗风，乡射邹、峄”，可见邾国早已融入华夏礼乐文化圈，并有所创新。

传山东邹城出土邾公釛钟

小国重宝：邿国青铜器

邿国为西周晚期至春秋时期的东方小国。据《春秋经传》记载，邿国因发生内乱而于襄公十三年为鲁国所灭。关于邿国，文献记载很少。1995年春，山东大学考古系发掘了山东长清仙人台遗址，揭开了这个埋葬于历史洪流中的东方小国的神秘面纱。其中，仙人台遗址M6是面积最大、出土文物最丰富、规格最高的一座春秋贵族墓，出土了15件鼎、8件簋、2件编钟、1套编磬等大量随葬品，发掘者推测墓主人为邿国国君。15件鼎中，除1件特大者为镬鼎外，另外14件铜鼎实为两套七鼎，但14鼎配8簋的组合显然属于僭越礼制的行为。由青铜器形制和装饰特别是鸟形装饰可以看出，邿国源自东夷旧部。

仙人台M6出土铜壶

除了中原传统的青铜容器，东夷诸国青铜器在工艺品和生活实用器上极具特色。仙人台M4中出土了一件鸟柱方座形器，盝顶方座上设一立柱，柱顶及中部各有一飞鸟。飞鸟眼睛为绿松石，呈展翅欲飞状。这件趣味横生的器物被认为是邿国贵族所喜爱的首饰挂架。

仙人台M4出土鸟柱方座形器

铜盘

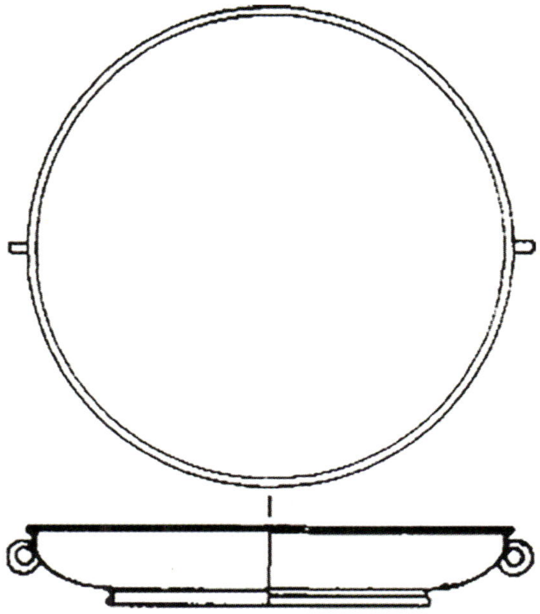

铜盘线图

盘内铭文

铭文拓本

仙人台M5出土郜公典盘

仙人台M6出土青铜礼乐器

仙人台M5出土铜纽钟

兼收并蓄　开拓创新

夷夏同风：秦国青铜器

秦之先祖非子初居于西犬丘，为周孝王养马，周孝王“赐姓嬴，邑之秦”，秦国始有“秦”之称号。公元前770年，在平王东迁过程中，秦襄公因护送有功，被平王晋升为诸侯，平王把岐山以西的土地赐予秦国。现藏于宝鸡青铜器博物院的秦公钟也记录了秦襄公被周平王“赏宅受国”之事。

与中原地区诸侯国不同，秦国地处西垂，长期与周边西戎族群发生战争、贸易、通婚等活动，思变图强。同时，秦国积极学习周人的礼乐文化，融入中原的政治秩序之中。这样的背景造就了秦人在文化上开放包容，广收博采，开拓创新的特质。表现在青铜器上，秦国的青铜器吸收多元的青铜文化，形成了以秦式鼎、蒜头壶、瘦长方甗为代表的秦文化风格青铜器。

当然，独特的秦国青铜文化的形成不是一时之功。春秋早期，秦人为了平王开出的“空头支票”岐西之地，不断与戎狄及其他小诸侯国争战，殚精竭虑地获取领地，导致秦国内外交困，几乎消失在中原的政治舞台上。

这一国情反映在青铜文化上，春秋早期的秦国青铜器多延续周文化的传统，与洛阳王畿地区青铜器的形制趋同。如户县宋村M3、宝鸡陈仓区南阳村M1、姜城堡墓的铜器组合均沿袭了西周晚期以来的周礼制度。加之“收周余民”的政策，秦人有时甚至使用西周西部旧土上的周人遗物，如姜城堡墓出土的青铜器与岐山、扶风一带出土的西周晚期小型铜器墓中器物十分相似。值得注意的

宝鸡杨家沟出土秦公钟（甲）

秦公钟铭文

礼县大堡子山遗址21号建筑基址发掘现场

是，这一时期的青铜鼎已经初步表现出秦式鼎的特点——立耳，三足根部粗壮且与鼎身接于下腹部。1999年出土于甘肃礼县大堡子山的秦公鼎是这一时期的代表。

春秋中期，秦穆公开地千里，遂霸西戎，秦国的青铜器在吸收多元文化的基础上，开始形成自己的风格。鼎、簋、壶、盘、匜、甗成为最常见的器类组合。秦式鼎、蒜头壶、瘦长方甗等地方特色器物增多。纹饰方面也出现了特殊的秦式勾连蟠虺纹。

春秋晚期，在秦穆公死后，秦国的内部矛盾迅速爆发，后继者在对晋战争中屡屡失败。考古所见这一时期的秦国青铜器亦呈现衰落趋势，铜器组合较为杂乱，簋逐渐消失，器物纹饰则以简化的蟠虺纹为主，并且随葬铜器的明器化特征越来越明显。

礼县大堡子山K5出土虎形器

礼县圆顶山秦国墓地出土蟠虺纹铜盨

礼县大堡子山出土秦公鼎及其铭文

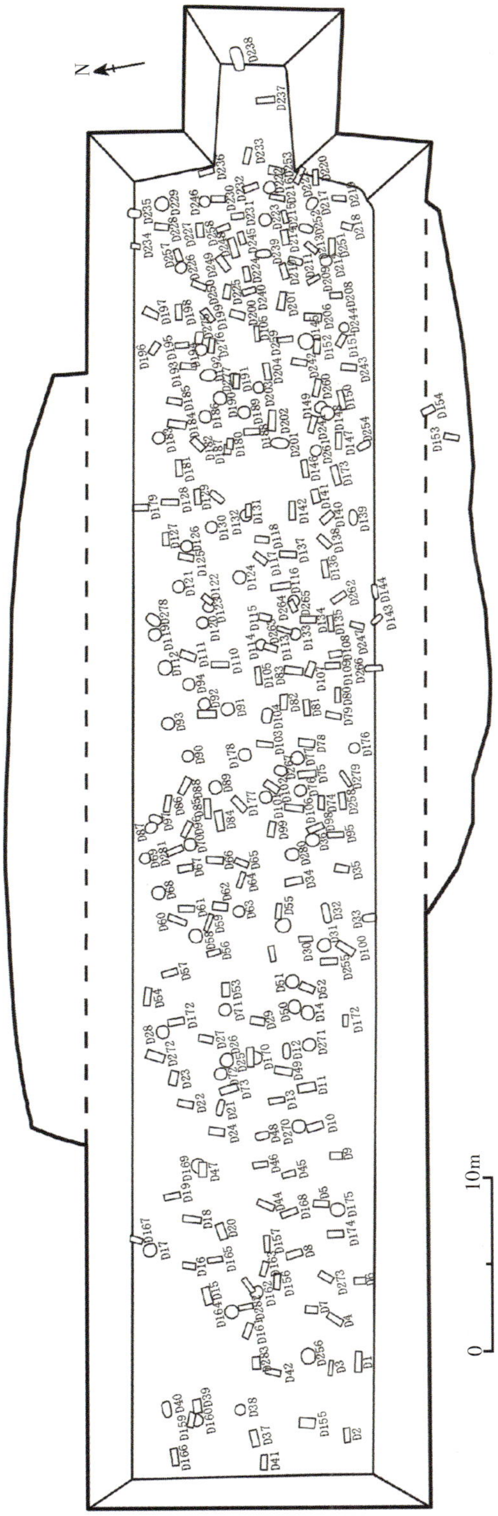

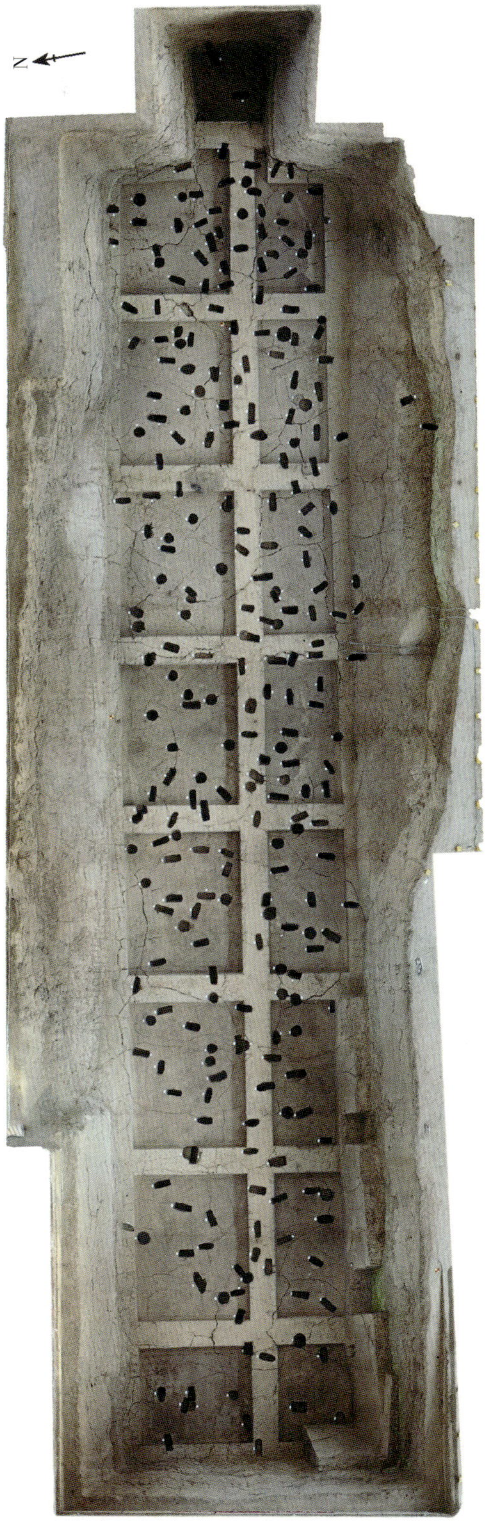

雍城秦公一号大墓二号坑

雍城秦公一号大墓一号坑

华夏黎明　孕育统一

《战国策》言：万乘之国七，千乘之国五，敌侔争权，盖为战国。战国时代，新兴国家的君主们开始积极变革，这场变革从各方面塑造了此后中华文明的基本特质。各个地方因战争或兼并或分裂，促进了不同地域的文化和思想之间的碰撞。不同地域的青铜文化的迸发与融合，形成了中国青铜文化多彩多姿、百花齐放的新格局，最后在奔流不息、海纳百川的黄河流淌着的土地上，华夏共同体也在此消彼长的相互兼并中孕育。

中原变革下的青铜绝唱

春秋晚期，田氏代齐、鲁国四分公室、戴氏代宋，权柄从天子转到诸侯，从诸侯转到卿大夫，最后到家臣手中，“陪臣执国命”的趋势愈演愈烈。其中，韩、赵、魏三家分晋，是春秋走向战国的关键转折点。

政治秩序的打破让本在春秋时期就酝酿的变革迅速爆发。社会秩序的激变，思想上百家争鸣，经济的飞速发展，冶金技术的提升，漆木器、铁器等手工产业的发展……这些正在重构青铜器的文化属性。

礼法的崩溃和人文主义思想运动让庄重威严的青铜器风格一去不复返，转向了两个相反的方向发展，一种是造型极度华美、夸张，如南方楚式铜器般浪漫的青铜神兽；另一种则以实用为目的，外形简洁而轻巧。

这一时期，青铜器纹饰的面貌一新，追求新颖、细腻、繁缛多变。兽面纹、窃曲纹、垂鳞纹、重环纹已退居次要地位，蟠龙纹、蟠蛇纹、几何纹等清新秀

三门峡上村岭M5出土
错金嵌松石龙耳铜方鉴与铜方罍（附勺）

辉县固围村出土错金银兽首轭

逸的纹样成为流行。同时，人在青铜器上的形象获得了极大的转变，狩猎、宴饮、采桑、攻战等人物活动也创造性地作为主纹出现。山彪镇一号墓的水陆攻战纹青铜鉴就是其中的代表作。该鉴的制作是将红铜嵌于预先铸就的青铜器身凹槽内，以上、中、下三层图案表现战士与周边部族鏖战的场景，如徒卒对射、舟师交攻、长枪短兵、滚石檑木、云梯旌旗等古代两军对峙时的交战场面，涉及兵将多达286人，其惨烈与恢宏构成了青铜艺术之绝顶风光。

风格的转变，离不开技术的革新。这一时期的青铜器多镶嵌红铜、绿松石，加之错金银、鎏金、包金、贴金、刻镂等新工艺的成熟和普及，使青铜器朝着精美华贵的风格迈进。山西长治分水岭墓葬中出土的青铜器是这一时期时尚青铜器的代表。

水陆攻战纹青铜鉴纹饰

长治分水岭M269出土螭柄提梁盉

长治分水岭M126出土错金夔龙纹豆

长治分水岭M12出土铜牺立人擎盘

考古发现的这一时期青铜器数量较多，其中不得不提的是洛阳金村古墓群出土的大量珍贵青铜器。金村古墓群位于汉魏洛阳故城遗址东北部的孟津平乐镇金村，1928—1931年遭到大规模盗掘。据加拿大传教士《洛阳故城古墓考》所记，此地共有大墓8座，大墓之间及附近尚有较小型墓3座，出土大量精美绝伦的金银器、青铜器、漆器。由于盗挖、倒卖，绝大多数文物流散海外，现存于美国、英国、日本、加拿大等国。

金村古墓出土的驫羌钟，其铭文中记载了一段宝贵的战国早期历史。公元前404年，在三晋与越联盟对抗楚、齐、秦的战争中，器主人驫羌随其主君韩虔参与了战争，曾攻入齐国长城，与主君韩虔会于平阴后，接受主君之命，袭夺楚国新都。驫羌因战功接受主君韩虔的赏赐、晋侯的赐命，并被周天子召见。

金村古墓出土驫羌钟

赵卿墓车马坑

在王畿以外的地区，山西太原金胜村M251（赵卿墓）出土青铜器数量之多、制作之精美，亦令人咂舌！这座1988年发掘的大墓，出土青铜器达1402件，青铜器总重量达1193千克。其中有一只大镬鼎，重量达220千克，它能够同时煮两只羊或两头小猪。列鼎配伍有七种四大类，“升鼎”三套，铜编镈一套19件，礼乐器118件。还有造型生动、制作精良的鸟尊、车马器、匏壶及三件铜量具。在青铜器的功能配置上，可谓礼、乐、兵、车四类齐备。

其中的赵卿鸟尊为墓中青铜器代表。鸟腹下有子口凸榫，套于壶体母口内。壶颈长而侧倾于一侧，鼓腹上有一虎形錾，虎口衔一环，有链条与鸟尾连接。

此外，墓中出土的两件匏壶，纹饰部分的材质组成主要是石英、长石、褐铁矿、锡石、孔雀石等，制作精美，极富装饰效果。在造型上，还有高柄小方壶这样的创新之作。

赵卿墓出土鸟尊

赵卿墓出土匏壶

赵卿墓出土高柄小方壶

赵卿墓出土散虺纹簠

赵卿墓出土夔凤纹罍

赵卿墓出土夔凤纹鉴

赵卿墓出土虎形灶

发达工商业背景下的青铜实用器

权力的转移也同样上演在遥远的东方，齐国卿大夫田氏取代了齐国姜氏。公元前386年，周安王正式册命田和为齐侯。公元前379年，齐康公死，姜姓齐国绝祀。田氏仍以“齐”作为国号，史称“田齐”。

田氏代齐背后的故事与三种青铜器有关。齐景公时期重刑厚敛，百姓生活十分艰苦。贵族田氏用“大斗借粮，小斗收回”等方式收买人心，这就涉及齐国的量制。1857年，山东胶县（今胶州）灵山卫出土了著名的田齐三量，即子禾子釜、陈纯釜、左关鍬。根据铭文所载，可以知道战国时期的齐国有了明确、严格的度量衡校量制度，并对违反量制者制定了处罚办法。

齐国以发达的手工业著称，临淄商王村出土的青铜器是其代表。1982年，山东临淄商王墓地出土的牺尊通体错金银，嵌绿松石。造型仿牛形，昂首，竖耳，偶蹄，由头颈、体、盖分铸而成。此件铜尊造型生动，工艺复杂，体现了齐人先进的铜器铸造技术与独特的审美情趣。1996年临淄相家庄墓地M6出土的鸭形尊造型生动活泼，是战国齐文化青铜器的代表之作。

1992年，临淄张家庄战国墓出土了一套铜餐具，这组铜餐具分别由耳杯、小碟、盘、盒、碗等组成，外加罍形壶的餐具外壳，共计62件。62件铜餐具竟然可以按照大小依次叠放整齐后全部装入铜壶之中，体现了齐国手工业的高度发达。

灵山卫出土陈纯釜

商王墓地出土牺尊

相家庄M6出土鸭形尊

张家庄战国墓出土铜餐具

变法强国下的青铜技术

与晋、齐不同的是，西垂的秦国有着截然不同的命运抉择。秦孝公时任用商鞅变法，富国强兵，秦国逐渐成为战国中后期最强大的国家。公元前316年，秦国兼并巴国和蜀国。公元前230—前221年，秦王嬴政灭掉六国，建立了中国历史上第一个大统一王朝——秦朝。

商鞅变法后，秦国对铜产品质量的管理十分严格，实行“物勒工名”制度。高度统一、做工精良、实用性高成为这一时期秦国青铜器的代名词。同时，在战国至秦王朝时期，秦国的块炼渗碳钢及生铁铸造技术得到进一步普及和提高，在一些墓葬中也可见铁质工具和农具。这表明秦国在合金配比、冶炼温度、锻造手法上已经炉火纯青。从下列两件青铜器上也可以看到秦国青铜器制作技术之高超。

陕西宝鸡凤翔县豆腐村出土的凤鸟衔环铜熏炉是集多种工艺于大成的代表作。整个器物利用了浇铸、编织、铆锻、镂空等多种工艺，其主体则是采用失蜡法浇筑而成。椭圆形球体状炉身上置立鸟衔环，炉身为双层，外层由“S”形铜条编成。炉身下为空心斜角方柱，再下有覆斗形镂空方座。方座饰以人持盾牌纹，周边以蟠螭纹环绕。

陕西凤翔出土的战国中期的射猎宴乐纹铜壶，其制作工艺是先在铸造成型的铜器表面刻出浅槽形图像，然后以赤铜片镶嵌于凹槽内，再经过捶打、锉磨、抛光，制成剪影式的图像。

凤翔豆腐村出土凤鸟衔环铜熏炉

凤翔出土射猎宴乐纹铜壶

大河流金　礼乐华夏

随着铁器的大规模应用，中国青铜时代也逐渐走向了它的终结，经历五百多年分裂的黄河流域孕育出全新的华夏文明体。然而在铁器时代来临之前，青铜是夏商周三代政治构建和文明延续的关键，这一点在黄河流域的政治文化体中从未更改。

从仰韶时代开始，黄河流域就出现了青铜器物。到龙山时代，黄河流域的青铜器冶铸和使用就比较普遍了。进入夏朝以后，以鼎、盉、斝、爵和铃等为代表的青铜礼乐器在辨别使用者等级、身份方面占据重要地位，开启了以礼乐为核心的华夏文明的发展序幕。后续的商、周将青铜文明发扬光大，逐渐形成了一套完备的礼乐制度，并使之成为华夏文明的特质。不同地区、不同族群在对抗、交流、融合中，通过对青铜礼器的广泛认同，达到文化认同，并逐渐融入多元一体的华夏文明之中。但青铜时代的产物——礼乐文明并没有随着青铜器退出历史舞台而走向衰落，承载着祖先认同、文化认同的礼乐文明作为中国文化的根基，代代传承并不断发扬光大。

第六篇

长城内外皆故乡：北方青铜器

青铜时代的黄河中下游地区，夏、商、周三代此消彼长，『中原』成为中华民族共同的记忆。而在黄河流经的北方地区，从河套平原到晋陕高原（包括宁夏、内蒙古中南部、陕西北部至山西北部一带），也同样孕育着中华民族的先祖。

『北方』在当代中华民族的认同和中国版图的形成过程中，起着不可忽视的重要作用。『北方』是自然环境交替的敏感地区，地处半湿润地区向干旱地区过渡的半干旱地带，400毫米等降水量线自其中穿插而过。这样的自然条件逐渐孕育出一批独特的、与中原农业定居完全不同的游牧半游牧生活人群。『北方』同样是文化交流的重要前沿地带，畜牧与农耕两种生活习俗在长城内外碰撞交融，这些游牧居民和农业居民互相依存又互相斗争，不断给中华民族的融合输送新鲜血液，为持续发展增加活力，同时为早期中西方交流沟通连接起更大范围内（欧亚草原与古代中原）的文化互动网络。

在中原地区进入青铜时代之时，『北方』也不落人后，创造出适应其生活方式的独特青铜文化。黄河流域『北方』地区真正意义上的青铜时代是从朱开沟文化开始，其年代大致相当于中原王朝的夏至早商时期，可称作北方系青铜器的开端。这期间的青铜器发现不多，但文化属性鲜明，已受到来自南方中原、北方草原两方面的影响，而后北方青铜器历经商周阶段的发展，至战国时期达到鼎盛。

“奢侈品”的流通

——晚商时期的鬼方与大邑商

较之夏与早商时期，晚商时期“北方”出土的青铜器数量明显增多。自20世纪30年代以来，陕北、晋西北的黄河南流两岸出土了数量众多的青铜器，其中既有中原王朝晚商风格的青铜器，也有显然来自更北方的欧亚草原的青铜器。这些青铜器零星出土，少有伴出的陶器。目前来看，一般认为这些青铜器群属于同一文化系统，其归属应与李家崖文化有关。

李家崖文化是晚商时期“北方”的代表性文化遗存，集中分布于陕北和晋西北。至此，经历了夏至早商阶段的蛰伏与发展，青铜终于在“北方”绽放出第一朵绚烂的花朵。青铜是当时最具代表性的贵重物品，当地发现如此大量的铜器，表明当时应该存在高度发展的社会。但古环境与古气候研究表明，当地晚商时期的气候情况与现代极为相似。今天的晋陕高原受制于较恶劣的自然条件，是广为人知的欠发达地区，在当时的贫瘠环境中又为何会出现如此多的“奢侈品”青铜器呢?

想要回答这一问题，我们需先从晋陕高原发现的“奢侈品”青铜器本身说起。从晋陕北部高原的黄河南流两岸地区出土的青铜器类型来看，有礼器、生产工具、武器、车马器、铜金饰品及铜贝等，种类多样，证明这一阶段晋陕高原肯定存在一个较发达的青铜文化。

发现的青铜器按照形制和纹饰可以划分为三类：

晚商斝（陕西延川华家塬出土）

甲类：商式青铜器，即造型、纹饰与中原地区的商代青铜器完全相同的器类。目前所见这一类青铜器种类主要有鼎、簋、爵、觚、斝、瓿、甗、盘、壶，以及戈、钺、环首刀、镞等。

乙类：混合式青铜器。这类器物往往既有典型商代青铜器的风格，又带有地方性特点。代表性器物有饰连珠纹折沿深腹高圈足簋，角形龙纹觥，带铃豆，带铃觚，细颈双耳壶，饰有阳线构成的叶状、菱格、川字形纹的斧、锛、凿，以及武器銎戈、三足刀、矛、头盔等。

丙类：独具地方特点的青铜器。器物种类有钟形乐器、链环蛇首勺、羊首勺、马首刀、蛇首匕、管銎斧、双环首削、车马器等。

研究表明，甲类青铜器有可能来自中原地区的商王朝，但有些也可能是李家崖先民的仿制品。乙、丙两类青铜器应是李家崖文化先民的自制品。这三类青铜器综合起来，构成了李家崖青铜文化的特征。

晚商龙纹兕觥（山西石楼桃花者出土）

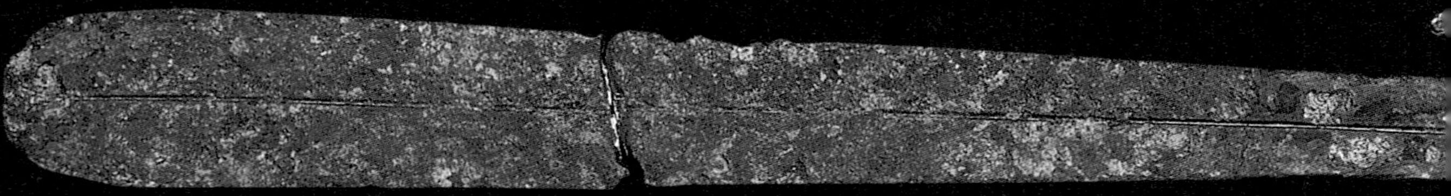

晚商蛇首匕（陕西绥德墕头出土）

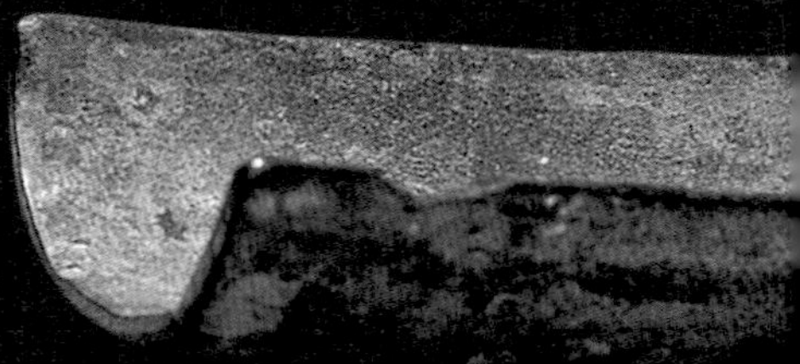

晚商羊首匕（陕西延川用斗村出土）

晚商管銎斧（陕西榆林清涧双庙河出土）

晚商三銎刀（陕西子洲尚家沟出土）

这些青铜器最初被发现时，被当作商王朝直接统治黄土丘陵的证据，即这些青铜器是由来自殷墟的官员、贵族携带到晋陕高原的。而随着乙类和丙类独具地方特色铜器的大量发现，学者们逐渐认识到晋陕高原的独特性及其与典型商文化的差异性，开始把晋陕高原的人群看作商王朝的游牧或半游牧好战敌人鬼方、土方、𠇗方等，李家崖文化也就相应与商周卜辞铭文中的鬼方、土方、𠇗方等商王朝西北政权联系起来。鬼方在周代金文及文献中被当作西北民族的通称，他们入侵商王朝的领土，铜器则成了被掠夺到晋陕高原的战利品。但这一说法近年来也受到了一些考古学家的质疑。入侵劫掠说虽然解释起来更为方便，但用来解释广泛分布、年代不一且持续两三个世纪的青铜器组合，则未免太过简单。历史时期的大量例证表明，即使敌对的双方，也在一定时期内存在着和平交往。例如，长城作为历史时期中原王朝防御北方草原民族的设施，同时充当了中原王朝与北方草原民族贸易的桥梁，长城沿线往往互市空前繁荣，为双方交往提供了固定场所。这样，和平交换方式就成了解释晋陕高原青铜器来源的新途径。

晋陕高原发现的青铜器也正是反映这些交流与贸易的物质遗存。考古学家发现，不只甲类商式青铜器的造型与中原地区一致，甚至制作乙类、丙类地方特色青铜器的青铜原料也与中原地区晚商殷墟的青铜器原料成分一致，说明双方不仅在完整器型制作方面有交流，而且在青铜原料方面存在交换流通。这种交换不会是简单的商贸关系，也不单单是非经济的社会交往，这种和平交换肯定包括经济、社会、政治、环境等多样化的因素和动机。鬼方、土方、𠇗方等与商王朝存在着时敌时友的关系，恰恰与上述交换说相符。

但交换是双方的，商王朝为晋陕高原带来了“奢侈品”青铜器，晋陕高原同样也需要有可以提供给商王朝的交换物。晋陕高原代表性的黄土丘陵自然资源贫瘠，最可能的货物就是马、牛、羊等牲畜及其副产品。从动物考古证据来看，自晚商开始，中原王朝才开始较大规模地使用马匹，在殷墟发现的数百匹马骨均为成年马，缺少生长阶段的未成年马匹，这种不自然的年龄结构也暗示着中原王朝殷墟都城的马匹可能完全依赖外部输入。这样，马匹和青铜器作为交换中的“奢侈品”，开始互相在中原王朝和晋陕高原北方草原流行起来。

晚商时期的“走西口”，为北方和中原地区掀起了第一次经济和文化交流的高潮，同时也使双方掀起了自身发展阶段的高潮。

周人的政策

——猃狁孔棘还是魏绛和戎

晚商时期，随着周人在关中盆地经营的壮大繁荣，周人也开始积极地参与进中原商王朝同晋陕高原的交换中，但周人却有意无意地造成了这种交换的终结。

周族自身是在戎狄之间发展起来的。戎狄是先秦时期中原华夏族对“北方”少数民族的混称，两周时期金文、文献中出现的戎狄主要有鬼方、猃狁等。《史记·周本纪》记载周人先祖后稷的儿子不窋“以失其官而奔戎狄之间”，后经公刘与古公亶父的经营才逐渐迁至关中平原。

周自“奔戎狄之间”到发展成为强大的周王朝，怎样处理与“北方”的关系，是周人不得不面临的问题。

周人对“北方”的征伐

周人推翻商王朝之前，周人先祖首先征服、统合了临近地区。在考古发现中我们可以看到，此前关中盆地的文化多样性被整合成了统一的先周文化。而关中盆地以外，有大量晚商青铜器发现的陕南汉中地区与陕北晋陕高原，在商末以后也非常衰落。据《竹书纪年》记载，周人在灭商半个世纪之前就开始大规模进攻鬼方：“（武乙）三十五年，周公季历伐西落鬼戎，俘二十翟王。”在这次征伐中，周人一次就俘虏了二十个狄人首领。

与关中平原过近的距离，刺激了周人对北方晋陕高原的征伐与扩张，而北方民族和贸易网络就成了征伐扩张的牺牲品。

威胁总是相互的。在周王朝建立之后，周人建都的关中平原也同样受到西北民族的威胁。《诗经·小雅·采薇》描写了将士出征戍边的艰辛生活，而出征戍边则是“猃狁之故”，“猃狁孔棘”需日日戒备。

晚清时期出土的虢季子白盘也记录了周王朝对猃狁的征伐：“丕显子白，壮武于戎工，经维四方。搏伐猃狁，于洛之阳。折首五百，执讯五十，是以先行。”显赫的虢季子白，在军事行动中勇武有为，经营着天下四方。进击征伐猃狁，到达洛水之北，斩获了五百个敌人的首级，抓获俘虏五十人，成为全军的先驱。得胜以后，他在周庙受到周王的嘉奖。为了纪念这一盛事，虢季子白铸造了此盘。

除了主动出击征伐猃狁，西周王朝还在更加偏远的西北边域地带设置了掌管戎狄事务的常设官员。伯硕父鼎的主人，就与西周王朝的西北守护者申国联姻，同时“治赤戎、驭方”，在陇东前沿地带为周王朝处理边患。伯硕父鼎铭文内容与史料中西周晚期陇东地区战乱频繁的记载相印证。这种与北方民族的矛盾也造成了西周时期中原王朝与北方晋陕高原交流的衰落，但矛盾并不是周人唯一的选择。

西周中期虢季子白盘（传宝鸡出土）

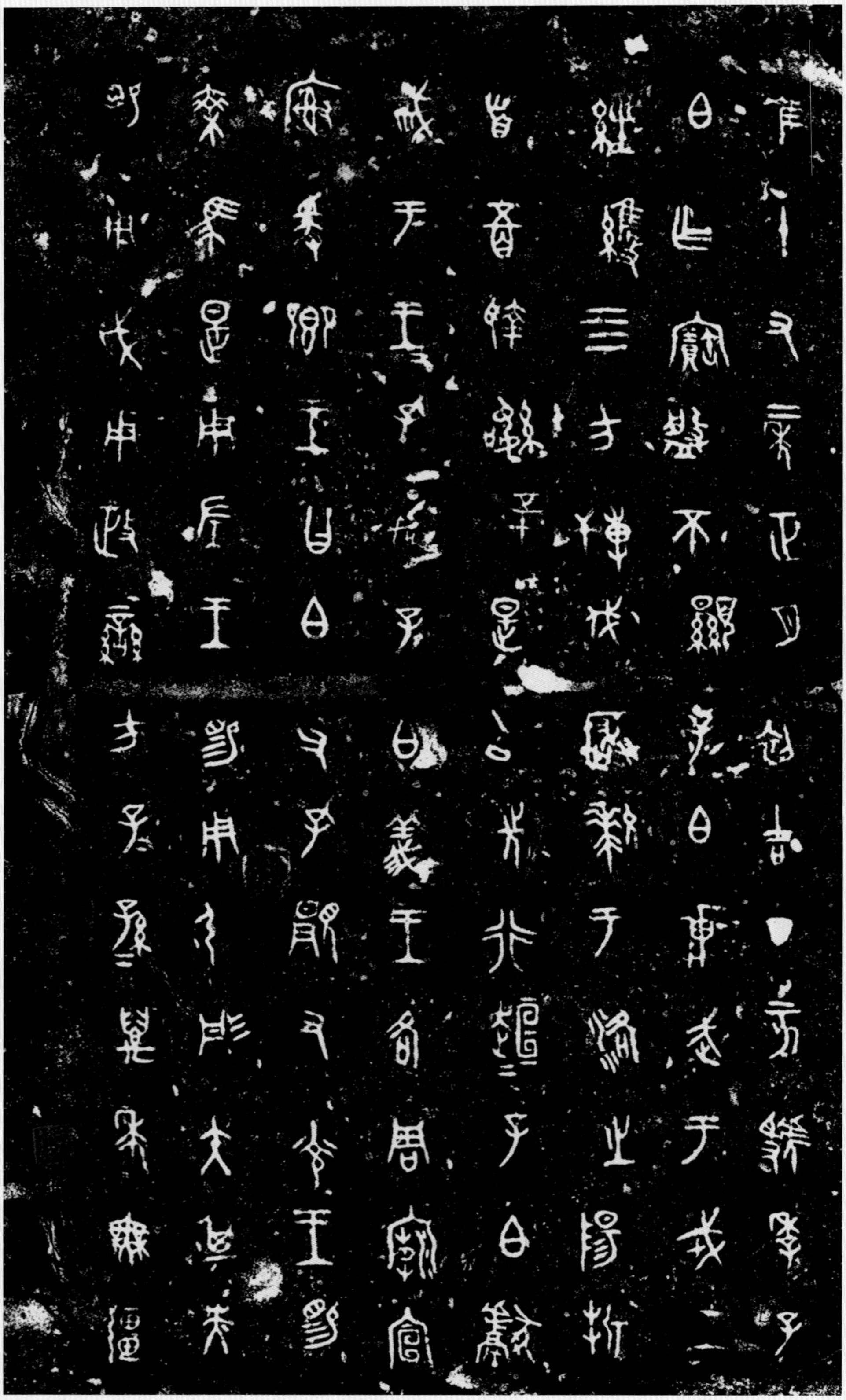

虢季子白盘铭文

周人和戎

在讨伐征战中，周人为了缓和与戎狄的关系，时常也对这些“北方”戎狄采取怀柔政策。

战争是为了扩大自己的势力，周人在战争中还使用了掠夺人口的别样方式。考古所见遗址规模和数量，表明周克商之前的几十年内，关中平原出现了人口的急剧增长现象，从其他地区迁移的外来人口成为这次增长的主要部分，这一阶段在关中平原大量出现的晋陕高原独特器物如三足瓮等暗示了北方晋陕高原人口在关中平原的和平安置。

除了考古证据，文献记载中也有周迁移鬼方人的记录。西周初年，为巩固新生的周王朝，更好地控制广大的新征服地区，周王进行了一系列分封。分封对象是姬姓贵族子弟、异姓功臣和古圣王的后代。周王分封诸侯的时候，要对被封者“授民”“授疆土”。

《左传·定公四年》载：“分唐叔以大路、密须之鼓、阙巩、沽洗，怀姓九宗，职官五正。命以唐诰，而封于夏虚，启以夏政，疆以戎索。”周成王分封唐叔晋国于晋南地区，部分戎人就被封于晋国之下，成为“怀姓九宗”。“怀”即“隗”，怀姓九宗即隗姓，为鬼方后裔，是加入周人并较早开始华夏化的一部分鬼方人。

2004年开始发掘的山西绛县横水墓地被认为是倗氏的族墓地，2009年又发现了翼城大河口霸氏墓地。山西省考古研究院的考古学家们在这两处墓地发掘了数千座西周时期的墓葬，墓中出土了一些很有价值的信息。根据葬式和出土青铜器铭文，倗氏和霸氏被解读为怀姓九宗的一部分。倗氏能和姬姓毕氏这样高等的贵族通婚，而且在铭文中被称作倗伯，表明其本身的地位也较高。倗氏、霸氏族墓地的发现，说明他们在被封给晋国后并没有将原来的氏族组织打破，还维持着之前的家族关系。

在墓地中发现的物质遗存表明，这些鬼方后裔也接受了周人的物质文明，在器物使用方面也变成了“新周人”。

倗国、霸国墓地的发现，证实了《左传》中有关“怀姓九宗”的记载，但晋国早期也免不了枕戈待旦。初封的晋国“戎狄之与邻”(《左传·昭公十五年》)，“戎、狄之民实环之”(《国语·晋语二》)，这使得晋国最初只得活动在晋南的部分区域。考古发现这一时期遗址数量不多，晋文化的分布范围十分有限。

西周倗伯簋（山西绛县横水墓地出土）

西周霸伯方簋（山西翼城大河口墓地出土）

晋国长期混处戎狄之间，在政治上也制定了一些独特的政策以“和戎狄”，即与戎狄结盟，“魏绛和戎”正是其中的代表。

长治分水岭出土的晋国青铜器，反映了晋国在“和戎”以后，逐步占据了晋中、晋北和晋东南地区，彻底控制了表里山河。

《左传·襄公四年》记载：无终子嘉父使孟乐如晋，因魏庄子纳虎豹之皮，以请和诸戎。晋侯曰：“戎狄无亲而贪，不如伐之。”魏绛曰：“诸侯新服，陈新来和，将观于我。我德则睦，否则携贰。劳师于戎，而楚伐陈，必弗能救，是弃陈也。诸华必叛。”

公曰：“然则莫如和戎乎？”对曰：“和戎有五利焉：戎狄荐居，贵货易土，土可贾焉，一也。边鄙不耸，民狎其野，穑人成功，二也。戎狄事晋，四邻振动，诸侯威怀，三也。以德绥戎，师徒不勤，甲兵不顿，四也。鉴于后羿，而用德度，远至迩安，五也。君其图之。”

公说，使魏绛盟诸戎，修民事，田以时。

春秋螭柄提梁盉（山西长治分水岭出土）

晋悼公在位时，魏绛是晋国国卿，又称魏庄子，而无终是戎狄的一支，嘉父是其首领。晋国北方以戎狄无终为首的戎人部族，派遣使者带着珍贵的虎豹皮毛献给晋国，以求结盟。晋悼公开始认为“戎狄无亲而贪，不如伐之”，想要拒绝和盟。

魏绛先从外交关系角度反驳，当时许多诸侯国亲附晋国，如果无终来结盟而晋国却伐之，则会将盟国推向敌人楚国一边。同时列举“和戎五利”：戎狄逐水草而居，和戎可以用财货换取他们的土地；结盟可以使边境稳定，国民安心生产；晋戎联合，可以震慑邻国，让邻国更加服从晋国；不与戎人作战，可以使将士休养生息；吸取后羿的教训，用道德法度统治，使远国能来交往，近国得以安心。

魏绛力排众议，同时争取到晋悼公的支持，担任了和戎使臣。晋国奉行的这种和戎政策，获得了周边各少数民族的拥护，使晋国局势稳定，可以集中力量逐鹿中原，取得了在“八年之中，九合诸侯，如乐之和，无所不谐”(《左传·襄公十一年》)的积极效果。这样的政策也为民族融合创造了条件。

赵国的北扩

——胡服骑射

1923年，山西浑源李峪村不合时宜地出土了一批青铜器，在那个不安稳的年代，这些青铜器被村民们私自保存，部分被当局没收在衙门展示。后来，这些青铜器中的大部分流传至国外，成为20世纪国际古物贸易网络的牺牲品，在异国散发着东方魅力。

李峪村出土的这些春秋战国青铜器，向众人展示了“三家分晋”后，晋与赵一步步蚕食戎狄旧地的过程。

北方地区在华夏化的同时，自身也在长期发展中逐渐接受了来自更北方草原地区的畜牧和其他新生活方式，地域内部联系加强，形成了特色鲜明的“北方文化带”。到战国时期，北方族群已经成为真正的游牧民族，骑兵成为其主要作战方式。相应地，作为骑射必需品的牌饰和带扣，在考古发现中大量出现。

如何应对这些游牧民族的骚扰，成为中原边疆诸侯国亟须解决的问题。各诸侯国开始修建长城以加强设防。面对游牧民族骑射这种新颖强大的作战方式，与北方民族接触最多的赵国率先做出了改变。《史记·赵世家》记载：赵武灵王谓肥义曰：“今吾将胡服骑射以教百姓，而世必议寡人，奈何？”

赵武灵王即位的时候，赵国国力衰微，就连中山国这样的邻近小国也敢来侵扰赵国。而赵国在同一些大国的战争中也经常打败仗，失地颇多。

春秋晚期牺尊（山西浑源李峪村出土）

战国虎噬驴铜牌饰（宁夏固原杨郎墓地出土）

战国动物纹铜带钩（宁夏西吉陈阳川墓地出土）

但赵国地处北境，经常与楼烦、林胡、东胡这些北方游牧民族接触。赵武灵王看到这些游牧民族在军事和服饰方面有一些特别之处——平时穿窄袖短袄，生活起居和狩猎作战都比较方便，而作战时用骑兵、弓箭，与中原王朝的车兵与步兵相比，具有更大的机动灵活性。

为了富国强兵，赵武灵王提出“着胡服”“习骑射”的主张，决心取北方游牧民族之长补中原之短，并带头穿着“胡服”去会见群臣。“胡服”在赵国军队中装备齐全后，赵武灵王就开始训练将士，让他们学着游牧民族的样子，骑马射箭，转战疆场，并结合围猎活动进行实战演习。

在赵武灵王的亲自教习下，赵国民众的生产能力和军事能力大大提高，在与北方民族及中原诸侯的抗争中起了很大作用，使赵国的国力逐渐强大起来，后来不但打败了经常侵扰赵国的中山国，而且夺取林胡、楼烦、东胡之地，向北方开辟了上千里的疆域，并设置了云中、雁门、代郡行政区，管辖范围到达今天的河套地区，开始进入长城外的故乡。

长城内外皆故乡！一件件珍贵的北方青铜器使人领略到黄土高原与北方草原的独特风采，也感受到多元文化融通互鉴的魅力。几千年来，农耕文化与游牧文化在这一区域交流、融合，最终孕育了多元一体的中华民族。

参考文献

专著

郭沫若著:《青铜时代》，人民出版社，1954年。

(汉)司马迁撰:《史记》，中华书局，1959年。

中国社会科学院考古研究所编著:《殷墟妇好墓》，文物出版社，1980年。

郭宝钧著:《商周青铜器群综合研究》，文物出版社，1981年。

杨伯峻编著:《春秋左传注》，中华书局，1981年。

李学勤著:《东周与秦代文明》，文物出版社，1984年。

俞伟超著:《先秦两汉考古学论集》，文物出版社，1985年。

西安半坡博物馆、陕西省考古研究所、临潼县博物馆编著:《姜寨——新石器时代遗址发掘报告》，文物出版社，1988年。

中国社会科学院考古研究所编著:《胶县三里河》，文物出版社，1988年。

顾颉刚、史念海、童书业等著:《民国丛书 第3编 69 历史地理类 中国疆域沿革史 中国疆域沿革略 中国近代边疆沿革考》，上海书店，1991年。

河南省文物研究所、中国历史博物馆考古部编:《登封王城岗与阳城》，文物出版社，1992年。

中国社会科学院考古研究所编:《中国考古学中碳十四年代数据集1965—1991》，文物出版社，1992年。

山西省考古研究所编:《侯马铸铜遗址》，文物出版社，1993年。

中国青铜器全集编辑委员会编:《中国青铜器全集》，文物出版社，1994～1998年。

王世民、陈公柔、张长寿著:《西周青铜器分期断代研究》，文物出版社，1999年。

王斌主编：《虢国墓地的发现与研究》，社会科学文献出版社，2000年。

高明著：《高明论著选集》，科学出版社，2001年。

郭沫若著作编辑出版委员会编：《郭沫若全集 考古编 第八卷 两周金文辞大系图录考释》，科学出版社，2002年。

张光直著，张良仁等译，陈星灿校：《商文明》，辽宁教育出版社，2002年。

北京大学古代文明研究中心编著：《吉金铸国史：周原出土西周青铜器精粹》，文物出版社，2002年。

教育部人文社会科学重点研究基地吉林大学边疆考古研究中心编：《夏代的中国北方系青铜器》，《边疆考古研究（第1辑）》，科学出版社，2002年。

马承源主编：《中国青铜器（修订本）》，上海古籍出版社，2003年。

陈梦家著：《西周铜器断代》，中华书局，2004年。

杨建华著：《春秋战国时期中国北方文化带的形成》，文物出版社，2004年。

曹玮主编：《周原出土青铜器》，巴蜀书社，2005年。

杜金鹏、许宏主编：《二里头遗址与二里头文化研究》，科学出版社，2006年。

河南省文物考古研究所编著：《新郑郑国祭祀遗址》，大象出版社，2006年。

方辉著：《海岱地区青铜时代考古》，山东大学出版社，2007年。

中国社会科学院考古研究所编：《殷周金文集成（修订增补本）》，中华书局，2007年。

中国社会科学院考古研究所编：《中国早期青铜文化——二里头文化专题研究》，科学出版社，2008年。

北京大学震旦古代文明研究中心、郑州市文物考古研究院编著：《新密新砦——1999～2000年田野考古发掘报告》，文物出版社，2008年。

杨建华、蒋刚主编：《公元前2千纪的晋陕高原与燕山南北》，科学出版社，2008年。

朱凤瀚著：《中国青铜器综论》，上海古籍出版社，2009年。

中国社会科学院考古研究所编：《考古学集刊（17）》，科学出版社，2010年。

宋镇豪主编，王震中著：《商代都邑》，中国社会科学出版社，2010年。

李玉洁著：《黄河流域的青铜文明》，科学出版社，2010年。

吴镇烽编著：《商周青铜器铭文暨图像集成》，上海古籍出版社，2012年。

苏荣誉著:《磨戟：苏荣誉自选集》，上海人民出版社，2012年。

张光直著，郭净译:《美术、神话与祭祀》，生活·读书·新知三联书店，2013年。

张光直著:《中国青铜时代》，生活·读书·新知三联书店，2013年。

方辉主编:《大辛庄遗址研究》，科学出版社，2013年。

[日]林巳奈夫著，常耀华等译:《神与兽的纹样学：中国古代诸神》，生活·读书·新知三联书店，2016年。

李学勤著:《新出青铜器研究(增订版)》，人民美术出版社，2016年。

冯时著:《中国古文字学概论》，中国社会科学出版社，2016年。

杨宽著:《西周史》，上海人民出版社，2016年。

吴镇烽编著:《商周青铜器铭文暨图像集成续编》，上海古籍出版社，2016年。

童书业著:《春秋史》，河南人民出版社，2016年。

[美]巫鸿著，李清泉、郑岩等译:《中国古代艺术与建筑中的“纪念碑性”》，上海人民出版社，2017年。

李伯谦主编:《中国出土青铜器全集》，科学出版社，2018年。

中国社会科学院考古研究所编著:《二里头考古六十年》，中国社会科学出版社，2019年。

井中伟、王立新编著:《夏商周考古学(第二版)》，科学出版社，2020年。

曹大志著:《贸易网络中的黄土丘陵(BC1300—1050)》，北京大学出版社，2021年。

夏商周断代工程专家组编著:《夏商周断代工程报告》，科学出版社，2022年。

许宏著:《最早的中国：二里头文明的崛起》，生活·读书·新知三联书店，2022年。

许宏著:《东亚青铜潮：前甲骨文时代的千年变局》，生活·读书·新知三联书店，2022年。

阎步克著:《酒之爵与人之爵：东周礼书所见酒器等级礼制初探》，生活·读书·新知三联书店，2023年。

论文

茂勋:《洛阳故城古墓考》,《燕京学报》1934年第16期。

林沄:《说“王”》,《考古》1965年第6期。

曾广亮:《山西省文物商店收进春秋虞侯壶》,《文物》1980年第7期。

侯毅、渠川福:《太原金胜村251号春秋大墓及车马坑发掘简报》,《文物》1989年第9期。

宫衍兴、解华英、胡新立:《薛国故城勘查和墓葬发掘报告》,《考古学报》1991年第4期。

杜廼松:《东周时代齐、鲁青铜器探索》,《南方文物》1995年第2期。

蔡运章:《虢国的分封与五个虢国的历史纠葛——三门峡虢国墓地研究之三》,《中原文物》1996年第2期。

吕琪昌:《从史前陶鬶与商代铜斝的关系探讨夏、商文化的分际》,《华夏考古》1999年第1期。

巫鸿著,孙庆伟译:《九鼎传说与中国古代的“纪念碑性”》,《美术研究》2002年第1期。

梁宏刚、孙淑云:《二里头遗址出土铜器研究综述》,《中原文物》2004年第1期。

方辉:《论我国早期国家阶段青铜礼器系统的形成》,《文史哲》2010年第1期。

陈国梁:《二里头遗址铸铜遗存再探讨》,《中原文物》2016年第3期。

陈国科:《西城驿——齐家冶金共同体——河西走廊地区早期冶金人群及相关问题初探》,《考古与文物》2017年第5期。

孙周勇、邵晶、邸楠:《石峁遗址的考古发现与研究综述》,《中原文物》2020年第1期。

徐良高:《青铜礼器——中国三代文明的物化象征》,《湖北理工学院学报(人文社会科学版)》2022年第3期。

曹斌:《多学科视野下的西周国家礼制变革和社会转型研究》,《中国史研究动态》2023年第1期。

后　记

《黄河大系·文物卷》包括“陶器”“玉器”“青铜器”三个分卷，是团队集体工作的结晶。各分卷的编撰工作由不同作者完成，在此加以说明。

“陶器”由王芬、陆青玉合作编著，在资料收集和整理过程中得到山东大学研究生郑晨雨、杨菊贤、孙华铭、郎靖真、赵怡然、高研的帮助。“玉器”由王强著，在资料收集和整理过程中得到山东大学研究生刘舒羽、徐晶、曹雪娇的帮助。“青铜器”由方辉主编，各部分由不同作者分别撰写，其中第一篇由彭富仁撰写，第二篇由齐营营撰写，第三篇由于俊辉撰写，第四篇由王钦玄撰写，第五篇由刘晨熙撰写，第六篇由李世豪撰写，最后由方辉修订并统稿。

在成书过程中，山东博物馆、山东省文物考古研究院、山东大学博物馆、山西博物院等单位，以及河南大学张友来，陕西省文物局孙周勇、孙战伟，中国社会科学院考古研究所彭小军、郭志委、赵海涛，山东省文物考古研究院朱超、张强、赵益超，山西大学考古系王小娟，山东大学邓聪、路国权，日照两城镇黑陶作坊经理刘加东等，给予了指导并提供了部分图片资料。编辑出版过程中，齐鲁书社的王路社长、张丽副总编辑、刘强主任、马安钰等倾注了大量心血。在此一并致谢！

方　辉

出版说明

山东是黄河流域唯一的沿海省份、黄河流域最便捷的出海口，因此被赋予“发挥山东半岛城市群龙头作用，推动沿黄地区中心城市及城市群高质量发展”的国之重任。由此也可见山东在新时代黄河流域生态保护和高质量发展战略中举足轻重的地位。

为认真贯彻落实好习近平总书记关于中华优秀传统文化“两创”的重要指示精神和对山东“三个走在前”的重要指示要求，充分发挥出版界的内容资源、作者资源、品牌资源优势，以精品力作书写新时代黄河精神，使读者能够从历史和专题的角度，生动立体地来认识黄河、了解黄河、感知黄河，更好地传承弘扬黄河文化、提升发展质量，进而为中华民族的伟大复兴提供精神动力和智力支持，按照山东省委、省政府部署，山东省委宣传部策划、山东出版集团组织实施了《黄河大系》的编纂出版。

《黄河大系》为山东省习近平新时代中国特色社会主义思想研究中心重大项目，同时列入山东省社科规划重大委托项目。山东省委常委、宣传部部长白玉刚对项目高度重视，提出明确要求。山东省委宣传部分管日常工作的副部长袭艳春，山东省委宣传部副部长、一级巡视员魏长民对项目编写作出具体指导。《黄河大系》共十二卷二十册，由山东出版集团所属的七家出版社共同承担出版任务。分别是：

《图录卷》精选存世的汉代至1911年关于黄河的历史图画，提纲挈领地体现黄河文化的整体感和黄河文明的立体性，画龙点睛，展示黄河文化的博大精深与兴衰起伏。（齐鲁书社，1册）

《文物卷》分为陶器、玉器、青铜器三册，以历史时期的黄河流域为时空依据，以物说文，精彩阐释黄河作为中华民族母亲河的文化象征意义和厚重典雅的文明积淀。（齐鲁书社，3册）

《古城卷》选择黄河现在流经的主要古城，解说以这些古城为代表的中华优秀传统文化和重要历史遗产，为触摸黄河文明提供实体参照和文化坐标。（山东画报出版社，1册）

《诗词卷》收录中华人民共和国成立前吟咏黄河及其相关重要人文遗迹、重大事件、历史人物、风物民俗的诗词，以古典诗体作品为主。（山东文艺出版社，3册）

《书法卷》以时间为坐标，以书法艺术为参照，梳理展示黄河文化的深厚源流和传承脉络，从文体风格到作品内容实现高度融合。（山东美术出版社，2册）

《绘画卷》古代卷体现黄河文脉孕育的数千年文化精神成果，现当代卷体现黄河精神的发扬创新和时代风貌，用丹青成果再现黄河文化的灿烂辉煌。（山东美术出版社，2册）

《戏曲卷》梳理沿黄河九省（区）戏曲脉络，详述代表性剧种的源流变迁、著名演员、代表剧目及本省（区）戏曲界重大事件等。（山东人民出版社，2册）

《民乐卷》主要展示黄河流域的民间歌咏、器乐、曲艺，精选二十七个国家级“非遗”品类，阐述其文化根源、艺术特点和历史沿革。（山东友谊出版社，1册）

《民艺卷》主要收录黄河流域国家级“非遗”项目中的传统美术类、传统技艺类代表性项目，挖掘、展示黄河文化孕育的传统手工艺的文化内涵与美学价值。（山东友谊出版社，1册）

《民俗卷》重点展现沿黄河九省（区）国家级“非遗”项目中的民俗类代表性项目，阐发黄河流域民俗诞生、发展与黄河的血脉之情。（山东友谊出版社，1册）

《水利卷》详细介绍自古以来黄河水利发展历史，系统展示中华民族探索黄河、认识黄河、开发利用黄河水利的历史，以及黄河流域生态保护和发展的思想史。（齐鲁书社，2册）

《生态卷》重点介绍黄河流域生态特点、生态治理与可持续发展等内容，并对流域生态治理与高质量发展提出建议与对策。（山东科学技术出版社，1册）

这十二卷图书内容各有侧重、自成体系、交相辉映、相辅相成，力求展示黄河文化多元立体的生动厚重形象。

尽管我们怀着美好的初衷，做了不少努力，但是不足之处在所难免，诚恳希望读者和各界朋友批评指正。

山东出版集团

2024年3月